《西北法律文化资源》编辑委员会
西北法律文化资源整理与应用研究中心

LEGAL CULTURAL RESOURCES IN
NORTHWEST CHINA

西北法律文化资源

主　　编：杜睿哲

执行主编：田庆锋

（第二辑·2018）

中国政法大学出版社

2019·北京

图书在版编目（CIP）数据

西北法律文化资源. 第二辑/杜睿哲主编. —北京：中国政法大学出版社，2019.7

ISBN 978-7-5620-9113-4

Ⅰ.①西… Ⅱ.①杜… Ⅲ.①法律－文化研究－西北地区－文集 Ⅳ.①D927.4-53

中国版本图书馆CIP数据核字(2019)第162785号

书　名　西北法律文化资源·第二辑
　　　　XIBEI FALÜ WENHUA ZIYUAN DIERJI

出版者　中国政法大学出版社

地　址　北京市海淀区西土城路 25 号

邮　箱　fadapress@163.com

网　址　http://www.cuplpress.com (网络实名：中国政法大学出版社)

电　话　010-58908466(第七编辑部) 010-58908334(邮购部)

承　印　固安华明印业有限公司

开　本　720mm×960mm　1/16

印　张　27.25

字　数　450 千字

版　次　2019 年 7 月第 1 版

印　次　2019 年 7 月第 1 次印刷

定　价　95.00 元

目　录

CONTENTS

■ 书海拾贝

西部学界的忧思与欣喜

——《西北法律文化资源》序

谢 晖[1]

在当代中国的学术格局中，西部地区和中、东部地区一样，都是我国学术整体结构中的有机组成部分（由于学术事业作为文化事业的一部分，其也理所当然应被置于国家文化结构体系中）。这正如中国的政治结构体系、经济结构体系一样。无论在哪种结构中，西部的缺席，皆意味着相关结构的破损。一种破损的结构，可能会是低效的或者无效的。因为结构毕竟是一个整体，其效果既须从整体性中获得，也需要各要素、各部分互动地拱卫结构的整体性。只有这样，我们才能不仅生活在一个统一的政治结构和经济结构体系中，而且也生活于一个统一的文化结构和社会结构体系中。

当代西部的学术事业，面向多元、内容驳杂，既涉及全国学界探究的一般话题，更涉及西部学人对西部问题的专门研究，而且后一研究本身直接涉及西部学人以结构要素之身份，对全国性问题的参与。这应是我们关注西部学术的重要锚点。其中在法学领域，对西部法律文化资源的搜集、整理与研究，是令人期待的关键课题。因为就历史而言，西部尽管曾长期是国家统一领土的构成部分，但与此同时，也曾存在地方自治，甚至分裂割据的局面。自古以来，西部是我国各族群成员杂居之所，文化多元明显，法律文化遗存丰富。就现实而言，西部地区历史遗存的特征不但仍然存在，而且更兼之一方面，我国东西部经济发展的明显不平衡，在一定意义上凸显了这种历史遗存；另一方面，社会的治理方式，不可避免地要赋予西部以一定的自主权和自治权，这自然也会在那里产生新的、进化了的社会规范、交往方式和秩序理念。

谈到进化，我们知道，尽管近现代以来，人类不断地被某种进化的理念

---

[1] 谢晖，甘肃天水人，中南大学法学院特聘教授，博士生导师，哲学博士。

所撼动、所裹挟、所牵引，但事实上我们所面对的任何进化，都只是我们历史和经验的一部分，是文明进化中历史和经验的当代表达。我们不可能因为进化而抛弃经验、逃脱历史。无论社会如何进化，如何变革，我们仍处在悠远的历史中，仍处于既有的经验世界中。这正如汤因比所言：

> "未来在真正降临之前一直是看不见摸不着的，因此，我们只有观察过去才能找到未来的智慧之光。过去的经验是我们得到关于未来智慧的唯一途径。经验是历史的别名……经验可以帮助我们做出判断，使我们能够做出更好的选择和决断。无论在顺境还是在逆境中，我们在处理社会事务时总要未雨绸缪。在规划未来的时候，我们竭尽所能地控制、塑造它，以便使之符合自己的期望。这种试图控制、塑造未来的自觉努力似乎是人类所特有的行为。它是令我们有别于共同居住于这个星球上的其他生物的特征之一。"[1]

这一历史观，清楚地表明人类进化中文化的规范性和逻辑制约性。今日之我尽管并非昨日之我，但也距昨日之我不太遥远。昨日之我的文化密码一定会在今日之我中存留并持续作用、代代相传。所以，一切旨在刻意革除既有传统的努力，其结果不但不会革除传统，反而会被传统所革除。因为种种革除传统的努力，一方面，将其用力方向置于自身的理念逻辑中，另一方面，却将历史经验的逻辑置于其理念逻辑的对立面，这必然会造成某种"理性的狂妄"，并因此阻碍人类文明的进化。对此，林毓生曾凯切地指出：

> "我们批评某一个价值，必须根据另外的价值，这些价值不是能够由自己创造出来的……理性的批判精神只能在文化演变过程之中发挥正面的效果，而不能脱离文化，用本身的力量创新一切的价值。假若一个人认为他的'理性'比所有的人都高、都多，所以他要用他的'理性'创造一个全新的价值系统，这个人将是毁灭文明的暴君。"[2]

---

〔1〕 [英] 阿诺德·汤因比：《变革与习俗：我们时代面临的挑战》，吕厚量译，上海人民出版社 2016 年版，第 1~2 页。

〔2〕 林毓生：《中国传统的创造性转化》，生活·读书·新知三联书店 1988 年版，第 51 页。

所以，面对历史经验的基本态度和有效方法，是尊重历史经验本身，把理念的逻辑置于实践的安排之下。这所反映的大概正是实践与理性间的一般关系和要求。在这个意义上，恰恰是当代中国西部的学者，在认真挖掘、整理、阐述西部的文化学术资源，进而勾连起两种关系：一是西部的历史经验与当代西部现实之间的文化勾连；二是作为国家政治、经济、文化结构要素（部分）的西部与国家（整体）之间的勾连，从而担当着纵向沟通和横向整合的基本使命。尤其当国家在市场经济、民主政治以及多元文化之背景下，强调通过法治来架构复杂社会的交往关系，并作为秩序构造之基本方式的时候，既以包罗万象的开放心态引进海外舶来的现代法律文化资源，也以丝丝入扣的守成姿态保护本国既有的传统法律文化资源，自是这一时代法律学人勾连汇通、兼容并包的应有作为。

但在当今时代，究竟如何勾连汇通、兼容并包？我以为，这已经和百多年前我国有人喊出类似口号时的情形大相径庭。众所周知，百多年前，作为"媒介中西——'冰人'"的沈家本先生，就特别强调媒介中西、汇通中外对彼时法制建设的必要性和迫切性。但其当时所面临的媒介、汇通任务，主要是如何克服固有观念，大刀阔斧地引进西方法律观念和制度，以与中国固有的法律传统互通有无、取长补短、胸怀国家、放眼世界地笃行改革、订立法律、建设法制。所以他强调说：

> "我法之不善者当去之，当去而不去，是为之悖。彼法之善者当取之，当取而不取，是为之愚。夫必熟审乎政教风俗之故，而又能通乎法理之原，虚其心，达其聪，损益而会通焉，庶几不为悖且愚乎。"[1]

但经过百多年持续不断的中西汇通，甚至有意识地通过权力强制的法律移植后，在法律和法治领域，一方面，我们至今仍然面临着如何继续全方位地引进、吸收、借鉴世界各国先进法治经验并以为我用的问题；另一方面，断裂式的文化改造所导致的固有传统在显性层面的凋落，并未完全销蚀其在隐性层面，特别是在人们的行为习惯和心理倾向方面的实存。这不得不令人重新审视、打量当下中西法律文化汇通的内容——即在吾国的国家立法和法

---

[1] （清）沈家本："裁判访问录序"，载沈家本撰：《历代刑法考》（四），中华书局1985年版，第2236~2237页。

制事实已经大体上移植了西人法律传统的基础上，如何再回过头来，审视吾国固有的法制传统和秩序经验——无论是作为大传统的国家法制经验，还是作为小传统的民间法、地方法制经验[1]，以便通过既有法制传统和秩序经验的梁架，解释、沟通并推进无论在精神、原则上，还是在规则、方法上，从总体上看已然明显西化了的法律在我国的有效通行。

在这方面，以王勇教授为代表的西北师范大学法学学术团队，完全克服了西部有些法学学术团队的固有问题，精诚团结，群策群力，业已从文献资料、研究方法、社会调研、理论阐释等方面，做出了一系列有意义的学术尝试。其中王勇的《有场景的法律和社会科学研究》、牛绿花的《藏族盟誓研究》、田庆锋的《清代中国西部宗教立法研究》等，都把研究的视角直接切入相关领域。与此同时，这个学术团队在杜睿哲院长的带领下，团结了李玉璧、吴国喆、曹明、苏婉儿等既有学术见识，也有鲜明个性的法律学者，在法学的其他领域精耕细作，成为陇上诸校法学院和法学学术团队中的"潜力股"与佼佼者。

该法学学术团队如果能够和陇上其他法学学术团队紧密合作，特别是在商贸法文化、农耕法文化、游牧法文化的关系研究领域，在藏族法文化研究领域（以牛绿花、吕志祥、常丽霞、韩雪梅、刘军君等为代表），在回族及穆斯林法文化研究领域（以马明贤、哈宝玉、马玉祥、虎有泽、拜荣静、陈其斌、巴于茜等为代表），以及在敦煌契书及法律文献研究领域（以李功国、陈永胜、韩雪梅、侯文昌等为代表）能精诚合作、集体攻关，形成陇上法学之特色，自然也就有了陇上法学之优势，有了陇上法学家与国内其他区域的法学家交流对话之基础，也有了陇上法学界和陇上其他人文—社科学术界团结协作之前提。

为此目的，西北师范大学法学院及法学学术团队，经长期酝酿，用心筹划，拟创办《西北法律文化资源》集刊。为此，王勇教授、睿哲院长嘱我写几句话。一直以来，我虽有强烈的深入西北、研究其法律文化资源之渴望，但或限于精力不济，或困于能力不逮，未能很好地将这一夙愿付诸行动！尽管如此，我也很乐见家乡法学界的同仁们此种独辟蹊径、别开生面、锲而不舍的努力。故面对邀约叮嘱，却之不恭不敬，受之也只能匆匆赘如上言。期

---

[1] 地方法制经验既有大传统的，也有小传统的，因此不能一概而论。

该刊能尽早面世，承西北秩序传统，开陇上法学新风，并进一步接受读者诸君之检验、点评、矫正。

是为序。

陇右天水学士　谢　晖

公元 2018 年 5 月 2 日于北京

法意探磧

澷自西北：从游牧社会发现"澷"

——揭开"澷"之"去"意的神秘面纱之一

王　勇[1]

内容摘要："去"字这个符号是搞明白上古时代"澷"的本意的关键所在。通过考察和识别甲骨文中"去"的写法，再联想到岩画中大量出现的张弓射猎的场景，我确信，"去"字的原型一定是由"弓"和"矢"两个符号构成的，本意就是"张弓射箭"或"离弓之箭"的意思。

关键词：游牧社会　澷　去　张弓射猎

一、"澷"的音、形、义的统一解释

在习惯于拼音文字的西方人的眼中，汉字是"简画为字"，每一个汉字似乎都是描绘一个或多个具象事物的简笔画。"澷"字的源起也不例外，应该也有象形字的印记。但是，"澷"字不单纯是一个象形字，似乎还有会意字或形声字的特征，或者说，三者兼而有之。通过观察和思考，我初步发现，阴山以及大麦地岩画中的大量"张弓射猎"场景的图像，很可能就是中国最初的"澷场"——"澷"的原始场景意象，从这里可以发现"澷"的音、形、义的完美集成（见下图所示）。

图1　阴山岩画中的"张弓射猎"场景　　图2　西周大盂鼎中"澷"字

---

〔1〕　作者简介：王勇，甘肃金昌人，西北师范大学法学院教授、法学博士、律师，华中师范大学中国农村研究院西北调研基地主任、西北师范大学法学院法律与公共政策调查咨询研究中心主任。研究方向为政治学理论与方法、法理学。

先看"灋"的"形状"。联系岩画中的"张弓射猎"图案来看大盂鼎中的"灋"字,可以看出,"灋"字是由弓、箭、水(水草)和廌的图案组合而成。廌在许慎的《说文解字》中被视为善于裁决的神兽,可能是夸张或引申诠释的产物。廌在早期应该是描绘"猎物"的一个符号,比如犍牛、羚羊或鹿等。单独凝视岩画中的图像要素会发现,除了有大盂鼎"灋"字的图案,还有人或猎人的图案,之所以没有刻画出"水"的图像,可能是属于有意省略,因为有牛羊或猎物的地方必有水草,水草应是岩画中的背景性存在。"灋"字有四个基本字根或字偶:水、廌、弓、箭。这便是对"灋"的"形状"的解析。如果"去"字的原型是由"弓"和"矢"两个符号构成的,那么,"去"的本意应该就是"张弓射箭"或"离弓之箭"。这样看来,"灋"字开始时很可能是作为一个象形会意字而出现的。

接下来看"灋"的发音。"灋"或今天的"法"字,为什么读 fa 音?如上所述,既然"灋"字中有"弓"和"矢",那么,就可以合理地联想,fa 音应该源于"张弓射箭"时的发令声——"发"("發")。现代汉语中的"发射""万箭齐发""出发"等,应该都是与"发"有家族相似的词汇,属于"发"的字族。如果"灋"或"法"字属于形声字,那么"声符"是哪一个?肯定不会是"水"或"廌",而是由"弓"和"矢"组成的"去"。这就是说,作为声符的"去",不仅仅是一个表音符号,同时也是一个表意的符号,"去"本身是有意义的。任学礼教授认为,"形声字"实际上是以"字根孳乳法"造出来的,所谓"声符"其实也是一个语根(字根),字根即语根之声,皆有义也;字根孳乳法,乃汉字繁衍之最根本之法也。[1]由此看来,"去"本身是有实际意义的声符,而不是单纯的所谓"声符"。"张弓射箭"时的口令就是"发"(发射),今天依然是这样的意思。

二、弓矢相济:"射猎法"就是"证据法"

事实上,黄侃在形声字"声符示源"功能方面的研究也正好说明了这一点。[2]从声符中可以看出字的源义素。由此可以推测,声符"去"揭示了"灋"或"法"字的历史源起——游猎社会。无独有偶,中国著名草原文化

---

〔1〕 任学礼:《汉字生命符号》(上编,第二集),广西师范大学出版社 2016 年版,第 964 页。
〔2〕 曾昭聪:"黄侃在形声字声符示源功能研究方面的贡献",载《古籍整理研究学刊》2000 年第 6 期。

学者孟驰北先生则在孟德斯鸠的思想基础之上更进一步，提出了“游牧社会孕育法治，农耕社会孕育人治”这样的命题[1]。“甲骨文查不到法字。估计这个法字是陕甘一带周民族造的，所以商朝不用此字。”[2]因此，只有置于游牧社会场景中，才会有“灋”之音、形、义之完美而统一的解释（见下图所示）。

图3　阴山岩画中的猎人　　图4　敦煌壁画中的狩猎场景　图5　古金文中的“去”字

从“灋”中的鹰（猎物）、弓、箭这几个符号要素看，也可以合理地推测“灋”中的证据法意涵。敦煌吐蕃文献中有详细的关于狩猎的证据法规则。比如，几个人一起狩猎而对猎物的分配产生纠纷如何处理？其解决方式主要是根据猎物的大小及实际射箭的先后次序来决定猎物的分配。具体处理规定如下：

一头公牦牛以射6箭为计算。头一箭射中者得牦牛的右侧下部肉、右边的牛皮、全部肋骨、尾巴、心脏、胸脯、舌、一半血和筋胳；第二箭射中者得左侧下部肉及皮、一半血、内腑、膀胱和四肢筋；第三箭射中者得右侧上部肉；第四箭射中者得左侧上部肉；第五箭射中者得后肢；第六箭射中者得前肢。

一头母牦牛以3箭进行计算。头一箭射中者得左侧下肢肉一拃（弧形割下）、右边的牛皮、尾巴、心脏、胸脯、舌、一半血、肛门和筋胳；第二箭射中者得左侧下部肉及皮、一半血、内腑、膀胱、脊椎下部位肉及四肢筋；第

---

〔1〕　孟驰北：《草原文化与人类历史》，国际文化出版公司1999年版，“序言”。
〔2〕　流沙河：《白鱼解字》，新星出版社2013年版，第62页。

三箭射中者得颈部骨头及四蹄。

对于麝和野驴以下、羚羊以上大小的猎物，以 2 箭计算。头箭射中者得皮、心脏、胸脯、舌、一半血和筋胳等；第二箭射中者得颈部皮子、大肠、内腔的膀胱、肝、一半血和脊梁肉等。对于是谁射出的箭及箭的先后次序的判断，该法规定，谁的箭射中了，从动物身上能够看到，射箭者按先后次序分配，在区分时不能以手中握箭为依据，必须以射中及先后次序为依据。为了避免有人偷箭并将之说成是自己的，又做了射中的箭不能偷窃的规定。如果发现一人偷箭，按偷一箭罚两箭的规定。不过，如果箭是从地上拾的就不算偷，知道箭的主人后还给失主即可。[1]

三、"灋自西北"的理论阐释

显而易见，探寻清楚"去"字这个字符的最初写法及其含义是搞明白"灋"的本意的关键所在。这样看来，东汉许慎在《说文解字》中的相关解释就不像是"溯源"，而是"诠释"或"建构"了。与此同时，国内许多学者关于"灋"源或"灋"义的研究，比如朱苏力、徐忠明、张永和、武树臣等学人的相关研究，就显示出诸多缺憾了。从"灋"或"法"字之"张弓射猎"的历史源义素中，就可以引申出"通过武装占有或先占来拥有或维护生存资源"的意思。在中国古代文献中，"法"与"刑"、"法场"与"刑场"之所以通约，之所以是"刑起于兵""兴功惧暴""定分止争"以此就可以得到通贯性的解释和理解了。

张世明研究发现，西北边疆地区是伊斯兰教法、蒙古游牧法与中国法交错综合的地方，在此基础之上，他提出了"从游牧社会发现法律"的观点。[2]为什么"灋"自西北？这需要从社科法学的视角进行一些论证。我认为，游牧民族之所以要在高寒贫瘠的草地上"自由地"放牧，乃是为了让牛羊均质化地利用地形复杂而广阔的草地上的所有植物资源。牛羊是自己长着脚的，只有让其相对自由地漫游，它才能发现牧人无法发现的任何一处边缘角落里的草料（牛羊甚至可以嗅出几公里范围内的青草的味道），不同的畜群及其结构

---

[1] 王尧、陈践译注：《敦煌吐蕃文献选》，四川民族出版社 1983 年版，第 33~34 页，转引自韩雪梅：《雪域高原的财产法：藏族财产法史研究》，中国社会科学出版社 2013 年版，第 184 页。

[2] 张世明等主编：《空间、法律与学术话语：西方边疆理论经典文献》，黑龙江教育出版社 2014 年版，第 5 页。

对不同的草地植物生态有着不同的适应能力[1]。这样才能最大限度地利用贫瘠之地上的植物资源，进而使这些植物资源最大限度地转化为牧人的食物——肉奶制品。而这最终保证的是游牧人群的种群繁衍。因此，汤因比说："大草原的游牧生活是最有利的生活方式，它可以开发大自然，却又不会把它变成不毛之地。"[2]

然而，自由游牧必然带来牲畜的频繁越界以及相关纠纷、冲突及命案的大量出现。这是游牧生产方式的天然弊害所在。不过，在这种情形之下，一种发达的、精致的关于纠纷的事后救济的制度安排便演化出来了，比如藏民族的赔命价习俗，以及相应的寺院和宗教首领的裁判权威[3]。具有判例法性质的习惯法便大量产生了。对于这样一个关于游牧生境的叙事，也同样可以引申到海洋生境。英美法系意义上的"法治"就是这样生成的。自由主义，经验理性主义的思维方式及其背后的不确定性生境，与普通法这样的司法主导式的"法治模式"的产生是高度关联着的。

在游牧这样的不确定性生境中，事后救济型社会秩序的边际回报要高于事先防控型社会秩序的边际回报（也就是说，从提高种群幸存率的标准来看，自由游牧的好处要大于其害处，而一个独立的主持事后救济的司法权威的存在则将这个害处减小至最低程度），当事后救济型社会秩序的"回报递增效应"延续到今天时，我们就看到了普通法（英美法）这样的秩序类型。在这里，我们可以看到自由精神与司法独立的天然联系——独立的司法是自由精神的天然守护神。这就是欧洲法治主义的源起。无独有偶，在中国的西北游牧地区也可以发现大量的欧洲法律文化，尤其是普通法传统的基本元素。多年前，笔者已初步发现，西北地区是中国法律文化研究的学术富矿[4]。从西北游牧社会出发，可以发现"瀍"字的历史源起之谜。

---

〔1〕 对此，可参见蒙古人多尔吉梅林撰写的《牧人咨询》一书，此书总结了游牧者在干旱贫瘠的草原上进行游牧的各种本土知识和经验，堪称游牧民的"圣经"。

〔2〕 ［英］阿诺德·汤因比：《人类与大地母亲：一部叙事体世界历史》，徐波等译，马小军校，上海人民出版社2001年版，第77~79页。

〔3〕 其实，欧洲历史上也有源远流长的"赔命价"习俗。"日耳曼法律，简直是私人恩仇之大成，法官的角色只是作壁上观。有人要是侵犯他人，受伤者及其亲族会去找对方及其亲属讨赔偿，即使是杀人案件，只要付钱给死者亲属便能了事。数目多少视受害者的身份地位而定，贵族阶级的赔偿金要比普通百姓高出三倍。"（参见 ［澳］约翰·赫斯特：《你一定爱读的极简欧洲史——为什么欧洲对现代文明的影响这么深》，席玉苹译，广西师范大学出版社2011年版，第88~89页。）

〔4〕 李玉璧、王勇：《西部开发法治保障研究》，中国社会科学出版社2004年版，第298~321页。

明夷裁决：上古裁判中的实践智慧

——揭开"灋"之"去"意的神秘面纱之二

许根豪[1]

内容摘要：汉字由象形文字发展为简体字，由"形"到"简"的演变使得很多简体字都无法从字的外形来寻找其字的本意。就拿"法"字来讲，我们知道其是由"氵"和"去"字组成，但我们却不知道为什么法字要这样拼组，更不知其因何事而被创造，这便无法深知其本意。在这样的状况下我们很难保证"法"的解释方向是正确的。本文以"法"字的演变为视角，试述"去"字如何组成以及"去"对"法"的含义的影响。

关键词：文字演变 神判色彩 证据作用 弓矢组成

一、古代"法"字之演变

汉字为象形文字，即由图画演变而来的字形。最早的象形文字为甲骨文，而"法"字最早出现于西周青铜器铭文当中，形式为金文，可在《金石大字典》中进行考证，写作"灋"。秦朝李斯受秦始皇之命施行"书同文"政策，发明了篆书体，"法"字发展为"灋"，这种变化实为对"灋"的一种简化排列。汉朝时期隶书盛行，在许慎所写的《说文解字》中提到："灋，刑也，平之如水，从水。"解释为：灋指刑法，因执法需公平如水，所以从属于水部。根据这个记载，我们可知东汉时期的"法"字发展为"灋"。明朝还未正式建立时，"法"字已经进一步简化，写为"灋"，可查《正字通》。而后又进一步简化，写作"法"，可见于《易经》"制而用之谓'法'，圣人制裁其物而施用之曰'法'"。

根据以上"法"字的演变过程，我认为"灋"是由"氺""廌""去"三部分组成的，分别对应"灋"中的"水""廌""去"。在古代，部落与部落相距

---

[1] 作者简介：许根豪，河南南阳人，西北师范大学2017级法律硕士，华中师范大学中国农村研究院西北调研基地2018年寒假调研负责人。

较远，部落之间可能是遍布野兽的森林，也可能是隐藏陷阱的泥沼，甚至是百里无水的沙漠。河流经常被作为国家或部落的分界线，部落中一人若被赶出河界，那就意味着死亡。这样一来就增添了河流的神话色彩，使得河流因惩罚有错的人类而具有了神意，同时增添了河流的刑罚色彩，使得河流具备了惩罚作用。河流为水，因此法字有水字旁很具有合理性。

《说文解字》记载："廌——解廌兽也，似山牛一角，古者诀讼令触不直；象形，从豸省。"〔1〕百度百科将"廌"定为能辨是非曲直的独角兽。但我认为这种说法不可全信，因为独角兽是否真的存在有待考证。但我猜想，是古时某审判官利用某种有角动物进行了审判，古人认为这样的审判方式公正且神奇，便以故事方式在民间不断流传，以至于将这种有角动物赋予了神话色彩，被叫作廌的独角兽。这种审判方式类似于沈水神判、物择神判〔2〕等古代审判方式，特别是物择神判与"廌"的审判方式极为相似。所以这种能辨是非曲直的"廌"，便成了人们追求公正的代名词，所以古时的"法"字便存有"廌"的部分。

"灋"的"氵"和"廌"由以上的解释基本可以理解，同时也能发现"氵"具有神话的惩罚色彩，"廌"具有神判色彩，但此文主要谈论对"去"字的理解。

二、"去"字由"矢""弓"组成

(一) 眼睛直观看"去"字

"去"字的书写方法有这样的演变：甲骨文写为"杏"，"哀成书鼎"中的金文体写为"杏"，《说文解字》中的篆书体写为"杏"，《马王堆帛书》中的隶书体写为"杏"，其后就演变为楷书形式的"去"。

如果仅根据象形文字的创造方式，以眼睛直观的来看，甲骨文"杏"中的"大"像是一个人，"口"像是一块田地或者村镇，其形状犹如一人迈开双腿，大步离开田地或村镇，可以解释为离开、离去。从甲骨文到隶书中"去"的

---

〔1〕 （东汉）许慎：《图解〈说文解字〉：画说汉字》，北京联合出版公司 2014 年版，第 280 页。

〔2〕 沈水神判——出自尼亚士族，具有嫌疑者共同潜入水中，潜水时间长者则无罪。物择神判——出自南榜人，砍掉一只鸡的头，鸡死亡时挣扎方向所在的嫌疑人即为有罪。以上均引自埃德文·梅耶·列布："苏门答腊的历史和人民"，林惠祥译，载《南洋问题资料译丛》（季刊）1960 年第 3 期。

改变似乎不太大，而到了魏晋时期楷书开始流传，便将"杏"的上半部分直接简化为"土"字，"❽"在草写为"乚"加"丶"的"乚"后又简化为厶部，这样的改变应该只是为了书写便利，在字体改变的情况下进一步简化的结果。

同时，仁者见仁，智者见智。对于甲骨文中的"杏"，韩国东国大学的孙冕认为"大"为"矢"，象征"巫"；"❽"象征祝告，为一种祭祀的器皿。[1] 武树臣教授认为："❽"应为"矢"字，而"❽"应为弓。[2]既然说法不一，那么我们就应寻本逐源，讲求史实根据，以史书记载来进行解读。

（一）古字书籍议"去"字

1. "去"非"巫"与"皿"组成

在弓矢相济的故事里提到："一人曰：吾弓良，无所用矢。一人曰：吾矢善，无所用弓。"由此我们可以直接判断弓即指射箭所需的弓，矢即指射箭所需的箭。

孙冕基于字形与想象将"去"解释为由巫和祭祀用的器皿组成。巫师在古代的作用相当于现代的医生，负责对病人进行治疗。在许慎的《说文解字》中提到："医，盛弓弩矢器也，从匚（fang）从矢。"[3]就是说"医"是由匚与矢组成。在甲骨文中"医"字被写为"⟨⟩"，"匚"为框子，"⟨⟩"同金文中的"⟨⟩"，解为"矢"指射箭所需的箭，结合许慎所讲，我们可以说"医"的原意为盛箭的框子。若将矢看作巫的意思，表示为盛巫师的框子，是很不合理的，且与治病也无太大关系。基于此，笔者认为"去"为由巫和祭祀用的器皿组成的观点还有待考证。

2. "去"与"矢""弓""田"

（1）古字议"去"字。"去"的甲骨文字体为"杏"，由"大"和"❽"组成。在这里我们假设"去"字是由"矢"与"弓"组成，在这样的假设情况下我们先从文字演变角度来论证这样一种假设是否成立。

首先是"矢"。在甲骨文中，"矢"被写为："⟨⟩""⟨⟩""⟨⟩"等。在"口候

---

〔1〕孙晟："原始'法'字字形的新解释"，载《河北法学》2010 年第 10 期。

〔2〕武树臣："寻找最初的'法'——对古'法'字形成过程的法文化考察"，载《学习与探索》1997 年第 1 期。

〔3〕（东汉）许慎：《图解〈说文解字〉：画说汉字》，北京联合出版公司 2014 年版，第 369 页。

鼎"中，"矢"以金文字体出现，被写作"𡗞"，此时与甲骨文基本无异。在《说文解字》中"矢"的隶书字体被写为"𥏵"；在《老子》（甲本）中，"矢"的隶书字体则被写作"矢"。从甲骨文中的三个字体来看，前两个字体都很形似一支箭，而第三个字体"𡗞"，如果去掉中间的"━"，其剩下的内容"𠆢"也非常形似一支箭。在考察甲骨文内容时得以发现，"𡗞"与"交"形近，"交"在甲骨文中是"交"字，"交"不与"𡗞"为同一含义。那么我们可以推定，"𡗞"的书写是为了与"交"相区分，于是便在"𠆢"中间加了"━"代表"矢"，而"𠆢"也为"矢"字。这样直观地看古象形文字，"矢"在创始之初确实很有可能是以箭为雏形的。而且在字体的演变过程中，到隶书体时已经演变得与简体字"矢"没有差异。到此我们也可以判定，"𠆢"与"矢"中的"矢"均为"矢"字，且我们在上文已经确定矢即指射箭所需的箭，那么我们可以确定代表箭的"矢"确为"去"的一部分。

其次是"弓"。其甲骨文字体为"弓""弓"。"趞曹鼎"中的金文字体为"弓"。《说文解字》中的篆书字体为"弓"。其后便演变为"弓"。从这样的演变过程来看，我们很难发现"弓"字与"𝕆"有何种关系。

最后是"田"。其甲骨文字体为"𝕭"，在"散石盘"中的金文体写作"𝔻"，在《说文解字》中的篆书写作"田"。以这样的演变来看，我们也很难判定"田"字与"𝕆"有何种关系。

在这样的论证下，我们可以确定的是："矢"为"去"字的一部分，代表箭。我们尚不能确定"𝕆"是"弓"还是"田"。

（2）书籍议"去"字。在《管子·轻重甲》中，桓公说："三月解匓，弓弩无匡毂者。"其含义为三个月之后解开弓袋进行检查，弓箭也不再有卷曲不能用的了。那么我们可以判定匓为装弓箭的袋子或说是器具。在《说文解字》中提到："勹，裹也。象人曲形，有所包裹。"[1]即指"勹"有包裹的作用。那么我们结合两个古书文献中所讲内容可得知，"匓"字中"勹"为包裹意，"去"便为弓箭的意思。那么结合以上所证内容，我们便可以得知："𝕆"应为弓箭中的"弓"而不为"田"字。同时结合其象形文字特点，"𝕆"形似于横放的弓，更进一步证明"弓"为"去"的一部分。

---

〔1〕（东汉）许慎：《图解〈说文解字〉：画说汉字》，北京联合出版公司2014年版，第261页。

经过以上讨论，我们可以肯定"去"字为"矢"与"弓"组成。其通过表示箭与弓之间的分离即弓矢相离来表达"去"的含义，表示离去、去掉等意。但是弓矢相离的"去"又与"法"有什么关联呢？

三、"去"对"法"含义的影响

（一）"去"的神判色彩

在以上内容中，我们已经提到，"灋"字的"氵"和"廌"均具有神话的色彩，我们也因此假设"去"这一部分也具有神话的色彩，同时已经确定"去"字由"矢""弓"组成。矢即箭，箭与弓在原始社会乃至古代社会中都是具有重要作用的武器和用来狩猎的生产工具。其保护自我人身安全与保障家庭可狩食材的作用已经给予箭与弓崇高的地位。

在《山海经》《书·尧典》等古文书籍中均有记载后羿射日的故事。我们暂且不探究这样的神话故事出自何处、是否真实，但是我们可以确定的是后羿射日的故事将弓和箭的力量上升到了解救苍生的程度。

根据古籍的记载，弓和箭还被用在审判当中，用来解决裁判纠纷。在《易经》中有讲："公用射隼于高墉之上，获之无不利。"这句话是讲，王公站在高墙上用弓箭射击隼鸟，如果射下来就是对己有利的，代表好的结果，但如果射不下来则是一种不好的结果，是对己不利的。我们按常理来判断可以明确，弓箭能否射到猎物是与射箭之人的射箭技术密切相关的，与天意是无关的。这样的记载无疑是在以神话色彩来支持弓箭射隼的效力，是在给这样的判定方式赋予神话色彩，使古时信任神的人们更加相信这种审判方式。《小过卦》中有这样的记载"弗遇过之，飞鸟离之，凶"。这句话是说，如果箭没有射中鸟，让鸟安然离开了，这是一个凶卦。虽然是在占卜中出现的典故，但是我们依然可以看到，用弓箭作为占卜好坏的占卜工具，这样的判定方式无疑是带有神判色彩的。占卜本身就是玄乎其玄的，占卜师通过自己的占卜行为向人们"转告"上天的意向，具有明显的神化色彩，占卜又将弓箭作为占卜工具，使弓箭具备了神判的"能力"。

既然弓箭具有神判的色彩，具有审判的能力，那么"矢""弓"组成的"去"字自然也具备了神话的审判色彩。这样一来，我们就能够很好地理解，"去"字存在于"灋"中的合理性，也决定了法具有审判的含义。

（二）"去"的证据作用

在古代的审判活动中，弓箭也被用作审判的证据来使用。在原始社会中，很有可能存在这样的场景："两个部落均用弓箭狩猎，两方的箭同时射到同一只猎物，两个部落便因猎物该归谁所有而产生争执，从而造成小规模杀戮。部落首领察觉这样的杀戮是不利于各方长期生存的，为了防止这样的冲突再次发生，所以各部落均在箭上做了自己的标志，当再出现这样的情况时，就看造成动物致命伤的箭是谁的，猎物就归谁所有。"这种可能存在的场景，赋予了箭作为证据的能力。《易经·明夷》中记载："明夷，夷于左股，用拯马壮，吉。"[1]意思是说，一只马的左大腿受了箭伤，以射在马腿上的箭来跟弓进行比对，从而确定谁应该来医治马的箭伤，这样是正确的。在这里，弓箭具备了证据的作用，这就又赋予了"去"证据的色彩。

"去"的神判色彩、审判能力与证据色彩，对"法"的含义具有一定的决定作用。即法是一种审判的工具，讲求裁决有据，判案要求证据的提供，在一定程度上影响着"法"的含义，"氵""廌""去"这三部分结合在一起决定了"法"的含义。

四、结语

综上所述，"灋"具有浓厚的神判色彩，所以具有至高无上的地位，从而使人们得以信服。其中的"氵"部，强调法中的刑罚作用，"廌"部强调审判过程中的审判方式与公正性，"去"部则是强调审判中的证据作用。这三部分的组合决定了法的原始含义：即讲求在解决人事纠纷当中，以令人信服的审判方式进行审判，在审判过程中要始终坚持审判的公正性，强调证据作用，对无证可依且尚有疑虑的案件不作惩罚性结案，在确定某人有犯罪事实的情况下要对其进行惩罚。这样的原始含义，对于我们现代的立法、司法都具有非常重要的意义。在这个追求全面依法治国的新时代，我们在法制与法治的发展道路中应该始终维持"法"的原意，保持"法"的真谛，避免走错路、歪路、邪路。

---

〔1〕 杨天才、张善文译注：《周易》，中华书局 2014 年版，第 150 页。

随水漂去：《说文解字》中的"灋"

——揭开"灋"之"去"意的神秘面纱之三

钟亮喆〔1〕

内容摘要：根据符号与音义的关系对文字进行分类，可以分为表意文字与表音文字。而所谓的表意文字，又称形意文字，是一种用象征性的符号来记录词语，表达其内涵的文字。文字作为文明的一种象征，强烈反映着当时人们的思想和精神，而对于"形""声""义"于一体的古代汉字来说更是如此。"法"字在历史上有多种字形与写法，但其中以"灋"字最有特点。关于"法"字的结构与本意，学界中仍存在着不同的观点。探究一个文字的方法有很多种，而本文会尽量从中国古代文字最"表意"的角度以及中国古代法制的产生角度来对"法"字结构中的"去"字进行探究。

关键词：灋 去字结构 法与去之关联

一、关于"法"字认识的简要概括

如大多数学者一样，只要涉及对"法"字的理解，必然会引用或者参考东汉许慎《说文解字》中的说法，即"法，刑也，平之如水，从水；廌，所以触不直者去之，从去"。一方面，许慎的说法或许反映了古人对法一定程度上的理解，却也具有一定的时代局限性，毕竟许慎所处的年代与"灋"字产生的年代之间相差了数百年之久，其解释并不一定能反映当时"灋"字的真实含义。但另一方面，其在《说文解字》中对"法"的解释却也为后世关于"法"字本意的探究提供了一定的方向与切入点，即从"法"字的字体结构来追寻"法"字的本意。

古代的"法"写作"灋"，是由"氵""廌""去"三部分组成的。学界之中关于"氵"与"廌"这两个组成部分的见解大同小异。对于"氵"这一部分的理解，大多是"水"的象征含义，即公平如水一般，不偏私，公平且

---

〔1〕 作者简介：钟亮喆，湖北武汉人，西北师范大学法学院 2017 级法律（法学）硕士研究生。

正直；还有一部分是"水"在当时具有的一种神圣的实践性意义，即水作为当时各部落的界限，具有划界的功能，将部落之中的"罪犯"放逐至界限之外作为惩罚，这是对水的一种敬畏。韩国东国大学法学院的孙晟认为，水在当时有指示方向的功能，而指示方向的水也就是所谓的银河。而古代文字中的"⺆"的象形亦很像银河。中国古代天文学中银河不仅是指示方向的标识，同时也是祭拜的对象。作为圣所的银河，在地上也是圣所〔1〕。关于"廌"这一部分，学界也都认为是一种在古代可以明辨是非的神兽，争议的焦点只是关于这种神兽的具体形象罢了。但是关于"法（灋）"结构中的"去"这一部分，学界中却存在着很多不同的看法。如康英先生认为其"从人从器"，但是关于这种观点的具体解释仍无确定的依据；而武树臣先生则提出，古代的"去"字是由"矢"与"弓"两个部分组成〔2〕，他认为在古代，"去"字写作"⻖"，从其表达的象形意思来看，便提出"去"具有弓、矢相离之意，正好与古代的"夷"字相对，"夷"代表着弓、矢相合，是一种古老的证据制度。

二、关于"法"中"去"字部分的探究

"法"结构中"去"字部分是否真如武树臣老师所提出的是由"弓"和"矢"组成呢？我认为仍有待进一步探究。首先是从甲骨文中"去"字的写法上。如文章一开头所说，中国文字自古以来就是表意文字，它能够让人从字面理解到最直观的含义。而甲骨文作为中国古代文字的雏形，这种象形的意义表达就更加明显。甲骨文中的"去"字由上下两部分构成，上部是"大"，下部为"⺼"，即"去＝大+⺼"。当然，象形文字有的过于抽象，因此不同的人会有不同的理解，但在笔者看来"去"字并非由"弓"与"矢"组成。从上述甲骨文构成可以看到，甲骨文"去"字的上半部分其实与汉字"大"的甲骨文写法一致，同时从其象形意义来看，也像一个正在行走的人的形状。而根据《说文解字》中对"去"的描述，即"人相違也。从大凵聲。凡去之屬皆从去"。同时参考段玉裁的《说文解字注》中对"人相違也"内

〔1〕 孙晟："原始'法'字字形的新解释"，载《河北法学》2010 年第 10 期。
〔2〕 黄震、杨健康："'法'：一个字的文化解读"，载《湖南大学学报》（社会科学版）2005 年第 4 期。

容的解释，即"違、離也。人離故从大。大者、人也"。可知，""的上半部分确实可以表达"人"的意思。而下半部分""，在之后写作"凵"，《说文解字》中对"凵"的描述，即"張口也"。因此，结合以上分析及个人理解，我认为"去"字当初所能反映的最直观的事件，可以理解成一则小故事，即在原始部落时期，部落的某位成员因犯了错误，受到了部落人民的厌恶，被部落首领等人进行审判惩罚后被逐出，离开了他原始的住处，前往了他方。

其次，按照武树臣老师的说法，"去"由弓和矢构成，与"夷"相对，是一种古老的证据制度。即在古代的弓与矢是一种配套的系统[1]，在一套弓矢上会有相同的符号以辨认"矢"的主人。但笔者认为，若考虑到人类发展初期的生产力发展水平的因素，这种弓矢配套的证据制度的猜想便有一定探究的价值。甲骨文出现于人类社会发展初期，在这一时期生产力并不发达，而弓与矢所谓的"配套系统"的花费成本是较高的，在生产力有限的人类社会初期，不太可能出现。且弓和矢的出现，一开始也只是为了解决获取食物的问题，而并非一开始就考虑到了所谓的证据制度。只有当社会生产力发展到一定程度而出现矛盾纠纷时，才会逐渐地考虑这些问题。

所以，从这两个角度出发，笔者认为，"去"并非是由弓与矢构成，至少在这个问题上，仍有进一步研究的余地。但与此同时，关于"去"字是由"弓"和"矢"组成的想法又存在一定的合理性。在人类社会初期，弓箭的产生使得人类获取食物更加便利，狩猎更加有保障。在原始部落之间的战争中，弓箭对自己是有利的武器，同时也是令敌方害怕的武器。因此，弓箭在人类原始社会初期对于当时的人有着神圣与敬畏之意，所以，对于弓与矢的崇拜也广为流传于当时社会，并对日后的中国文化产生深远影响。按照武树臣老师的观点，我们可以将"去"字所表达的弓矢相离之意，理解为所谓的"射"的行为，而根据《白虎通》中"天子射熊，诸侯射麋，大夫射虎豹……"这些对"射"行为的描述可知不同等级身份的人，他们进行所谓"射"这一行为的内容也存在一定的差别。所以，弓矢也可以体现出一定权力等级的含义[2]，从中反映了弓矢所代表的一种权威。而若从代表权威的角度进一步分

---

[1] 武树臣："'法'字新考"，载《中外法学》1994年第1期。
[2] 黄震、杨健康："'法'：一个字的文化解读"，载《湖南大学学报》（社会科学版）2005年第4期。

析"去"字，它的含义又与中国法制文明起源中的"刑起于兵"有了一定的联系，即体现了刑罚的权力与权威。

因此，"去"由弓矢构成的说法确实存在一定合理性，但是否确实如此，仍有探究的余地。如文章一开头所说，古代文字虽然可以反映出一定时期的思想与精神，但在文字出现的初期，文字更多的只是用符号的象形意义去反映一定的事实。也就是说，只是从发生的事实场景之中抽象出能够反映与发生的场景相符的图像而组成文字以作为记录。因此，在人类社会刚刚发展的初期所出现的文字之中，可能并没有弓与矢的含义。如前文所说，古代的"去"字或许只是代表着"一个人遭到族群驱逐之后，离开原始住地，前往他方"的意思。这点我们可以从"去"字不同字体的写法之中进一步证明：如金文中的"去"，基本延续了甲骨文"去"的写法，写作"𠫔"；再如，篆文中的"去"写作"𠫤"，有的篆文在"𠫤"的字形之上还加上"尸"，于是写作"屈"，更加强调了一种"出门远行"的意思。

三、"去"字本意与"法"本意间的联系

如前文所述，笔者认为"去"字主要强调的是"离开原始住所"之意，而这或许可以与古代刑罚中的"流放"建立联系。法律制度作为调整国家、社会、集体、个人之间的法律关系与社会关系的一种规范，是人类社会发展到一定历史阶段的产物。而法律制度之中的法也是人类社会发展进化到一定历史阶段的产物，是伴随着人类社会中的各种关系复杂化而产生的。中国法制文明的产生，主要以"刑起于兵"和"礼源于祭祀"两种说法的影响较为深远。即"礼"与"刑"构成了最初的法。其中"刑"属于禁止性或者说惩罚性的规范体系，以刑罚制裁和强制镇压为主要手段。而古代刑罚中就存在着一种流放制度，如《尚书·舜典》中所写的"流共工于幽州，放讙兜于崇山，窜三苗于三危，殛鲧于羽山，四罪而天下咸服"[1]。所谓流放，就是将罪犯驱逐至远离其乡土的地方。从这个角度思考，它与"去"字"离开原始住所，前往他方"的含义就有了一定的相通之意。而"去"与"氵"相结合，可以理解为古代"随水漂去"的一种惩罚制度，这也与最初"法"中的"刑"有了一定的联系；同时"去"也可以与"氵"的象征含义相联系，即

─────────────────

〔1〕 张晋藩：《中国法制史》（第二版），高等教育出版社 2007 年版。

"法"一方面表现了如水一般的公平，另一方面又表现了"去"所体现刑罚制度的严厉与权威，而这种理解也就与现代我们所理解的"法"的含义有了共同之处。

　　从"法"字的变化角度来思考，从之前写作"灋"到现在简化后写作"法"，整个字体之中唯一缺少的就是"廌"这一部分，只有其中的"氵"和"去"的部分保留了下来。一方面，反映了"法"从古代的"神明"或者"神兽"裁判，转化到了现在的人裁判；另一方面也反映了中国法律思想的一种理性的发展，从开始的崇尚神明、图腾，到后来的明德慎罚以及儒家思想的"礼主刑辅"，都体现了法律思想整体更加偏向理性化的发展。"法"字的出现时间已经无法得到具体的考究，其字体结构中真正的内涵在不同历史背景之下也会存在不同的理解，当今的各种观点虽无法确认是否正确，但也都为日后关于"法"字含义的探究及其意义变迁的探索提供了一定的方向。

西法中源：从"灋"中发现 Justice

——揭开"灋"之"去"意的神秘面纱之四

张伟娟[1]

内容摘要：多年来，学者对于"灋"字的探索未曾间断，而"去"字之含义也常常引起争议。笔者认为，"灋"字蕴含着公平正义、法官以及审判之义，而"去"字是由"弓"和"矢"两个符号构成，被视作证据。在中文"灋"字的历史源义素中完整地保留着英文 justice 的全部含义。由于古代中国是"早熟的现代国家"，因此，在原始法观念的传播方面，更有可能是"西学中源"，而不会是"中学西源"。

关键词：灋　去　Justice　西法中源

这么多年来，"灋"是什么，"灋"是否具有公平正义之内涵，其讨论未曾中断。不少学者认为"灋"具有"公平正义"的含义，是因为"灋"这个字自古以来就带有这样的影响力，后人只是在此基础上进行了诠释。

一、中国"灋"字的构成及其深意

国内有很一大部分学者赞同许慎《说文解字》中的观点："刑也，平之如水，从水"，这意味着"法"自古以来就有"公平正义"的含义。而"廌"往往代表着独角兽，"去"的繁体字为""，作为象形文字，表现为弓矢相离。在古代，人们主要以狩猎采集为生，为了区分彼此的箭，通常在自己的箭上做独特的记号，当两个人因为某一猎物争论不休时，只需拔下箭看一看箭上的符号，该猎物就归属于弓箭符号一致的人。因此弓箭相离与否成了一种证据，可以用来判断是非曲直。由此可见，"去"字的原型一定是由"弓"和"矢"两个符号构成的，本意就是证据，"弓"和"矢"相离与否就成为判决案件的关键。西周出现"灋"字之前，殷商的"廌"没有"去"，因为

---

[1]　作者简介：张伟娟，汉族，西北师范大学 2017 级法律硕士研究生。

当时实行的是神判法，即通过占卜来决定判决，[1]而"去"字的增加，证明了自西周以后，开始重视证据的作用，是从神判法向人判法的一个重要转折。

皋陶是历史上伟大的决案官，在判断是非曲直方面有着无比重要的影响力。根据历史的记载，有牧民丢了羊，无法判断凶手是谁，便告到皋陶那里，让皋陶来判断是谁偷了羊，皋陶将三位犯罪嫌疑人先集中到一起，询问是谁偷了羊，这三位犯罪嫌疑人当然谁也不承认，皋陶没有办法，只好拉来一头公羊，让公羊来判断这三位犯罪嫌疑人谁是真正的凶手，羊闻到某位嫌疑人时便受惊踹其一脚，由此认定这个犯罪嫌疑人就是偷羊的人。难道羊真的那么神奇，能够辨别谁才是犯罪嫌疑人吗？难道真的是神判法在发挥作用吗？当然不是。真正的原因只不过是公羊能够闻到犯罪嫌疑人身上的气味，偷羊人一旦偷了羊，身上一定残存有羊的气味或者留有羊毛，公羊闻到这种气味，便受惊踹其一脚，这才是羊能够判断出凶手的原因，这也正是皋陶能够实现公正裁判的关键所在。

在皋陶的这则案例中，我们不难发现，整个案件的裁判，皋陶扮演着裁判者的角色，而那只山羊扮演着"廌"的形象，当然，广义上的"廌"并不单单指独角兽，它可以指所有的四角动物，包括鹿、羊等在内，而皋陶利用偷羊人身上一定会留下气味或者羊毛作为证据，确保了案件结果的公正性。皋陶的审判结果正好将"灋"字所蕴含的深层含义完美结合，更好更完整地体现了"灋"字之公平正义。

二、西方文化中的"扬枪抑箭"

在西方，弓箭的使用远不如东方广泛，甚至其所起到的作用也远没有东方那么重要。在著名的荷马史诗《伊利亚特》中给人印象最深的是长枪—大盾的组合，弓箭并不起眼，甚至还有长枪与弓箭的对立，给人一种"扬枪抑箭"的明显倾向。弓箭在《伊利亚特》中所代表的形象如下：第一，弓箭使用较少且失利次数居多。史诗重点描绘的作战方式是枪战，长枪出现了893次，铜剑94次，铠甲256次，盾牌244次，相比之下，弓箭只出现了13次，并且有4次均以弓箭的失利而告终。第二，弓箭呈现出一种非理性因素的特

---

[1] 武树臣："中国法的原始基因——以古文字为视野"，载《法律科学》（西北政法大学学报）2016年第4期。

征。《伊利亚特》中银弓之神阿波罗的非理性因素给人留下了深刻印象，他"致送瘟疫，司掌巫卜，涉足玄妙，甚至有时近乎晦涩和昏暗的神谕领域"。第三，弓箭多与毁约者的负面形象相连。吕西亚人潘达罗斯扮演了毁约者的角色，他在帕里斯与墨涅拉奥斯的决斗失利后向墨涅拉奥斯射出一箭，使得战事重起。原著中是这样描述的：

Athena, meanwhile, in a soldier's guise, that of Laodocus, Antenor's son, a burly spearman, passed among the Trojans looking for Pandarus, if she could find him——Lycaon's noble son. Find him she did, waiting with troops, now covered by their shields, who once had followed him from the cascades of Aesepus. Near him she took her stand and let her sharp words fly: 'Son of Lycaon, I have in mind an exploit that may tempt you, tempt a fighting heart. Have you the gall to send an arrow like a fork of lightening home against Menelaus? Every Trojan heart would rise, and every man would praise you, especially Alexandrus, the prince——you would be sure to come by glittering gifts if he could see the warrior, Menelaus, the son of Atreus, brought down by your row, then bedded on a dolorous pyre! Come, now, brace yourself for a shot at Menelaus. [1]

在事件发生后，克里特人很愤怒，确切来讲，阿咖门农很愤怒，这种愤怒甚至感染到了他的传令官，传令官的话中有这样一句：a feat for the enemy, worry and pain for us. [2] 由此可见，一场战争蓄势待发。

从上述几个关于弓箭在《伊利亚特》中所起的作用来看，弓箭常常是懦弱、非理性以及邪恶的代表。试想，《伊利亚特》对史诗英雄主义、命运观以及伦理思想的表达有重要意义，与此同时，也对古希腊的哲学、美学产生了深远影响，谁能保证其不对法律产生影响？法律无论在哪个发展历程中，都是正义、公平、勇敢以及理性的化身。显然，在西方人看来，弓箭没有达到这种要求，必然在此后的法律发展过程中，也看不到弓箭在外国法律中所起的作用。毕竟，没有人愿意把邪恶、懦弱以及非理性的东西和法律扯上联系，没有人能够想象带有邪恶性质的弓箭会给法律带来什么样的影响，没有人愿意承担把邪恶意义的弓箭带入法律层面而产生的后果。

---

〔1〕 Homer, *The Iliad*, Foreign Language Teaching & Research Press, 1995, page 59~60.

〔2〕 Homer, *The Iliad*, Foreign Language Teaching & Research Press, 1995, page 63.

当然，在西方文化中，"丘比特之箭"（cupid's arrow）却有深刻的意涵。据说爱神丘比特的箭有两种：一种箭会带来高尚的爱情；而另一种箭则会带来强烈的欲望。其中的箭还有金箭与铅箭之分，金箭是爱情之箭，铅箭则是抗拒之箭。相传，被金箭射中的人，会深深地、忘我地爱上看见的第一个人；被铅箭射中的人，会厌恶并拒绝看见第一个看见的人。[1]从"丘比特之箭"的喻隐中，可以引申出"投射"与"捕获"的源义，这与中国古代"灋"中的"弓"和"矢"两个符号的含义似乎亦是完全相通的。

三、"灋"与 Justice 的异曲同工之妙

这样看来，中西法似乎是不同源的，但是仔细想想，在纷繁复杂的表音文字里，难道真的没有一个词能够把"灋"的含义包含在内，能够切实将"灋"的深层含义表述出来吗？我想并不是这样的，似乎有一词能够将"灋"字这些含义囊括在内——Justice。Justice 在《牛津高阶英汉双解词典》中包含以下含义：1. the fair treatment of people 公平，公正；2. the quality of being fair or reasonable 公道，合理，公平合理；3. the legal system used to punish people who have committed crimes 司法制度，法律制裁，审判；4. a judge in a court 法官；5. used before the name of a judge in a court of appeal（称谓）上诉法庭官。[2]

很显然，Justice 作为表意文字，涵盖多层意思，该词的五种意思明确地涵盖了"灋"字中的公平、司法裁判、法官之意，是唯一一个可以与"灋"相媲美的词。这样看来，中西方的"法"又是同源的，中西方法律的发展又是有一定的共同性的。但是随着中国汉字的发展变化，"灋"也从"灋"发展到了简单化的"法"，现在的"法"明显已经不能够完完整整地表述"灋"之内涵。在当代社会，似乎没有一个词能够与英文中的 justice 相提并论，没有一个字能够把 Justice 的这些意思全部包含在内。

由此我们可以判断，"去"字的原型一定由"弓"和"矢"构成，其本意就是作为"出示证据"来体现审判结果公正性的依据，"去"字在"灋"字中即为"弓矢相离"，视作证据。英语世界中的法观念，很可能就源于中国

---

〔1〕 ［美］罗伯特·J. 斯滕伯格：《丘比特之箭》，潘传发译，辽宁教育出版社 2000 年版，第 28 页。

〔2〕 *Oxford Advanced Learner's Dictionary*. Oxford University Press. 1978，P110.

的"灋"观念，这等于从另一个视角对近代以来的"西法中源"说，尤其是"中体西用"说，[1]给予了理论上的证成。因为，福山在其出版的新书《政治秩序的起源——从前人类时代到法国大革命》中，提出了"古代中国——早熟的现代国家"[2]这一论断。既然是早熟的现代中国，因此，在原始法观念的传播方面，更有可能是"西学中源"，而不会是"中学西源"。

---

[1] 刘锦权："洋务派的中西文化观——西学中源说与中体西用论之探析"，载《唐都学刊》2016年第2期。

[2] 转引自章迪禹："古代中国——早熟的现代国家"，载《世界知识》2013年第10期。

资源调查

交通为什么要"征服"海拔?

——国家整合视野中的青藏高原法文化转型及其空间政治学解释[1]

王　勇[2]

内容摘要：道路交通是实现区域一体化和国家整合的基础条件。在东南和西南山地区域，国家早期对这些区域的整合主要就是借助于交通（筑路）和"屯政"等方式实现的。近现代以来，内地的交通网络开始逐渐向西北地区包括青藏高原延伸，但是，由于海拔落差悬殊，国家经由交通等物理或技术手段对西北地区尤其是青藏高原的整合遭遇到了来自海拔高度这一自然条件的极限挑战，即所谓"海拔'反抗'交通"。从"民族互惠"和"平权社会"等理论层面看，似乎已经达成了"内地—青藏"（"平原—高山"）这两大历史地理文化板块之间"封而不闭，归而不化"的理想的大国内区际关系。然而，从国际地缘政治格局来看，作为传统"大陆国家"的中国，正日益受到来自更为强大的"海洋国家"及其联盟的冲击和威胁。这迫使中国必须首先在政治和法律上将内部的高山和平原区域整合为一个统一的、名副其实的"民族国家"，并拓展"一带一路"尤其是"丝绸之路"沿线的政治地缘版图，唯此，才有实力完成对"海洋国家"的"规训"，从而最终实现中华民族伟大复兴的历史使命。

关键词：国家整合　交通　海拔　青藏高原　大陆国家　规训　海洋国家

一、问题的提出——电影《冈仁波齐》的另类解读

道路交通担纲了"祛魅"的隐性先锋！这就是我对电影《冈仁波齐》的

---

〔1〕　本文是提交于 2017 年"第四届陇籍法学家论坛"的参会论文，并获论坛征文一等奖。在此特向会议论坛评议人张翔教授、冯玉军教授、陈其斌教授等师友致谢！西北师范大学法学院 2015 级宪法与行政法学专业硕士研究生胡安升同学，为本文写作收集和整理了部分原始文献资料，在此致谢！

〔2〕　作者简介：王勇，甘肃金昌人，西北师范大学法学院教授、法学博士、律师，华中师范大学中国农村研究院西北调研基地主任，西北师范大学法学院法律与公共政策调查咨询研究中心主任。研究方向为政治学理论与方法、法理学。

另类解读。透过电影《冈仁波齐》，很多人确实（也许是期望）看到了一个与内地迥异的雪域高原，神圣的信仰依然顽强地存留在这里。"信仰留住了空间！"但是，我却从朝圣者脚下无限延伸的柏油路面上看到了不一样的东西（图6）：是蜿蜒在高原上的公路网为普通藏民的朝圣之旅提供了可能，同时也为藏传佛教的日益世俗化提供了基础性条件，也就是说，我看到了雪域高原的内地化和世俗化已逐渐加速的趋势。这里已经形成的道路交通及其网络空间正在重塑着藏人的固有信仰——当更多的普通藏民能够较之早期更容易、更便捷地抵达目的地，实现朝圣愿望时，其实距离藏传佛教的"祛魅"已经不远了。

神圣不可易得。这就是事物的辩证法。汪丁丁曾经说过，大意是：在一个没有局域网的世界里，魅力型人物（神）将不复存在。西藏的路网的另一端，连接着一个更为庞大的、世俗化的内地市民社会的交通网络，而平面化的广域网是"魅力"的天敌。事实上，有人已经发现，"铁路开通带来的便利使得西藏带给人们的独有魅力和神秘色彩会逐渐淡薄，从而影响到民俗文化吸引力的保持"。[1]有学者的"道路民族志"研究发现：黔滇古驿道对贵州社会文化产生了重要的形塑力；道路建设及其背后伴随着政治中心区域的权力控制逻辑；现代道路扮演使"文明"上山的关键性媒介；现代道路支撑了以城市为核心的中心化发展模式。[2]因此，在观看电影《冈仁波齐》时，不仅要留意他们内心的"信仰"，还要注意到他们脚下的"公路"。

要理解佛教如何"出生地，入死地"，这很重要。"佛教在印度的衰落和在吐蕃的兴旺，正与1038年阿底峡的旅行时代相吻合，这并不是一种简单的巧合。佛教在平原地区衰落的原因，也就是它在荒凉山区取得成功的原因。"[3]这意味着，平原地带率先出现的"文明"——网格化的道路和市场化的交易建构起来的世俗国家，会要求宗教的世俗化即"去政治化"，这会最终将神圣的宗教挤向与国家毗邻的边疆之地；随着国家空间的扩张，宗教会被进一步挤至最后的边远高寒之地。

因此，大多数观众在电影《冈仁波齐》中，看到的是"信仰留住了空

---

〔1〕 兰荣芬、陈秀芝、杨刻俭："青藏铁路对西藏民俗文化的影响"，载《今日湖北（理论版）》2007年第3期。

〔2〕 周恩宇："道路、发展与权力——中国西南的黔滇古驿道及其功能转变的人类学研究"，中国农业大学2014年博士学位论文。

〔3〕 郑炳林主编：《法国藏学精粹》，耿昇译，甘肃人民出版社2011年版，第665页。

间"，而不是"空间重塑着信仰"，这是不足为怪的。因为从表象上看，"转世轮回"这样的宗教信仰，是为了"延展时空"，而不是"压缩时空"，是适应生活中的立体化空间，而不是把现实中的立体空间平面化和线性化。这与现代化的交通通讯工具的目标正好相反。现代交通和通讯的目标是压缩时空，将空间平面化或线性化。当然，也许有观众会说，电影《冈仁波齐》中的11位藏人用了1年的时间，虔诚地"叩行"2000多公里才达到冈仁波齐圣山，这看起来并没有"节约时间"和"加速行进"。但是，我们一旦展开一个历史比较的维度，就会发现，这次朝圣，事实上是节约了时间，加速了行程。因为11位藏人脚下的多数路程都是行进在柏油公路路面上的。试想，没有这些公路，他们何时能够达到圣山？能否到达到圣山？山区藏人通常会说"出去转转"，而平原上的内地人通常会说"出去走走"。一个是立体轮回时空观，一个是平面线性意识。这个差异真的会持续存在下去吗？

既然交通会不可避免地导致西藏宗教信仰的世俗化趋向，那么为什么还要这样做？这是不是中国国家建构和成长的一个必然代价？"广幅国家"（广土众民之国）要发挥其"巨国效应"（内部大市场的规模化效应），必然伴随着交通网络的拓展和人员的频繁流动，以及地方性和局域性的解体吗？斯科特提出的所谓"文明不上山""逃避农业"以及"不被统治的艺术"的理论，是指国家的控制力无法攀升到高海拔的地区，还是指不应该攀升到高海拔的地区？这都是重要而有趣的问题。需要说明的是，道路交通对宗教文化的"祛魅"是从中性意义上讲的。"道路权力"对地方社会有"规训"效应，但也有其积极的"生产"或建设性功能，需要客观理性地分析。如果以"道义发展"为理念，以"有序边疆"为目标，[1]那么，道路交通上高原就是值得的。带着这些问题和理论假设，以下展开进行探讨。

二、早期大陆"广幅国家"建构中的"交通与海拔"——一个分析框架

相对于海洋国家而言，大陆国家的形成必须依托于数个历史地理文化板块在物理空间上的连接，而连接的首要方式就是道路交通。"交通"有交往会通之义，"交通"是使多个地理文化板块最终融合为一个统一政治单元的基础

---

[1] 谷家荣、蒲跃："'道义'发展：有序边疆社会构造的根本出路"，载《云南师范大学学报》（哲学社会科学版）2013年第5期。

条件，也是不同区域之间的法律一体化得以实现的一个必要条件。从"政治物理学"视角看，大陆国家成长的过程也就是将平滑空间纹理化和网格化的过程。质言之，任何政治国家的建构均依赖于一种共通的技术手段——"控流"的技术，即捕获或控制人流、物流和信息流。"控流"的终极目的是消除不确定性时空体，或者说，使社会和政治生活中的时空体处于可控的范围内。在这一过程中，交通技术承担了关键性的使命。要形成一个广土众民的国家，即广幅国家，如果没有交通道路网络对内部空间的连接，是不可能实现的。

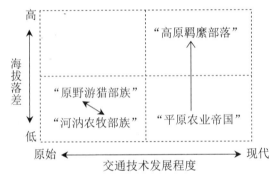

图1　早期"大陆国家"建构和扩张中的"交通与海拔"

尽管早期大陆"广幅国家"建构中高度依赖道路交通，但是，道路交通并不能随心所欲地延展，而要受制于地形和地质条件以及财政和技术条件。以交通技术的发展程度和地面海拔落差为变量，可给出一个相关的分析模型。将交通分为原始交通和现代交通两个对比参数；将海拔分为低海拔地区和高海拔地区两个对比参数（见图2）。这里的现代交通技术条件，大致是指"车马时代"，即车辆发明和马匹驯化完成以后的交通条件；原始交通技术条件，大致是指"车马时代"以前的交通条件。原始交通时期人类群体，从理论上讲，只有占据形胜之地（两河中间所夹之台地）的"河汭农牧部族"，以及分布在其周边的"原野游猎、采集部族"，前者的文明程度高于后者。起初，两者都生活在平原富饶地带。当然，这个时代，除"河汭农牧部族"这样的定居聚落之外，有大量的"隙地"即荒野的存在，地广人稀是主要特征。

现代交通时期，随着"河汭农牧部族"的壮大，平原富饶地带逐渐形成广土众民的农业帝国。"河汭农牧部族"拓展领土的隐性办法主要是遇水架桥和逢山开路。随着农业帝国人口的增加，出现了人口与资源之间的矛盾。于是，一部分处于边缘化的人群逐渐被挤出，移至高寒地带从事以游牧为主的生活。这些分布在高寒地带的游牧部落或多或少会受到毗邻的农业帝国的制约或依附于农业帝国，从而成为农业帝国的"羁縻部落"。平原农业帝国之所以能够在一定程度上控制（遥控）"高原羁縻部落"，是因为基本的道路交通已经"上山"了。中国国家空间扩展的过程，也就是不断向高海拔地区攀升的过程，同时也是交通技术不断提高和路网不断延伸的过程。青藏高原，是中国国家空间"均匀化"建构过程中的最后的一块政治上的高原。

"隙地"或荒野（边疆）是不确定的、不稳定的空间，是平滑空间。而平滑空间之上的人流、物流和信息流，通常是很难控制的，也是无法预测的。因此，要征服"隙地"或荒野，就需要对其进行纹理化或网格化，需要用路网去覆盖或再造它。如果说"隙地"或荒野上的人群是"流民"，那么，纹理空间上的人群则是"居民"（编户齐民）。纹理空间与编户齐民是互为嵌入的，是相辅相成的，是国家空间，是可控空间。时空体的可控制、可预测是国家建构的直接目的。国家建构或拓展的过程也就是不断消除"隙地"或荒野的过程。由此不难理解，为什么中国古代的天子或皇帝自称为"朕"？因为"朕"的本意是"无缝隙的皮甲"，引申义就是消除危险的、致命的缝隙（隙地）。之所以要实现"普天之下，莫非王土；率土之滨，莫非王臣"的目标，并不仅仅是为了拥有或占有更多的土地和臣民，而是为了防范和消除危险的"隙地"以及其上的"流民"。

巴菲尔德在其所著的《危险的边疆：游牧帝国与中国》这本书中，所用的"危险的边疆"这个关键句子的英文是"perilous frontier"。[1]"perilous frontier"可以直译为"穿越人烟稀少的、贫瘠的平滑空间"。这里的"边疆"实为"隙地"或荒野、草原，是平滑空间。游牧民在这里的自由快速"穿越"，是为了捕获中原"腹地"这个富饶的纹理空间。因此，在中原腹地的农耕定居者看来，这里就意味着"危险的边疆"。当然，《危险的边疆：游牧帝国与中国》这本书的书名也可以翻译为"躁动的边疆：各游牧汗国与中原农业帝国"，而且这个译名可能更准确，这个主副标题隐喻着"一与多，静与动，攻与守，牝与牡，濇与滑……"的关系。这就是国家建构的"政治物理学"。对此，德勒兹曾做过一段精湛而形象的阐述：国家的一个根本任务，就是

〔1〕［美］巴菲尔德：《危险的边疆：游牧帝国与中国》，袁剑译，江苏人民出版社2011年版。

使它所统治的空间层化……不仅要征服游牧运动，而且还要控制移民运动……实际上，只要有可能，国家就与一种对各种各样的流所实施的捕获过程结合在一起——人口之流、商品或贸易之流、金钱或资本之流等。"国家的政治权力就是 polis，治安（police），也即道路管理……它要求运动——即便是最为迅疾的运动——不再作为一个（占据着一个平滑空间的）运动物体的绝对状态，从而变成一个在层化空间之中的，从一点到另一点'被运动的物体'的相对特征。"在这个意义上，国家不断地对运动进行瓦解、重构和转化，或对速度进行调控，作为路政官，变流器或道路的枢纽。从这个观点看，它扮演着工程师的角色。相反，当一个国家未能成功地将使其内部或邻近的空间纹理化时，那些穿透着它的流就必然会呈现出一部战争机器的样态，这部机器反抗着国家，并展布于一个敌对的、反叛的平滑空间之中（即便其他的国家能够将它们的纹理隐蔽地置入这个空间之中）。[1]

事实上，在物理世界里，也常常可以见到通过纹理化或"网格化"设计来控制各种"流"——水流、沙流、人流，等等，以防范其危险后果。比如，青藏铁路格尔木沿线附近随处可见的"石垒阵"，是用来减缓并防控流沙淹没铁轨的设施；水库内外侧斜坡坝体，以及公路旁斜坡山体上的网格状砌砖，则是用来缓解水流或雨水的冲刷力的；火车站前入口处的弓形的线隔通道，是用来控制庞大的旅客流的进站流速的。这些设计，在本质上都是用来对各种各样的"流"所实施的捕获装置，目标都在于将速度纳入到可控的范围内。在德勒兹看来，"国家"也就是类似于这些设计的捕获装置。

三、"筑路"与"屯政"——优先征服富饶的、低海拔的宜耕平面空间

关于"筑路""屯政"与早期中国国家成长的关系，葛剑雄教授在其主编的《交流与交通——地图上的中国》（历史丛书）一书中已有详细的记述。[2]中国历史上典型的大陆型、平原型和定居型的国家，就是秦汉帝国，其开疆拓土的隐性机制是经由交通或驿站网络，以及屯垦定居来"征服"或"规训"平面空间而实现的。秦并六国，主要就是合并泛中原农耕区，并用"秦直道"来控驭黄土高原。"蜀道（陆路交通）之难难于上青天"，对当时统一国家之前的

---

〔1〕〔法〕吉尔·德勒兹、费利克斯·瓜塔里：《资本主义与精神分裂（卷2）：千高原》，姜宇辉译，上海书店出版社 2010 年版，第 556~557 页。

〔2〕傅林祥：《交流与交通——地图上的中国历史丛书》，江苏人民出版社 2011 年版。

秦人来讲也是如此，所以，秦人通过岷江水道和都江堰水利网络将蜀地纳入了自己的控制范围。由此可见，作为"水网国家"的中国，可能略早于作为"陆网国家+水网国家"的中国，早期的跨区域交通网络可能主要是借助于水路。

当然，秦国也并不只是合并了中原农耕区，而是把海拔落差不大的东南沿海和西南部分山地区域也纳入了国家范围。通常的说法是海拔500米以上的山地很容易成为族群、文明乃至宗教的分界线。但是，500米的海拔落差，还不足以构成早期国家统一南方山地区域的物理障碍。这与中国历史上发达的"舆地"密不可分。"舆"，从车从舁（yú）声，象形，车的周围有四只手，合力造车或推车的样子。"舆地"的本意应是：通过车轮或路网来控制地理空间。春秋战国时期，之所以列国士的游说之风盛行，是因为交通的发达，如《庄子·胠箧》所说："足迹接乎诸侯之境，车轨结乎千里之外。"正因为有了道路交通的基础条件，这也为后来的秦并六国创造了条件。

中古早期，尽管中国南方诸蛮社会华夏化的历史过程，都经历了在"霑沐王化"与"依阻山险"之间的艰难选择，但其最终结果却是越来越多的土著族群被吸纳进华夏政权的政治秩序之中。"依阻山险"下的"地方自治"最终还是放弃了，转而被纳入中央集权的政治框架之中。[1] "南方山地多被平原上的华夏网络分割包围在网眼中"，"山地经济的不自足性又使其依赖与平原地区华夏网络的贸易，无法远离帝国封闭生活。南方山地由此成为华夏帝国长期扩张的突破口"。[2]

西汉帝国在汉武帝时期，经由开通河西走廊而控制西域，也是沿着相对低海拔且宜于农耕定居的绿洲河谷地带而向西拓展的。西汉帝国的版图是一个典型的"哑铃型"格局，东西两头分别是泛中原农耕区和西域，中间只有河西走廊这个狭长的瓶颈区段来连续东西，而河西走廊两侧的青藏高原和蒙古高原却没有纳入帝国的版图。从秦帝国到西汉帝国的版图演变中，就可以直观地看到，早期中国农业帝国的扩张，是通过优先征服富饶的相对低海拔的宜耕平面空间而实现的。而不宜农耕的高寒地区，是在随后的历史进程中，随着综合国力的增加和交通技术条件的提高而被缓慢地纳入的。

中国历史的"边疆形态"，包括两件事：汉族扩张性质的改变，以及可以

---

〔1〕 罗新："王化与山险——中古早期南方诸蛮历史命运之概观"，载《历史研究》2009年第2期。

〔2〕 胡鸿："秦汉帝国扩张的制约因素及突破口"，载《中国社会科学》2014年第11期。

促进集中化或分裂化的新的政治因素的活动。在此以前，汉族的扩张是占领可以用封建标准组织的土地单位。这种组织结构的细胞单位是城池以及四周的农村。最大的封建单位是一个大的河谷或平原，有一条河流，与其他相似的地区以及自然边界（如分水岭）相隔，政治相当稳定。而在此之后，同样的发展可以无限制地在南方继续，城乡细胞单位也占有优势。但是在北方，汉族到达了一个不同的土地的边缘，它不是一块块地顺从汉族的方法，反而要修正汉族的生活方式。[1]

回顾历史，我们发现，早在夏、商、周三代，中国已经形成了一个水陆交通网的雏形，国家控制的交通运输机构——驿传，最晚在西周时已经出现。由于交通和屯田，历史上的东南和西南，法律较早就实现了与内地的相对一体化。但是，西北地区的内地化的进程却相当缓慢。

对于西藏，拉铁摩尔写道："要征服他们很困难，因为西藏高原的山势险峻。另外代价也太高，因为那一片土地不值得汉族去占领。"[2]事实上，中国区域内最高的和最后的"山险"，确实没有哪里能与青藏高原相比。从今天来看，西藏的管理、服务和生产成本总体上也高于内地和全国的平均水平，这在学术界和决策层已经成为共识。尽管"筑路作为权力的伪装术"[3]，但是，在西藏，这个"伪装"的成本也极为高昂，并不是任何发展中国家都能承担得起的。

四、最后的"高原"——海拔如何"反抗"交通

尽管今天的路网已延伸到青藏高原，但是，路网对青藏高原固有法律文化生态的"重构"作用并不是一蹴而就的，期间有相当长的时期还伴随着海拔对交通的"反抗"。这是交通在早期征服立体空间中的共同遭遇。现代科技的发展，使人体基本上克服了平面空间上的"距离感"，但还没有完全克服立体空间上的"距离感"。所谓"铁路杀死了空间，网络杀死了时间"，从平面时空视角而言，是有道理的；但是，从垂直立体时空的视角来看，问题并不简单。在西藏，不只是人会缺氧，"在这儿就连汽车都会因缺氧经常发生机械故障"。

海拔"反抗"交通，在这里意指青藏高原这个历史文化地理时空体，如

---

〔1〕 [美]拉铁摩尔：《中国的亚洲内陆边疆》，唐晓峰译，江苏人民出版社2010年版，第272页。

〔2〕 [美]拉铁摩尔：《中国的亚洲内陆边疆》，唐晓峰译，江苏人民出版社2010年版，第32页。

〔3〕 周恩宇："道路、发展与权力——中国西南的黔滇古驿道及其功能转变的人类学研究"，中国农业大学2014年博士学位论文。

何反抗内地这个历史文化时空体的"嵌入"，是发生在起初的一种"异体排斥"现象。典型的情形，可以从多个视角去描述。比如，强舸的一个研究发现：早期内地低杆高产的小麦品种之所以无法在雪域高原生根落户，当地藏人顽强地维持着较为"低级的"高杆低产的小麦，是为了应对牲畜冬季草料问题，提高粮食产量并不是他们考虑的唯一因素。[1]这说明，中国的农业区在中原地区水平方向扩张，在东南和西南地区从垂直方向扩张，其过程相对较为顺利。但是，在西北高寒牧业区的扩张却极为缓慢，甚至出现收缩大于扩张的得不偿失的情形。西藏牧业的底色之所以很难从根本上改变，基础性制约条件还是海拔高度问题。

还比如海拔因素对援藏干部完全本地化的制约。由于交通便利，内地援藏干部可以"快去快回"，从而使内地的援藏人员可以在一定程度上"战胜"海拔和高原反应。同时，援藏人员也采取了分期分批、"轮流接力"的模式来"战胜"海拔和高原反应。但这种援藏模式存在一个问题，就是"铁打的雪域高原，流水的援藏干部"，援藏干部不能长期定居于本地，就无法形成当地的魅力型人物，当然也无法取代当地的魅力型人物，这就出现了"悬浮性政府"。如果说历史上还有较多的屯民、军户、流官进入并长期定居藏区，但现在这种情形反而更少了，因为交通发达了，不能把内地援藏者长期"滞留"下来了，他们可以"快去快回"。也就是说，过去交通不发达时，还有实质性的内地向高原的社会嵌入——由于"滞留"而定居；现在交通发达了，人员流动频繁了，却少了实质性的社会嵌入。

西藏牧业的底色不能完全褪去，当地藏传佛教信仰的儒家化转型就很难完成。作为一种地方治理的内地经验，高僧"乡绅化"（这个主题源自西北师大法学院牛绿花教授的一个课题设计思路）或"去政治化"的愿景不太可能轻易实现。这就是一个悖论。海拔要"反抗"的，还有雪域高原固有法律文化类型的根本转型。"一妻多夫""优势亲属关系"的习惯之所以在这里仍有存留，乃是由于高寒农牧区中的农牧互补生计所决定的——既不能分家析产，还需要兄弟之间在时空上的分工劳动才能维持。高原型法律文化具有类似于"普通法"的根本特征，比如，"司法"主导、事后救济、习惯法为主和"责

〔1〕 强舸："权力、技术变迁与知识再生产——当代西藏作物种植史的政治学叙事"，复旦大学2013年博士学位论文。

任规则"至上等。但是，平原型法律文化却具有"制定法"或"在陆法"的根本特征："立法"主导、事先防控、成文法为主和"财产规则"至上等。两种法律文化类型之间是有根本差异的。

雪域高原特殊的自然因素和人文因素决定了该地区突发事件具有特殊性：高海拔环境、民族性、难以控制性。很多情况下，该地区发生的一般事件，由于信息不对称、沟通不畅等因素，有时会上升为突发公共事件。因此，这里的冲突通常防不胜防，于是，"司法"（披着袈裟的传统型"司法权威"）主导的事后救济型治理方式，在这里就有了久远的传统和很强的历史惯性。标准化法是国家统一的基础性制度，但是，"计量剔除了西藏，它在很多变量上明显异于其他省份，在计量检验中也确实成为特殊……"[1]除了"这里没有普通话"[2]的问题之外，"中国教育政策在西藏遇到的最大难题在于西藏人在生产、居住、生活、语言和文化等方面与汉族不同，在标准化课程面前，他们没有看到在学校学习的东西与生活的相关性（see the relevance of what they learn in school to their lives）"。[3]

在现行的法律和政策话语中，并没有"海拔'反抗'交通"这样的话语，有的是"尊重民族地区的特殊情况和历史传统"这样的说法。其实，根本的问题意识是相通的，"海拔'反抗'交通"只是从根本性的局限条件切入。不管围绕这个局限条件的话语表达如何花样翻新，"海拔"这个局限条件本身，却是无法忽略的。在"海拔'反抗'交通"这个现实背景之下，从"民族互惠"和"平权社会"等理论层面看，似乎达成了"内地—青藏"（"平原—高山"）这两大历史地理文化板块之间"封而不闭，归而不化"的理想的大国内区际关系。所谓"水唯能下方成海，山不矜高自及天"；中央主权与地方治权的辩证统一和良性互动；"自然宪制"与"天道正义"的完美契合等等说法，都可以用来描述这种区域关系。"气候的力量"似乎可以作为一种文化或政治"制衡的力量"，"民族互惠论"似乎可以取代"国家建构论"。这样的观点，从文化人类学的视角看是可以理解的，从空间政治学或国际地缘政治视角看，却是书生之见，纸上谈兵。更何况，"海拔"这个局限条

〔1〕 陈志广："是中央控制，还是地方独立——政治影响下的财政分权检验"，载《当代经济科学》2016年第1期。

〔2〕 孙少石："这里没有普通话：藏区的双语司法实践"，载《法律和社会科学》2014年第2期。

〔3〕 贺能坤："西藏农牧区教育调适研究"，西南大学2010年博士学位论文。

件也不是一成不变的，完全刚性的。

海拔"反抗"交通，显然是一种无意识的"反抗"，因为"海拔"是一种自然的力量或局限条件。如果是有意的"反抗"，那就属于斯科特所说的"不被统治的艺术"，平原居民之所以逃往高山并"逃避农业"，乃是为了摆脱平原上的王权的控制和交纳赋税。但是，斯科特的理论并不能完全解释藏人的选择，因为藏人并没有"逃避农业"，并不是"没有统治者的部落"，而是有在王朝国家（比如吐蕃）长期生活的经历。[1]有学者研究发现，西藏高原早期的居民来源于黄河上游的甘青"低地"黄土地带，是逐渐如跳棋般移居青藏高原的。很可能是已经适应低地生活的人群由于资源与人口的矛盾等压力被"挤出"平原河谷低地区域。这些移居高原的人群，已经掌握了的农牧驯养和驯化技术以及定居习惯等，都是在低地生活时期习得的。拓殖青藏高原是人类这一地球上的独特物种显示其适应能力的绝佳例子之一。[2]

文化人类学家看到了所谓的"道路暴力"——高速道路扮演了中心文明社会控制边疆的工具性角色，"铁路同船只一样，象征了流动资本对地理空间的征服"。[3]但是，政治学家则看到了"水陆通，贡赋等"，[4]路网也有促进社会公正和国家统一的一面，路网的延伸也伴随着腹地文化圈向四邻扩展的过程，"汉威令行于西北，故西北呼中国为汉；唐威令行于东南，故蛮夷呼中国为唐"。[5]这是古人很早就有的认识。因此，对于道路与政治之间的关系，要进行客观而理性的分析，不宜偏执一端。

五、看不见的"立体空间平面化"趋势——雪域高原法文化的缓慢内地化转型

如果说海拔对交通的"反抗"还是显性的，那么，交通对海拔的"征服"或"规训"则是隐性的，是绝大部分人不易直接观察到的，正如对电影

---

〔1〕 杜树海："山民与国家之间——詹姆斯·斯科特的佐米亚研究及其批评"，载《世界民族》2014年第2期。

〔2〕 吕红亮："拓殖高原、永久定居、麦作传入：对当前青藏高原史前考古重大争论的回应"，载《青海民族研究》2017年第1期。

〔3〕 张笑宇：《重建大陆——反思五百年的世界秩序》，广西师范大学出版社2015年版，第164页。

〔4〕 《隋书》卷三《炀帝上》（第1册），中华书局1973年版，第61页。

〔5〕 朱彧：《萍洲可谈》卷二，我国台湾地区"商务印书馆"影印本1983年版，第295页。

《冈仁波齐》的另类解读——道路交通无意中在青藏高原上担纲了进行"祛魅"的隐性先锋。将异质的平面空间整合为一个更大的平面空间，是显而易见的；但是，将社会和文化意义上的立体空间实质上平面化，这个过程则不易观察。作为社会和文化意义上的青藏高原，正在缓慢地发生着平原化或内地化的转型，尤其是当代，这个转型的过程相对于过去已经开始加速。

交通作为"征服"海拔的隐性先锋，意味着在青藏高原这个传统的历史文化地理时空体中，已经或正在缓慢地嵌入"内地"这个历史文化时空体的因子。典型的情形，可以从多个视角去透视。在青藏高原，今天不可能延续历史上曾经进行过的"移民屯田、奖励垦荒"等强力推行的、得不偿失的措施，而是更为务实地采取了"包场到户""划界定牧"的政策。"包场到户""划界定牧"在隐性地推动青藏高原法律文化内地化的过程中，其作用是巨大而深远的。[1]"铁丝围栏进草原"，这可是藏区历史上千年未有之大变局！这里不但已经有了"不动产"（草场牧户所有权），而且数量众多的寺院及其附属的金银法器之"价值"，已达难以估量的程度。"使有恒产，不致游走"之"不动产效应"，已使西藏与内地定居社会大同小异。"划界定牧"与路网密布是相辅相成的，许多硬化的县道、乡道和村道已经修通，为汽车替代马匹这样的传统交通工具提供了基础性条件。

"包场到户"和"划界定牧"，在改变青藏高原的自然景观生态的同时，也缓慢地改变了青藏高原上的政治文化生态。尽管"划界定牧"并没有改变牧业的属性，只是改变了牧业的方式——从游牧、轮牧逐渐走向了定居、定牧，但是，这个改变对藏区的影响却是无法估量的。除了路网覆盖了青藏高原之外，移动通讯网络也基本覆盖了青藏高原，藏人已由过去的"车马载信"时代过渡到了"移动通信"时代了。"时空压缩"背景下，青藏高原与内地连接更为紧密了。另外，西藏宗教事务的法律化由浅入深，由点及面，从清代金瓶掣签制度、驻藏大臣制度，到今天的活佛等宗教人士登记注册查询系统等，对藏传佛教的"国家建构"已逐渐成熟乃至趋于完成。

强舸的一项研究发现：青稞是藏族的传统食物和独特文化象征，农业现代化则使小麦走上了藏族餐桌，其变迁历程可分为20世纪70年代后期"藏族不愿吃小麦"、90年代"小麦是不坏的选择"和今天"藏族都爱吃小麦"

---

〔1〕 王勇：《草权政治：划界定牧与国家建构》，中国社会科学出版社 2017 年版，第 12 页。

三个阶段。20 世纪 70 年代小麦受到文化抵制的实质是当时条件下小麦与自然环境和生计模式的冲突。到了后来，人口压力、技术进步和其他现代化措施开始逐渐改变西藏自然环境、生计模式与饮食习惯之间的制约关系，使小麦最终走上了藏族餐桌。[1] 2012 年前后，笔者在甘南夏河的田野调查中，发现当地藏民经常做加了蕨麻和红糖的蒸米饭，这已是他们的家常便饭。与内地人们的想象不同，当地藏民并不是每顿都吃牛羊肉、糌粑和奶制品。在日常餐饮的食材中，内地的谷物和蔬菜等所占的比重已越来越大，对内地生产的日常生活用品的依赖程度也越来越深。

需要说明的是，从地理范围上讲，西藏有广义与狭义之分，甘青地区的安多藏区也属于广义上的西藏的一部分。西藏是一个高海拔的"台地"，但其上却有许多星状分布的"万亩高山小平原"。这些星罗棋布的农业河谷点作为枢纽连接起来，就可以"规训"其间的牧区，这与中原农业帝国经济地理有或多或少的相似性。但是，安多藏区却有所不同，这里是黄土高原向青藏高原延伸的"坡地"，以纯牧业为主，反而是难以"征服"之地，即难以被内地化的区域。"散居而无稳定政治体的山地人群最难被统治"。[2]

因此，西藏的这种农牧结合的经济生态及其政治地理特征提示我们，发生在吐蕃王朝时期的"朗达玛灭佛"这一重大事件，可以提出一种新解：即当吐蕃王朝兴起之后，国家的世俗化进程也随之加速，而世俗国家的权威与派系林立的宗教权威是不相容的。另外，吐蕃的朗达玛赞普灭佛事件与唐朝武宗皇帝的灭佛事件发生的历史时代背景也大致相同。"吐蕃将原本各自政治独立，生产方式与文化传承乃至于族群构成迥异的雪域高原统合为完整的社会共同体，使'雪域板块'从此作为一支聚合的力量横空出世，与李唐王朝争霸天下"。[3] 显然，吐蕃与李唐王朝相互竞争的过程，必定也是两个国家建构不断强化的过程，在这一过程中进行"灭佛"，就绝不可能是偶然事件，不可能单独进行解释。这两地的灭佛，很可能导致部分僧人逃至内地与西藏交错地带，即安多藏区和康巴藏区，进而为后来的佛教复兴留下火种。事实上，

〔1〕 强舸："小麦怎样走上了藏族的餐桌？——西藏的现代化与藏族饮食文化变迁"，载《开放时代》2015 年第 3 期。

〔2〕 胡鸿："秦汉帝国扩张的制约因素及突破口"，载《中国社会科学》2014 年第 11 期。

〔3〕 于逢春："论'雪域牧耕文明板块'在中国疆域底定过程中的地位"，载《中国边疆史地研究》2011 年第 3 期。

安多地区的佛教主要是九世纪中叶以后，从卫藏地区逃亡出去的僧人慢慢发展起来的，灭佛的禁令到不了这里。正因如此，才有了后来所谓的"下路弘法"。这样看来，安多藏区大部分是纯牧区，又长期处于"内边疆"的位置（即卫藏和中原两个政治中心都对它鞭长莫及）。因此，安多藏区内地化的难度很可能大于西藏，这是需要特别留意的。

六、"海洋国家"眼中的"大陆国家"没有高山和平原之差异

在幅员辽阔的大陆国家还没有遭遇到危险的"外部敌人"之前，其内部通常不是以"民族国家"的形式来结构的，而是以"文明国家"或"文化共同体"的形式结构的。这样的大陆国家允许在法律文化的意义上有内部的高山与平原之间的差异，也就是说，大陆地上的"文明国家"通常会宽容内部"垂直社会结构"（vertical structure of society）的存在。海拔层次与文化类型之间有显著的对应关系。区域文化差异除了存在于平面空间之外，还存在于垂直立体空间上。后者的差异具有很强的刚性。高原法律文化与平原法律文化的差异是质的差异，这种差异的实质其实表现为牧业主导型（牧主农副）法律文化与农业主导型（农主牧副）法律文化之间的差异。在很长的历史时期内，高原牧业一直顽强地"反抗"着平原农业的挺进。但是，随着交通网络的扩展和农业技术水平的提高，进入近现代以来，内蒙古的草原文化已经或正在农业化，甚至不可思议地成了中国的"产粮大区"。唯有青藏高原仍然保持着自己固有的农牧兼营甚至牧主农副的特点。之所以有这样的历史进程中的差序格局，一个重要原因是，内蒙古与内地的海拔落差相较于青藏高原与内地的海拔落差，不可相提并论。

早期的人类文明是农牧混合的，即半农半牧，家畜和谷物的驯化是在定居绿洲或黄河流动的河汭台地同时完成的。农牧互动也为人类文明进一步分化提供了原动力。这个原动力影响了后来的人类历史。后来发生了农牧之间的分化，从而激活了人类文明的加速演化，动力也更为强劲。如果说早期人类政治的博弈主要体现在农业国家与游牧国家之间的话，那么，今天的世界已经逐渐向大陆国家与海洋国家之间的博弈格局演化。当然，这只是一个简明的概括，省略了许多中间环节。有哪些中间环节呢？比如，随着农业国家在大陆核心区域的扩张，此前在农业国家的边缘地带从事牧业的人群，会逐渐被挤压到大陆更为边缘的区域即沿海地区，尤其是高纬度地区的沿海，从

而发生蜕变成为海洋国家。比如，汉武帝时期对匈奴的战争，导致了欧亚大陆上的连锁反应：被汉军击败的匈奴潮水般地向西移民，涌入欧洲，最终成了那里的"原驻民"。这就是说，海洋国家的前身其实就是游牧国家（"行国"），海洋国家完全继承了游牧国家的移动性特征。大陆国家与海洋国家的分形，实为早期的农业国家与游牧国家之间的分化的历史"变种"，区别只在于博弈空间的尺度大小而已。

外部威胁产生集体行动。当海洋国家日益强大而威胁到大陆国家时，大陆国家就会从分散走向统一，从松散走向聚合。多极化的世界格局会向大陆与海洋两极化的博弈均衡复归。在"海洋国家"眼中，"大陆国家"的内部是没有高山和平原之差异的。"大陆国土不论是高山和平原，其法律地位是没有差别的"。[1]

试想，如果大陆国家的内部还有高山与平原的差异的话，那么，大陆国家这个"比西莫特"（霍布斯在其《利维坦》所提到的陆上怪兽，隐喻"内战"或"分裂"），就还存在着分裂或内战的风险。而这正是海洋国家希望看到的。海洋国家这个"利维坦"征服"大块头"的大陆国家的关键法宝就是"撕裂"大陆国家而瓜分之。这也是狼群狩猎的经验——从分割到包围猎物，最终集中力量逐个击破。也就是说，当"海洋国家"看到"大陆国家"内部还有高山和平原之差异，它一定会利用这个差异对大陆国家进行"肢解"——比如首先使青藏高原成为中国这个大陆国家的一个"文化孤岛"。

从历史上看，大陆上的某一巨型高山区域的四周，通常都毗邻着不同的河谷平原国家。每个河谷平原国家都想把这一片山地（在历史上往往是作为"隙地"而存在的）整合进自己的"民族国家"之中。如果中国在领土等有形的陆域空间上都不能扣紧大陆与西藏的联系，那么，西藏与内地在移动信息"网域"和文化认同上的一体化进程就会更加困难。西方某些海洋国家在"网域"上对西藏的渗透需要引起我们的高度警惕。当代移动互联通讯网络背景之下，已经出现了"跨地域的同质性内聚"现象，致使地理交通网络在收紧国民交往互动之"反馈环"的传统效果上大打折扣。"远亲不如近邻"，已经或正在向"近邻不如远亲"的方向逆转，"地域国家"出现了向"亲缘国家"逆转的趋势，令人不知所措的局面随之而来。

---

[1] 祁怀高："建设'海洋强国'需要南海战略"，载《世界知识》2016年第1期。

因此，有人建议：基于国家标准与西藏本土实际情况的矛盾，在涉藏电子政务方面应尽可能防范和规避信息安全等风险，减少外包项目的实施。这样的担心是有根据的。"无线电"就是逃逸"有线网"的副产品，现在的难点已聚焦到如何捕捉并驯化"无线电"上了。在国家建构方面，大陆国家的传统优势是"依地建群"或"依地建国"；海洋国家的传统优势是"以群建地"或"以群建国"，两者的侧重点是不同的。移动互联网背景下出现的"跨地域的同质性内聚"现象，以及由此所导致的"地域国家"向"亲缘国家"逆转的趋势，对传统的大陆国家的政治整合是极为不利的。大陆国家必须直面这个"新型风险"并予以化解。

七、结语——重建大陆与国家复兴

昔日蒙古帝国解体的原因，值得认真反思。横跨欧亚大陆的蒙古帝国之所以最终解体，原因众多。当时的交通和通讯技术条件不足以控制一个地域辽阔的帝国是一个关键原因。正所谓"关河悬远，兵不赴急"。早熟的蒙古帝国体系理念很先进，但是控制和整合这个体系的技术条件却很落后。

用一句话来说，就是太过早熟了。其构想目标非常卓越，忽必烈与其策士以壮大的计划、绝妙的统制力、强固的意志，陆续将之实现。这些构想几乎是远远地超越时代的。虽然他们的构想与付出的努力值得称赞，但支撑的技术力和水准都还太低了，忽必烈与其策士既无大卡车也无动力铲，既无火车也无动力船。此外，在通信与联络手段方面只有驿传的特快信和传信鸽而已。要统整东西超过一万公里的超广地域版图，当时人类在技术与产业上太过落后了，技术力的薄弱是致命伤。有史以来屈指可数的"大天灾"长期侵袭，国家却没有承受可怕打击的耐久力。"蒙古体系"不幸地没有获取恒久化的方法和机会。[1]

但是，蒙古帝国的体系如果是在今天，落后的交通技术和通讯条件这个制约因素基本上就不存在了。也就是说，如果横跨欧亚大陆的蒙古帝国在今天出现，它就不算"早熟"，而是正当其时。因为今天的交通和通讯技术，至少从理论上讲，已经有能力控制一个横跨欧亚的大国家了。在庞大铁路网的

---

〔1〕 ［日］杉山正明：《忽必烈的挑战——蒙古帝国与世界历史的大转向》，周俊宇译，社会科学文献出版社 2013 年版，第 257 页。

基础上，资本、能源和人力加速流动，整合并发挥欧亚大陆诸地区之间的互补关系与比较优势可以成为可能。如果欧亚大陆上的国家能够携起手来，那么，扭转五百年以来海洋国家规训和肢解大陆国家的局面就会改观，历史性反转的时刻也会到来。"自 16 世纪起海洋取得对大陆的优势以来已经过去 500 年，大陆需要慢慢收拾被海水撞击得七零八落的海岸线，重建高山与平原。这个过程是艰辛、痛苦和漫长的，其实现需要广泛的利益交换、远大的政治智慧和几代人的共同努力，但政治事务向来如此——如果不去追求看似不可能之事，我们就连可能之事也不可得"[1]"中国应当这样思考自身在未来世界秩序中的真正地位：它是重建大陆的担当者，是海洋沟通大陆的渠道，也是海洋与大陆之间最终达成和解的关键"[2]作为世界秩序中的君子力量共同规训世界秩序中的流民力量，这就是"重建大陆"的历史过程。[3]

由此不难理解，重建大陆，是形势所迫和趋势所向，而不是主观臆想。如果大陆国家受到海洋国家的强力冲击，大陆国家就有更大的动力在内部实现一体化，从而去规训海洋国家。这就是"外部威胁产生集体行动"。如果从规训海洋国家的战略考虑，中国这个大陆国家就需要在内部"征服"海拔，从而建构为一个真正的"民族国家"。从这个角度来思考中国问题，我们就能理解习总书记对援藏干部提出的四个要求了——"不因海拔高而降低党员干部的政治看齐意识，不因天高地远而降低党员干部的核心意识，不以缺氧而缺乏担当进取精神，不以民族落后地区而自我政治纪律松弛。"[4]显而易见，这是从国家整合和重建大陆的战略高度提出的政治要求和政治纪律。国家整合视野中的青藏高原法文化转型，不仅是一种客观趋势，也应成为一种能动的追求。

总而言之，从国际地缘政治格局来看，作为传统"大陆国家"的中国，正日益受到来自更为强大的"海洋国家"及其联盟的冲击和威胁。这迫使中国必须首先在政治和法律上将内部的高山和平原区域整合为一个统一的、名副其实的"民族国家"，并拓展"一带一路"尤其是"丝绸之路"沿线的政治地缘版图。唯此，才有实力完成对"海洋国家"的"规训"，从而最终实现中华民族伟大复兴的历史使命。

〔1〕 张笑宇：《重建大陆——反思五百年的世界秩序》，广西师范大学出版社 2015 年版，第 172~173 页。
〔2〕 张笑宇：《重建大陆——反思五百年的世界秩序》，广西师范大学出版社 2015 年版，第 174 页。
〔3〕 张笑宇：《重建大陆——反思五百年的世界秩序》，广西师范大学出版社 2015 年版，第 159 页。
〔4〕 文国栋："突出四个关键着力点抓实'两学一做'"，载《青海日报》2016 年 8 月 1 日。

甘肃省检察机关代表团赴英国、俄罗斯学习考察报告

金　石[1]

2017年9月6日至12日，由全省两级检察院的5名同志组成的甘肃省检察机关代表团赴英国、俄罗斯进行了为期7天的学习考察。期间，在英国伦敦参观考察了英国上议院，在玛丽女王大学听取了Rudi Fortson教授关于英国刑事司法制度的讲座，在莫斯科考察学习了莫斯科杜马的相关情况。我们此行重点考察了解了英国、俄罗斯的刑事司法制度和检察制度。通过此次学习考察，我们对英国、俄罗斯的刑事司法制度和检察制度有了一个基本的了解，使我们增长了知识、开阔了视野、启发了思维，促使我们在比较中认清了我国与其他国家刑事司法制度、检察制度之优劣，可谓收获颇丰。现将学习考察情况报告如下。

一、学习考察的主要内容

立足于学习、借鉴英国、俄罗斯的刑事司法制度和检察制度，我们通过听课、交流和参观考察等形式，主要围绕以下内容进行了学习：

（一）英国检察制度

当我们说英国的检察制度时，往往指的是英格兰和威尔士的检察制度。严格来讲，英格兰和威尔士没有像我国这样的检察院，只有负责检控的皇家检察署，皇家检察署是根据《1985年违法行为与犯罪起诉法案》创立的，正式挂牌工作的时间是1986年1月1日。皇家检察署的设立标志着英国对犯罪的起诉从过去主要依靠自诉转变为了主要依靠公诉，是英国检察制度史上的里程碑事件，也是英国刑事司法体制的一项重大改革。皇家检察署负责大部分刑事案件的起诉，案件绝大多数来自警署，案件性质多是传统型刑事犯罪，如入室盗窃、抢劫、谋杀等。此外还有一些有权检控非警署机构犯罪嫌疑人的机构，案件多为白领犯罪，如诈骗、贪污、贿赂等。这些机构与检察署并

---

[1] 作者简介：金石，甘肃省人民检察院研究室主任，全国检察业务专家，吉林大学法学博士学位研究生。

无隶属关系，包括海关、严重贪污调查办公室、税务、地方当局负责保护消费者利益、环境卫生、健康安全以及防止污染的部门等。这些部门除可以传唤外，只有极少数享有逮捕权和羁押权。

自诉案件方面，总体上看，在英格兰和威尔士，任何人都有权起诉别人，但有一项限制，即大约有 40 项条款包含的罪名只有在总检察长的同意下才能起诉，还有 60 项条款包含的罪名要征得检察长同意才能起诉。检察长有权终止任何个人诉讼，在诉讼的任何阶段接管某一诉讼以及他认为有利于保护公共利益而让任何已经放弃的个人诉讼重新起诉。但实践中，检察署很少阻止个人诉讼。

1. 皇家检察署概况

在《1879 年违法行为与犯罪起诉法案》施行之前，英格兰和威尔士并没有真正意义上的检察官。人们必须自己或聘请律师起诉犯罪。1880 年，内务大臣任命 John Maule 为首任检察长，隶属于内务部。这是英国检察制度（也可以说是公诉制度）的开端，但当时检察长仅处理少数重大或疑难的案件。一旦检察长做出起诉的决定，具体的起诉工作就交由政府律师来完成。1884 年，检察长与政府律师的职能合二为一。第一任检察长兼政府律师是 Augustue Stephenson。到 1908 年，《1879 年违法行为与犯罪起诉法案》又区分了政府律师与检察长的职能。职能分离后的第一任检察长是 Charles Mathews。1962 年，警务审查皇家委员会在其报告中指出，同一个官员既负责侦查又负责起诉是不妥当的，建议各警察局能够在其内部分设一个专门负责起诉的部门，叫作"起诉律师办公室"。后来有一些警察局也设立了"起诉律师办公室"，还有一些警察局继续沿袭以往的做法，聘请当地的律师事务所为其起诉提供法律意见。当然，律师事务所的法律意见对警察并没有约束力。1978 年，刑事程序审查皇家委员会成立，负责人是 Cyril Philips。1981 年，刑事程序审查皇家委员会发表工作报告，对英格兰和威尔士的刑事司法体制提出以下三点批判：一是警察既拥有侦查权又拥有起诉权，导致在决定起诉时无法做到公平公正；二是不同地区的警察在决定起诉时适用的标准不统一；三是警察起诉的案件质量较差，直接导致出现太多的无罪案件。同时，刑事程序审查皇家委员会建议政府成立一个全新的独立的起诉机构。1983 年，内务部发表《关于英格兰和威尔士独立起诉工作的白皮书》，支持成立一个全国性的机构负责处理刑事案件。1985 年，《违法行为与犯罪起诉法》创立了皇家检察署，合并了检察长办公室和警察局起诉律师办公室的职能。1986 年 1 月 1 日，皇家检察署正式挂牌工作。1999 年 4 月，地区检察署的数量从 14 个增加到 42 个。在这 42 个地区检察署中，伦敦地区检察署对应着两个地区警察局，其余各地区检察署都与一个地区警察局对应。

皇家检察署共雇用了 8775 名工作人员，其中大约 30% 为检察官，超过 94% 的成员战斗在公诉工作的第一线。这些人员依工作性质可以分为三类：第一类是皇家检察官，由经验丰富的律师担任，主要职责是代表女皇对犯罪提起公诉；第二类是皇家检察官助理，主要职责是协助皇家检察官审查起诉案件；第三类是管理者，主要职责是为皇家检察官提供财政、管理、信息、技术方面的支持。皇家检察署每年处理超过 130 万件治安法院的案件和大约 12 万件刑事法院的案件。需要说明的是，这里"案件"的概念与我国的不尽相同。在犯罪与犯法上，英国法律没有区别，我们认为不够刑事处罚的违法行为他们可能认为是犯罪，要立案并起诉到法院。比如盗窃达不到一定的数量我们就不认为是犯罪，只做违法处理。在英国却没有数量多少的区别，只要盗窃事实成立就构成犯罪。检察署的主要职责是起诉刑事罪犯，包括以下四项内容：①就可能起诉的案件，向警署和非警署机构提出诉前建议；②审查起诉，确保被告人身份与罪名相符；③做出庭准备；④在治安法院起诉案件和指导律师在刑事法院或高等法院的起诉。可以毫不夸张地说，皇家检察署是英国最大的"律师事务所"，只不过这个律师事务所只处理刑事案件不处理其他案件。

2. 检察署的机构设置及职责

检察署隶属于政府部门，负责检控警署移送的刑事案件。最高首长为检察长，以下分别为副检察长、区检察长、分署检察长、助理分署检察长、高级检察官和检察官，共七个等级。检察署内还设有书记员和总行政官。检察分署是基本的办案单位，由分署检察长负责。分署下设两到三个由律师和一些非法律专业人士组成的办案小组。他们分工合作，共同办理案件。区检察署实际上是检察署总部的延伸，由区检察长负责，下辖数个检察分署。

总检察长通常由执政党的国会议员担任，一般情况下他不是内阁成员，但享有着部长级职位。他还是政府的总法律顾问和英国律师协会会长，负责在下院回答与法律有关的问题和主持召开律师大会。对检察署，总检察长负有政治上的责任。检察长是检察署的最高负责人，由总检察长任命并在总检察长监督下履行职责。检察长对警署移送的所有刑事案件的起诉活动负责，如果必要，他可以干涉任何诉讼活动。检察长受总检察长监督，某些刑事案件，主要是危害国家安全、公共秩序和贪污的犯罪，应征得总检察长同意后才能提起诉讼。检察长通过总检察长对国会负责，向总检察长递交年度述职报告，国会对该报告进行辩论并投票表决，对总检察长指定的事项要作出汇报。总检察长有权签署不起诉令以终止任何他认为应该终止的诉讼活动。但实际上检察长是相当独立的，有自主权，他决定的绝大多数案件总检察长从未过问，除非是要案、疑难案，或基于公共利益考虑的大案。

检察署的检察官必须由律师担任，属于文职公务员。在诉讼活动中每个检察官都享有检察长所享有的提起和进行诉讼活动的一切权利，但必须在检察长的指导下行使。检察长可以随时授权现任检察官以外的人从事起诉工作，但必须是执业于私人律所的初级律师或公共机构雇佣的律师。这些人同检察官所享有的权力相同，但行使职权时要接受检察官的指导。

3. 审查起诉

检察署在提起公诉前，从两方面审查案件，即证据是否充分和是否符合公共利益。案件必须通过这两项审查方能起诉到法院。值得一提的是在英国许多犯罪嫌疑人不被提起公诉，从而不受到法律的制裁。

（1）证据审查。证据审查是第一步，如果案件通不过这一关，不管性质多么严重，社会影响多大，都不得起诉，只有通过了证据审查后才能进行下一环节：即"公共利益"审查。对警察指控的每一项犯罪事实，检察署要求必须证据充分，并有"获得有罪判决的现实可能性"。按检察署的观点，所谓"获得有罪判决的现实可能性"是指治安法官或陪审团在合法的适当引导下，倾向于按照所指控的罪名作有罪判决。"获得有罪判决的现实可能性"要求检察官根据证据情况预测法官作有罪判决的可能性是否比作无罪判决的可能性更大。在决定是否起诉时，检察官可能出现两种倾向：主观预测和客观证据预测。主观预测着重点在于法官是否作有罪判决的可能性，而不在于被告人是否有罪。客观证据预测的重点在证据本身上，而不是陪审团或上诉法院的可能裁决或判决。检察官认为证据不充分时，就不应起诉，即使预测到陪审团会作有罪判决。反之，检察官认为证据充足，即使预测到法院作有罪判决的可能性不大，也应当起诉。在司法实践中，多数情况下检察官会兼顾主客观因素对案件是否"获得有罪判决的现实可能性"作出判断。

（2）公共利益审查。证据审查通过后，检察官将考虑该案的起诉是否有利于保护公共利益。如果不利于保护公共利益，则不起诉。公共利益的保护是基于案件轻重和犯罪嫌疑人的个人情况而考虑的。如果犯罪事实轻微，有可能处罚很轻的话，将案件起诉就可能不利于保护公共利益。这类小案件是指损害相对较小，犯罪嫌疑人是老年人、未成年人或者心理不健康者，应负的责任不大，许多轻微罪行不用正规的诉讼程序，由警署给予警告、正式警告或撤案也许更为恰当。公共利益的审查给检察官提供了法律以外的自由裁量权，这是英国刑事诉讼中最为敏感的环节。因此有人认为检察官对法官的判决作出推测实际上行使了准审判权。

（3）案件的起诉。按 1997 年《英国刑法》规定，刑事犯罪分为三种：公诉罪、简易罪和公诉与简易罪，刑事诉讼程序分为简易审与正式审。公诉罪指那些最严重的犯罪，如谋杀、强奸等，应在刑事法院审理，即正式审；简易罪指较轻的犯罪，应在治安法院审理，即简易审；公诉与简易罪是介乎二者之间的犯罪，如入室盗窃、扒窃、欺骗等，这类犯罪一般在治安法院审理，但如果被告人或治安法官其中一方希望案件在刑事法院审理，也可以在刑事法院审理。按英国法律，每一件刑事案件的审理都必须从治安法院开始。对简易罪，治安法院作实质性审判，对公诉罪治安法院只是审查证据是否符合正式审的起诉条件，而不对被告人是否有罪作出判断。如果检察官认为案件证据充分，起诉又符合公共利益，就先起诉到治安法院。治安法院预审后，决定案件移送起诉时，就由刑事法院进行正式审理程序。当案件继续到刑事法院时，检察署指令一名律师或专业初级律师出庭公诉。如果检察署告诉犯罪嫌疑人或被告人案件不起诉，或起诉可能已经终止，就表明该案已了结，不会再提起。但也有例外，有时因特别的原因可能重新起诉，尤其是案情严重时。这些原因包括：①不起诉的决定明显错误，不应维持原决定；②案件的终止是因为新的证据可能会在短期内查到，这种情况下，检察官应告诉被告人案件有重新起诉的可能；③案件终止是因为缺乏证据，但后来查到了更重要的证据。对检察署不起诉的决定，警署和犯罪嫌疑人虽有不同意见，但都无权提出异议。

（4）诉辩交易。诉辩交易是检察官与被告人或其律师达成的由被告人承认轻罪以换取减轻处罚的协议。这种情况常常发生在被告人有两个以上犯罪事实的时候，被告人只对其中一个较轻的犯罪事实认罪，而对其他不予承认。

作为交换条件，检察官仅起诉其认罪的轻罪，不起诉其不承认的其他较重罪行。诉辩交易通常发生在开庭前或开庭的较早阶段。但是，无论是被告人坚信自己清白无辜，还是检察官确信掌握的证据确实充分，都不会有诉辩交易的情况发生。但下面两种情况下可能发生检察官与被告人之间的交易。一种情况发生在被告人以认罪来换取该罪的从轻检控时，严格讲应叫"控告协议"。例如以粗心驾驶罪替换危险驾驶罪，以过失杀人罪替换谋杀罪，以强暴猥亵罪替换强奸罪。这是在同一犯罪事实下的轻重交易，而不是在多个犯罪事实下的交易。另一种情况发生在法官对可能判处的刑罚给予暗示时，确切讲应叫"判决交易"。它让诉讼各方明白可能判处刑罚的范围，以给被告人施加一定的压力。

4. 与警署的关系

在英国，检察署同警署的关系是一种建议与合作的关系，而不是像我国的监督制约关系。检察署就有关刑事诉讼的问题向警署提出意见，同时与警署保持密切的合作关系。因为二者所追求的目标是一致的，都有责任使犯罪嫌疑人得到有罪判决。如何保持同警署的有效合作对检察署来讲非常重要，直接影响到案件能否有效起诉。假如案件没有做好充分准备，有罪判决的可能性就小。任何调查，是否移交检察署都由警署决定，检察署无权干涉。当然，在两者的关系中，隐藏着某种监督的因素，因为检察署不起诉的决定本身就意味着对警署决定的否定。但这是一种被动的监督，不能涉及警察工作的敏感部分–案件的调查。

(二) 俄罗斯检察制度

苏联解体后，俄罗斯颁布了新的《俄罗斯联邦宪法典》。从此，俄罗斯转变为资本主义共和国，实行联邦制，确立了"三权分立"的政权体制。社会性质和政权组织形式的转变，加之司法改革的推进，作为国家权力重要组成部分的检察权也发生了一系列改革。

1. 现行俄罗斯联邦检察权的具体内容

俄罗斯联邦检察机关是统一集中的联邦机构体系，它由以下几部分组成：俄罗斯联邦总检察院、俄罗斯联邦主体检察院以及与其同级的军事检察院以及其他专门检察院，市、区级检察院，其他军事检察院和专门检察院。为维护法律的尊严和统一实施，加强法治，保护公民的人权和自由，依法维护社会和国家的利益，俄罗斯联邦检察院行使下列职权：

（1）法律监督权。依据《俄罗斯联邦检察院组织法》第 3 章"检察监督"的规定，俄罗斯检察机关行使的监督权，包括四项内容：①执法监督；②对遵守人权、公民权和自由的监督；③对侦查机关、预审和预侦机关的执法活动实施监督；④对监管场所行政机关执法的监督。

（2）在刑事诉讼中的职权。新法典第 2 编（刑事诉讼参加人）第 6 章（刑事诉讼的控方参加人）第 37 条规定：检察长是本法典规定的权限范围内有权以国家的名义在刑事诉讼过程中进行刑事追究以及对调查机关和侦查机关的诉讼活动实行监督的公职人员。依据《俄罗斯联邦刑事诉讼法典》的相关条款，我们可以看到，俄罗斯联邦检察机关在刑事诉讼中的具体职权有以下四个方面。

①公诉权。《俄罗斯联邦刑事诉讼法典》规定了提起刑事诉讼的三种方式：自诉、自诉或公诉、公诉。公诉案件由检察长代表国家提起诉讼并出庭支持公诉。在侦查终结后，侦查人员将附有起诉意见书的刑事案件移送检察长审查起诉。

②对调查机关、侦查机关的法律监督权。早在 1920 年 10 月 21 日全俄中央执行委员会通过了一部《苏俄人民法院条例》，在此条例中，侦查与调查被区分开了，这种区分沿用至今。因而，在俄罗斯，刑事案件依据其性质的不同分别由侦查机关或者调查机关进行调查。

③侦查权。俄罗斯联邦刑事诉讼法规定，检察长有权提起刑事案件并依照法典规定的程序委托调查人员、侦查员、下级检察长调查案件，委托调查机关进行侦查行为，以及向调查机关发出进行侦缉措施的指示，在必要的情况下可以亲自进行某些侦查行为。检察机关有对刑事犯罪进行侦查的权力。

④适用强制措施的决定权。检察机关可以直接决定适用强制措施，但是，必须由法院裁决执行的强制处分除外。

2. 俄罗斯检察制度改革的具体内容

（1）刑事诉讼法确立了检察长是控诉方诉讼参加人的地位，删除了旧刑事诉讼中的法律监督原则。俄罗斯联邦国家杜马 2001 年 11 月 22 日通过联邦委员会 2001 年 12 月 5 日批准的《俄罗斯联邦刑事诉讼法典》，于 2002 年 7 月 1 日生效。这是俄罗斯的第五部刑事诉讼法典。新法典依据 1993 年 12 月《俄罗斯联邦宪法》确立的一系列新原则，对刑事诉讼程序作了较大的修改。

新法典第 2 编 "刑事诉讼的参加人" 共分 5 章，分别为法院、刑事诉讼的控方参加人、刑事诉讼的辩方参加人、刑事诉讼的其他参加人以及不允许参加刑事诉讼的情况。刑事诉讼的控方参加人包括检察长、侦查人员、调查人员、被害人、自诉人、民事原告人以及被害人、民事原告人和自诉人的代理人。辩方参加人包括犯罪嫌疑人、刑事被告人、未成年犯罪嫌疑人和被告人的法定代理人、辩护人以及民事被告人。刑事诉讼实行辩论原则，控诉、辩护和审判职能必须分立，不得由同一个机关或者同一公职人员进行。法院的职能是为控辩双方履行义务、行使权利创造条件，它必须是中立的，不能参加到控辩中的任何一方中。而控辩双方在法院面前一律平等，任何一方都不能享有凌驾于另一方的权力。

新的刑事诉讼法典取消了旧刑事诉讼法第 25 条关于检察机关对刑事诉讼实行法律监督的原则性规定，即检察长对刑事诉讼程序的监督。取消苏联总检察长和他领导的苏俄检察长以及下级检察长，对于在刑事诉讼程序中是否准确、一致地执行苏联、苏俄和各自治共和国的法律实行监督。检察长应该在刑事诉讼程序的各个阶段，及时采取法律所规定的办法，消除一切违法行为，不论这种违法行为是由何人引起的。新的刑事诉讼法典取消了检察机关的法律监督权，以避免诉讼中的控辩权利失衡，而不利于贯彻控辩双方辩论原则。但是，从前文的介绍可以看出，检察机关在刑事诉讼中的法律监督权仍然是存在的，即对侦查机关、调查机关的监督。

（2）赋予检察机关起诉裁量权。俄罗斯联邦的公诉由检察长负责提起，新的刑事诉讼法典除规定了法定不起诉条件外，还规定在双方和解、形势变更或者犯罪嫌疑人、被告人积极悔过的情形下，检察长可以酌情决定是否起诉。但是，检察长的不起诉决定权受到犯罪嫌疑人、被告人及被害人的意思制约。这里体现了新刑事诉讼法对个人权利（犯罪嫌疑人、被告人及被害人）予以充分保护的价值取向。同时，新法典还规定了 "被告人认罪特别程序"，这一程序的设立对于检察权及被告人的权利有很大影响。

①俄罗斯联邦检察长的起诉裁量权。俄罗斯联邦的不起诉制度包括法定不起诉和酌定不起诉两种。新法第 24 条规定了不得提起刑事诉讼的法定条件，即没有犯罪事实，缺少犯罪构成要件（包括未成年人犯罪的情形），时效届满，除为了恢复死者名誉的刑事诉讼以外，犯罪嫌疑人或刑事被告人死亡的，自诉案件被害人不告诉的，法院不同意提起刑事案件或不同意将本法典

第448条第1款第1项至第5项、第9项和第10项规定的适用刑事案件特别诉讼程序的人员之一作为刑事被告人进行追究的。依据《刑事诉讼法典》第25条、第26条和第28条的规定，检察长可以行使起诉酌量权，但是，这种起诉酌量权要受到犯罪嫌疑人、被告人及被害人的意思制约。通常对于有被害人的不起诉案件的救济或者称是对检察机关不起诉裁量权的制约途径，是由被害人向上级检察机关申诉或者由侦查机关向上级检察机关提请复核。但是，无论如何，都是一种事后救济。而俄罗斯联邦的不起诉制度在决定不起诉时就规定应当事先取得被害人，甚至犯罪嫌疑人、被告人的同意，这是对其权利的事前保护。

②被告人认罪特别程序（简称"认罪特别程序"）。新法典第10编第40章规定了在刑事被告人同意对他提出的指控时作出法院判决的特别程序，其具体适用条件是，对于所涉嫌的是刑罚为不超过5年剥夺自由刑的犯罪，如果被告人意识到他所提出的申请的性质和后果，并咨询过辩护人，而后在其辩护人在场的情况下自愿提出申请，并经国家公诉人或自诉人的同意，在这种情况下，刑事被告人有权对他提出的指控表示同意并申请不经过法庭审理即对刑事案件做出判决。如果法庭得出结论认为受审人所同意的指控根据充分，已经被刑事案件中搜集到的证据所证实，则法院做出有罪判决并对被告人处刑，刑罚不得超过所实施犯罪法定最重刑种最高刑期或数额的三分之二。此判决不得上诉。俄罗斯联邦在其刑事诉讼法典中增加这一认罪特别程序是一项重大的改革。可以说，认罪特别程序是对诉讼中审判程序的一种简化，这种程序的设立有利于提高诉讼效率，节约有限的司法资源。

③检察长适用强制措施的决定权被削弱。旧法典中规定检察长有权力直接决定对犯罪嫌疑人、被告人适用强制措施，采取侦查活动。而在新法典中规定了司法审查原则，即对于涉及剥夺公民人身自由权及其他人身、财产、民主权利的侦查活动或者适用其他的强制措施时，必须经过法院决定。但是，新法典又规定，侦查员要适用上述侦查行为或强制措施时，必须首先经过检察长的同意，才能向法院申请。检察长就成了采用这些侦查行为或适用某些强制措施的"中间环节"。尽管如此，与旧法典规定检察长有权力直接决定对犯罪嫌疑人、被告人采取强制措施、侦查行为相比，这在一定程度上削弱了检察长在刑事诉讼中的权限，但是，更加有利于形成诉讼中的"审判中心主义"，符合整个刑事诉讼结构当事人主义化的发展趋势。

二、启示与借鉴

英国、俄罗斯两国检察制度产生、建立的路径虽不完全相同，但两国检察制度都吸收、融合了大陆法系和英美法系国家检察制度中的许多合理因素，并建立了独具特色的现代检察制度，其中不乏许多可资借鉴的经验。

（一）应当坚持我国检察机关的宪法定位

研究我国的检察制度必须站在本土化的基点之上，借鉴国外的检察制度亦必须考虑与本土宪政结构和法律文化的兼容与整合。以 1979 年《中华人民共和国刑事诉讼法》（以下简称《刑事诉讼法》）为基础建构的刑事诉讼模式，具有典型的职权主义诉讼模式特征。1996 年和 2012 年《刑事诉讼法》的修改，引进、吸收了诸多当事人主义刑事诉讼模式的内容，形成了"混合型"的诉讼模式，在实践中有向当事人主义发展的趋势。而纯粹当事人主义的"等腰三角形"诉讼模式建立在英美法系国家的法制基础之上，与我国的法律制度并不兼容。首先，我国是成文法国家，法官必须严格遵循法律而不能创设法律，因此法律监督成为必要与可能。检察机关既要保护当事人免于警察之恣意，又要保护当事人免于法官之擅断，确保法律在全国范围内的统一正确实施；其次，检察机关的法律监督是程序意义上的监督，作为一种救济性的诉讼程序安排，法律监督权与具有实体处分性的审判权并无本质冲突，尊重审判权不等于"司法至上"，有错不纠才是对法治国家最大的侵害；最后，我国的检察机关不是单纯的追诉机关，还承担着惩罚犯罪与保障人权的双重使命，既要收集和出示证明犯罪嫌疑人有罪或罪重的证据，又要收集和出示证明犯罪嫌疑人无罪或罪轻的证据，因而具有较强的客观公正性，这与英美法系国家有着本质的不同。如果将检察机关定位为公诉机关，不但会造成法律监督的缺位，而且将会对检察官客观公正地行使职权产生影响。我国检察制度理应与时俱进，但与时俱进不是盲目搬抄，检察改革必须在社会主义政治制度和法律制度的框架内进行。因此，坚持我国检察机关法律监督机关的科学定位，还检察权以独立法律监督权的本来面目，并不断予以强化和完善，是当前检察改革应有的前提和基础。

（二）我国的刑事诉讼模式改革应当结合国情，科学地取长补短

公正和效率是世界各国司法机关的共同追求，但在追求的内容和方式上，

英国与俄罗斯存在较大差别。俄罗斯更注重对实体公正的追求，注重社会公共秩序的维护，对无罪判决，如果检察官认为有罪，可以提出上诉；而英国则是不允许的，因为这侵犯了"一事不再理"原则。对于轻罪和违警罪，俄罗斯采取书面证据为主，口头证据居次原则，法庭很少让证人出庭作证；而在英国，无论重罪、轻罪，证人都得出庭作证。在庭审方式上，俄罗斯在开庭之前，法官一般都要对检察官提交的案件材料进行审查，如果法官、检察官对案件的意见不一致，俄罗斯法官可以拒绝审理，待检察官重新收集证据材料后，再送由三名法官组成的审判庭进行审理。因此，法官通过案件的预审，缩短了办案时限，提高了办案效率，但这种阅卷制度所带来的一个巨大缺陷在于容易造成法官先入为主，过多地受卷宗内容的影响。而英国在正式开庭之前，法官如果审查材料则被认为是有违客观、公正和超脱的审判原则。由此可见，我国进行的刑事诉讼模式改革，既不能片面强调与以英国为代表的英美法系国家的庭审方式接轨，也不能完全照搬俄罗斯等大陆法系模式，应结合本国国情，科学地借鉴，吸收双方的优点和长处，建立具有中国特色的刑事司法制度。

（三）应当根据反腐败形势不断完善相关立法

完善的法律体系是法治国家政府廉政体系得以建立的基础与前提。英国和俄罗斯政府为了遏制腐败颁布了大量的法律。近年来我国的反腐败立法工作取得了一定进展，然而立法滞后仍是目前制约我国廉政建设的主要问题之一。

（四）适度引入第三方机构，加大对个案的监督力度

英国在对刑事案件的防错、纠错中，充分发挥第三方的作用，客观、中立地履行监督职能，无论是针对个案成立的专门调查委员会，还是对警察执法行为进行专门审查的委员会以及刑事案件复查委员会，独立性都是他们的显著特征，不隶属政府，独立行使调查权，最大限度确保了调查结果的客观、公正。我国现行的错案纠正主要依靠当事人申诉，法院审查后提起再审。借鉴英国的成功经验，也可尝试在司法权和行政权之外设立一个较为独立的第三方机构，负责对个案的审查，审查时赋予相当的调查和决定权。这样既拓展了错案纠正的渠道，同时经过客观中立的审查也使相当数量的无理申诉被有效终止，节约了司法资源。

（五）应当大力推进检察官职业化建设

检察官依法独立行使职权是国际上追求司法公正而通行的基本标准，这一标准的实现必须以较高素质的检察官队伍作保证。英国、俄罗斯检察官的考试、培养、遴选等制度已经较为成熟，其中的一些成功经验值得我国学习借鉴，比如预备司法官培训制度、检察官的公开选拔制度以及轮岗制度等。据了解，英国的检察官的任职条件严苛，除了必须通过严格考试、考核取得律师资格外，还须具有数年甚至数十年的诉讼经验。深厚的法学理论功底和丰富的实践经验，使得他们业务精通，独立办案能力强，为防止错案的发生提供了人才保障。而目前我国的检察官只要通过司法考试和公务员招录考试并经过短暂的培训，由各级人大任命即可独立办案。几乎是一考定终身，无论是理论功底还是实践经验都较缺乏，导致了对案件的驾驭能力不足。因此，应当通过司法体制改革，大力推动法官、检察官的职业化进程。

前沿展望

二十世纪八十年代以来的宋代吐蕃部落史研究述评[1]

杨惠玲[2]

内容摘要：本文梳理了目前宋代吐蕃部落史研究的主要内容，主要分宋代吐蕃部落分布及人口研究；唃厮啰家族世系、重要人物研究；宋代吐蕃部落政权研究；宋代吐蕃部落民族问题研究；宋代吐蕃部落与周边政权关系研究；宋代吐蕃部落经济研究；宋代吐蕃部落文化、风俗研究；宋代吐蕃部落佛教信仰研究；宋代吐蕃部落法律相关问题研究等几个方面，评述近30多年来国内学术界对宋代吐蕃部落史的研究概况、特点，提出对今后研究的展望。

关键词：宋代　吐蕃　部落史

吐蕃王朝瓦解后，在今青海、甘肃散居，建立过政权的吐蕃部落，是宋、西夏、辽、金关系中的一股重要势力。关于宋代吐蕃部落史的研究，20世纪80年代以后才备受学界关注，目前已经涌现大量的成果，出现了一些新的研究视角、研究领域。

宋代吐蕃部落研究的专著，重要的有祝启源的《唃厮啰——宋代藏族政权》（青海人民出版社1988年版），通过对宋代唃厮啰政权建立前的河陇地区吐蕃状况、唃厮啰政权的兴起、鼎盛、衰颓、崩溃及崩溃后唃厮啰家族的活动、唃厮啰的经济、唃厮啰的政治与文化等八章内容，对宋代吐蕃部落史进行了全面系统的论述。黎宗华、李延恺的《安多藏族史略》（青海民族出版社1992年版），是安多藏族的一部自远古至民国时期的涉及政治经济文化等方面的通史，但所涉的宋代吐蕃部落史内容过于概括、简略。而祝著则大大拓宽了20世纪80年代宋代吐蕃部落史的研究范围，深化了研究内容。刘建丽的《宋代西北吐蕃研究》（甘肃文化出版社1998年版）总结了之前学者的研究，分专题讨论了

〔1〕　本文为2015年度国家社会科学基金西部项目"甘肃、青海藏族聚居区形成史研究"（项目批准号：15XZS018）；西北民族大学教改项目"中国古代史重点示范教学团队""《中国史学史》课程教学过程改革的研究与实践"创新团队项目"丝绸之路与西北民族地区历史文化"（编号：31920170095）阶段性成果。
〔2〕　作者简介：杨惠玲，汉族，上海理工大学教授、硕士生导师。

宋代西北吐蕃部落的形成、宋对吐蕃的政策、吐蕃的经济和文化等问题。对该地区的历史进行整体性研究的论著[1]，都在相关章节涉及宋代吐蕃部落史。

研究宋代吐蕃部落史的论文集中最有价值的是祝启源的《祝启源藏学研究文集》（中国藏学出版社 2002 年版），可以弥补上述祝启源专著的一些不足。突出的成果还有汤开建的《宋金时期安多吐蕃部落史研究》（上海古籍出版社 2007 年版），是对宋代吐蕃部落政治、经济、文化、宗教、社会组织、人口分布等诸多方面作细致、深入研究的系列论文集。

目前研究宋代吐蕃部落的学术成果以单篇论文居多，按其论述内容可以归纳为下列几部分。

一、宋代吐蕃部落分布及人口研究

宋代吐蕃部落分布及人口问题一直是比较复杂、难以弄清楚的问题。汤开建的《五代宋金时期甘青藏族部落的分布》（《中国藏学》1989 年第 4 期），分陕西沿边藏族居住区、熙河兰会藏族居住区、河北藏族居住区、河南藏族居住区、河西藏族居住区五个地区论述宋金时期吐蕃部落的分布问题，按部族名称细细梳理，是比较有开创性的成果。顾吉辰的《五代北宋初期西凉府族帐考》等文[2]，探讨了北宋初及神哲徽时期吐蕃部落的分布。陈守忠的《北宋时期秦陇地区吐蕃各部族及其居地考》（《西北师范大学学报》1996 年第 2、3 期），对北宋时期秦陇地区吐蕃部族进行考述。日本学者前田正名《五代宋初的六谷及六谷蕃部》[3]第一次对五代宋初凉州的六谷蕃部部落作了较为详细的表述，他分为"六谷蕃部"和"六谷蕃部大首领指挥下的部族"两部分进行论述。其卓识就在于将"六谷蕃部"和"凉州六谷政权"两个概念区别，但仍没有弄清各部族的居住地。黄正林的《北宋时期环庆路的

---

[1] 陈光国：《青海藏族史》，青海民族出版社 1997 年版；崔永红、张得祖、杜常顺：《青海通史》，青海人民出版社 1999 年版；李振翼等：《甘南文史资料·甘南简史（第五辑）》，中国人民政治协商会议甘南藏族自治州委员会 1986 年版；丹曲、谢建华：《甘肃藏族史》，民族出版社 2003 年版；郭厚安、李青凌主编：《西北通史》（第三卷），兰州大学出版社 2005 年版；洲塔、乔高才让：《甘肃藏族通史》，民族出版社 2009 年版。

[2] 顾吉辰："五代北宋初期西凉府族帐考"，载《中国史研究》1984 年第 4 期；"北宋神哲徽三朝我国西北地区族帐考"，载《西北民族学院学报》1986 年第 4 期。

[3] [日]前田正名："五代宋初的六谷及六谷蕃部"，载《东京教育大学文学院学报》1985 年 1 月；[日]前田正名："五代宋初的六谷与六谷蕃部——以居民的民族构成为重点"，陈翰译，载《西北民族文丛》1984 年第 1 期。

蕃族》(《西北史地》1997 年第 3 期),论述了北宋时期环庆路的蕃族族帐及蕃兵问题。陈武强的《北宋前中期吐蕃内附族帐考》(《西藏大学学报》2010年第 3 期)指出,北宋期、前中期河湟陇右地区许多吐蕃部落族帐相继自愿内附于宋而成为熟户,促进了藏汉民族交往和西北边疆的开发。

21 世纪关于宋代吐蕃人口的论述逐渐展开。李清凌的《宋代西北的人口》(《河西学院学报》2002 年第 4 期)对北宋时期西北五路的汉族人口、河湟吐蕃人口、党项西夏人口、西州回纥及西辽人口进行了估算。青海省社会科学院藏学研究所编著的《藏族部落制度研究》(中国藏学出版社 2002 年版)有部分内容涉及此问题。汤开建的《宋金时期安多藏族人口的数据与统计——兼谈宋金时期安多藏族人口发展的原因》(《西北民族研究》2007 年第 3 期)认为宋代是安多藏族人口发展最快的时期,是安多藏族人口史上的最高峰,达到 210 万。齐德舜的《唃厮啰政权统治区的民族、部族与人口的数据与统计》(《兰州教育学院学报》2011 年第 3 期)认为唃厮啰政权的统治强盛时期的人口超过 150 万。目前,宋代吐蕃部落分布及人口的研究仍有拓展空间。

二、唃厮啰家族世系、重要人物研究

关于唃厮啰家族世系,史籍记载十分混乱,特别是《宋史》,其谬误之处更多。所以史学界也是观点不一,汤开建先生的《唃厮啰家族世系考述》等多篇论文[1]论及唃厮啰家族世系,澄清了唃厮啰家族世系中的一些史实。顾吉辰辑录了唃厮啰和董毡相关的史料,对唃厮啰是否生于西域等问题都与汤开建先生意见不一致[2]。相关论述者还有唐嘉弘、秦永章、吴均、侃本、吴逢箴、齐德舜[3]等。其中唐嘉弘从宋代赵郡王墓志铭中提供的材料考述唃氏

---

[1] 汤开建:"再谈角厮罗家族世系的几个问题",载《青海社会科学》1983 年第 3 期;"角厮罗家族世系考述",载《青海社会科学》1982 年第 1 期;"唃厮啰",载《文史知识》1983 年第 7 期。

[2] 顾吉辰:"唃厮啰编年事辑",载《西藏研究》1986 年第 4 期;"邈川首领董毡编年事辑",载《西藏研究》1984 年第 3 期;"就角厮罗家族世系的一些问题与汤开建同志商榷",载《青海社会科学》1983 年第 1 期;"从'夷坚志'一条史料考辨唃厮啰之兄的后裔",载《青海社会科学》1991年第 5 期。

[3] 唐嘉弘:"一个宋代墓志铭的研究——关于角厮罗的历史",载《青海社会科学》1983 年第 2 期;秦永章:"唃厮啰及其族属考述",载《西藏研究》1992 年第 1 期;吴均:"唃厮啰与岭·格萨尔",载《青海省民族学会学术论文选集》第 1 集;侃本:"也谈唃厮啰的族源、身世及其它",载《青海民族学院学报》2003 年第 1 期;吴逢箴:"曾巩'隆平集·唃厮啰传'笺证",载《西藏民族学院学报》2008 年第 5 期;齐德舜:"'宋史·唃厮啰传'笺证",载《西藏研究》2015 年第 3 期。

历史，侃本结合藏文史料探讨唃厮啰的身世及族源，较有新意。

21 世纪以来，随着对该问题研究的深入，有了进一步的论述。齐德舜的《唃厮啰家族世系史》（兰州大学 2010 年博士学位论文）是总结性的成果。他更完整地展现了木征的生平，认为阿里骨的统治成为青唐吐蕃政权由盛转衰的转折点。他对唃厮啰家族元代后裔的探讨，可以作为目前学术界四种"唃厮啰家族世系表"的辨误与补遗[1]。依据零散的史料和与赵天乙嗣子的访谈还原了赵天乙的生平，至此唃厮啰家族世系的研究一直追溯到清代的赵柱，唃厮啰三十二代孙，但可信与否值得进一步探讨。

对于青唐国王号的问题，学界尚有分歧。日本学者铃木隆一的《"唃厮啰"——青唐吐蕃王国的王号》（《西藏研究》1990 年第 2 期）认为青唐政权的王号是"唃厮啰"，青唐国王不称"王"，而是以"王子"自号。汤开建的《唃厮啰是青唐国的王号吗？——与铃木隆一先生商榷》（《民族研究》2007年第 1 期）则提出不同看法，认为青唐政权的王号不是"唃厮啰"，并进一步指出青唐政权的首领称"王"或"国王"，而不是"王子"。张秀清的《也谈"王子"是青唐吐蕃的王号》（《西藏研究》2008 年第 6 期）与铃木隆一的观点一致，以敦煌文献为证，认为青唐政权的首领并不是称"王"或"国王"，而是称"王子"。

21 世纪以来，学界开始了对其他吐蕃家族、部落的研究。汤开建等的《宋、金时期安多藏族部落包家族考述》（《民族研究》2006 年第 1 期）认为，宋、金时期安多藏族中有一支著名的吐蕃汉姓部落"包家族"，其来源是吐蕃化的汉姓丁家，迁徙于熙、河、洮、岷等地后，从此世居此地，归附宋、金王朝后，始终效力于宋、金王朝。

三、宋代吐蕃部落政权研究

关于凉州吐蕃政权。我国史学界 20 世纪 80 年代对吐蕃政权问题开始关

---

[1] 齐德舜："'宋史·阿里骨传'笺证"，载《西藏研究》2012 年第 2 期；"从'清史稿'的一则错误考唃厮啰家族世系——'唃厮啰家族世系表'辨误与补遗"，载《中国边疆史地研究》2009年第 1 期；"'陇右土司辑录·赵土司'初探——兼明清时期唃厮啰家族后裔史迹稽考"，载《西藏民族学院学报》2012 年第 2 期；"从'陇右土司辑录'考明清时期的唃厮啰家族"，载《四川民族学院学报》2012 年第 4 期；"唃厮啰家族末代土司赵天乙生平考述——'唃厮啰后裔史迹稽考'续"，载《中国藏学》2012 年第 3 期。

注，先后翻译了日本学者前田正名先生的《五代及宋初的西凉府》[1]及岩崎力先生的《西凉府潘罗支政权始末》《西凉府政权的灭亡与宗哥族的发展》[2]等文，前田正名先生对五代、宋初的西凉府作了较为详细的表述，弄清了西凉府的政权结构。岩崎力氏的《西凉府潘罗支政权始末》论述了五代、宋初约 50 年间的西凉府政权，特别对潘罗支政权的建立经过及其结构做了考察。他的《西凉府政权的灭亡与宗哥族的发展》一文探索了潘罗支政权的灭亡原因，认为主要是吐蕃内部宗哥族的发展导致了潘罗支政权的灭亡。还有陈守忠先生的《公元八世纪后期至十一世纪前期河西历史述论》（《西北师范学院学报》1983 年第 4 期）论述了宋代吐蕃政权建立前的河西历史，胡小鹏先生的《关于唐末五代宋初凉州自理立政权的几个问题》（《西北师范大学学报》1989 年第 1 期）探讨了凉州自立政权统治者"折逋氏"与潘罗支的身份、族属及掌权的内幕，较有新意。杜建录的《潘罗支与河西吐蕃》（《宁夏大学学报》1991 年第 1 期）从吐蕃与宋、西夏的交往中考察了潘罗支政权。钱伯泉的《凉州六谷蕃部的兴衰》（《甘肃民族研究》1992 年 1 期）对五代宋初凉州六谷蕃部政权的兴盛与衰亡进行了论述。汤开建的《关于公元 861~1015 年凉州地方政权的历史考察》（《西藏研究》1988 年第 3、4 期）考察较详细，在总结前人的基础上认为，凉州潘罗支政权势力最盛时，已将河陇诸地乃至川西北的吐蕃部落都纳入到这个联盟之中。刘建丽的《两宋时期西北少数民族政权特色述论》（《西域研究》2007 年第 3 期）涉及青唐吐蕃政权和凉州吐蕃诸部。刘全波的《甘州回鹘、凉州吐蕃诸部与党项的战争与影响》（《西夏研究》2010 年第 1 期）指出李元昊之所以能够建国、称帝，与宋、辽、金比肩，是因为他打败了甘州回鹘、凉州吐蕃诸部，控制了河西陇右，国力大增。

关于唃厮啰政权。吴天墀的《唃厮啰与唃厮啰政权》[3]论述了唃厮啰政权的建立、鼎盛、衰落以及政治、经济、文化和宗教信仰状况。秦永章的《唃厮啰政权中的政教合一制度》（《青海民族学院学报》1988 年第 1 期）中考察了唃厮啰政权的政教合一制度。黎宗华的《论唃厮啰政权》，芈一之的

---

[1]　[日] 前田正名："五代及宋初的西凉府"，昭和三十二年史学会上的发言。

[2]　[日] 岩崎力："西凉府潘罗支政权始末"，王钺等译，载《西北民族学院学报》1984 年第 3 期；[日] 岩崎力："西凉府政权的灭亡与宗哥族的发展"，李大龙译，载《西北史地》1991 年第 2 期。

[3]　吴天墀："唃厮啰与唃厮啰政权"，载《宋史研究论文集》1982 年年会编刊。

《唃厮啰与唃厮啰政权》、汤开建的《关于唃厮啰时期青唐吐蕃政权的历史考察》、魏贤玲、洲塔的《唃厮啰及其政权考述》(《中国边疆史地研究》2006年4月)、乔春的《论唃厮啰政权兴起之因》(《青海师专学报》2006年第2期)〔1〕等文按时间顺序,从不同角度对唃厮啰政权的建立、发展、鼎盛、衰亡及历史意义进行了考察。

关于宋代安多吐蕃政权的历史地位和价值。祝启源的《唃厮啰政权对维护中西交通线的贡献》(《中国藏学》1998年第1期),论述唃厮啰政权利用青海道的有利条件,不断增长自身的经济实力和防御能力,为此作出了自己应有的贡献。李蔚的《唃厮啰政权兴起原因及其历史作用》(《中央民族学院学报》1983年第1期),也谈及此问题。

关于西北地缘政治。21世纪以来,学者开始讨论宋金时期西北地缘政治的问题。杜文玉的《唐末五代时期西北地缘政治的变化及特点》(《人文杂志》2011年第2期)和《宋金时期西北地缘政治的变化及特点》(《史学月刊》2011年第7期)认为这一时期西北地区地缘的特点是:地域范围已经大为缩小,区域内的民族与政治关系异常复杂,地缘意义更多表现在军事方面,同时也具有一定的地缘经济与文化意义。李清凌的《西北区域政治史上比较优势的骤衰》(《宁夏社会科学》2009年第6期)亦持相似观点。

四、宋代吐蕃部落民族问题研究

20世纪80年代学者就关注民族起源、流动、交往、融合问题的研究。芈一之的《八至十世纪甘青藏区社会状况述论》(《青海民族学院学报》1986年第2期),论述唐蕃对峙到吐蕃占领河陇各地及北宋初年甘青地区的民族概况。汤开建的《对五代宋初河西若干民族问题的探讨》〔2〕认为,入宋以后,安多吐蕃部落民族成分极为混杂的格局日渐清晰明了,许多被称之为"民族"的部落消失了,如龙族、通颊、南山、吐浑、突厥、嗢末等,它们分别被三

---

〔1〕 黎宗华:"论唃厮罗政权",载《西北民族研究》1988年第1期;芈一之:"唃厮啰与唃厮啰政权",载《青海藏学论文选集(一)》;汤开建:"关于唃厮啰统治时期青唐吐蕃政权的历史考察",载《中国藏学》1992年第3期;魏贤玲、洲塔:"唃厮啰及其政权考述",载《中国边疆史地研究》2006年4月;乔春:"论唃厮啰政权兴起之因",载《青海师专学报》2006年第5~6期。
〔2〕 汤开建:"对五代宋初河西若干民族问题的探讨",载《敦煌学辑刊》1983年创刊号;汤开建:"关于河西回鹘、河西党项与河西杂虏诸问题考释",载《甘肃民族研究》1991年第1~2期。

大民族集团——党项、吐蕃、回鹘融合同化，整个河陇地区基本上成了这三大民族集团势力角逐的场所。[苏] E·N·克恰诺夫先生的《西夏国的吐蕃人与吐蕃文化》、张云的《论吐蕃与党项的民族融合》[1]，都探讨了西夏与吐蕃的关系，认为吐蕃与党项人在西夏错居杂处、互相融合。孟楠的《略论唃厮啰吐蕃政权与周边民族的联姻》《略论西夏与周边民族的联姻》，彭向前的《西夏与青唐吐蕃政权的和亲》[2]从政权的联姻的角度出发论述了吐蕃与契丹、党项、回鹘的关系。王继光的《青海隆务河流域藏族来源的社会考察》（《西藏研究》1998 年第 2 期），论及了宋代隆务河流域藏族部落拥立唃厮啰之兄札实庸咙为首领，与唃厮啰分立而治，这一时期前后，隆务河流域是稳定的藏族聚居区，也是藏传佛教传播区。

由整体把握西北民族关系、民族政策的研究。彭向前的《辽宋西夏金时期西北民族关系研究》（河北大学 2004 年博士学位论文）和《试论辽宋西夏金时期西北民族关系的主要矛盾》（《内蒙古社会科学》2004 年第 2 期）两文，把辽宋西夏金时期西北民族关系的发展演变，按其阶段性特征划分为三部分，认为在发展的各个阶段中，都有一个主要矛盾在起作用，依次是宋辽矛盾、宋夏矛盾和夏金矛盾。杨作山的《吐蕃统治河湟地区的民族政策》（《宁夏大学学报》2007 年第 6 期）则介绍了吐蕃政权自身的民族政策。另有，黄纯艳的《"藩服自有格式"：外交文书所见宋朝与周边诸国的双向认识》（《学术月刊》2008 年第 8 期）从外交关系的角度，把周边政权划分为对等国家关系、宗藩体制下的国家关系、中央与地方关系三个层次。王春荣的《唃厮啰政权民族关系初探》（烟台大学 2010 年硕士学位论文），主要论述政权的民族关系，但对该政权的政治结构、职官制度等涉及较少。

基于人类学新视角展开的研究。专著有刘夏蓓的《安多藏区族际关系与区域文化研究》（民族出版社 2003 年版）、格勒的《论藏族文化的起源、形成与周围民族的关系》（中山大学出版社 1988 年版）。论文有刘夏蓓的《关于安多藏区族际关系的人类学研究》（《民族研究》2004 年第 5 期）、《区域文化的

〔1〕 [苏] E.N. 克恰诺夫："西夏国的吐蕃人与吐蕃文化"，刘建丽译，载《宁夏社会科学通讯》1985 年第 8 期；张云："论吐蕃与党项的民族融合"，载《西北民族研究》1988 年第 2 期。

〔2〕 孟楠："略论唃厮啰吐蕃政权与周边民族的联姻"，载《青海社会科学》1998 年第 4 期；"略论西夏与周边民族的联姻"，载《民族研究》1998 年第 6 期；彭向前："西夏与青唐吐蕃政权的和亲"，载《甘肃民族研究》2004 年第 1 期。

人类学解析——以西北安多地区为例》(《思想战线》2005 年第 5 期) 等,其中涉及宋代吐蕃部落的民族问题。

五、宋代吐蕃部落与周边政权关系研究

20 世纪 80 年代,最早关注北宋王朝与吐蕃关系的文章是美国学者陆宽田著、乐赛月译的《北宋时期的中原与吐蕃》(《民族译丛》1982 年第 2 期) 及孙尔康的《北宋王朝与西北吐蕃之关系》(《甘肃民族研究》1982 年 3 期) 一文谈论北宋建国八十年间与吐蕃关系的发展及宋蕃熙河之役的得与失。赵学东的《略论西凉府六谷联盟与北宋之关系》(《兰州学刊》1986 年第 3 期) 一文,对西凉府六谷联盟和北宋的政治、经济关系的确立、发展及结束诸阶段进行了探讨。重要的有顾吉辰的《宋与唃厮啰交流考述》(《西藏民族学院学报》1987 年第 1 期),考证了宋王朝与安多藏族政权唃厮啰的政治、经济交流。

20 世纪 90 年代始,宋与吐蕃关系的论述成果更加丰富。廖隆盛的《北宋对吐蕃的政策》、刘建丽的《略论西北吐蕃与北宋的关系》、陈柏萍的《北宋政权与西北吐蕃各部的关系》、何耀华的《西北吐蕃诸部与五代宋朝的历史关系》[1]等文论述了西北吐蕃诸部与五代、宋朝的政治、经济、军事关系。刘建丽认为西北吐蕃对宋的依附以及文化上对中原王朝的认同,是宋朝经制吐蕃而吐蕃愿意归属的深层原因。陈柏萍则认为出于抵御西夏的需要,吐蕃政权先后依附于北宋王朝。

有关注北宋经营熙河地区的系列文章。王晓燕的《王韶经营熙河管窥》、冯瑞的《王韶'平戎策'及其经略熙河》、汪天顺的《曹玮与北宋西北边防整饬》及《熙河开发与北宋国家统一述评》、陇夫的《略论北宋政府对熙河地区的经营》等文[2]都认为宋王朝的经略熙河有积极的意义。方新蓉的

---

〔1〕 廖隆盛:"北宋对吐蕃的政策",载《宋史研究集》第 10 辑,中华丛书编审委员会印行 1978 年版;刘建丽:"略论西北吐蕃与北宋的关系",载《兰州大学学报》2002 年第 6 期;陈柏萍:"北宋政权与西北吐蕃各部的关系",载《青海民族学院学报》2003 年第 4 期;何耀华:"西北吐蕃诸部与五代宋朝的历史关系",载《云南社会科学》1999 年第 6 期。

〔2〕 王晓燕:"王韶经营熙河管窥",载《中央民族大学学报》2005 年第 5 期;冯瑞:"王韶'平戎策'及其经略熙河",载《兰州大学学报》2002 年第 1 期;汪天顺:"曹玮与北宋西北边防整饬",载《西北民族研究》2001 年第 4 期;"熙河开发与北宋国家统一述评",载《云南社会科学》2002 年第 3 期;陇夫:"略论北宋政府对熙河地区的经营",载《甘肃民族研究》1992 年 4 期。

《从宋人对"熙河之役"的评价看宋与吐蕃之间的关系》（《西藏民族学院学报》2009年第3期）指出，宋人认为用文化和道德来感召其他民族才是上策。

有专文讨论北宋与河湟吐蕃的关系。李华瑞的《北宋与河湟吐蕃的关系》（《河北青年管理干部学院学报》2000年第2期）、杨文的《试论唃厮啰政权对北宋王朝建设及经略河湟民族政策的影响》（《西藏研究》2009年第4期）、蒲文成的《宋代河湟开发述略》（《青海民族学院学报》2005年第4期）、刘建丽的《北宋对河湟地区的开拓略论》（《青海民族研究》2003年第3期）、和陈亚艳的《北宋王朝治理青海方略》（《青海民族研究》1998年第1期）等文，都关注了北宋与河湟吐蕃的关系。高君智的《试论北宋经略河湟的"汉法"政策》（《青海民族大学学报》2012年第3期）指出在与西夏的斗争中，争取缘边吐蕃部落的支持，显得尤为必要。杨文的《试论北宋在河湟区域的堡寨修筑战略》（《青海民族大学学报》2011年第2期）及《试论北宋后期士大夫变法思潮与王安石变法对经略河湟民族政策的影响》（《西藏研究》2011年第2期）两文都指出王安石变法本身就含有经略河湟、兼制西夏、以攻为守、抚战结合、收复汉唐旧境等内容。

其他有相关人物与著作的研究。顾吉辰的《北宋奉使邈川唃厮啰政权使者刘涣事迹编年》（《西藏研究》1988年第1期）、《宋人吐蕃著作考略》（《中国藏学》1988年第4期）。宋王朝向吐蕃征质问题的文章有任树民的《北宋西北边疆质院、御书院略考》（《西北民族研究》1997年第2期）、陈金生的《北宋向吐蕃征质及其原因探析》（《西藏民族大学学报》2008年第2期）。顾吉辰的《宋代蕃官制度考述》（《中国史研究》1987年第4期）、佟建荣的《北宋西北地区蕃官官号考》（《青海民族研究》2007年第1期）详细论述了宋代蕃官迁补的条件、职名及俸给、赐姓叙班、处罚及蕃官官号。具体论述秦州蕃部的文章有杨作山的《北宋时期秦州路考略》（《宁夏社会科学》2007年第3期）、刘建丽的《北宋的秦州蕃部与堡寨》（《西北史地》1995年第1期）及《宋夏战争中的秦州吐蕃》（《宁夏社会科学》1996年第4期）。

吐蕃部落与西夏关系。日本学者岩崎力的《西夏建国与宗哥族的动向》[1]一文，讨论了西夏建国对宗哥族发展的影响。祝启源的《宋代西北地区吐蕃

---

〔1〕〔日〕岩崎力："西夏建国与宗哥族的动向"，载《中村冶兵卫先生古稀纪念东洋史论丛》1986年第3期。

与西夏关系略述》(《甘肃民族研究》1988 年第 3~4 期),按时间顺序考察了宋代吐蕃与西夏间密切的政治、经济关系。张云的《吐蕃与党项政治关系初探》、杨作山的《北宋西蕃与党项关系述评》、王天顺的《西夏与周边各族地缘关系述论》[1]等考察了从 7 世纪至 13 世纪吐蕃与西夏的密切关系。

西夏与辽及以后的金朝,都同该地区的吐蕃部落保持着密切的联系。彭向前的《西夏与青唐吐蕃政权的和亲》(《甘肃民族研究》2004 年第 1 期)和《辽蕃和亲初探》(《青海民族学院学报》2008 年第 3 期)两文对西夏、辽与吐蕃的和亲情况做了系统探讨,认为辽、吐蕃和西夏三方无法构成一个稳定的三角关系,致使辽蕃和亲不仅未能达到预期的政治目的,反而成为其后双方交恶的主要原因。崔明德的《辽朝和亲初探》(《民族研究》2004 年第 4 期)亦涉及了辽蕃和亲的问题。刘建丽的《金朝对陇南吐蕃的招抚》(《西藏研究》2007 年第 4 期)考察了金朝对甘肃河、洮、岷、叠、宕、阶及积石军等地众多吐蕃部族的招抚情况,认为即使是对反叛的吐蕃木波部也是以招抚为主,在这一政策下,鲁黎、葩俄、突门等吐蕃部族首领纷纷率族归附。

学者们特别关注宋、西夏、吐蕃三者间错综复杂关系的研究。美国学者陆宽田先生的《党项在中原与亚洲内陆关系中的作用》[2]一文,探讨了当党项阻断宋的外交路线时,唃厮啰政权成了宋王朝与外界沟通的桥梁。日本学者中岛敏先生的《围绕西羌族的宋夏战争》[3]一文,论述了宋夏战争中西羌族所起的作用。顾吉辰的《北宋时期吐蕃政权与周邻的关系》(《西藏研究》1991 年第 1 期),叙述了吐蕃与周邻北宋、西夏、回鹘、于阗、契丹等的交往。罗球天的《宋夏战争中的蕃部与堡塞》[4]、李华瑞的《宋仁宗联蕃制夏政策述》及《论宋夏争夺西北少数民族的斗争》、杜建录的《宋夏对峙与沿边蕃部》、陇夫的《关于 11~12 世纪宋、夏与吐蕃关系的几个问题》等从不同角

---

〔1〕 张云:"吐蕃与党项政治关系初探",载《甘肃民族研究》1988 年第 3~4 期;杨作山:"北宋时期西蕃与西夏关系述评",载《西北第二民族学院学报》1990 年第 1 期;王天顺:"西夏与周边各族地缘关系述论",载《宁夏大学学报》2003 年第 1 期。

〔2〕 [美] 陆宽田:"党项在中原与亚洲内陆关系中的作用",载《民族译丛》1981 年第 5 期。

〔3〕 [日] 中岛敏:"围绕西羌族的宋夏战争",载《历史学研究》1934 年第 6 期。

〔4〕 罗球天:"宋夏战争中的蕃部与堡塞",载《崇基学报》第 6 期;李华瑞:"北宋仁宗时期联蕃制夏政策述论",载《河北学刊》1989 年第 6 期;杜建录:"宋夏对峙与沿边蕃部",载《固原师专学报》1990 年第 3 期;李华瑞:"论宋夏争夺西北少数民族的斗争",载《西北民族研究》1991 年第 2 期;陇夫:"试论十一至十二世纪宋、夏与吐蕃关系的几个问题",载《甘肃民族研究》1991 年第 3 期。

度论述宋、西夏、吐蕃之间的关系。祁琛云的《北宋前期朝野对联蕃制夏策略的非议及其原因》（《宁夏大学学报》2007 年第 1 期）则论述了北宋朝野对联蕃制夏的争论。

21 世纪以来学者专门对北宋蕃兵进行了研究。任树民的《北宋西北边防军中的一支劲旅——蕃兵》（《西北民族研究》1993 年第 2 期）、刘建丽等的《略论宋代蕃兵建制》（《西藏研究》2004 年第 2 期）及《略论宋代蕃兵制度》（《中国边疆史地研究》2004 年第 4 期）指出，蕃兵的建立是宋代兵制改革的创新。陈武强的《宋代蕃兵制度考略》（《西藏研究》2008 年第 4 期）认为蕃兵建立和制度化的过程始于北宋初，之后随着蕃兵兵团在西北地区的组建，逐渐形成了蕃兵军事职官除授等一系列制度。此外，赵炳林的《宋代蕃兵研究》（西北师范大学 2005 年硕士论文）、王晓云的《试述蕃兵在北宋西北防务的主力作用》（《西藏大学学报》2007 年第 4 期）、陈武强等的《北宋西北防务中的一支特种兵——蕃兵》（《中国社会科学院研究生院学报》2009 年第 1 期）、陈瑞青的《黑水城文献所见宋代蕃兵制度的新变化》（《民族研究》2010 年第 3 期）等也都是围绕着蕃兵制度展开的研究。

六、宋代吐蕃部落经济研究

在宋代吐蕃部落政治史取得一些成果后，20 世纪 90 年代，学术界开始关注宋代吐蕃部落经济问题。比较早的重要成果有汤开建的《公元 11~13 世纪安多藏族部落社会经济的考察》（《西北民族研究》1990 年第 2 期），论述了宋代安多吐蕃部落以牧为主、以农为辅的部落经济的基本构架、商业贸易在部落经济结构占有重要地位、手工业生产的全面发展也是部落经济结构中的重要部门，认为宋代安多吐蕃部落的经济发展水平不低。任树民的《宋代蕃部对西北边疆的开发》（《西藏民族学院学报》1998 年第 2~3 期），对宋代吐蕃部落在农业、畜牧业、手工业和商业发展作了全面介绍。李清凌的《宋代陇右地区的土地经营》（《西北师范大学学报》1994 年第 2 期）和《宋朝西北经济开发的动力》（《中国社会经济研究》2005 年第 1 期）就官私田地的经营发展情况作了简略的分析和说明。刘建丽的《宋代西北吐蕃的手工业》（《西北师范大学学报》1997 年第 4 期），介绍了宋代西北吐蕃部落以当地农、牧业产品及矿产为原料，发展了民族传统手工业。有新意的是任树民的《宋代河西陇右森林草地与民族问题》（《甘肃民族研究》1996 年第 3、4 期），论述了河西陇右在北宋中期前森林草地茂盛，是北宋木材、马匹、薪炭的重要产地，北宋王朝对此地的经营破坏了森林草地，引起了民族反抗。

关于宋金时期吐蕃部落商业的研究也始于19世纪90年代。最早的程溯洛的《五代宋辽金时期新疆回纥人民与祖国各地的经济联系》（《中央民族学院学报》1979年3期），涉及宋代回鹘从青海路向宋王朝朝贡。李清凌论述宋代陇右地区的朝贡、互市；李峰对唃厮啰的交换贸易活动及货币经济形态作了论述；汪天顺分析了西北蕃市的特点；任树民认为唃家位的出现是宋代丝绸之路上的中西经济文化交流在唃厮啰政权时期继续推进的反映；张雪慧、刘建丽、李雪峰[1]从不同的角度，对吐蕃商业问题作了探讨。有新意的是任树民的《北宋缘边吐蕃部族保卫盐井及反盐税斗争》（《西藏研究》1995年第1期），论述了北宋推行的盐政与蕃部青白盐的产销及吐蕃部落为保卫盐井和反盐税所进行的斗争存在着密切的关系。

关于宋金时期西北的交通。日本学者前田正名先生的《西夏时期河西南北的交通路线》[2]，论述了西夏政权对河西交通的影响。周伟洲先生的《丝绸之路东段的另一支线——青海路》（《西北历史资料》1985年第1期），论述了自汉至北宋年间青海路的兴衰过程。

宋王朝与吐蕃部落间的茶马贸易是较早的研究领域，林文勋、程光裕、林瑞翰、贾大泉、冯永林、汤开建、邓前程等[3]从不同角度论述宋与吐蕃的

---

〔1〕 李清凌："宋代陇右的民族贸易"，载《甘肃民族研究》1992年第2~3期；李峰："唃厮啰的交换贸易及货币形态"，载《中国藏学》1994年第3期；汪天顺："北宋西北蕃市贸易述论"，载《青海民族研究》1999年第3期；任树民："北宋时期丝绸之路的贸易网点——唃家位"，载《西北民族学院学报》1997年第2期；张雪慧："试论唐宋时期吐蕃的商业贸易"，载《西藏研究》1998年第3期；刘建丽："宋代吐蕃的商业贸易"，载《西北师大学报》1999年第2期；李雪峰："略论北宋开发西北沿边地区区域市场的原因与背景"，载《山西师大学报》2008年第S2期，"略论北宋对西北沿边地区区域市场的经营管理"，载《科技信息》2008年第33期，"北宋利用贸易羁縻西北吐蕃效果甚微的原因"，载《科技信息》2006年第5期。

〔2〕 [日] 前田正名："西夏时代河西南北的交通路线"，载《西北史地》1983年第1期。

〔3〕 林文勋："宋代以'互市'为内容的民族政策"，载《云南民族学院学报》1991年第3期；程光裕："宋代川茶之产销"，载《宋史研究集》中华丛书编委会第1辑，兰台出版社2005年版；林瑞翰："宋代边郡之马市及马之纲运"，载《宋史研究集》中华丛书编委会第11辑；贾大泉："宋代四川同吐蕃等族的茶马贸易"，载《西藏研究》1982年第1期；冯永林："宋代的茶马贸易"，载《中国史研究》1986年第2期；汤开建："北宋与西北各族的马贸易"，载《中亚学刊》第三辑，中华书局1990年版；邓前程："从自由互市到政府控驭：唐、宋、明时期汉藏茶马贸易的功能变异"，载《思想战线》2005年第3期。

茶马贸易。另有宋常廉、杜文玉[1]论述了北宋的马政建设。杨晓青整体论述了北宋王朝与西北边陲吐蕃部族间的"贡赐贸易"。杨文认为北宋设立榷场,是为了实现官府专卖与专买,达到羁縻蕃族的目的。陈武强指出宋朝对茶马互市控制严格。[2]

吐蕃部落城镇的研究。陈新海的《青海城镇的初步发展》(《青海民族研究》1999 年第 3 期) 和《汉至元代青海城镇形态初探》(《青海民族学院学报》1999 年第 4 期) 认为在两汉至宋元时期的青海城镇初步发展阶段, 城镇的空间分布、形态及内部结构都形成了自己的特色, 他的《唃厮啰首府青唐城试探》、李智信的《青唐城小议》、洲塔和樊秋丽的《唃厮啰遗城"雍仲卡尔"考释》[3]等文专论青唐城。比较有特色的是王珂的《民族交错带城镇-族群系统演化过程响应——以河湟地区为例》(西北师范大学 2010 年人文地理硕士学位论文) 运用地理学、民族学、历史学相关理论进行分析论证, 展现了民族交错区城镇发展与变迁的完整轨迹。另有铁进元、刘满专门考证安夷县、宗哥城址及宋代凉州的状况。[4]

关于吐蕃部落生产关系和弓箭手营田问题的研究。有佟建荣、魏天安、汪天顺等人, 对宋夏时期西北蕃部生产关系及营田制度进行了研究[5]。

21 世纪出现对宋代吐蕃部落生存环境、人文生态变迁的研究。佟建荣的《宋夏沿边蕃部生存环境研究》(《宁夏大学学报》2003 年第 4 期) 指出河湟、陇右地区是沿边蕃部的栖息地, 是中原农耕民族与北方游牧民族交汇之处, 又是宋夏两国的缓冲地带。李健胜的《汉族移民与河湟地区的人文生态变迁》

〔1〕 杜文玉:"宋代马政研究", 载《中国史研究》1990 年第 2 期。

〔2〕 杨晓青:"北宋王朝与西北边陲吐蕃间的'贡赐贸易'摭议", 载《中国藏学》2008 年第 4 期; 杨文:"北宋在河湟地区的官营榷场贸易及土地买卖政策", 载《青海民族大学学报》2010 年第 2 期; 陈武强:"宋代茶马互市的法律规制", 载《石河子大学学报》2012 年第 1 期。

〔3〕 陈新海:"唃厮啰首府青唐城试探", 载《中国藏学》2000 年第 3 期; 李智信:"青唐城小议", 载《青海民族学院学报》2007 年第 1 期; 洲塔、樊秋丽:"唃厮啰遗城'雍仲卡尔'考释", 载《中国藏学》2010 年第 1 期。

〔4〕 铁进元:"安夷县址、宗哥城址考辨", 载《青海社会科学》1994 年第 2 期; 刘满:"宋代的凉州城", 载《敦煌学辑刊》1984 年第 2 期。

〔5〕 佟建荣:"宋夏沿边蕃部封建生产关系的发展", 载《宁夏社会科学》2007 年第 1 期; 魏天安:"宋代弓箭手营田制度的兴衰", 载《中国社会经济史研究》2006 年第 1 期; 汪天顺:"北宋陕西路沿边的弓箭手组织", 载《宁夏社会科学》2008 年第 2 期; "关于宋仁宗时期弓箭手田的几个问题", 载《中国边疆史地研究》2010 年第 3 期。

（《西北人口》2010 年第 4 期）从汉族移民影响的角度，考察了河湟地区人文生态系统的改变，认为汉族迁入河湟的历史，也在一定程度上体现了河湟地区人文生态系统变迁的历史。

七、宋代吐蕃部落文化、风俗研究

祝启源的《试述唃厮啰时期的文化与宗教》（《甘肃民族研究》1985 年第 3~4 期），认为唃厮啰时期的文化与宗教受中原文化影响，但也有其自身的特点。汪天顺的《略论宋神宗时期西北开发中的文化因素》（《西北民族大学学报》2003 年第 6 期），认为宋王朝还注重对蕃部智力资源的开发及中原封建文化、科技的传播。陈化育等的《历史上的河湟文化与河湟教育》（《青海民族研究》2002 年第 1~2 期），对河湟文化与河湟教育的产生的历史轨迹进行较为详细的考证。汤开建的《宋代甘青藏族人发展及其原因》（《民族研究》1988 年第 5 期），论述了宋代安多藏族人发展的原因。何波、肖全良认为蕃学的设立和宋王朝的治边方略密不可分，北宋设置蕃学，加强了对河湟地区的控制。[1]朱普选、杜常顺、丁柏峰等亦对河湟地区独具特色的多元地方文化作了论述[2]。张云、E. N. Kmqbhob 二人[3]谈到了吐蕃文化对西夏文化的影响。

关于宋代吐蕃部落的风俗问题。张邦炜、汤开建、刘兴亮论述了婚姻习俗与文化。[4]任树民的《宋代缘边吐蕃风俗文化嬗变之考略》[5]系统论述了宋代吐蕃风俗。

关于宋代吐蕃工艺与科技发展的研究比较少。任树民的《宋代内地边缘

---

〔1〕 何波："宋代蕃学考述"，载《青海社会科学》1995 年第 1 期；肖全良："北宋河湟地区蕃学教育考述"，载《青海民族大学学报》2010 年第 1 期。

〔2〕 朱普选："青海历史文化的地域特色"，载《西藏民族学院学报》2005 年第 5 期；"青海多元民族文化的形成及其整合"，载《西藏民族学院学报》2006 年第 5 期；杜常顺："论河湟地区多民族文化互动关系"，载《青海社会科学》2004 年第 4 期；丁柏峰："河湟文化圈的形成历史与特征"，载《青海师范大学学报》2007 年第 6 期。

〔3〕 张云："论吐蕃文化对西夏的影响"，载《中国藏学》1989 年第 2 期；E. N. Kmqbhob，"唐古特西夏国的藏族与藏文化"，载《纪念乔玛论文集》，布达佩斯科学院出版社 1978 年版。

〔4〕 张邦炜："辽宋西夏金时期少数民族的婚姻制度与习俗"，载《社会科学研究》1998 年第 6 期；汤开建："宋金时期安多藏族的婚姻文化及女性地位"，载《西北师大学报》2005 年第 3 期；刘兴亮："宋代西北吐蕃联姻问题探析"，载《西藏大学学报》2010 年第 2 期。

〔5〕 任树民："宋代缘边吐蕃风俗文化嬗变之考略"，载《西藏民族学院学报》1996 年第 3 期。

吐蕃部族的工艺文化》（《西藏艺术研究》1997 年第 3 期），论述了宋代吐蕃部落在绘画、刺绣、雕塑、冶铁、煮盐、服饰等工艺上都有发展与创新。刘建丽的《两宋时期西北少数民族科学技术的发展》（《宁夏师范学院学报》2009 年第 2 期）涉及吐蕃的天文历法。

其他文化方面的研究还有谢继胜的《吐蕃西夏历史文化渊源与西夏藏传绘画》、孙林的《分裂时期藏族史学的总体风格与特征》[1]等。

八、宋代吐蕃部落佛教信仰研究

关于宋代吐蕃部落佛教信仰的状况及特点。汤开建、任树民[2]分析了宋岷州广仁禅院碑中反映出的宋代吐蕃佛教信仰状况及佛教文化特色。日本学者岩崎力的《宋代河西藏族与佛教》[3]论述了宋代安多藏族的佛教兴盛及番僧的重要地位。21 世纪出现了更多相关成果。任树民的《独具风仪的河陇吐蕃佛教文化》、汤开建的《宋金时期安多藏族部落佛教的兴盛及其原因》、李清凌的《藏传佛教与宋夏金时期西北的民族关系》[4]等。

80 年代初学者就很关注安多藏区在藏传佛教发展史上的重要性。蒲文成、谢佐、房建昌、黎宗华、谢热、韩官却加、杨正刚、嘉古、桑杰、朱普选[5]等学者均认为青海是西藏佛教后弘期的重要源头。

对宗教人物的研究。顾吉辰的《北宋番僧考实》（《史学集刊》1987 年第

---

〔1〕 谢继胜："吐蕃西夏历史文化渊源与西夏藏传绘画"，载《西藏研究》2001 年第 3 期；孙林："分裂时期藏族史学的总体风格与特征"，载《西藏研究》2002 年第 2 期。

〔2〕 汤开建："宋'岷州广仁禅院碑'浅探"，载《西藏研究》1987 年第 1 期；任树民："从'岷州广仁禅院碑'看河陇吐蕃佛教文化的特色"，载《西藏大学学报》2003 年第 2 期。

〔3〕 ［日］岩崎力："宋代河西藏族与佛教"，李大龙译，载《世界民族》1990 年第 2 期。

〔4〕 任树民："独具风仪的河陇吐蕃佛教文化"，载《西藏艺术研究》2003 年第 1 期；汤开建："宋金时期安多藏族部落佛教的兴盛及其原因"，载《广西民族学院学报》2005 年第 1 期；李清凌："藏传佛教与宋夏金时期西北的民族关系"，载《西北民族学院学报》2001 年第 2 期。

〔5〕 蒲文成："关于藏传佛教前后弘期历史年代分歧"，载《西藏研究》1982 年 3 期及"青海是藏传佛教文化传播发展的重要源头"，载《青海民族学院学报》1998 年第 2 期；谢佐："佛教在西藏的'前宏期'和'后宏期'"，载《青海民族学院学报》1986 年第 3 期；房建昌："也谈藏传佛教后宏期"，载《西南民族学院学报》1987 年 1 期；黎宗华："河湟古刹白马寺"，载《青海民族学院学报》1987 年第 4 期；谢热："西藏佛教后弘期发祥地——丹斗寺"，载《西藏研究》1987 年第 2 期；韩官却加："佛教在藏区的复兴与青海丹斗寺"，载《青海民族学院学报》2002 年第 2 期；杨正刚："藏传佛教在安多地区传播发展史上几个问题之我见"，载《青海史志研究》1987 年第 1~2 期；嘉古、桑杰："藏传佛教在甘肃的传播与发展"，载《甘肃民族研究》2001 年第 4 期；朱普选："宋代藏传佛教及其在青海的传播"，载《青海民族学院学报》2008 年第 4 期。

1 期、第 2 期），简要论述了北宋的番僧活动。朱丽霞的《智缘及其与北宋熙河地区汉藏关系》（《世界宗教研究》2012 年第 3 期）介绍了北宋时期活跃在汉藏边界的著名汉僧智缘，王韶开拓河湟，与智缘的活动密不可分。

进入 21 世纪，出现了一些从新角度研究宋代吐蕃部落佛教的文章。聂鸿音的《吐蕃经师的西夏译名考》（《清华大学学报》2002 年第 1 期）、孙悟湖的《宋代汉藏民间层面宗教文化交流》（《西藏研究》2006 年第 4 期）等从不同的角度，论证了汉地文化对藏传佛教文化的影响。朱普选的《青海藏传佛教历史文化地理研究》（陕西师范大学 2006 年博士学位论文）从历史文化地理学的角度，对青海藏传佛教文化的空间分布特点与组织结构进行对比分析和实证研究。介永强的《论我国西北佛教文化格局的历史变迁》（《中国边疆史地研究》2007 年第 4 期）指出，宋元明清时期奠定了近现代西北佛教文化分布的格局。

九、宋代吐蕃部落法律相关问题研究

21 世纪以来，学者开始关注宋代吐蕃部落法律相关问题的研究。徐晓光的《唃厮啰政权的"立文法"与宋朝藏汉关系立法》（《西藏民族学院学报》2004 年第 4 期）结合史料对这一前人尚未展开研究的问题进行了梳理，考察了唃厮啰政权用来处理内部各部落之间的关系的"立文法"。同时指出，宋廷在处理与蕃部的关系时十分注重运用法律手段，一些较为灵活的法律措施在调整蕃汉民族的关系中起到了很好的作用，并得到了长期沿用。陈武强围绕着北宋西北蕃部的法制问题作了一系列研究[1]，其成果论述了北宋先后实施的一系列针对西北蕃部各族的民族法律法规，对处理西北边地各族矛盾和纠纷、打击各种违法活动、促进西北蕃部民族稳定和社会发展起了重要作用。

关于文献辑录、考证。汤开建、刘建丽辑录的《宋代吐蕃史料集》（一）（二）（四川民族出版社，1987 年、1989 年）。孙菊园的《青唐录辑稿》（《西藏研究》1982 年第 2 期）。汤开建的《李远、汪藻和青唐录》（《敦煌学辑刊》

---

[1] 刘建丽、陈武强："略论北宋对西北边区蕃民的法律保护"，载《内蒙古社会科学》2006 年第 2 期；陈武强："北宋后期关于西北蕃部的民族立法述略"，载《贵州民族研究》2006 年第 6 期；"北宋西北边区的民族法律政策"，西北师范大学 2007 年硕士学位论文；"论北宋真宗、仁宗时期关于甘青蕃部的民族立法问题"，载《西藏民族学院学报》2010 年第 2 期；"北宋神哲时期对西北蕃部的民族立法"，载《青海民族研究》2008 年第 1 期。

第 3 辑），从史料对比中认为李远、汪藻的青唐录是互相不同的都有价值的两本书。顾吉辰的《〈宋史〉吐蕃纪事辨误》（《史学月刊》1984 年第 4 期），专门考订《宋史》记吐蕃史有错误者，马泓波的《〈宋史·吐蕃传〉辨误》（《西藏研究》2004 年第 4 期）在顾吉辰的基础上进一步辨误。

通过对此课题相关成果的梳理，可以发现当前研究的特点：

（1）关于宋代吐蕃部落的分布及人口的研究虽然已经展开，但还有很多问题没有搞清楚。如宋代吐蕃众多部落的具体分布地及人口数据等问题都值得继续深入研究。

（2）关于唃厮啰家族世系、重要人物的研究已经比较系统和深入，近年来的突破是有了明清时期唃厮啰家族后裔史迹的研究。目前，围绕其他吐蕃家族、部落展开的研究成果较少，这是学者们今后努力的方向。

（3）关于凉州吐蕃政权、唃厮啰政权的研究都已取得重要成果。21 世纪以来，学者开始讨论宋代西北地缘政治的问题。但对吐蕃政权的政治结构、职官制度、管理方式、军事机构等的研究涉及较少。唃厮啰对旗下的民族与人口是如何进行统治的呢？目前还不是很清楚。

（4）20 世纪 80 年代开始，关于宋代吐蕃部落民族流动、交往、融合的研究就已兴起。进入 21 世纪，宋代西北民族交流与融合仍然是热点问题，有基于人类学新视角展开的研究。但受材料所限，关于宋代吐蕃部落内民族关系如何，各民族之间的交流与融合具体怎样，仍然是值得我们去深入探讨的问题。

（5）在宋代吐蕃部落与周边政权关系研究中，宋朝与吐蕃部落的关系是研究的热点。从 20 世纪 80 年代开始一直延续到现在，目前成果最多，研究细致深入。21 世纪以来学者们对北宋蕃兵进行了专题研究，成果突出。学者们尤其关注宋、西夏、吐蕃三者间错综复杂关系的研究。21 世纪逐渐展开了辽、金与吐蕃关系的研究，出现整体把握此时西北民族关系及分析吐蕃与宋朝民族政策的研究。

（6）20 世纪 90 年代，学术界开始关注宋代吐蕃部落经济问题。首先是宋代吐蕃部落经济的开发，其次对手工业、商业的研究逐渐展开。宋王朝与吐蕃部落间的茶马贸易是较早的研究领域，从 20 世纪 80 年代开始一直延续至今，成果丰富。21 世纪以来，新的研究领域是关于弓箭手营田、吐蕃部落的城镇、宋代吐蕃部落的生存环境、人文生态变迁等问题。

（7）关于宋代吐蕃部落文化、风俗的研究，20 世纪 80 年代已经开始。但到 21 世纪后，才有部分研究成果。由于材料所限，主要论述了婚姻习俗与文化、宋代吐蕃部落与西夏文化渊源、分裂时期藏族史学的风格和特征等。

（8）20 世纪 80 年代初学者开始关注安多藏区在藏传佛教发展史上的重要性，相关研究一直持续至今。80 年代很少有关于宋代吐蕃部落佛教信仰具体状况的文章。近十年来，出现大量相关成果，一些文章从新角度研究宋代吐蕃部落藏传佛教。比如，从历史文化地理学的角度，对青海藏传佛教文化的空间分布特点与组织结构进行对比分析研究；宋代汉藏民间层面宗教文化交流；汉地文化对藏传佛教文化的影响等研究内容。

（9）21 世纪以来，学者开始关注宋代吐蕃部落法律相关问题的研究，出现了一些重要的成果。此外，还有少量关于宋代吐蕃部落史的文献辑录、考证的成果。

综上所述，宋代吐蕃部落史研究已经多角度全面展开，取得了一些成果，但还有很多可以深入研究的领域。

30 余年来《循化厅志》法律资源相关研究综述

马翠萍[1]

内容摘要:《循化厅志》是循化县最早的一部志书,也是学界研究循化地区历史发展状况非常重要的古籍文献。学界通过对循化地区具体历史发展状况的研究,引用《循化厅志》作为文献资料的支撑,间接地使《循化厅志》中所载史料得到了相应的应用和发展。这些研究主要涉及代表国家权力管控的建置沿革、土司、千百户及乡约制定等"土流参治"的民族治理政策、民族及本民族之间纠纷解决方式及穆斯林反清起义"善后"处理措施等相关领域。尤其是近 30 年来,研究成果呈现视角多元化、观点创新化、内容不断拓展与深化等趋势。

关键字:循化厅志　制度　文献引征

一、问题的提出

清代前期的循化地区自古以来就是汉族与蒙古族、藏族、撒拉族以及土族等少数民族交错居住的地区。这里的战略地位极其重要,西可控新疆,南可驭西藏,东可卫关陇,北可抵蒙古,同时还处于丝绸之路唐番古道段,因此是历代中央王朝经略边疆的战略要地。清政府一开始就很重视对该地区的经略。在开国初期,清廷统治者清楚意识到,要实现全国的统一和稳定就必须在思想上实现各民族认同。因此对循化地区的治理策略主要表现为:扶持黄教以安抚众蒙古部落,抑制蒙古势力的同时扶绥了西藏地区;继续沿袭明制,对该地区及沿边地区实行因俗而治的羁縻政策。之后,清政府因忙于应付三藩之乱及新疆之准噶尔部,虽将青海蒙古各部内附为近藩,但对循化地区的治理却并无太大变化。直到康熙末年和硕特蒙古内部发生变动,引发准噶尔叛乱,康熙帝亲征西藏平定准噶尔掌控西藏地区,雍正初年平定罗卜藏丹津叛乱,清政府才正式开始革新循化地区的治理格局。雍正三年设置青海

---

[1]　作者简介:马翠萍,汉族,西北师范大学 2016 级法学硕士研究生。

办事大臣,实现对青海地区直接控制的目的;对青海各蒙古部落实行盟旗制度,严格控制其游牧地域;针对番族部落实行千百户制度,实现民族自治的效果。后期鉴于国师、禅师、土司势力对循化地区百姓的压榨与剥削,于雍正八年设营建城,并于乾隆二十七年建立循化厅,使得清廷对循化地区的治理一步步纳入到国家治理体制的范畴之内。

《循化厅志》(又名《循化志》)成书于乾隆时期,此时的清朝呈现出一派盛世景象。循化同知龚景瀚在书中记载了清朝初期对循化地区的治理。书中建置沿革条目是对循化地区的行政规划的详细记载,从历史上该地区首次出现在中央统治者的政权规划范围内,到清乾隆年间政权设置的总体规划,充分体现了国家权力在该领域设置上的横向变化。从法律的角度透析本书,可以看出作者从行政法领域、民事领域、经济法领域及刑事领域上进行内容编排。行政法领域不管是行政建置、疆域还是官署、寺院与祠庙的条目设置都可以看出当时清朝对循化地区行政建置的布局;民事领域对物权所有制及婚姻等内容的记载表现出作者对老百姓日常生活的重视;经济法领域关于土地所有制、农业畜牧业等的发展体现了当时清朝处理多民族地区经济方面的战略意识;刑事领域对纠纷的解决方式的记载是历朝中央政权对待少数民族纠纷处理政策的做法,有值得借鉴的地方也有反思的一面。可以说《循化厅志》是记载了清朝前期通过法律思维规制循化地区的最全面和真实的资料汇编。前人对清初这段历史时期对循化地区的各项治理的研究很多,但从法律角度通过《循化厅志》来分析清朝对循化厅的治理状况的研究尚未见到。本文通过对 30 余年来学界针对循化厅相关问题的研究进行系统梳理与考察,以探求《循化厅志》所含法律资源的法律价值与意义及其研究的趋势。

二、《循化厅志》相关文献整理综述

循化位于河湟地区,自古为兵家必争之地。循化是中国西北各民族经济文化的交汇点和交通枢纽,地理位置的特殊性决定了它在政治、军事、法律及国家的稳定和发展上都有着十分重要的战略意义。和硕特蒙古进入青海后,此地一直为其所统治。清前期,为了稳定西北局势,完成国家统一,中央一直把对青海蒙古族、藏族等少数民族的治理作为西北边疆政策的重中之重,因而关于清代循化地区的相关政策也就成为研究者分析研究清代民族政策成败的关键环节,历来备受史家关注。当前学术界依据《循化厅志》对清代循化厅法律制度进行系统性研究的很少，大多散见于相关的著作与期刊论文当中。并且从个别侧面间接涉及，缺乏全面性、系统性、深入性。

朱士嘉[1]称《循化厅志》为嘉庆年间纂修，北京大学与上海徐家汇天主堂藏书楼藏清刻本。《上海图书馆地方志目录》[2]称《循化厅志》为循化厅志稿八卷，并收藏了传抄乾隆五十七年刻本。中国地方史志协会、吉林省图书馆学会编辑的《中国地方志分论》[3]记载清龚氏双骖亭九行录黑格稿本，稿本卷 1、5~7 存于苏州市图书馆，乾隆五十七年刻本存于福建省图书馆。嘉庆年间刻本较多，藏于北京、上海图书馆，青海省图书馆有复制本。

陈超、刘玉清[4]较早地对《循化厅志》的内容进行了系统的介绍，并给予了一定的评价。作者指出"全书结构精当，文笔流畅，材料来自文献档案，尚称严谨可信"。在对全志的内容框架进行介绍后，作者对龚氏在巩固边地发展问题方面的见地给予了高度评价，尤其赞许龚氏提倡对边疆工作的官吏实行照顾政策的建议。除此之外作者对卷八《夷情与回变》条目进行了较为详细的介绍，对回变的起因、经过及清廷的失当处置给予了说明。但是志无序跋、凡例，且成志时间也不详。在藏书版本上作者对嘉庆年间刻本的藏书情况进行了介绍，除朱士嘉《中国地方志综录》中记载的北京图书馆和上海图书馆有藏外，甘肃省图书馆有藏书，青海省图书馆有复制本。《中国地方志联合目录（初稿）》所载福建省图书馆藏《循化厅志》虽记载为乾隆五十七年刊印，但经过作者的考证认为应为嘉庆年间本。吴枫[5]、高占祥等学者[6]对第八卷的评价与前文观点相同，并指出初有龚氏手稿本传世，后又有多种刻本、传本，又有台北《中国方志丛书》本。

金恩辉，胡述兆[7]介绍了乾隆、嘉庆年间修志的内容。乾隆年间《循化厅志稿》由龚景瀚纂修，记事止于乾隆五十余年，乾隆五十七年完成稿本，

〔1〕 朱士嘉：《中国地方志综录》（增订本），商务印书馆 1935 年版，第 73 页。

〔2〕 上海图书馆：《上海图书馆地方志目录》，上海图书馆 1979 年版，第 133 页。

〔3〕 地方史志研究组：《中国地方志分论》，中国地方史志协会 吉林省图书馆学会 1981 年版，第 163 页。

〔4〕 陈超等：《青海地方志书介绍》，吉林省地方志编纂委员会 吉林省图书馆学会 1985 年版，第 64~72 页。

〔5〕 吴枫等：《中华古文献大辞典 地理卷》，吉林文史出版社 1991 年版，第 324 页。

〔6〕 高占祥等：《中国文化大百科全书（历史卷）》（上），长春出版社 1994 年版，第 540 页。

〔7〕 金恩辉等：《中国地方志总目提要》，汉美图书有限公司 1996 年版，第 11~27 页。

但是未付印，设有八卷二十八目，但是无艺文目。该稿本开循化厅修志先河，卷八条目是研究清代青海回族、宗教活动的重要资料。嘉庆年间称《循化志》，龚景瀚纂修，李本源校，记事至道光二十六年。架构体例与乾隆版有细微变化，内容相近，但增补了嘉道年间史料，嘉庆刻本有道光材料，此为后人增添。嘉庆至民国初年未修志，有《循化县风土概况调查大纲》一书，记事止于民国十八年，可以作为循化志记载空白的增补。该提要是首次在全国性方志目录中对《循化志》相关内容的介绍与评论，由此可以看出该志在研究边疆问题的价值所在。

丁世良等[1]在《中国地方志民俗资料汇编（西北卷）》中收录了民俗条目的内容。黄卓越等[2]指出龚氏在地处偏僻、农桑不发达的循化地区，广泛的搜集史料档册，博览群书，严谨治学，并每当引用典籍之处，均会加上按语、注释等，使志的内容有理有据，但是，全书没有一个整体结构，详略比例失当，尽管已刊刻成书，但实为一本志稿。

青海省地方志编纂委员会编《青海省志》[3]对《循化厅志》的内容进行了简单的介绍。同年祝方太等学者[4]指出清刻本职官增补主道光年间，书命题《循化志》藏于北京、甘肃省、福建省图书馆。青海省人民出版社据甘肃省图书馆藏嘉庆本翻印，原刻本八卷八册，翻印时改为八卷合订一册，翻印时对原刻本有明显错漏处做了补正，并加括号给予注明，本藏于甘肃省图书馆。

严正德、王毅武主编《青海百科大辞典》[5]，同仁县志编纂委员会编的《同仁县志》[6]对嘉庆刻本的体例编排进行了介绍，并指出"征引赅情，言皆有征，于山川地理，多亲履其地，考证尤详"。铁木尔·达瓦买提[7]从撒拉族的研究角度对《循化厅志》的内容进行了介绍和评价。指出该志对撒拉族元、明、清历史，尤其是对清朝的历史进行了详细的记载，并称该志是研

〔1〕 丁世良等：《中国地方志民俗资料汇编（西北卷）》，北京图书馆出版社1989年版，294~297页。

〔2〕 黄卓越等：《中国大书典》，中国书店1994年版，第484页。

〔3〕 青海省地方志编纂委员会：《青海省志六十五出版志》，黄山书社1995年版，第52页。

〔4〕 祝方太编：《青海文化史料第2辑》，《青海文化史料》编辑部1995年版，第207页。

〔5〕 严正德等编：《青海百科大辞典》，中国财政经济出版社1994年版，第754页。

〔6〕 同仁县志编纂委员会：《同仁县志》（上），三秦出版社2001年版，第739页。

〔7〕 铁木尔·达瓦买提编：《中国少数民族文化大辞典 西北地区卷》，民族出版社1999年版，第411页。

究撒拉族政治、经济、军事、历史、文化的一部重要史籍，同时指出卷八《回变》是一篇首尾完整的撒拉族教争和反抗清朝斗争的史料。王欣夫[1]介绍了乾隆五十七年成书的旧抄稿本的体例编排，对海峰的编书之辛苦给予了赞扬，并指出海峰对百姓疾苦的关心，卷八《回变》的内容是研究少数民族史的佳材。

徐丽华在《中国少数民族古籍集成》[2]中收录了《循化志》全卷内容。北京图书馆编的《地方志人物传记资料丛刊》[3]收录了《循化志》卷五《官师》的记载。刘成刚、张秀贞[4]对该志的评价为"该志无跋、无序，首设城池、文庙、厅署图三副"。王永亮称[5]志对苏四十三事件的记载，不少资料为他书所无，此极为珍贵。同年由来新夏等编辑的《中国地方志文献·学校考》[6]，收录乾隆《循化志》卷三《学校》的内容。宋天云[7]称龚氏援引依据史料和旧档，并亲自考察求证，记述详细，信而可证。曹娅丽[8]指出《循化厅志》中关于热工地区六月会和神灵信仰的记载，较为珍贵。

三、相关专题问题研究概述

通过在知网上进行相关检索，引用《循化厅志》进行专题研究的文献中著作 430 余篇，博士论文 4 篇，硕士论文 6 篇，期刊 70 余篇。研究内容大多集中在清朝对于循化厅的行政建置、各民族政策的设置、经济发展及苏四十三反清起义的问题上。在这些论著当中，学者们往往根据自身选题的需要，为验证充实自己的观点而对《循化厅志》的内容进行选择性摘抄。此类成果大致有如下几种类型：

---

〔1〕 王欣夫：《蛾术轩箧存善本书录》（上），上海古籍出版社 2002 年版，第 508~509 页。

〔2〕 徐丽华：《中国少数民族古籍集成 汉文版第 70 册密宗 画谱》，四川民族出版社 2002 年版，第 1~157 页。

〔3〕 北京图书馆编：《地方志人物传记资料丛刊 华东卷 上 20》，北京图书馆出版社 2007 年版，第 733~734 页。

〔4〕 刘成刚等：《纵览青海五千年》，青海人民出版社 2007 年版，第 205 页。

〔5〕 王永亮：《西北回族社会发展机制》，宁夏人民出版社 2012 年版，第 76 页。

〔6〕 来新夏等：《中国地方志文献·学校考》，学苑出版社 2012 年版，第 560~564 页。

〔7〕 宋天云：《临夏地方文献目录提要》，甘肃民族出版社 2014 年版，第 505 页。

〔8〕 曹娅丽：《中国节日志 六月会》，光明日报出版社 2014 年版，第 120 页。

（一）循化地区行政方面经略研究

1. 行政管理体制方面的研究

李建宁[1]基于青海河湟地区治理的角度，指出清初中央对于该地区加强军事设置，以巩固河湟地区的稳定。并对苏四十三起义后清廷对青海穆斯林的宗教政策进行了阐述，同时给予处置不当的评价，并告诫后世在处置宗教问题时不得忽视民族问题，并以苏四十三事件为例证。

王昱[2]在考究循化厅设营立厅的时间时，以《循化厅志》为依据。同时在验证设厅时间时，文中还引用《乾隆二十七年三月初八朱批傅森题奏》《西宁府续志》《甘肃通志稿》与《循化厅志》中关于孙世俨任命循化厅同知时所记载的时间均一致来确定循化厅于乾隆二十七年设置的事实。

秦永章[3]以"中华民族多元一体格局"理论为基本框架，利用民族历史学的方法，结合其他学科相关理论，依据丰富的史料及其他资料，从多视角对元明清时期甘宁青地区多民族分布格局的历史形成进行探讨，全面梳理和揭示了这一地区多民族交错复杂的民族历史现象与具体过程，并总结分析出形成的特点和规律，对把握多民族形成的历史进程提供有益的启示。

宁宇[4]依据1981年青海人民出版社出版的《循化厅志》所载清政府对循化地区的治理，系统地论述清廷对循化地区的管理体制。文中对循化厅地名的由来、设营立厅以及所辖疆域与营汛建设方面的内容，同知、主簿、儒学训导等国家正式行政体系的设置，以及土司、千百户、歇家等针对少数民族因俗而治的管理体制设置等内容进行了详细的论述，这些记载在《循化厅志》中都可以找到资料来支撑。

马成俊[5]经过对循化地区汉族的居住情况进行分析后，指出汉族以多种形式在循化地区定居下来，此后便开始修筑祠庙，如河源庙、禹王庙等；中央王朝每年派遣大臣或者地方官进行祭祀活动。祠庙为国家权力的象征，中央王朝对循化地区祠庙建设的扶持，既强化汉族意识，还可以儒化周边少数

---

〔1〕 李建宁："清代管理青海河湟地区方略简述"，载《青海民族学院学报》1997年第3期。

〔2〕 王昱："清代西宁府及所属县厅设置时间考"，载《青海社会科学》1997年第6期。

〔3〕 秦永章：《甘宁青地区多民族格局形成史研究》，民族出版社2005年版。

〔4〕 宁宇："清代循化厅管理体制研究"，辽宁大学2009年硕士学位论文。

〔5〕 马成俊："循化汉族社会文化的建构：从河源神庙到积石宫"，载《青海民族学院学报》2009年第2期。

民族。作者以河源庙和积石宫的修建和祭祀为视角，探究汉族文化在循化地区的建构。文章对河源庙修建的动议、原因、修建经过作了详细的叙述，而这一资料记载于《循化厅志》卷六《祠庙》中，系统而全面，是对该文章河源庙叙述的最有力的文献支撑。文中提到的另一祠庙即禹王庙则较为详细地记载在王权臣所编的《河州志》中。因此从汉族文化的建构来看，祠庙是国家权力入驻循化地区的另一种方式，而《循化厅志》也是祠庙之一河源庙记载信息最全面的一本史料，对研究祠庙建设及其意义起到了重要的作用。

高晓波[1]对循化厅设立的原因进行了分析，并对洮州、河州分界模糊问题进行整治，最终将处于二者之间的归德府归属西宁管辖的经过进行论述。而这些事件均记述在《循化厅志》卷一《建置沿革》当中。

2. 论及土官制度的文章及专著

在循化地区土官制度的设置针对不同的民族有不同的制度，土官、土司制度主要适用于土族和撒拉族，僧官、千百户制度主要适用于藏族。

芈一之[2]以青海土司制度设置与发展为视角，对清廷"改土归流"政策下在青海地区又给十六家土司换给号纸的原因进行了详细的阐述，同时文章在指出土司在清代时打击叛乱势力及镇压人民起义的功能时，引用了《循化厅志》中关于循化厅撒拉族二韩土司的事迹作为例证。最后强调明清时期关于武装反抗土司的记载在史料中非常少见，仅《循化厅志》记载苏四十三起义时喊出"灭土司"的口号。从而对该制度在民族地区的实行给予了肯定的评价。

王继光[3]专门针对青海撒拉族土司制度进行了客观系统的评价。文中对撒拉族二韩土司的家族发展史、在撒拉族设置土司的原因以及对土司职权给予一定程度的限制进行了详细的论述。上述内容无一不是《循化厅志》内容所载。文章对二韩土司对于中央王朝的效忠给予高度评价，同时肯定了中央王朝对河湟等少数民族的上层控制的成功。但是同时在《甘肃新通志》《河州志》《循化厅志》《西宁府新志》等几部地方史志中，保存了康熙年间河州知州王全臣的一份《土司条议》，表明土司与政府间是存在矛盾冲突的，只是因

[1] 高晓波："略论清朝前期对青海藏区的经略"，载《西藏民族学院学报》（哲学社会科学版）2014 年第 3 期。
[2] 芈一之："青海土司制度概述"，载《青海社会科学》1980 年第 1 期。
[3] 王继光："青海撒拉族土司制度述评"，载《青海社会科学》1984 年第 2 期。

为种种原因没有酿成大错。次年，作者[1]对甘青地区土司制度的起源进行了探析，并指出河州土司对周边地区的兼并及掠夺是其辖地、财产和势力扩展的重要原因，也是其土司制度的一大来源。对上述土司的兼并和掠夺的论述，《循化厅志》卷五《土司》中土司对田地的掠夺和汉族杂居的状况是文章的支撑材料之一。

龚荫[2]系统地阐述了土司制度的起源、形成和衰落。作者认为封建王朝对西部、南部的治理，自秦起推行的是"羁縻政策"，元、明、清时推行的"土司制度"，滥觞于元代、大盛于明代、衰落于清代。本书不仅弄清楚了全国设置土司制度的情况，还对每一家土司进行了初步的研究，并对土司制度作出了恰当的评价。可以说该书是研究土司制度的空前巨著。

崔永红[3]以青海土官与土司为视角，分析了元、明、清时期该制度的发展状况，并对明清时期的土司进行了个案分析。除此之外还阐述了藏族部落千百户制度的权力结构及每个部落的发展特点。在制度解析过程中引用《循化厅志》中部分内容为引征，如"合儿五寨"、世袭达鲁花赤韩宝的介绍等，使论述更加具有说服力。除此之外，崔永红所著的《青海通史》《青海经济史》《青海简史》等均对本志有所引征。

朱普选[4]认为土司制度是明清中央政权在少数民族地区实行的符合民族特点的地方行政体制，文章引用《循化厅志》中所记载的二韩土司于明洪武三年归附并获得职权等情况与基于"撒拉族民风强悍，不借助土司的力量势难控制"的缘由设置营汛，作为其论述青海地区土司的空间分布特点和民族属性的史料支撑。同年，作者对青海藏族地区千百户制度的实行进行了深入的剖析[5]。清雍正初期，对青海地区的藏族实行千百户制度，纳入内地府县制管理体制中后，东部地区渐渐产生了以农业为主的藏民。这样的经济结构的变化在《循化厅志》卷八《夷情》中有详细的记载。并在卷四中对循化地区藏族部落千百户制度的实施状况进行了记载。这些都是作者写作的依据。

---

[1] 王继光："试论甘青土司的形成及其历史背景"，载《社会科学》1985年第4期。
[2] 龚荫：《中国土司制度》，云南民族出版社1992年版。
[3] 崔永红：《土官与土司》，青海人民出版社2004年版。
[4] 朱普选："青海土司制度研究"，载《西藏民族学院学报》(哲学社会科学版) 2005年第3期。
[5] 朱普选："青海藏族千百户制度研究"，载《西藏研究》2005年第2期。

武沐[1]对何锁南家族进行了研究，不过仅就珍珠族姓氏的汉化和何锁南土司的起源为"蒙古族说"还是"沙马族说"的辨析时引用《循化厅志》作为分析资料，最终给出"蒙古族说"的观点。何威[2]对河州地区何锁南家族的发展进行了系统而全面的阐释，同时对河州卫的建置沿革及河州地区分布的各土司也进行了梳理。在论述河州土司的世系时指出《循化厅志》卷五《土司》关于珍珠族韩土司记载的"赐韩哈麻安抚司之职"，明朝军事卫所中未有安抚司一职，应为镇抚司之误。乩藏族王土司"嘉靖三十年，（王官卜矢加）奉旨发金牌一面"。王官卜矢加是王且禄之子，所以此处应为洪武三十年所误。在对各土司世系进行分析后指出河州土司具有招抚诸番、守卫边塞、把守关隘、招中买马、促进民族融合的职能。以上内容的梳理中作者大量地引用《循化厅志》卷四、卷五的内容作为观点支撑。文章的重心在于对何土司家族的发展进行研究，对何锁南家族的兴起、衰落以及出现上述变化的原因进行了详细的分析。纵观全文不难看出该文对《循化厅志》中关于何锁南家族的记载进行了深入的挖掘和剖析，同时也体现出土司制度在当时民族问题治理中的重要地位。

贾霄锋[3]首先从制度层面对藏区土司制度进行深入、细致的剖析，并指出藏区土司制度的本质是"传统治边政治思想在封建时代的终极体现"，之后以土司政治为核心，解析藏区土司制度的外延，最后举例分析藏区土司制度的独特性。在论述土司和地方各级流官的关系以及藏族农区土司直辖地区的社会经济形态等方面的内容时以《循化厅志》中相关记载为支撑。

王慧婷[4]认为僧职土司是一种特殊的土司类型，其广泛存在于西北甘青地区，以世袭僧官领少数民族地方军事和民政权力。文章主要在论述河州僧职土司制度时引用 1990 年由兰州古籍书店出版、陈渭明主编的《中国西北文献丛书第一辑：西北稀见方志文献》第五十六卷《循化厅志》中关于河州珍珠族韩土司、宏化寺僧职土司作为引征素材。在论证珍珠族中存在的僧纲与土司两套承袭系统，宏化寺土司为僧职土司、河州普冈寺领兵戍边的行为以及僧职土司与各方面的关系时，《循化厅志》的记载给予了真实可靠的支撑。

〔1〕 武沐："何锁南族属的再探讨"，载《中国边疆史地研究》2010 年第 4 期。
〔2〕 何威："河州土司何锁南家族研究"，兰州大学 2011 年博士学位论文。
〔3〕 贾霄锋：《藏区土司制度研究》，青海人民出版社 2010 年版。
〔4〕 王慧婷："明清时期西北地区僧职土司研究"，兰州大学 2013 年硕士学位论文。

而武沐、王素英〔1〕指出明朝的僧官并不属于土官，并从二者的隶属体系、运行机制以及职能方面进行了分析。在论述僧官职责时引用《循化厅志》卷五"土司"中鸿化、灵藏等寺国师、禅师管理族民的记载，仅如土司之例，来表明二者的不同。作者认为如果对二者进行有区别的认识可以厘清其职能界限，更好地起到管理当地居民的效果。两篇文章对于僧官的定性不同，但其写作视角却为我们提供了一条新思路。

王素英〔2〕在系统全面地阐述明清时期西北土司制度的同时对西北个案土司也进行了分析研究。在论述清代甘青地区土司制度时主要以甘肃图书馆馆藏的《循化厅志》作为史料支撑之一。引用主要内容为，在阐述番僧官与俗僧官的不同时引用《循化厅志》卷五关于番僧官管民"如土司之例"以及到清雍正年间许多管僧被"追回敕印，改都为纲"等的记载作为观点支撑。在对撒拉族土司韩宝家族的土司承袭史进行研究时，作者指出《循化厅志》记载撒拉族始祖韩宝应当是河州卫右所管军百户与嘉靖《河州志》卷一《地理志·屯寨》关于撒喇川的记载，作出了韩宝管辖的百户所应当属于河州卫右千户所中的千百户的推论。在阐述清初对西北地区实行"土流分治"的措施时，大量引用《循化厅志》卷一、卷四、卷六的内容作为分析清廷对不服管制的土司进行恩威并施，并随时整治的资料支撑。同时在个案研究中以《循化厅志》卷五《土司》中记载的河州沙马族土司苏成威的例子再一次验证清廷对西北地区土司制度的管理策略。

武沐等学者〔3〕在清朝对西南地区土司实行"改土归流"后，针对甘青地区大量存在的土司的数量进行了统计和探究。文章指出在顺治、康熙时期，清廷为安抚稳定西北边境册封了一定数量的土司，但是总体数量不详。在雍正、乾隆时期基于土司暴露出来的种种恶习，清廷开始整治不法土司。但是清廷在整治土司时根据土司所在的空间分布进行差别化治理。在农牧交错地对土司实行整治打压政策，在牧区有选择地扶正和册封一批新土司。作者在行文中还指出《循化厅志》在卷三《官师》与卷四《族寨工屯》中对于河州

---

〔1〕 武沐等："明代藏族僧官不属于土官考"，载《中南民族大学学报》（人文社会科学版）2014年第1期。

〔2〕 王素英："明清西北土司制度研究"，兰州大学2015年博士学位论文。

〔3〕 武沐等："清代甘青地区土司数量考"，载《青海民族大学学报》（社会科学版）2016年第3期。

老鸦族编户的时间记载有出入，但是却不影响在嘉庆年间老鸦族已成为河州西乡老鸦会的编户的事实。次年，武沐等学者[1]从经济层面分析了清代中央王朝对甘青地区土司制度的治理问题。清初基于罗卜藏丹津叛乱以及河州土司种种恶习对土司经济方面进行了整改。随即在甘青土司中开始清查田土，造册定赋，始行起科。文章对撒拉族及口内十二族的纳粮情况引用《循化厅志》卷四"族寨工屯"进行了详细的梳理，紧接着对寺院土地进行整顿，原本归土司的田赋收缴到国家，既增加国家税收又使得土司丧失了经济基础；同时使得原本清廷对地方的三元控制结构收编为国家、土民的二元结构。在康熙年间中央王朝对循化地区土司的政治统治与影响在本志中都有详细的记载，也就成为作者支撑观点的有力依据。

除此之外 1990 年谢重光、白文固的《中国僧官制度史》[2]，1999 年高士荣的《西北土司制度研究》[3]，2011 年张生寅的《国家与社会关系视野下的明清河湟土司与区域社会》[4]，2014 年龚荫的《中国土司制度简史》[5]等均从不同角度对《循化厅志》中所记载的土司内容进行了引征。

3. 乡约制度研究概述

武沐等学者[6]专门针对清代河州地区穆斯林乡约的设置进行了考述。作者认为河州地区乡约制度的推行时间至迟为雍正四年，并依据《循化厅志》中记载的雍正三年陕甘总督岳钟琪向清廷提出在河州、洮州、岷州设置乡约的奏议，在雍正四年得到雍正皇帝的批准，此后在河州境内各马番族除珍珠族等少数未设乡约外，大多设有乡约等资料来支撑该观点。乾隆四十六年苏四十三起义被镇压后，正式在河州信仰伊斯兰教的地区推行乡约制度，并针对穆斯林的管寺和管会乡约制定了规范的职权行使标准。此内容在《循化厅志》卷八《回变》中均有详细的记载。由此看出清廷对河州地区穆斯林治理的重视。

---

〔1〕 武沐等："清朝对甘青土司经济层面的治理"，载《烟台大学学报》（哲学社会科学版）2017 年第 5 期。

〔2〕 谢重光等：《中国僧官制度史》，青海人民出版社 1990 年版。

〔3〕 高士荣：《西北土司制度研究》，民族出版社 1999 年版。

〔4〕 张生寅：《国家与社会关系视野下的明清河湟土司与区域社会》，宁夏人民出版社 2011 年版。

〔5〕 龚荫：《中国土司制度简史》，四川人民出版社 2014 年版。

〔6〕 武沐等："清代河州穆斯林乡约制度考述"，载《西北师大学报》（社会科学版）2006 年第 5 期。

段自成[1]论证了清代西北少数民族北方官办乡约的组织形式。本文主要引用兰州古籍书店出版的《中国西北文献丛书》第56册中所载的《循化厅志》，作为北方官办乡约多依托甚至按照当地的其他基层社会组织设置的资料支撑。主要表现为卷六《寺院》中关于礼拜寺中回约的设置，卷一《建置沿革》对河州、洮州、岷州内地番民乡约制度的设置。段自成在其论述中，引用《循化厅志》中关于调整寺约及属民的议定章程的规定，来表明清廷对于不法乡约行为的严厉打击。作者在《清代乡约基层行政管理职能的强化》[2]《论清代乡约职能演变的复杂性》[3]两篇文章中对清代乡约职能进行了论述。文章引用道光年间刻本中对乡约催收赋科的记载，来分析乡约制度的行政职能。

李稳稳[4]指出，乡约制度借助少数民族基层组织形式在清朝循化地区的推广，打破了"国权不下县"的传统，后期循化厅的设立，在该地区正式形成了三元权力结构。在具体论述该制度推行的过程中，文章分析了乡约推行的原因为原基层组织存在种种弊端，即《循化厅志》卷四所记载的河州知州王权臣关于上奏河州地区土司、国师的病害属民以及土司称霸一方的种种行为，以及土司制度在乾隆年间徒有虚名而无实权的现实。此为在循化厅推行乡约制度的根本原因。在雍正初年，罗卜藏丹津叛乱后，陕甘总督岳钟琪上奏清廷设置乡约制度。雍正四年清廷准奏，并其安插降番，清查田亩，始定额赋，雍正五年正式推行。推行区域主要为口内十二族、藏族地区熟番、撒拉族清真寺等。在乡约人选上，清真寺主要为阿訇或工头，藏族地区主要为部落头人。在推行的过程中撒拉族寺约以保甲为依据并与其为隶属关系，藏族乡约与千百户制度为平行关系，且与昂所、头目也为平行关系。乡约具有摧纳粮赋行政职能、稽查邪教与教化民众的宗教职能、调解纠纷的司法职能。而稽查邪教等宗教职能是循化地区不同于其他地区的一大特色。以上内容在《循化厅志》中均有记载。可见本书对于研究清代循化地区乡约制度具有非常重要的价值。

---

[1] 段自成："清代北方官办乡约组织形式述论"，载《中国社会历史评论》2006年第7卷。

[2] 段自成："清代乡约基层行政管理职能的强化"，载《河南师范大学学报》（哲学社会科学版）2011年第2期。

[3] 段自成："论清代乡约职能演变的复杂性"，载《求是学刊》2013年第2期。

[4] 李稳稳："清代甘肃循化厅乡约研究"，兰州大学2015年硕士学位论文。

4. 歇家制度方面的研究

胡铁球[1]认为在明清商贸民营和赋役货币化的变革过程中，作为客店之别称的歇家，开始与"牙行"相互转化结合，并形成一种新的"歇家牙行"经营模式。"歇家牙行"在内地，上承"邸店""塌房"，下接"字号""坐庄"及其他商业经营模式；在藏边地区，取代"茶马司"的职能。

马安君[2]经初步探讨，认为歇家早在洋行进入之前就已活跃在青藏地区，洋行没有使歇家买办化，二者只是特定时空中的商业合作伙伴，歇家的衰落与洋行也无直接联系，青海地方官僚资本的商业垄断才是歇家退出历史舞台的根本原因，不能因为歇家曾与洋行合作过就否定其在近代西北民族商贸中的重要地位。作者在论述歇家制度的发展历史时引用《循化厅志》中记载的歇家内容来论证官歇家制度的兴起时间。

胡铁球[3]通过丰富的史料实证，发掘出一种名谓"歇家们"的社会人物，详细描述了他们从客栈小老板向各种角色渗透，插手与被插手各种官方事务的过程。全书最大的特点在于注重细节，并且很多细节是过去不曾被描述过的。专著对藏边地区的"歇家牙行"经营模式的形成和演变、青海歇家在当时的发展状况以及歇家利用其食宿等服务功能介入司法领域等内容均可以在《循化厅志》中找到资料支撑。

杨红伟[4]以藏边区域为视角对歇家制度进行研究，分析指出各藏边歇家借助特殊的语言媒介机制，在藏边贸易、社会治理等方面均发挥着积极的推动作用，促进了藏边族际的互动与交流。并引用《循化厅志》中关于粮歇家的记载，解析出这类歇家的活动范围除了涉及赋税领域外，还兼涉司法领域，甚至商贸领域。

（二）相关纠纷解决研究综述

循化地区自古就是多民族聚居地，且地处西北边陲，干旱缺水，因而有"干循化"之称。在这样的民族与地理双重因素促使下，循化地区各民族之间或同一民族不同部落或教派之间基于草山、教派等矛盾而频频发生冲突或械

---

〔1〕 胡铁球："'歇家牙行'经营模式的形成与演变"，载《历史研究》2007 年第 3 期。

〔2〕 马安君："近代青海歇家与洋行关系初探"，载《内蒙古社会科学》（汉文版）2007 年第 3 期。

〔3〕 胡铁球：《明清歇家研究》，上海古籍出版社 2015 年版。

〔4〕 杨红伟："藏边歇家研究"，载《江汉论坛》2015 年第 3 期。

斗。又因为本地区民族政策的复杂性，使得民众应对纠纷解决时采取消极应对或暴力械斗等较为极端的方式。中央王朝针对少数民族的应诉方式制定出相应的诉讼策略，以此来稳定循化地区的社会秩序。学术界对该方面的研究也给予了足够的重视，杨红伟学者、高晓波学者、马成俊等学者均针对循化地区的纠纷解决发表了相关文章，并提出相应的法学理论方面的观点。以下几篇文章在论述循化地区纠纷解决问题时，或多或少地引用了《循化厅志》的内容，作为论述观点的支撑资料。由此可以看出，学术界已经开始关注到《循化厅志》中存在的法律资源，为今后学界研究法律问题提供了新的视角。

胡小鹏等[1]指出，在国家权力不断向边疆扩张的趋势下，藏边多民族聚居区民族纠纷解决机制也在适时调整，体现在民族纠纷解决主体、方式、规范、程序等方面。主体表现为国家、寺院、民间等多主体参与，方式分为合意与决定两种，规范则以国家法、习惯法、宗教规则等为依据不断进行着调整和变革。国家为了减少稳定西北边疆的社会成本，在藏区选择寺院作为纠纷调解的主体，是藏族社会内部及蒙藏之间纠纷中最为常见的方式，官府历年来无力查办的积案也大多委托寺院喇嘛来调解。此种情形在《循化厅志》卷八《夷情》中有明确的记载。以此可以看出中央王朝对待藏区民族纠纷时仍为"羁縻而已，不深治"政策。

米龙[2]指出乡老角色是基于循化厅藏区的特殊性而产生。以讲和、评估损失、和解作保、收兑赔偿等多种形式作为调解和阻止部落间冲突的手段，角色的组成多为部落首领、活佛高僧、军职人员等，主要依靠宗教势力、国家强力和部落制度发挥其调解的功能。文章依据《循化厅志》卷一《建置沿革》和卷二《疆域》《营汛》对循化厅历史建置进行了详细的梳理，同时对部落头人与绅耆获得乡老角色的原因引用《循化厅志》来说明调解方式在藏区纠纷解决上的重要性。

阮兴[3]认为清末甘南藏族聚居区，番例、寺规、官谕与评议等适用于当地的、广泛意义上的"法"，都不足以获得一种稳定的社会秩序或规范的共有

---

[1] 胡小鹏等："国家权力扩张下的近代藏边民族纠纷解决机制——以甘青藏边多民族聚居区为例"，载《西北师大学报》（社会科学版）2012年第1期。

[2] 米龙："清代循化厅藏区乡老角色研究"，兰州大学2014年硕士学位论文。

[3] 阮兴："清末甘南藏族聚居区的法与社会秩序——基于光绪年间黑错与买吾的冲突为个案"，载《青海民族研究》2016年第1期。

状态。当地社会秩序具有极大的流动性。它的形成实际上是这样的一个过程：首倡者提出某种标准或方案，围绕这些标准或方案反复展开首倡与唱和，通过这种运动或尝试不断达成而又解体行为规范的共有状态。这种地域性社会秩序实际上是通过部落、寺院、官府及乡老等不同的组织或主体围绕"约"的行动，而呈现出一种对抗与整合的动态。《循化厅志》卷一中记载对各土司颁发号纸，令其管束的规定，预示着土司制度的谕令将成为管束属民的重要法令。

马成俊[1]的文章中，对循化厅针对少数民族两造的诉冤、谎状与缠讼及抗不赴讯的诉讼策略采取相应的听讼措施的情况，进行了原因分析，基于《循化厅志》卷五《官师》中对循化地处极边，缺分清苦，番回多事，并且在番回错处，性情犷悍难制的分析，以及循化厅官员与差役不愿意一人独受其苦，署任者皆不及一年，更迭较快，官员不熟悉番情等记载，来分析出现上述诉讼措施的原因。以此来说明循化厅在选择处理该地区纠纷的方式时不得不对其他因素进行考虑。

（三）相关经济史研究概述

马明良[2]从循化所处的地理位置和伊斯兰教教义入手分析了撒拉族的生产理念，在具体的生产实践中引用《循化厅志》对撒拉族人民在从事农业、畜牧业、手工业等经济活动时的记载，以论证撒拉族生产观念和生产实践之间的关系。同年，马明良先生[3]又单纯从伊斯兰教教义入手来分析撒拉族经济发展状况。教义中对各种产业活动平等对待的理念，以及努力生产、公平交易、合理分配、适度消费的教义精神，促使其在农业、畜牧业、商业、手工业及副业等方面都表现得很出色。《循化厅志》对其农业、畜牧业、手工业的具体发展成效都有所记载。

马成俊[4]对循化地区地理环境和文化环境进行分析后得出本地族群关系

---

〔1〕 马成俊："清末甘肃循化厅应对少数民族诉讼策略探析"，载《中国边疆史地研究》2017 年第 2 期。

〔2〕 马明良："撒拉族生产观念与生产实践"，载《西北民族研究》1994 年第 2 期。

〔3〕 马明良："伊斯兰教与撒拉族经济"，载《西北民族学院学报》（哲学社会科学版·汉文）1994 年第 2 期。

〔4〕 马成俊："甘青边界的互惠共同体：循化县各民族的生计模式与交流"，载《青海民族学院学报》2009 年第 4 期。

多样性的特点，伊斯兰农商并举、藏族半农半牧、汉族农业为主，三者之间相互影响相互渗透，形成多样化的经济发展样态。《循化厅志》中的《明史》对撒拉族为纳马族的身份都有所记载，而《循化厅志》对于撒拉族婚丧礼上的牛羊礼俗记载，也是撒拉族继续发展畜牧业的实例。不管是畜牧业活动还是农业活动都是《循化厅志》花费大量笔墨记载的内容，尤见当时清廷对经济方面的重视。

韩坤[1]依据时间轴对撒拉族经济发展模式进行了详细而系统的论述。全文大量引用《循化厅志》对于撒拉族地区经济制度的记载，成为该文章主要的文献支撑。主要涉及的内容大致有撒拉尔民族的形成、撒拉族与回族的关系、撒拉尔民族的居住空间区域分布的确定、撒拉八工的形成、撒拉韩姓的由来、循化地区发展农牧经济的地理条件、发展农业的状况、蓄奴养殖业在撒拉族经济活动中的延续、土司制度在撒拉尔民族中的确立及其经济政治义务、明清两代对土司的征调记录、土司制度实行后对撒拉族农业的影响、茶马贸易的兴盛与衰落、清雍正后对该民族经济政策的转变等。可见《循化厅志》中存在大量中央王朝对撒拉族及循化地区经济治理的记载。

刘永胜[2]系统地阐述了明清时期河州地区复杂的政治形势与特殊的战略地位，总结了明清以前历代王朝治理开发河州的主要成就以及明清时期治理藏族、回族等少数民族的军政策略，以及这些策略在河州地区的推行情况。文中尤其对明清封建王朝为了维护本区的稳定而致力于对河州地区农牧业经济开发的举措、过程及其成效作了较为系统的探讨，并对富有本区特色的农牧业生产技术、生产工具、畜牧业品种，以及以贡赐贸易和茶马贸易为代表的农牧业产品的流通活动作了初步考察。对河州地区汉族以军事移民的方式来到河州地区进行农业发展活动、河州地区纳马番族畜牧业发展及其与朝廷之间的贡赐关系，均在作者引用的张羽新主编的学苑出版社2003年出版的《中国西藏及甘青川滇藏区方志汇编》第35册[3]中收集的青海人民出版社1981年出版的《循化厅志》中有所记载。

杨红伟[4]对近代甘青藏区市场空间分布特点进行了总结，认为其表现

〔1〕 韩坤："撒拉族经济史研究"，中央民族大学2011年硕士学位论文。
〔2〕 刘永胜："明清时期河州地区农牧业开发研究"，西北师范大学2011年硕士学位论文。
〔3〕 张羽新主编：《中国西藏及甘青川滇藏区方志汇编》，学苑出版社2003年版。
〔4〕 杨红伟："近代甘青藏区市场空间分布研究"，载《青海民族研究》2014年第1期。

为农耕经济区域密度大、农牧交错的经济区域数量可观、游牧经济区域面积大但数量偏少。这种经济格局的形成具有多方面的因素，既与本地区地理环境有关，也与本地区独特的经济政治、宗教文化和多民族特性有关。因此循化地区市场格局的多样化、市场的点聚集与选择的偏向性都与此有关。这样的经济格局也是经济基础与上层建筑相互博弈的结果。

（四）民族治理模式研究回顾

1. 藏区治理方便的研究

林跃勇[1]主要记述了拉卜楞寺与清廷互动的情况，互动主要以理藩院、西宁办事大臣、陕甘总督三个渠道进行，文章对这三种互动方式进行了梳理并总结出其特点和历史作用。《循化厅志》对拉卜楞寺与西宁办事大臣、陕甘总督的互动进行了较为详细的记载，而拉卜楞寺与黑错寺冲突就是由西宁办事大臣解决的。由此看来拉卜楞寺在循化藏区的势力不可忽视。

陈庆英[2]对中国四大藏族聚居区的藏族部落进行了系统而全面的阐述，且从不同的角度对各个部落的政治结构、经济发展、治理方式进行了探讨，对《循化厅志》的引用大多集中在清代以前循化区域的藏族部落的介绍，如对民和县鸿化族、灵藏族居住状况的介绍等。

吴均[3]所著书，是吴均先生对藏族历史、宗教、文学、文化等领域的藏学论文汇集。其中《论安多藏区的政教合一制统治》《从〈西番馆来文〉看明朝对藏区的管理》两篇论文均从不同的研究角度对《循化厅志》的内容进行了引用。

高晓波[4]以清初至清末安多藏区政权设置变化脉络、变化呈现的特点以及变化的主要原因作为文章讨论的主题，着重以循化厅的设置与沿革为例，来说明甘川两省对西北边陲的稳定具有重要的作用。本文主要引用 1980 年由青海人民出版社出版的《循化厅志》为上述建置沿革的依据。

杨红伟[5]以沙沟总管的设置作为观察点，透视清代"流官监领"下循

---

[1] 林跃勇："清代拉卜楞寺与官方的联系渠道"，载《西藏研究》2000 年第 3 期。

[2] 陈庆英：《陈庆英藏学论文集》（下），中国藏学出版社 2006 年版。

[3] 吴均：《吴均藏学文集》，中国藏学出版社 2007 年版。

[4] 高晓波："清代安多民族聚居区的政区设置变化及其原因"，载《西藏民族学院学报》（哲学社会科学版）2011 年第 3 期。

[5] 杨红伟："沙沟总管设置与清代循化厅所辖藏区族群政策"，载《史学月刊》2012 年第 12 期。

化厅所辖藏区的治理，以揭示清代少数族群政策分立与制衡的基本特点及其对区域社会族群认同和社会稳定的影响。作者在对文中引用的三种关于沙沟总管设置的记载对比分析后，发现三种故事情节均相似。但又提出两点疑问，其中一点认为受封主体应当为西宁府和循化厅或者河州镇。理由引用《循化厅志》关于循化厅设置的记载。在对藏区宗教势力扶持的同时，拉卜楞寺的势力逐渐扩张，这也早已引起官方的注意，于是乾隆年间拉卜楞寺与黑错寺之争变成为清廷抑制拉卜楞寺的开始。该时间记载于《循化厅志》卷六《寺院》中。同年杨红伟专门针对拉卜楞寺与清政府的关系进行了论述。同样以上文提到的黑错寺与拉卜楞寺之间冲突作为抑制拉卜楞寺势力扩张的契机。

侯海坤[1]对拉卜楞寺历代嘉木样活佛在政教权威建立过程中的突出贡献做了梳理，对拉卜楞寺政教合一制度的运作形式和原因作了分析和思考，并指出拉卜楞寺依靠蒙古河南亲王的势力一步步壮大，导致清廷地方官认为拉卜楞寺为蒙古郡王所辖。文章以 1987 年由青海人民出版社出版的《循化厅志》中河南亲王扶持拉卜楞寺的记载作为观点的支撑。

2. 关于撒拉族治理探究

《撒拉族简史》编写组[2]对撒拉族的政治、法律、经济、文化进行了系统而全面的梳理，对《循化厅志》的引用主要集中在前四章，主要体现为对撒拉族的形成，元朝至清朝中叶撒拉族居住地区的社会发展、中央王朝对撒拉族的统治，对"四房五族""撒拉十二工"和"内八工""外五工"的介绍，撒拉族地区农牧业、手工业和副业、园艺业的发展，苏四十三起义的原因、经过及"善后"，风俗习惯、宗教信仰、民族文艺等均有涉及。

佐口透[3]主要研究了甘肃少数民族即裕固族和撒拉族，吐鲁番、伊犁等地少数民族制度建构方面的内容。他在研究撒拉族族源时指出撒拉族动迁的口碑与传说在《循化厅志》中并未记载，并认为若关于《循化厅志》编纂引文可信，则志中关于明洪武三年韩宝的记载便为撒拉族历史最早的记录，同时他认为《循化厅志》对撒拉族的起源和系统也为最翔实。在其他方面如社会制度等方面的研究，撒拉族姓氏和名字的考究等皆将《循化厅志》作为资料支撑，该著作也是国外系统性研究中国撒拉族使用的最早的著作，在中

---

〔1〕 侯海坤："拉卜楞寺政教合一制度略述"，载《青藏高原论坛》2013 年第 2 期。

〔2〕 《撒拉族简史》编写组：《撒拉族简史》，青海人民出版社 1982 年版。

〔3〕 〔日〕佐口透：《新疆民族史研究》，章莹译，新疆人民出版社 1993 年版。

国学术界的地位也相当之高。

芈一之[1]所著书主要简述了撒拉族的形成与发展历史，文中多处引用《循化厅志》关于撒拉族的记载。主要表现在元朝对撒拉族地区的管控，明朝对撒拉族地区的施政，清初河湟地区的政治形势，设营立厅、建城驻兵、二土千户的封受，撒拉族民族的形成、撒拉族族源，居住区域分布和发展及早期社会经济、查田定赋、田赋制度沿革、茶马互市终结的影响、封建地主经济成分发展及其与领主经济的矛盾，农业和牧养业、手工业和家庭副业的发展，苏四十三反清起义的起因、经过与"善后"、起义余波及循化厅设儒学教育，尕最制下的清真寺系统及宗教活动，尕最制度及其始末，宗教信仰和习俗。除此之外，芈一之先生在 1981 年[2]与 1982 年[3]发表两篇文章、1993年《青海蒙古族历史简编》[4]、1995 年《黄河上游地区历史与文物》[5]、2005 年《西宁历史与文化》[6]、2008 年《芈一之历史研究文集》[7]、2014年《撒拉族简史》[8]等著作均对《循化厅志》有所引用。

马伟[9]指出撒拉族迁徙时间为元朝，并对持该观点的人进行了归纳总结，主要为宋蜀刚、王良志、芈一之、朱刚、佐口透、韩忠义、马成俊、杜安霆、米娜瓦尔的等。并均以《循化厅志》卷五对撒拉族始祖韩宝归附明朝的记录为依据。可见，《循化厅志》是确定撒拉族族史起源的珍贵史料。

韩得福[10]通过对循化县查加工各村庄孔木散由少到多的繁衍情况的考察，探讨了查加工形成、发展的过程，同时对民间关于查加工各主要地名由来的传说进行了梳理。对查加工进行梳理时对撒拉八工的由来进行了叙述，并引用《循化厅志》对其的记载进行阐述。

---

[1] 芈一之：《撒拉族史》，四川民族出版社 2004 年版。

[2] 芈一之："撒拉族的来源和迁徙探实"，载《青海民族学院学报》1981 年第 3 期。

[3] 芈一之："试谈撒拉族的历史发展与伊斯兰教的关系"，载《青海社会科学》1982 年第 1 期。

[4] 芈一之：《青海蒙古族历史简编》，青海人民出版社 1993 年版。

[5] 芈一之：《黄河上游地区历史与文物》，重庆出版社 1995 年版。

[6] 芈一之：《西宁历史与文化》，辽宁民族出版社 2005 年版。

[7] 芈一之：《芈一之民族历史研究文集》，民族出版社 2008 年版。

[8] 芈一之等：《撒拉族简史》，青海人民出版社 2014 年版。

[9] 马伟："撒鲁尔王朝与撒拉族"，载《青海民族研究》2008 年第 1 期。

[10] 韩得福："从'孔木散'的繁衍发展看查加工的形成——兼谈查加工各主要地名的由来"，载《青海民族研究》2010 年第 1 期。

常海燕[1]对撒拉族在历史进程中的发展和当下的日常生活进行了系统性的剖析。文章重心在于对历史文化的探析。在具体论述环节，以甘肃图书馆所藏清嘉庆年间刻本翻印的 1980 年《循化厅志》作为部分观念和论述的依据。主要为撒拉族移居循化之前，循化地区地理格局及建置沿革；并指出撒拉族名称来源于撒喇地名；撒拉族婚丧礼、服饰、建筑均有历史影响的痕迹；撒拉二土司存在的缘由；撒拉韩姓的由来以及提出民族史来源于明代的观点等。以上对于撒拉族的记载体现出《循化厅志》对于研究撒拉族历史发展具有重要的史料价值。

陕锦风、曾少聪[2]以循化县草滩坝村个案为研究对象，对回族和撒拉族民族认同进行分析，指出现在撒拉族的多种不同的姓氏，多来自回族，并以《循化厅志》的记载为依据加以说明。

田庆锋[3]探讨了清代中央政府对西部藏传佛教与伊斯兰教立法的基本原则、法律形式、立法进程，以及对宗教行为和宗教财产的法律调整等重要的法律问题，并在此基础上总结了清代中国西部宗教立法的特点和经验，在一定程度上弥补了此前清代法律史研究的空白。作者基于法律视角全面系统地分析了清代中央政权针对西部地区实施的民族政策。专著在论述伊斯兰教法律制度时，部分引用成文出版社根据道光年间刻本出版的《循化厅志》中关于苏四十三反清起义后的善后规定，作为对伊斯兰教信徒治理方式选择的资料支撑。

胡兆义[4]通过对处于多民族地区且有独特历史文化的撒拉族民族认同的深入研究，对已有的民族认同理论进行了分析和总结，同时对民族认同与国家认同的关系有较为全面的认识，从而为民族认同的系统研究提供个案分析和学术资料。在对撒拉族身份进行确认的问题上，明代为"番族"，清代对其身份确认经历了番到番回再到回的过程转变。这样的变化在《循化厅志》中有明确的记载。

---

　　[1]　常海燕："历史镜像中的'撒拉尔'"，中央民族大学 2012 年博士学位论文。
　　[2]　陕锦风等："回族与撒拉族的文化认同——以青海省循化县草滩坝村为个案"，载《回族研究》2013 年第 4 期。
　　[3]　田庆峰：《清代中国西部宗教立法研究》，人民出版社 2014 年版。
　　[4]　胡兆义："撒拉族民族认同研究"，兰州大学 2014 年博士学位论文。

马成俊、马建新[1]对撒拉族历史、宗教信仰、礼俗与制度、民族风情、教育与科技等进行了梳理。书中多处引用《循化厅志》的内容，除此之外马学义、马成俊 1989 年出版的《撒拉族风俗志》[2]，马成俊 2015 年编著的《热贡艺术》[3]，胡小鹏等学者 2013 年所著的《西北少数民族史教程》[4]，喇秉德等学者 2009 年出版的《青海回族史》[5]，王志强等学者 2016 年出版的《青藏历史移民与民族文化变迁》[6]等均有引用《循化厅志》之处。

（五）苏四十三反清斗争研究

谢再善[7]对回族五次反清斗争的资料进行了梳理，并进行了相应的评述。在梳理乾隆年间苏四十三反清斗争时主要从引发反清起义的根本原因即清政府对撒拉族统治的加强，直接原因即教派分歧引发教争，起义的正式爆发，兰州华林山之战，清军的暴行和"善后"措施，起义的作用这六个方面对该起义作出梳理及评价。而对该部分的阐述离不开对《循化厅志》中相关内容的引用。

汪受宽[8]分析了同治年间回民起义的原因和性质，在原因分析中指出清政府反动的民族政策是起义的根本原因，并指出政府对待伊斯兰教的政策是起义的直接原因，主要内容依旧是苏四十三起义后清廷的种种限制与歧视。因此中央王朝对民族政策处置不当是接连不断的民族起义发生的最重要的原因。

丁焕章、刘钦斌[9]以马克思历史唯物主义原理为主导，对西北地区穆斯林反压迫、反歧视以及反外族侵略的斗争，作了全面系统和客观的论述。对回民起义中的具体人物和重大事件，该书作出了客观的评价。该书称得上是研究回族史的力作。在对苏四十三起义进行评价时，作者对教派斗争的激化、起义的爆发、起义斗争的失败、施展"杜绝新教根株之法"等方面，引

---

[1] 马成俊等：《走近中国少数民族丛书 撒拉族》，辽宁民族出版社 2015 年版。
[2] 马学义等：《撒拉族风俗志》，中央民族学院出版社 1989 年版。
[3] 马成俊：《热贡艺术》，浙江人民出版社 2005 年版。
[4] 胡小鹏等：《西北少数民族史教程》，甘肃人民出版社 2013 年版。
[5] 喇秉德等：《青海回族史》，民族出版社 2009 年版。
[6] 王志强等：《青藏历史移民与民族文化的变迁》，上海大学出版社 2016 年版。
[7] 谢再善：《甘肃回族五次反清斗争资料》，西北民族学院研究所 1981 年版。
[8] 汪受宽："试论清代同治年间西宁回族撒拉族起义的原因和性质"，载《青海民族学院学报》1982 年第 1 期。
[9] 丁焕章等：《中国西北回民起义斗争史》，中国科学文化出版社 2003 年版。

用《循化厅志》中的史料记载，实现叙事的完整性和评价的真实合理性。

马成俊[1]认为在苏四十三反清起义失败后，清政府"善后处理"旨在打击与同化伊斯兰教信仰者，并没有真正缓解撒拉族与朝廷之间的仇恨，反而激起了撒拉族的斗争勇气，在此后的多次起义中都得到了证明。文章主要以《循化厅志》中关于苏四十三起义的经过和结果的记载为主线，探析国家权力与地方社会之间的关系。作者在引用资料的同时对清廷的一些做法作了评论，如清廷在撒拉族居住区建设学校、发展儒学训导等，但是最终都没有达到预期的效果。可以看出作者对该"善后事宜"的评价是客观而偏消极的，旨在警醒国家政权在处理民族问题时应综合考虑各方面的因素。

杨群[2]从苏四十三起义对伊斯兰教发展的积极意义入手来分析清政府的善后政策，认为该事件虽然对清政府造成了很大冲击，但这也促使清廷开始关注甘宁青地区的穆斯林社会并对其有了比较系统的认识。在具体善后中清政府积极进行政策调适，通过军事和政治等方式逐渐加强对甘宁青地区穆斯林社会的控制，这对以后穆斯林社会产生了深远影响。其中对苏四十三事件经过及善后事宜的分析，部分引自《循化厅志》卷八《回变》。

除此之外吴万善[3]的《清代西北回民起义研究》、李松茂的《回族伊斯兰教研究》[4]、马通[5]的《中国伊斯兰教教派与门宦制度史略》等专著均引用了《循化厅志》中的相关记载支撑各自研究的专题。

四、相关问题研究的特点和趋势

(一) 观点多有创新

基于研究资料以及方法、视角的不同，在对循化地区或青海甚至西北地区的民族政策及其他方面的内容进行研究时，学者们针对同一研究主题提出了不同的观点和看法。比如针对撒拉族族源的问题，部分学者坚持"明朝说"，部分学者坚持"元朝说"，对撒拉族东迁的原因和时间也给出了不同的

[1] 马成俊："1781年教争：地方社会与国家权力"，载《广西民族大学学报》（哲学社会科学版）2009年第3期。

[2] 杨群："试析苏四十三起义与清政府伊斯兰教政策的调适"，载《黑龙江史志》2013年第15期。

[3] 吴万善：《清代西北回民起义研究》，兰州大学出版社1991年版。

[4] 李松茂：《回族伊斯兰教研究》，宁夏人民出版社1993年版。

[5] 马通：《中国伊斯兰教派门宦溯源》，宁夏人民出版社2000年版。

说法。何锁南家族的族源有"蒙古族说"和"沙马祖说"两种，但大多数学者认为是前者。土司制度的性质论述中，关于僧职土官的归类有所不同，部分学者认为僧职土官即为特殊的土司制度；后来部分学者认为，二者是有本质区别的。同样在土司制度兴起的时间上学者们也有分歧，主要为"元朝说"与"明朝说"，"明朝说"观点的支持者较多。由此可知，随着学界对该领域研究理论的深入及资料引用的多元化，对相关研究内容的具体分析也会产生出多种说法，对此更加丰富了学术研究的理论成果，对于相关问题的研究角度和领域选举提供了更多的启迪。

（二）研究视角多样化

相关学术论著对《循化厅志》内容涉及的程度越来越深，研究视角也逐渐由大及小、从整体研究到个案分析，这充分体现出学界对相关研究问题深度的关注。土司制度的研究表现为从制度架构的梳理，到对制度形成的原因及性质进行评述；从最初对土司制度整体发展情况概述到近几年针对何锁南土司、冶土司等个案进行分析。治理模式方面，最初学者们仅仅是从中央王朝对青海的整体经略中体现对循化地区治理的内容，后期学者的视角逐渐延伸到对循化地区各民族地区的单独研究，以及对单个制度的全面系统性分析。比如从少数民族家族史的研究角度来分析历代中央政权的少数民族政策以及中央政府与少数民族之间的互动关系。除此之外很多学者注意到了中央政权对循化厅所辖地区经济方面的治理策略，从经济角度分析循化厅具体治理方式制度设计的合理性和特殊性。

（三）研究方法多元化

在引用《循化厅志》作为研究者资料支撑的同时，学者们更加注重对史料档案的运用。如杨红伟、高晓波等学者在研究中央王朝对循化地区的经略时，大量地引用循化地区的档案史料作为研究内容的理论支撑。同时对各个史料文献进行对比运用，通过对比分析的方式找到一种更加合理的方式来论证自己的观点。比如对撒拉族族源的论述，既参考《循化厅志》，又对《河州志》《明史》《元史》等档案史料进行分析，还结合撒拉族民间传说对族源进行考证。此外，有一部分学者为了获得第一手的原始资料，不辞辛苦通过田野调查和实地访谈的方式，到乡间寻找历史的记忆，将这种由实践产生的实际的效果和影响，通过民间的声音传达出来，有力地论证文章论题的真实性和可靠性。因此对相关问题的研究方法从最初的单一史料研究到多元化史料引用与对比分析，再到通过实践的方式获得第一手研究资料的转变，使研究内容更加真实生动，且更加具有说服力。

(四) 研究领域不断拓展

摘引《循化厅志》的内容和研究的范围越来越大。研究的广度从单一领域向多元化方向发展。具体表现为以下几个方面：对循化厅管理制度的研究从单纯的建置沿革发展，拓宽到土司、乡约、千百户、歇家等制度；经济方面从研究零记录逐渐扩展为对循化地区民族经济、区域经济以及军营税赋等方面的研究；民族治理模式从对蒙古族、藏族、撒拉族、土族的简单阐述到单一民族全面化及民族之间比较研究的方向发展；纠纷解决方式从前期被冷落到后期基于当下少数民族问题突出等原因而大量地针对少数民族基于草山、教派等矛盾引发械斗与起义方面进行研究。随着民俗、风俗文化、非物质文化及物质文化遗产保护意识的逐渐加强，对该领域的研究热度也随之上升，循化地区少数民族园艺文化、花文化、语言文化等都得到了相关学者的关注。因此学术界对循化地区相关问题的研究从制度建设层面逐渐扩展到了经济、文化、风俗等各个领域。对《循化厅志》的引用也更加全面。

但同时，我们也应该看到，目前学界关于《循化厅志》的研究状况，大多局限于因自身研究需要而对其内容所做的部分征引和运用，明显缺乏对其内容的系统性考证研究，而且大部分论著的内容与切入点皆相差无几。从成果形式上看，迄今为止，学界专门针对《循化厅志》的著述寥寥无几，通过文献学的分析方法对《循化厅志》中法律资源的考究更是少之又少，这与《循化厅志》的史料价值与学术地位多有不符。

有鉴于此，为使《循化厅志》的主要内容与史料价值得到全面揭示和广泛运用，从而发挥其作为地方志在法律领域应有的作用，我们有必要从法律资源挖掘的角度对《循化厅志》中关于民族法制、行政法、民事、经济法、刑事等领域进行系统探究，全面立体地对《循化厅志》进行精细化分析和解剖，使《循化厅志》在法律领域的价值能够更加突显，从而引起学术界的足够重视，最终使得《循化厅志》得到有效的保护和利用，使其在法律研究领域发挥应有的功能和作用。

检索与分析：大数据视域下的即位诏与遗诏研究述评

张之佐[1]

内容摘要：作为一种公告性皇帝文书，即位诏和遗诏一般是皇帝在特定时间、特定场合，向全国臣民发布的文书。本文利用中国知网资源库，针对特定关键词——即位诏、遗诏，通过对期刊、学位论文、会议论文和报纸、外文等五类文献以及科研项目进行的多项数据分析，分析了学术界的一个基本研究现状，为进一步理解二诏提供了多角度、多侧面、多层面的观点，大大丰富了我们对这一问题的认识。

关键词：即位诏　遗诏　知网　指标　分析

一、文献来源

即位诏和遗诏作为一种公告性文书，一般是皇帝在特定时间、特定场合，针对特定事务，向全国臣民发布的文书。二诏带有特定的政治色彩，体现不同的特征，是观察帝国政局的典型样本。为深入研究皇帝即位诏和遗诏，笔者利用中国知网资源库，针对特定关键词——即位诏、遗诏，通过对期刊、学位论文、会议论文和报纸、外文等五类文献以及科研项目进行的多项数据分析，综合该主题的文献发文量、文献来源、机构分布、学科（方向）分布等指标，全面分析主题词文献的真实学术水平以及学者产出数量和质量。数据统计时间范围回溯自 1957 年起，最终更新时间截至 2017 年 4 月 7 日。

二、指标说明

（1）环比增长率/增幅百分比：指同一指标统计年和上一年相比较的增长率。计算方法为（统计年的某个指标值-上一年该指标值）/上一年该指标值 * 100%。意在考察相关发文量的变化，展现变化趋势。

（2）复合影响因子：复合影响因子是以期刊综合统计源文献、硕博士学

---

[1] 作者简介：张之佐，历史学博士，西北师范大学副教授。

位论文统计源文献、会议论文统计源文献为复合统计源文献计算，被评价期刊前两年发表的可被引文献在统计年的被引用总次数与该期刊在前两年内发表的可被引文献总量之比。无论从文献学术水平还是从引文总量考虑，这一指标都能更全面地反映期刊的真实影响力。

（3）核心种类：分为北大核心，南大核心，SCI，EI，非核心。旨在展现该期刊的质量与水平。

三、文献统计

通过检索，关键词为"即位诏"的文献，总共得到 993 篇；关键词为"遗诏"的文献，共计为 8850 篇。由表 1 可知，学术界对"遗诏"的关注程度远远大于"即位诏"。

表 1　检索关键词为"即位诏""遗诏"的文献统计

检索关键词	CNKI 文献类型	文献量		检索关键词	CNKI 文献类型	文献量	
		全文	主题			全文	主题
即位诏	期刊	526	62	遗诏	期刊	5446	326
	硕博士学位论文	313	3		硕博士学位论文	2403	17
	会议论文	71	2		会议论文	337	10
	报纸	12	4		报纸	243	18
	外文文献	0	0		外文文献	0	50
	合计	922	71		合计	8429	421

四、主题研究趋势

（一）文献发文量

统计篇名包含关键词"即位诏"的文献发文趋势（图 1），可以看出，有关这一主题的研究从 1992 年开始一直处于大幅度的波动状态，但是总体来说处于增长的态势，并且在 2012 年达到峰值。由曲线走线可知，对有关这一主题的研究未来几年将处于上升趋势。

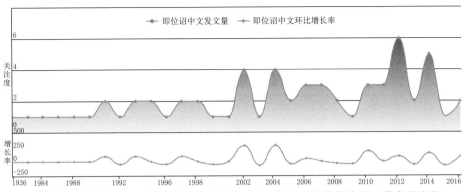

图1 篇名包含关键词"即位诏"的文献发文量、增长率统计趋势图（学术关注度）

统计篇名包含关键词"遗诏"的文献发文趋势（图2），可以看出，有关这一主题的研究从1980年开始处于增长趋势，增幅比较稳定。

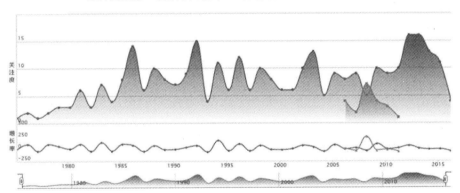

图2 篇名包含关键词"遗诏"的文献发文量、增长率统计趋势图（学术关注度）

（二）媒体发文量

从篇名包含关键词"即位诏"的报纸文献发文量统计结果（图3）可以看出，从2008年开始这一研究逐渐呈稳步上升趋势，并且由图中趋势可以预测，近几年关注度仍会缓慢增长。

从篇名包含关键词"遗诏"的报纸文献发文量统计结果（图4）可以看出，目前有关"遗诏"的报道在2005年达到峰值。

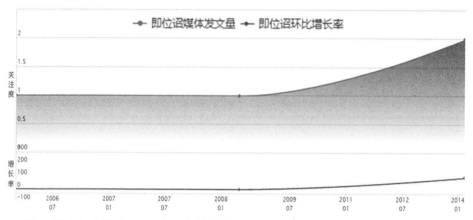

图3　篇名包含关键词"即位诏"的媒体发文量、增长率统计趋势图（媒体关注度）

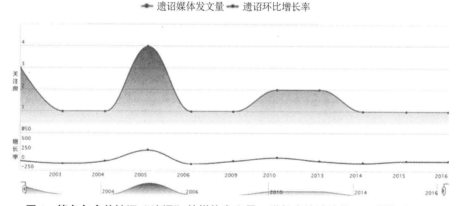

图4　篇名包含关键词"遗诏"的媒体发文量、增长率统计趋势图（媒体关注度）

（三）学术传播度

从篇名包含关键词"即位诏"的文献被引量统计结果看（图5），该主题研究的学术传播度一直处于波动状态，并且在2008年至2012年期间起伏最大。但总体来说，传播度处于上升态势。2015年底是学术界"即位诏"主题传播度的低谷期，但是从2016年开始，学术传播度大幅增长，态势看好。

从篇名包含关键词"遗诏"的文献被引量统计结果看（图6），"遗诏"主题研究从1999年到2006年被引量处于缓慢增长状态；2006年至2016年学术传播度迅速提升。

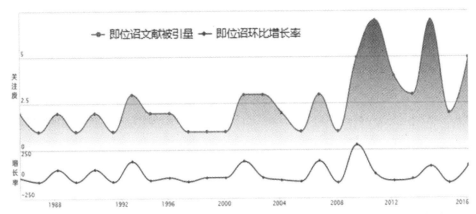

图5 篇名包含关键词"即位诏"的文献被引量、增长率统计趋势图（学术传播度）

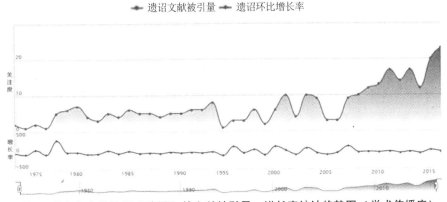

图6 篇名包含关键词"遗诏"的文献被引量、增长率统计趋势图（学术传播度）

五、期刊发文分析

（一）论文年度分布

这一部分主要是通过逐年发文分析，展现主题研究年度趋势变化，突出主题研究领域热点程度。

与"即位诏"主题相关的期刊文献量年分布如图7所示，可以看到近十年来发文量一直起伏不定，在2012年发文量达到峰值，近几年数量逐渐减少（2016年有上升趋势）。

与"遗诏"主题相关的期刊文献量年分布如图8所示，可以看到期刊逐年发文量处于持续波动的状态。

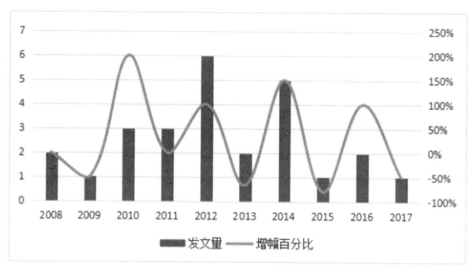

图7　与"即位诏"主题相关的期刊文献量年分布图

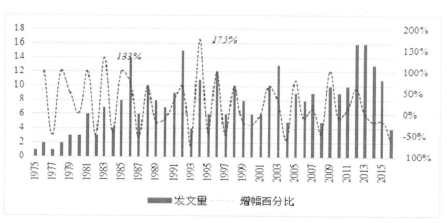

图8　与"遗诏"主题相关的期刊文献量年分布图

（二）论文来源刊分布

与"即位诏"关键词相关的部分期刊如表2所示，可见主题文献分布在各种期刊中，其中《咬文嚼字》期刊篇数最多，核心期刊《西南大学学报（社会科学版）》《古代文明》《中国史研究》《西北师范大学学报（社会科学版）》《历史教学（下半月刊）》中均各有两篇，其中《西北师范大学学报（社会科学版）》复合影响因子最大，需要加以关注。

表 2　与关键词"即位诏"相关的部分期刊列表

期刊名	复合影响因子	核心种类	篇数
咬文嚼字	——	非核心	3
西南大学学报（社会科学版）	0.556	北大	2
古代文明	0.453	南大	2
中国史研究	0.478	北大	2
领导文萃	——	非核心	2
西北师范大学学报（社会科学版）	0.81	北大	2
南北桥（国学）	——	非核心	2
历史教学（下半月刊）	0.285	北大	2
法制资讯	——	非核心	1
兰州教育学院学报	0.127	非核心	1

与"遗诏"关键词相关的部分期刊如表 3 所示，可见主题期刊文献比较平均的分布在《兰台世界》《史学月刊》《浙江学刊》等期刊中。

表 3　与关键词"遗诏"相关的部分期刊列表

期刊名	复合影响因子	篇数	期刊名	复合影响因子	篇数
史学月刊	0.478	6	紫禁城	–	4
浙江学刊	0.699	6	历史研究	1	4
史学集刊	0.583	5	安徽史学	0.381	4
近代史研究	0.822	5	历史教学（下半月刊）	0.285	3
兰台世界	0.08	8	扬州大学学报（人文社会科学版）	0.378	3
社会科学辑刊	0.721	4	学术论坛	0.627	3
广西社会科学	0.526	4	瞭望	0.329	3

（三）论文学科（方向）分布

透过检索关键词涉及的学科分布情况，可以了解某一学科动态以及相关学科交叉情况。

与"即位诏"关键词相关的发文涉及的学科（方向）如表4所示，可见主题涉及的学科（方向）主要为中国古代史、中国文学等，同时也与政治学和法学存在学科交叉情况。

表4　与关键词"即位诏"相关的发文涉及的学科（方向）

学科（方向）	文献量	学科（方向）	文献量
中国古代史	33	中国语言文学	2
中国文学	6	考古	2
中国政治与国际政治	4	人物传记	2
中国通史	3	行政学及国家行政管理	1
法理、法史	3	中国民族与地方史志	1

与"遗诏"关键词相关的发文涉及的学科（方向）如表5所示，可见主题涉及的学科（方向）主要为中国古代史、中国近代史等。

表5　与关键词"遗诏"相关的发文涉及的学科（方向）

学科（方向）	文献量	学科（方向）	文献量
中国古代史	103	中国民族与地方史志	2
中国近代史	92	管理学	2
中国文学	14	政治学	2
中国通史	13	哲学	2
考古	13	民商法	1
图书情报与数字图书馆	9	中等教育	1
中国政治与国际政治	8	史学理论	1
档案及博物馆	6	文化	1
中国语言文字	5	美术书法雕塑与摄影	1

学科（方向）	文献量	学科（方向）	文献量
人物传记	5	马克思主义	1
出版	5	领导学与决策学	1
戏剧电影与电视艺术	4	政党及群众关系	1
宗教	4	医学教育与医学边缘学科	1
旅游	4	一般服务业	1
法理、法史	4	行政学及国家行政管理	1
世界历史	3	社会科学理论与方法	1
金融	3	汽车工业	1
教育理论与教育管理	3	伦理学	1
中国共产党	3	新闻与传媒	1
世界文学	2	工业经济	1

（四）发文基金分布

通过对关键词为"即位诏"和"遗诏"的文献进行检索分析，发现与这两个主题相关的发文基金只有一个，即国家社会科学基金，文献量各为 4 篇、3 篇，可见各个基金对于这一主题研究的支持力度都不是很大。

表6　与"即位诏""遗诏"主题相关的发文基金

主题检索词	基金	文献量	主题检索词	基金	文献量
即位诏	国家社会科学基金	4	遗诏	国家社会科学基金	3

（五）发文机构分布

主题检索发文机构分布的目的，是展现不同机构对主题领域的研究程度，以便我们关注某一机构主题领域的研究进展、发文动态。

与"即位诏""遗诏"关键词相关的发文机构如图9、10所示。通过分布图我们可以看出，西北师范大学、东北师范大学和南开大学等机构对"即位诏"关注度较高；在"遗诏"方面，西北师范大学、中国社会科学院近代史研究所、山东大学等机构的研究力度大、成果多。

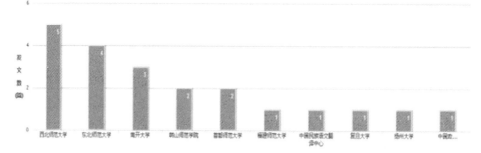

图9　与关键词"即位诏"相关的发文机构统计情况

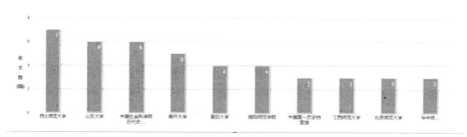

图10　与关键词"遗诏"相关的发文机构统计情况

（六）作者发文量统计

通过作者发文量综合分析，可以为我们定位并关注主题研究领域专家及其学术贡献度。

与"即位诏""遗诏"关键词相关的作者发文量如表7、8所示。通过分析，我们可以发现，西北师范大学的田澍、东北师范大学的赵轶峰在这两个领域的研究关注度和贡献度较高，这与前面发文机构分布的分析结果是相吻合的。

表7　与关键词"即位诏"相关的作者发文量

作者	发文量	作者	发文量	作者	发文量
田澍	4	赵轶峰	3	孟广军	2
怀效锋	1	杨卫东	1	孟宪实	1
洪早清	1	马维仁	1	吕诗尧	1
邓小军	1	/	/	/	/

表8　与关键词"遗诏"相关的作者发文量

作者	发文量	作者	发文量	作者	发文量
田澍	6	廖胜	4	王晓南	4
王庆成	3	吴良祚	2	杨银权	2
徐键	2	王岩	2	陈玉玲	2
沈渭滨	2	李涛	2	张英明	2
赵轶峰	2	张哲郎	1	霍知节	1
江凌	1	王效贤	1	张光华	1
马啸	1	王舒雅	1	田常华	1
黄铮	1	梅林	1	赵晓阳	1
张开颜	1	徐庆铭	1	夏春涛	1
江方友	1	梦晓	1	尤佳	1
王国平	1	怀效锋	1	眭达明	1
冀满红	1	李永胜	1	程永奎	1

（七）核心期刊文献量

通过对关键词检索刊物的分析，我们得出了这两个领域在核心期刊上的文献分布量（如表9）。显而易见，北大核心期刊收录的文献量（尤其是关于"遗诏"的主题）远远高于南大核心期刊，这也从一个方面反映出核心期刊对相关论题的关注度。

表9 与关键词"即位诏""遗诏"相关的核心期刊文献量

主题检索词	北大核心	南大核心	EI	SCI
即位诏	18	13	0	0
遗诏	151	91	0	0

六、硕博士学位论文发文分析

(一) 论文年度分析

通过论文年度分析，可以展现硕博士在读期间相关主题的研究趋势。

与"即位诏"这一主题相关的硕博士学位论文逐年发文分布如图11所示。数据显示自2003年至今，关键词为"即位诏"的硕博士论文总数为3篇，外加作者预测2017年一篇，增幅没有任何浮动。

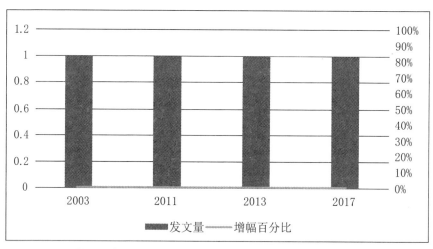

图11 与"即位诏"主题相关的硕博士学位论文发文量

与"遗诏"这一主题相关的硕博士学位论文逐年发文分布如图12所示。数据显示，2015年关于"遗诏"的发文量大幅上升，而在2003~2016年发文量呈波动状态。

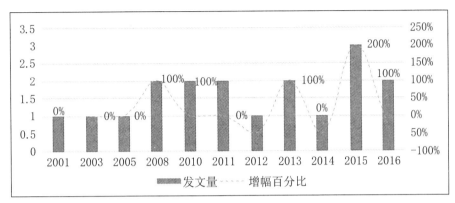

图 12　与"遗诏"主题相关的硕博士学位论文发文量

（二）论文学科分布

与关键词"即位诏"相关的硕博士学位论文研究涉及的学科分布如表 10 所示，可见这一主题研究主要分布在历史学科中，包括中国古代史、中国通史和世界历史。

表 10　与关键词"即位诏"相关的硕博士学位论文发文量

学科	论文量
中国古代史	2
中国通史	1
世界历史	1

与关键词"遗诏"相关的硕博士学位论文研究涉及的学科分布如表 11 所示，可见这一主题研究主要分布在中国古代史，而其他学科涉及较少。

表 11　与关键词"遗诏"相关的硕博士学位论文发文量

学科	论文量
中国古代史 10	
中国古代文学	3
中医医史文献	1
中国古典文献学	1

续表

学科	论文量
传播学	1
新闻学	1

（三）培养单位分布

通过对培养单位的分析，可以反映研究生培养单位在该领域的关注度。

与关键词"即位诏"相关的硕博士学位论文培养单位分布如表 12 所示，可见重点关注这一领域的培养单位为延边大学、西北师范大学和东北师范大学。

表 12　与关键词"即位诏"相关的硕博士学位论文发文单位

单位	论文量
延边大学	2
西北师范大学	1
东北师范大学	1

与关键词"遗诏"相关的硕博士学位论文培养单位分布如表 13 所示，可见山东师范大学等高校对研究生的培养在"遗诏"这一研究方向较多。

表 13　与关键词"遗诏"相关的硕博士学位论文发文单位

单位	论文量
山东师范大学	4
西北师范大学	2
东北师范大学	2
上海师范大学	1
吉林大学	1
山东大学	1
陕西师范大学	1
首都师范大学	1
华中科技大学	1

七、会议论文发文分析

（一）论文年度分布

通过检索并分析关键词研究的年度研讨趋势，可反映主题领域的业内关注程度。

从由关键词"即位诏"所得的检索结果中，发现业内自 1999 年至今只有两个年份探讨了"即位诏"这一主题领域，分别是 1999 年和 2009 年，且分别发文一篇，迄今为止共发布两篇论文。由此可见，业内对这一主题领域的研讨并不丰富。

从由关键词"遗诏"所得的检索结果中，发现关于这一领域的研究，在 1989、1998、2000、2003、2004、2005、2007、2013 和 2014 年都发表且仅发表了一篇会议论文，没有增幅。

（二）主办单位分布

通过检索并分析关键词研究的会议论文主办单位，可反映业内学术组织关注主题领域情况。与关键词"即位诏"和"遗诏"相关的会议论文主办单位明细如表 14 所示。

表 14　与关键词"即位诏""遗诏"相关的会议论文主办单位

关键词	单位	论文量
即位诏	中国明史学会	2
	浙江省药学会医院药学专业委员会	1
	湖南省社会科学院	1
	湖南省社会科学界联合会	1
遗诏	中国紫禁城学会	1
	陕西省司马迁研究会	1
	中国魏晋南北朝史学会	1
	中国文物学会传统建筑园林委员会	1

由表 14 可以看出，我们应积极关注中国明史学会举办的与关键词"即位

诏"相关的学术会议。

（三）发文机构分布

透过与关键词相关的会议论文发文机构的分析，可反映各单位在相关会议上的发文情况。由表 15 可知，与关键词"即位诏"相关的发文机构为吉林大学和国际博物馆，各发文一篇；与关键词"遗诏"相关的发文机构有中国人民大学和山东大学。

表 15   与关键词"即位诏""遗诏"相关的会议论文发文机构

关键词	单位	论文量
即位诏	吉林大学	1
	国际博物馆	1
遗诏	中国人民大学	1
	山东大学	1

（四）发文学科分布

与关键词"即位诏"相关的会议论文涉及学科如表 16 所示。由表 16 可以看出，与期刊发文部分的学科分布相似，会议论文发文也主要涉及中国古代史和政治两大学科。

表 16   与关键词"即位诏"相关的会议论文发文学科

学科	论文量
中国古代史	2
中国政治与国际政治	1

与关键词"遗诏"相关的会议论文涉及学科如表 17 所示，可知中国近代史对会议发文的贡献最大。

表 17　与关键词"遗诏"相关的会议论文发文学科

学科	论文量
中国近代史	5
考古	2
中国通史	1
中国近现代史	1
金融	1
戏剧电影与电视艺术	1

（五）发文人物列表

这部分数据分析的意义在于，通过发文量综合分析学者学术水平，可帮助我们快速定位并关注领域专家。与关键词"即位诏""遗诏"相关的发文人物如表 18 所示。

表 18　与关键词"即位诏""遗诏"相关的会议论文发文人物

关键词	单位	论文量
即位诏	毛佩琦	1
	王剑	1
遗诏	赵克生	1
	郑云艳	1
	徐志斌	1
	张金龙	1

八、媒体发文分析

（一）发文年度分析

报纸报刊发文量在一定程度上反映了某社会问题的年度关注趋势。由下图 13 可知，与关键词"即位诏"相关的报纸发文数虽然为数不多，但还是能从微弱的趋势中看出向上发展的走向。

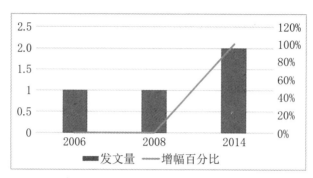

图13　与关键词"即位诏"相关的媒体逐年发文量

由图14可知，与关键词"遗诏"相关的报纸逐年发文数据较少，趋势与期刊、学位论文、会议论文发文相比有所差异。

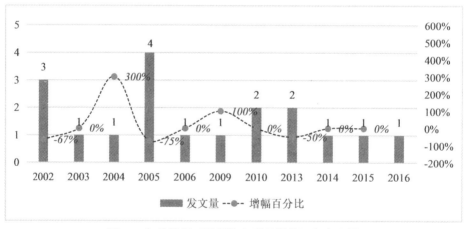

图14　与关键词"遗诏"相关的媒体逐年发文量

（二）载文报纸分布

与关键词"即位诏"相关的报纸文章，曾在《光明日报》《南京日报》和《北京日报》上发表过。其中《光明日报》发文量最大，但由于总数不多，所以三份报纸都值得关注。

与关键词"遗诏"相关的报纸文章如表19所示。由表中可知，《光明日报》和《北京日报》对"即位诏"和"遗诏"的关注较多。

表 19　与关键词"遗诏"相关的报纸文章

单位	论文量
北京日报	4
新华每日电讯	2
中国档案报	2
光明日报	2
南方周末	1
经济日报	1
团结报	1
湖南日报	1
北京科技报	1
中国经营报	1
文汇报	1
朔州日报	1

　　以上通过使用中国知网数据库，重点对关键词为"即位诏""遗诏"的期刊、博硕士论文、会议论文、报纸进行了分析，得到了学术界关于"即位诏"和"遗诏"的一个基本研究现状。正如前面数据分析结果显示的一样，虽然研究者的功力有深浅，讨论层次也有高下，但围绕皇帝即位诏和遗诏，或整体或个案，都出现了一大批深入讨论的著作和论文。通过对研究现状的细致分析和了解，我们可以肯定，前人在关于皇帝即位诏、遗诏问题上的研究已经做出积极的贡献，产生了一些很有价值的成果，为进一步理解二诏提供了多角度、多侧面、多层面的观点，从而大大丰富了我们对这一问题的认识。

　　（注：该文在写作过程中得到了中国知网张戈军老师的大力支持与帮助，在此深表感谢。）

主要参考文献

[1] 巴楚汉："漫谈封建帝王的'遗诏'"，载《档案工作》1992 年第 3 期。

［2］曹喜琛："中国古代诏书编纂举要"，载《档案》1985 年第 5 期。

［3］程开元、孙国强："徐阶与'嘉靖遗诏'"，载《青春岁月》2012 年第 10 期。

［4］禾青："重读遗诏"，载《书屋》2006 年第 2 期。

［5］洪早清："明代阁臣代皇帝起草遗诏和即位诏书的政治功能"，载《高等函授学报》
（哲学社会科学版）2006 年第 4 期。

［6］李福君：《明代皇帝文书研究》，南开大学出版社 2015 年版。

［7］李媛："明代皇帝的修省与罪己"，载《西南大学学报》（社会科学版）2010 年第
1 期。

［8］马静："一道非同寻常的'即位诏'——明世宗'即位诏'与嘉靖初期改革"，载
《西南大学学报》（社会科学版）2007 年第 5 期。

［9］马维仁："明代皇帝遗诏与即位诏关系初探"，载《宁夏师范学院学报》（社会科学
版）2013 年第 5 期。

［10］荣真："隆庆末张居正冯保矫诏辨正"，载《杭州师范学院学报》（社会科学版）
1994 年第 5 期。

［11］田澍：《嘉靖革新研究》，中国社会科学出版社 2002 年版。

［12］万明："明代诏令文书研究——以洪武朝为中心的初步考察"，载中国社会科学院历
史研究所明史研究室编：《明史研究论丛》（第八辑），故宫出版社 2010 年版。

［13］徐红："北宋皇帝即位赦文用典"，载《文史知识》2012 年第 5 期。

［14］顾迈南："'脂麻通鉴'·遗诏"，载《瞭望周刊》1992 年第 44 期。

［15］赵轶峰："明代的遗诏"，载《西南大学学报》（社会科学版）2010 年第 1 期。

［16］赵轶峰："明后期皇帝的即位诏——从隆庆到崇祯"，载《史学月刊》2014 年第 4 期。

［17］赵轶峰："明前期皇帝的即位诏——从洪武到正统"，载《求是学刊》2011 年第 1 期。

［18］赵轶峰："明中期皇帝的即位诏——从景泰到嘉靖"，载《古代文明》2013 年第 1 期。

［19］赵中南："明前期减免宫廷财政初探——以目前所见相关诏书为中心"，载中国社会科
学院历史研究所明史研究室编：《明史研究论丛》（第八辑），故宫出版社 2010 年版。

陇上法学贫否？富焉！

——甘肃法学特色性发展略谈

刘文彪[1]

内容摘要：近些年甘肃法学在本地经济发展较为滞后、人才"孔雀东南飞"的背景下，发展较为缓慢。甘肃法学发展应当依托本地特色优势，但目前其在西北本土法学特色研究中成果并不突出，在依托地域优势"向西"法学研究中也较为迟缓。因此依托本地优势进行特色研究是甘肃法学进一步研究的重要途径。在"一带一路"的国家战略下，甘肃法学应当在保持西北法治研究特色的同时，依托特色优势开展"向西"——对中亚、西亚等国法学进行研究，发挥地缘、文化、政策、经济等优势，促进甘肃法学研究的发展。

关键词：甘肃法学 "向西" 特色发展

一、甘肃法学的现状与未来

2017年9月，有两件事让甘肃法学界、司法界很是热闹。

一是由甘肃政法学院主办的"陇籍法学家论坛"刚刚落下帷幕，这场论坛汇集了来自全国各地的陇籍法律学人，其中多是法学界的学术名家和青年才俊，无不都是学术担当、后辈楷模。让人感慨陇上法学之脉盛也。但感慨之余，令人扼腕的是陇籍法学人才济济，但偌大的黄河却难留一尺之才。出自甘肃的多数法学学者分散在全国各地，成为其所在学科、所在地区、所在学校法学研究的中流砥柱，换句话讲，法学人才都流失到了外地，扎根甘肃的法学本土人才难言"济济"。前段时间甘肃省各大高校招聘法学博士的公告也反映了这一尴尬的现象，法学博士一才难求，高水平人才的缺失逐渐成为困扰甘肃法学发展的绊脚石。可能这是笔者的过度反应，因为毕竟这只是西部整体势衰背景下"孔雀东南飞"现象的冰山一角，外面的法学人才不愿意来，自己土生土长的法学人才又外流，从这个角度上看，甘肃本土法学略显

---

[1] 作者简介：刘文彪，西北师范大学法学院2015级法律硕士研究生。

贫瘠。

二是丝绸之路（敦煌）司法合作国际论坛刚刚在敦煌圆满闭幕。来自中亚、西亚等地区的司法界高层领导、最高人民法院院长周强、甘肃省省委书记林铎等悉数出席，这无疑是司法国际交流的一场盛会，看到这个消息，无不让笔者又有些"反应过度"，感觉这个会议的召开，接下来可能会为甘肃法学、西部法学研究提供一些素材，或者找好自己的"学术标签"。毫无疑问"一带一路"是西部各项事业发展的契机，甘肃在"一带一路"倡议中的地缘优势是极其明显的。敦煌，在古丝绸之路上就是东西交汇的重镇，是贸易的集散地。此次丝绸之路（敦煌）司法合作国际论坛之于甘肃法学提供的司法、法制研究信号就是向西拓展，向中亚、西亚拓展。如果说先前对外开放，使得中国东部沿海成了中国的中心，成了中国法学研究的中心，而甘肃成为了"西部边远省份"的话，那向西的开拓，甘肃则可以成为中心。在此基础上法学的研究发展也可以随着风向标转向西面，而不是跟随东部沿海法学发展的潮流。在地缘优势的大背景下，利用相关领域相对富足的研究资源，进行有西部特色的研究，从这个角度上讲甘肃法学富也。

二、法学特色性发展的启示

有特色的发展是甘肃法学摆脱贫困化的关键因素。特色性的发展无论是对法学在某一地区的发展，还是对某一学校的发展都具有重要意义。

2010 年王肃元教授就刊文指出甘肃省法学高等教育注重理论而轻实践，并以兰州商学院（现为兰州财经大学）为设想蓝本，以地理优势和专业优势为基础提出改革方案："如财经类高等院校法科教育（如兰州商学院法学院）可以主要侧重于学习民商法、经济法和国际经济法等与经济密切相关的法学学科理论知识及应用技能。""适应经济全球化和通才化的时代潮流，紧紧依托学校财经类、管理类的学科优势、学术资源，以及和金融、法律实务部门的紧密联系，坚持法学和经济学相结合，理论和实务相融通。"[1]这种依托优势资源的发展方式是高等院校法学发展内挖潜力，在日常研究过程中寻求优势突破的有效方式。其实在各大高校法学教育快速发展的过程中，就涌现出了一批依托学校特色而发展喜人的法学院，如依托本校平台进行航空法研究

---

〔1〕 王肃元："甘肃高等法学教育改革与发展略谈"，载《西部法学评论》2010 年第 5 期。

的北京航空航天大学法学院（以下简称北航法学院），依托工科背景进行工程法、交通法等研究的东南大学法学院，还有以金融法学独具一格的西南财经大学法学院等。北航法学院院长龙卫球教授在谈及新型工业化背景下的法学教育理念时指出三点，"战略性、协同性、务实性"。[1]战略性要求法学教育和科研要紧跟国家战略发展步伐，法学研究方向的把握要具有战略眼光。协同性既要求法学发展、法学教育"与本校其他学科之间的资源协同，也包括与校外相关实务部门的资源协同。"[2]务实性则要注重法学教育中对学生视野与行动的实践能力培养。正是在这样的理念下，北航法学近年来形成了独具特色的发展模式，也取得了丰硕的成果。

从本质来看，法学教育的理念在某种程度上与法学研究的理念是不谋而合的，法学教育理念的指向，往往也是法学研究的方向。因此龙教授所提的"三性"也可以是新形势下法学研究所要秉承的理念。"战略性"实质就在于依靠大的国家战略前提，找准适合自身特点的发展特长，形成发展战略优势，顺应国家发展战略，通过依托自身优势进行法学研究与教育，用研究成果回馈战略需要，才不至于在法学研究领域落他人之后。因此战略性的眼光是发展的第一步。"协同性"是利用优势资源的必要方式，利用和聚集法学研究之用的学科优势、地缘优势、政策优势无疑是先人一步的前提。"务实性"则是在前两者具备的情形下，进行研究、教育的过程性要求。而与上述理念相符的是在某些区域形成某些领域的研究优势，这些更是近年来在国家战略举措下所体现的普遍现象。如东部沿海地区在经济高速发展，对外贸易急剧增长，科技水平不断提升的背景下，知识产权法、国际经济法、国际私法、国际商事仲裁等学科在地缘优势、政策支持、实践需要的作用下发展迅猛。这说明深挖本地特色、本校特色进行法学研究本身就快人一步，具有明显的发展优势。

三、甘肃法学特色性发展的优势及其现状

（一）甘肃法学特色性发展的优势

特色在很大程度上便是优势的所在。甘肃在"本土"和"对外"两个方

---

〔1〕 龙卫球、初殿清："新型工业化时代的法学教育——以北航法学教育改革为个案"，载《中国大学教学》2017 年第 1 期。

〔2〕 龙卫球、初殿清："新型工业化时代的法学教育——以北航法学教育改革为个案"，载《中国大学教学》2017 年第 1 期。

面都独具特色，一方面进行西北本土特色的法治资源研究，一方面要将眼光投向国际化。本土法治资源研究领域在中国国家战略走向深蓝的背景下和"西法东渐"的过程中被很多人认为略显"土气"，而"洋气"的域外法律制度、法律文化介绍，涉外民事、商事纠纷解决等研究领域则经常掌握法学研究的主流话语权。但"洋""土"不可偏废，"土洋结合""以土育洋"未尝不是甘肃法学发展的更好契机，也是甘肃法学发展的特色所在。既进行"本土"研究，也进行"对外"研究，二者相辅相成、相得益彰。优势和特色很大程度上是不会分离的，甘肃法学发展的优势也恰恰是其特色所在。法学研究发展正是要利用其特色，形成研究优势。

1. 西北本土法治资源研究

"西北法学"，是以形成独具西北（甘肃）法律特色的研究成果为目标的区域法学研究，这些年来一直是陇籍法律学人乃至西北法律学人大力倡导的学术标签。王勇教授在 2011 年首届陇籍法学家论坛闭幕后写下的《"陇派法学""西北法学"与中国法学发展——"首届陇籍中青年法学家论坛"的经验与启示》[1]一文中为我们勾勒了"陇派法学"与"西北法学"的基本面相。按照王勇教授的描述，我们基本可以把"陇派法学"认定为一种聚集在陇籍法律学人身上的精神气质、抑或是一种独特性格，其无不印刻在陇籍学人的学术态度、学术品行以及所从事的法学研究成果中，这种具有陇秦文化内核的品质外在体现为求真务实、锐意进取。而"西北法学"则主要是以西北这个大的地理场景展开，在进行西北本土法治资源研究中，依托西北所具有的政治地理学优势，挖掘其多民族地区法治治理传统（如藏区活佛转世，金瓶掣签制度等），挖掘法治历史文化资源（如敦煌法制文书研究，近代甘肃警政研究等），进行边疆法治治理和国家多元文化统一背景下的法治模式探索等，形成以西北为中心的法学研究特色，发现西北问题，研究西北实际，通过西北问题的研究反哺中国法学。在文章中王勇教授不惜笔墨，充分论证了西北在法学研究中所具有的地缘优势和以西北为中心进行法学研究的重要意义和价值。我们可以发现甘肃深居中国内陆，在向东对外开放过程中，地缘上没有太大优势，但地方性法治特色方面的资源并不匮乏，区域特色并非无料可

---

[1] 王勇："'陇派法学''西北法学'与中国法学发展——'首届陇籍中青年法学家论坛'的经验与启示"，载《西部法学评论》2011 年第 1 期。

用，但要形成具有聚合力的法学研究特色还需要进一步发掘本地资源并结合地缘政策优势。

2. "向西" 法学研究

甘肃深居中国内陆，位于西北五省中的核心区域。地理位置决定了其在我国上轮向东对外开放的发展战略中并没有太大的地缘优势，但在依托"一带一路"向西开放方面，甘肃所具有的地缘优势和国家政策支持优势却极为明显，位于丝绸之路经济带黄金段是对甘肃在"一带一路"发展战略中地位的集中描述，因此法学发展目光投向丝绸之路经济带及其沿线的中亚、西亚国家，进行"向西"的法治、法律研究，甘肃法学在这方面的研究大有文章可做。

上文所述的"洋"就是这里的"向西"，向中亚、西亚发展。中亚、西亚的司法合作研究、法治研究、法律文化研究是甘肃法学发展的特色依托。2013 年习近平主席提出"一带一路"倡议，甘肃被认为是位于丝绸之路经济带上的黄金区域；2014 年甘肃省印发《"丝绸之路经济带"甘肃段建设总体方案》，"《总体方案》进一步明确 '丝绸之路经济带' 甘肃段建设的目标，将按照近期 2~3 年打基础、攻难点的目标，努力使全省对外开放的渠道不断拓展，与丝绸之路沿线国家经贸合作进一步加强，资源开发、装备制造、新能源、特色农产品加工等产业合作取得新进展，实现向中亚西亚进出口额占全省进出口总值的 20% 以上，直接投资、开展承包工程和外派劳务年均增长 10% 以上的目标；建立一批中外友好城市和驻外办事机构，与中西亚国家互利共赢、合作发展的机制初步形成，甘肃在 '丝绸之路经济带' 建设中的地位进一步提升。"[1]；2017 年汇集了十几个国家司法界高层的丝绸之路（敦煌）司法合作国际论坛在甘肃敦煌举行，论坛在司法合作达成广泛共识的同时，依托甘肃省高级人民法院在甘肃舟曲成立中国——中亚、西亚国家法官交流培训基地。

可见在中国国力日渐强大、更迫切对外联通的今天，随着"一带一路"带动周边国家经济贸易的频繁往来，对中亚、西亚国家间法治的研究，与中亚、西亚国家间的法律研究交流，以及商事纠纷解决、自然人纠纷解决等领

---

〔1〕 甘肃日报："甘肃省印发《'丝绸之路经济带'甘肃段建设总体方案》"，2014 年 5 月 23 日，http://www.gov.cn/xinwen/2014-05/23/content_ 2685540.htm，最后访问时间：2017 年 10 月 10 日 21 时 26 分。

域都将会成为研究热点，而甘肃法学在这些研究领域中站在优势地位。

（二）甘肃法学特色性发展的现状

1. 西北法治（法律）资源研究现状

可以说"西北法学"为甘肃法学发展提供了一个方向，同时在这方面的研究也取得了一系列成果，笔者以"西北"并含"法治"为关键词输入中国知网（以下称知网）高级检索栏，以主题和文献为限定进行检索，得出的文献数量为207篇，[1]知网能够完整显示的发表此类论文数量最多的甘肃高校有8所（如表1）。这8所高校发表论文总数共42篇，占此类文献总发文数量的约20.3%。

表1

单位名称	发表论文数量	知网总体排名	甘肃省内排名
西北师范大学	12	2	1
甘肃政法学院	9	3	2
兰州大学	8	4	3
甘肃林业职业技术学院	3	8	4
西北民族大学	3	8	4
河西学院	3	8	4
甘肃农业大学	2	9	5
兰州商学院（现兰州财经大学）	2	9	5

而笔者以"西北"并含"法律"为关键词输入知网高级检索栏，以主题和文献为限定进行检索，得出的文献数量为1228篇，[2]知网能够完整显示发表此类论文数量最多的甘肃高校有9所（如表2）。这9所高校发表此类论文总数共200篇，占此类文献总发文数量的约16.3%。

---

〔1〕 http://kns.cnki.net/kns/brief/result.aspx? dbprefix＝scdb&action＝scdbsearch&db_opt＝SCDB#，最后访问时间：2017年10月13日19时14分。

〔2〕 http://kns.cnki.net/kns/brief/result.aspx? dbprefix＝scdb&action＝scdbsearch&db_opt＝SCDB#，最后访问时间：2017年10月13日19时24分。

表 2

单位名称	发表论文数量	知网总体排名	甘肃省内排名
兰州大学	56	1	1
西北师范大学	52	2	2
甘肃政法学院	25	4	3
西北民族大学	22	6	4
甘肃农业大学	13	11	5
兰州理工大学	10	12	6
甘肃省合作市民族师范高等专科学校	8	14	7
兰州商学院（现兰州财经大学）	8	14	7
兰州交通大学	6	16	8

从研究数量上来看，甘肃法学在西北法治资源的研究过程中正在或者说已经占据了一定的地位，但并没有体现出突出的领先优势，仍然还有较大的发展空间。且并没有与甘肃在上述研究领域内所具有的独特区位优势相匹配。深挖本地法治资源是甘肃法学发展的一个重要优势，未来要吸引其他地区研究人才在甘肃聚集，逐步在甘肃形成西北区域法学发展的向心力，加强该领域研究。

2. 甘肃法学"向西"研究现状

相比西北本土法治资源研究的日渐繁盛，甘肃法学在"向西"研究中似乎略显寂寥。为了探知甘肃法学研究在一带一路、中亚、西亚法治研究过程中的进展，笔者以"一带一路"并含"法律"为关键词输入知网高级检索栏，以主题和文献为限定进行检索，得出的文献数量为 1179 篇，[1]知网能够完整显示发表此类论文数量最多的甘肃高校只有兰州大学一所。兰州大学共发表 7 篇，排名并列第 9。占此类文献总发文数量的约 0.6%。

而以"中亚"并含"法律"为关键词输入知网高级检索栏，以主题和文献为限定进行检索，得出的文献数量为 495 篇，[2]知网所显示的甘肃高校发

---

〔1〕 http://kns.cnki.net/kns/brief/result.aspx？dbprefix＝scdb&action＝scdbsearch&db_ opt＝SCDB#，最后访问时间：2017 年 10 月 13 日 19 时 43 分。

〔2〕 http://kns.cnki.net/kns/brief/result.aspx？dbprefix＝scdb&action＝scdbsearch&db_ opt＝SCDB#，最后访问时间：2017 年 10 月 13 日 20 时 15 分。

表此类文献最多的是兰州大学、西北民族大学。其中兰州大学发表 12 篇、西北民族大学发表 2 篇，占此类文献总发文数量的约 2.8%。与排名第一的新疆大学（73 篇）、排名第三的新疆财经大学（24 篇）、排名第四的新疆师范大学（21 篇）相差甚远。而在这 14 篇文章中，直接以中亚法律文化、法制体系、涉外交往法律问题进行研究的也并不太多。作者单位为甘肃高校或科研院所等机构，以西亚为主题进行法律领域研究的文章，则更是少见。

可见在甘肃法学研究者中对于中亚、西亚法制研究感兴趣者寥寥，在具有地缘优势的情况下取得的研究成果难言丰硕。与法学研究领域寂寥无声形成鲜明对比的是越来越多的国家战略举措、国家政策对甘肃的支持，但从该领域法学研究成果来看与之相配套的软实力建设并没有并驾齐驱，对于"一带一路"、中西亚国家法律、法治合作研究远落后于经济建设规划和政策推行上，可以说甘肃理论界对此问题的重视还远远不够，因此接下来在该领域的研究就显得极为重要。

四、甘肃法学特色性发展的建议

如上文所述，甘肃法学在西北本土法治资源研究中已经逐渐展现出了其发展的特色，其学术成果在全国同类型研究中也日渐丰富，但还未取得突出的优势地位，而"向西"发展方面，甘肃法学在"一带一路"背景下对中亚、西亚法学理论、司法制度等方面的研究还没有看出太大的反应。这些优势既是契机又是挑战，因此依托高校组建相关研究机构、在高校内结合专业优势进行教学研究、开展留学生法学教育、与司法部门开展合作等举措的实施具有一定的必要性。

（一）依托高校组建相关机构进行特色研究

甘肃高校与全国其他省份相比数量不多，但也各具特色，开办法学教育、进行法学研究的高校数量更是不在少数。依托各高校自身所具有的特色组建相关研究机构，抑或是依托本校原有的研究机构进行法学研究是创新性研究的一种方式。在对西北法治资源研究过程中已经形成了一批具有本校、本地区特色的科研机构，也取得了较多的学术成果。在"向西"研究中，也有一些科研机构，如兰州大学的中亚研究所、甘肃政法学院的丝路法学院、西北师范大学的中亚研究院等。但公开发表的"向西"法治研究成果并不多见，以西北师范大学为例，其中亚研究院下设有中亚政治与法律研究等五个中心，相关学术交流活动已逐渐展开。接下来各个高校要依托研究机构，进行深入的"向西"法学研究。在对中亚、西亚的法律研究过程中本地研究人才匮乏，国际法方向研究人员不多等原因也制约了利用这一平台进行深入广泛的研究。在这种情况下可以考虑在各个高校间进行人才联合、资源联合，依托优势平台，进行相关研究。同时依靠高校在"一带一路"沿线国家创办的孔子学院，以及在高校与"一带一路"沿线国家高校的合作中探索出新型的研究模式。

（二）结合优势专业进行跨专业、跨领域研究

在西北本土法治资源研究过程中，运用优势专业跨学科、跨领域研究的现象较为多见，尤其在法学与民族学、地理学、历史学等学科的吸收借鉴和运用中体现的较为突出。同样的将高校的特色专业、优势专业与法学研究相结合也是进行"向西"法学研究的另一着力点。如兰州大学等高校，在经济研究等领域具有较大影响力，其中对中亚、西亚经济投资环境等问题已经开始了研究，但相关的法学领域探讨还不太多，因此可以依托其经济研究的优势展开对中亚、西亚国家相关投资法律、投资法律环境的研究等。而西北师范大学在其语言、文史、教育等方面的优势也可以运用到对外的法学研究中去，如对于中亚、西亚法律的翻译，中亚、西亚法制历史的研究等，而甘肃政法学院在其刑事法律研究的特色下，亦可对中亚、西亚反恐等方面、对中国边疆安全等方面进行深入研究。

（三）加大甘肃特色法学教育

法学研究的发展与法学教育密不可分。在时代背景下，人们对西北地区法治现状、文化现状、历史传统普遍缺乏应有的了解和认识，这对促进西北法治建设、经济发展造成了一定的阻碍。因此甘肃高校在进行法学高等教育的过程中，在核心课程教授之余，可以加大对具有西北（甘肃）法治特色的课程设计，教育学生了解西北法治传统、知悉西北法治现状，才能培养问题意识，同时依托各大高校优势学科资源对学生进行联合培养，为甘肃特色法学的研究培养储备人才。

此外，甘肃高校由于在地理位置上距离中亚、西亚各国较近。甘肃特有的民族又与中亚、西亚各国民族的风俗习惯多有相似之处，近年来甘肃高校接收的中亚、西亚等一带一路沿线国家的留学生规模也在日益增加，因此在

留学生教育中可以适当增加法律课程比例，加大法律教育，相关高校可以接收法学专业的留学生或增加接收法学专业留学生数量，为中亚、西亚培养一批了解中国法律制度的人才，为下一步一带一路建设过程中法律的交流、法治文化的疏通打下基础。

（四）加强理论界与司法部门的密切合作

司法的核心是公平公正地解决纠纷。甘肃法学对于西北法治资源的研究很大程度上促进了解决西北多元文化、多民族聚居情况下的民间纠纷。尤其是在民族地区，需要在了解并充分熟悉其民族文化和历史传统的情况下才能很好地解决双方的纠纷，在这方面西北法治资源的研究与司法实务部门可以紧密联系，将相关学术成果转化为司法实践中的有益指导。

同时，甘肃"向西"发展是国家战略的一部分，国家政策的转向，直接反映在国家的举措上，2017年丝绸之路（敦煌）司法合作国际论坛在敦煌的召开、中国——中亚西亚国家法官交流培训基地在甘肃舟曲的成立都说明司法领域的中亚西亚合作交流已经开始展开，也为甘肃法学"向西"研究提供了很好的素材，在司法领域的交往日趋活跃的情况下，甘肃法学的理论界应该以此为契机，加快与司法实务部门的联系，进行密切合作，对"一带一路"背景下司法实践中遇到的新问题进行研究，帮助解决司法过程中遇到的问题和难题，形成理论与实践的良性互动。

结　语

甘肃法学或贫或富，这本身是一个宏大而艰深的问题，但聚集陇派法律学人的力量，坚持发展的方向，能够将本地优势转化为自身发展的特色。再进一步深挖西北本地法治特色，同时利用地缘、政策优势进一步拓展"向西"法学研究的领域，这将是未来甘肃法学取得进一步发展的不二选择，也是甘肃法学"富焉"感慨的未来愿景。"一带一路"提供了这一宝贵的机遇，也为甘肃法学研究埋下了富矿。甘肃法学应当有所回应，用法学研究成果反馈"一带一路"、西部开发的政策实施，促进法学乃至国家的发展。本文只是将大家已有的认知付诸文字，希冀未来甘肃法学的大发展。

"陕派律学"研究回顾与展望[1]

闫强乐[2]

内容摘要："陕派律学"是盛行于同治、光绪年间的传统律学流派，以陕西籍的刑部官员为主，薛允升、赵舒翘、吉同钧为其代表人物，其律学研究以"精核"为要，是中国传统律学的总结与集大成，在中国律学史上占有重要的地位。本文从概念的提出、人物、著述三个方面回顾了学界对于"陕派律学"的研究状况，展望"陕派律学"今后的研究方向，即"人物再寻踪、著述再搜寻、价值再定位"。

关键词："陕派律学"　薛允升　赵舒翘　吉同钧　著述

一、"陕派律学"的提出

沈家本在《〈大清律例讲义〉序》中明确提及："独是《律例》为专门之学，人多惮其难，故虽著讲读之律，而世之从事斯学者实鲜。官西曹者，职守所关，尚多相与讨论。当光绪之初，有豫、陕两派，豫人以陈雅侬、田雨田为最著，陕则长安薛大司寇为一大家。余若故尚书赵公及张麟阁总厅丞，于《律例》一书，固皆读之讲之而会通之。余尝周旋其间，自视弗如也。近年则豫派渐衰矣，陕则承其乡先达之流风遗韵，犹多精此学者。韩城吉石生郎中同钧，于《大清律例》一书，讲之有素，考订乎沿革，推阐于义例，其同异轻重之繁而难纪者，又尝参稽而明辨之，博综而审定之，余心折之久矣。"[3]

董康在《清秋审条例》中亦涉及"陕派律学"，"凡隶秋曹者争自磨砺，且视为专门绝学。同光之际，分为陕、豫两派，人才尤盛……如薛允升云阶、

---

〔1〕　本文系西北政法大学闫晓君主持的国家社科基金项目"陕派律学研究"阶段性研究成果。

〔2〕　作者简介：闫强乐，陕西西安人，中国政法大学法学院博士研究生，主要研究方向为中国法律史、陕派律学。

〔3〕　（清）沈家本：《历代刑法考·寄簃文存》，邓经元、骈宇骞校注，中华书局1985年版，第2232页。

沈家本子惇、英瑞风冈皆一时已佼佼者"。[1] 董康还在《我国法律教育之历史谭》一文中指出了 "陕派律学" 和 "豫派律学" 形成的原因。他说，清代学校之科目 "一以经义及策论为主，并缺律令一课，固无足称为法律教育"。但在刑部，其官员大多为进士或拔贡出身，在签分到部后，由于职责所在，这些官员 "一方读律，一方治事。部中向分陕豫两系，豫主简练，陕主精核"。[2]

沈家本、董康二人都曾长期在晚清的刑部供职，对于其中的情形熟稔，对秋曹掌故了如指掌，那么，晚清刑部分陕豫两派的说法必确信无疑。[3]

国内外学界对于 "陕派律学" 的研究，以法国学者巩涛为最早，而以闫晓君为最全。巩涛在《西方法律引进之前的中国法学》中[4]认为："正式的经历及非正式的赞助是仕途当中最明显的部分，但是加入一个律学博士学会也是相当重要的，这类学会同时具有学派和地方派系的特色。当沈家本被允许加入当时主控刑部的两个学派之一 '陕派'（陕西）之后（另一个是 '豫派'），他自 1875 年起就开始攀升。" 正式对 "陕派律学" 学术概念进行肯定，同时指出沈家本、许世英、董康等皆为 "陕派律学" 的门生。

闫晓君的《走进 "陕派律学"》[5]《陕派律学的几个问题》[6]《关于 "陕派律学"》明确地提出了 "陕派律学" 的学术概念，梳理了 "陕派律学" 的源流，认为 "陕派律学" 的形成与薛允升有着莫大的关系。不但如此，薛允升是陕派的创始人，继之而起的赵舒翘是陕派的中坚，吉同钧是陕派的殿后者。分析了陕派律学家的学术成绩和司法实践，认为陕派律学的律学成就是传统律学最后的高峰，陕派律学家在长期司法实践中，秉承了求真务实、重视民瘼的特点，在司法审判中表现出 "公正""抗直" 的优秀品质，不畏权势、公正执法。同时闫晓君亦指出 "陕派律学" 研究的价值，即有助于重新

---

〔1〕 何勤华、魏琼编：《董康法学文集》，中国政法大学出版社 2005 年版，第 420 页。

〔2〕 何勤华、魏琼编：《董康法学文集》，中国政法大学出版社 2005 年版，第 737 页。

〔3〕 闫晓君、陈涛："关于 '陕派律学'"，载闫晓君整理：《慎斋文集》，法律出版社 2014 年版。

〔4〕 [法] 巩涛："西方法律引进之前的中国法学"，林惠娥译，载《法国汉学》丛书编辑委员会编：《法国汉学》第 8 辑，中华书局 2003 年版。

〔5〕 闫晓君："走进 '陕派律学'"，载《法律科学》2005 第 2 期。

〔6〕 闫晓君："陕派律学的几个问题"，载曾宪义主编：《法律文化研究》第六辑，中国人民大学出版社 2011 年版，第 151~163 页；赵亚男："'陕派律学' 研究"，山东大学 2014 年硕士学位论文。亦对 "陕派律学" 有所分析，但与闫文差别不大，颇为简略。

评估陕西人对中国传统法律的继承和发展，对中国法律近代化所做的准备与贡献，振奋我们的学术精神，使陕西乃至西北的法学研究和法律教育在今后取得更大的发展。

之后闫晓君教授主持了 2008 年陕西省教育厅重点科研项目 "'陕派律学'人物研究"，西北政法大学中华法系与法治文明研究院重点科研项目 "'陕派律学'研究"，2017 年中国法学会后期资助项目 "陕派律学家事迹纪年考证"；主编了《陕派律学文献丛书》，现已出版《慎斋文集》《乐素堂文集》《大清律讲义》《大清现行刑律讲义》著作四本，为 "陕派律学" 研究奠定了坚实的基础。

二、"陕派律学" 人物研究

（一）薛允升研究

薛允升作为 "陕派律学" 的创始人，本节拟从薛允升生平、司法实践、律学思想三个方面评述学界研究概况。

1. 薛允升生平研究

国内外关于薛允升研究的学者，当推薛允升的隔代知己黄静嘉先生（1924~2017 年），"近年欧美学者对中国古代法从事研究者颇不乏人，薛氏遗著《读例存疑》（共 54 卷，约 140 万言）一书，受到特别的关注。美国亚洲学会中文研究资料中心因此决定予以重印。作者受嘱担任本书校勘及标点，得对该书反复诵读，对于薛氏生平法学略得管窥，对薛氏用心之深与用力之精勤，弥生景仰之心。久拟为其撰一传记，以他务羁身未果。客春来美时间较为充裕，资料利用也较便利，因草此文以供研究之参考"。[1]黄静嘉在美国亚洲学会中文研究资料中心的资助下，整理校勘《读例存疑》，将清律及其条例进行编号，繁体竖排，是现阶段学界最为精核的版本。黄氏著《清季法学大家长安薛允升先生传》利用《清史稿》《清史列传》《续修陕西通志稿》《薛允升墓志铭》等传记史料，对薛允升一生功业进行考述，综列薛允升著述，同时附录有《薛允升年表》，为我们认识这一传统律学的殿后人物提供了坚实的研究基础。

---

〔1〕 黄静嘉："清季法学大家长安薛允升先生传——一位传统法学的殿后人物"，载黄静嘉：《中国法制史论述丛稿》，清华大学出版社 2006 年版，第 239~267 页。

李贵连《沈家本年谱》[1]、李铁《法学匡时两巨擘——沈家本和薛允升》[2]考证了薛允升对沈家本的仕途提携与学术影响。闫强乐《赵舒翘年谱长编》[3]考证了薛允升对于赵舒翘的仕途与学术的影响。王雁《薛允升降职问题考辨》[4]利用晚清刑部司官唐烜《留庵日钞》所记载的薛允升降职的一些细节内容，认为薛允升在刑部派分差使中撤掉了郎中李念兹的主稿职位，李念兹怀恨在心，暗中策动御史发起对他的弹劾，恰薛允升在处理太监杀人一案中得罪了最高统治者，同时慈禧太后又忌恨他在刑部的权力过大，因而借故将其降职调离刑部。

2. 薛允升司法实践研究

薛允升自咸丰六年（1860 年）中进士，职分刑部，直至光绪二十三年（1897）遭御史弹劾降职宗人府丞，前后在刑部供职 35 年之久。薛公任职刑部期间，先后参与"王宏馨案""崇厚案""云南报销案""江宁三牌楼案""河南王树汶案""太监李苌才案"等大案要案的审判工作。其在司法实践中体现出高超的司法技术与律学智慧，但现阶段学界对于薛允升的司法实践鲜有研究。贾熟村《震动晚清政局的云南报销案》[5]、梁建《王文韶与清季的"云南报销案"》[6]细致考证了云南报销案的过程，突出了该案对王文韶仕途的影响。林乾《传统中国的权与法》[7]、苏华《光绪朝河南呼冤案述论》[8]比较详实地梳理了"王树汶案"的过程，徐忠明《晚清河南王树汶案的黑幕与平反》[9]探究导致王树汶冤案的根本原因以及清代中国司法权力的组织架构与运作程序，认为由于审转程序的过于严格，司法责任的过于严苛，律例规定的过分僵硬，导致了地方官员对权力控制的抵制和对司法责任的规避。同时该文亦肯定了薛允升主持平反，赵舒翘据法斥驳在本案件审理中的作用。

〔1〕 张国华、李贵连编著：《沈家本年谱初编》，北京大学出版社 1989 年版；李贵连：《沈家本年谱长编》，山东人民出版社 2010 年版。

〔2〕 李铁："法学匡时两巨擘——沈家本和薛允升"，载法大沈家本法学思想研讨会编：《沈家本法学思想研究》，法律出版社 1990 年版。

〔3〕 闫强乐："赵舒翘年谱长编"，兰州大学历史文化学院 2015 年学年论文。

〔4〕 王雁："薛允升降职问题考辨"，载《史林》2016 年第 2 期。

〔5〕 贾熟村："震动晚清政局的云南报销案"，载《史学月刊》2005 年第 11 期。

〔6〕 梁建："王文韶与清季的'云南报销案'"，载《兰台世界》2013 年第 27 期。

〔7〕 林乾：《传统中国的权与法》，法律出版社 2013 年版，第 299~319 页。

〔8〕 苏华："光绪朝河南呼冤案述论"，载《历史档案》1991 年第 1 期。

〔9〕 徐忠明："晚清河南王树汶案的黑幕与平反"，载《法制与社会发展》2014 年第 2 期。

张绳祖《薛允升三奏斩太监》[1]、李庚辰《难得薛允升》[2]描述了薛允升审理"太监李苌才案"的经过。杜金《冤狱与平反：清末江宁三牌楼案钩沉》[3]勾勒了"江宁三牌楼案"的过程。

上述研究皆偏重于对于相关案件的过程进行考证，忽略了薛允升等刑部官员所表现出来的高超司法技术与律学智慧。而华友根《薛允升论丧服制度及其在执法中的运用》[4]认为薛允升司法实践中，判定罪名的轻重，以服制亲疏为转移，但作为一个法律家，薛氏又希望摆脱礼法结合，实行法律面前平等。徐忠明、杜金《案件的政治学：大司寇薛允升的司法技艺》[5]尝试"深描"薛允升的司法实践及其展现出来的某些特点。认为在"江宁三牌楼案"中，薛允升采取"自我封闭"和"排除合理怀疑"的司法策略，不仅营造了相对独立的司法场域，排除外部可能存在的干扰，而且法律论证严谨有据。在"太监李苌材案"中，面对光绪和慈禧的指责，薛允升不仅展现了道德勇气与担当精神，其论证也充满政治智慧。美国学者陈张富美[6]查阅了从1736年至1885年，一百五十年里的九千多个清代成案，研究分析沈之奇《大清律辑注》对清代司法审判的影响。此研究对于探究薛允升的律学智慧对清代司法的影响具有重要参考价值。

3. 薛允升律学思想研究

在薛允升律学著述和司法实践的基础之上，学界对薛允升的律学思想进行了有益的探索。胡鸿高《薛允升法律思想初探》[7]认为薛允升具有"礼与律相辅而行""法贵德平""立法期在必行""慎重刑狱""官得其人"的法律思想。吴高盛《试论薛允升的法律思想》[8]认为薛允升具有"礼与法相辅而

〔1〕 张绳祖："薛允升三奏斩太监"，载《人民司法》1985 年第 6 期。

〔2〕 李庚辰："难得薛允升"，载《群言》1996 年第 3 期。

〔3〕 杜金："冤狱与平反：清末江宁三牌楼案钩沉"，载《法制史研究》（我国台湾地区）第 24 期。

〔4〕 华友根："薛允升论丧服制度及其在执法中的运用"，载《复旦学报》1998 年第 5 期。

〔5〕 徐忠明、杜金："案件的政治学：大司寇薛允升的司法技艺"，载《学术研究》2014 年第 2 期；亦参见杜金："学者与刑官：薛允升的审判实践"，载《中国法律史学会 2012 年学术年会论文集》。

〔6〕 〔美〕陈福梅："'沈之奇辑注'对清代司法审判的影响"，毛启雄译，载《外国法学译丛》1988 年第 1 期。

〔7〕 胡鸿高："薛允升法律思想初探"，载复旦大学法律系编《复旦法学》第 1 辑，复旦大学出版社 1986 年版。

〔8〕 吴高盛："试论薛允升的法律思想"，载《法学研究》1987 年第 1 期；参见吴高盛："试论薛允升的法律思想"，北京大学 1985 年硕士学位论文。

行"的封建礼法观，"有治法所以尤贵有治人"的人治主张，比较研究的治学方法和修订律例的立法思想，"矜慎民命，执法不挠"的执法思想。

华友根《薛允升论执法人才的选拔和培养》[1]论证了薛允升关于司法人才的选拔与培养思想，认为执法比立法更重要，执法好要有好的执法人才；注重执法者的选拔、考核、奖惩和升降；执法者依法办事，自己要身体力行。《薛允升的律学研究及其影响》[2]从薛允升关于律、例、专条、通例，律例必须划一，律、令与律注等方面论述薛允升的法律思想与律学成就。《试论薛允升关于废除严刑酷法的思想及其意义》[3]论证了薛允升废除凌迟、枭首、刺字、充军、引律比附、缘坐、枷号、杂犯、任意加重立决以及重视证据和严禁逼供刑讯的法律思想。《薛允升政治法律思想评析》[4]评析了薛允升的政治法律思想。

上述文章最后汇集于华友根先生所著的《薛允升的古律研究与改革》[5]一书中，该书论述薛允升所处的时代，谈了薛氏对法的认识与理解，包括法与礼、律例与律令、立法与执法的关系。谈了薛氏对中国古律的研究与褒贬，包括了对汉律、唐律、明律、清律的研究与褒贬。谈了薛氏修改法律的主张，包括了修改法律的原因、具体措施与主要内容。谈了薛氏律学研究与改法主张的历史地位，包括了对近代著名法制改革家沈家本的启示与影响、对清末和民国时期修订法律的重要作用，以及后人对他的崇高评价。《薛允升的古律研究与改革》一书比较全面地论述了薛允升的法制活动及其思想影响。同时认为薛允升是中国古律的总结者和修订近代新律的先导者，具有重大的参考价值。

同时方勇《清末薛允升的改法修律思想刍议》[6]对薛允升修律对清末修律的影响进行了评述。孙美玲《薛允升法律思想研究》[7]、郑策《薛允升法律思想研究》[8]从立法思想、执法思想、思想对后世的影响三个部分论述薛

---

〔1〕 华友根："薛允升论执法人才的选拔和培养"，载《政治与法律》1998 年第 1 期。

〔2〕 华友根："薛允升的律学研究及其影响"，载《政治与法律》1999 年第 3 期。

〔3〕 华友根："试论薛允升关于废除严刑酷法的思想及其意义"，载《学术月刊》1999 年第 8 期。

〔4〕 华友根："薛允升政治法律思想评析"，载《政治与法律》2000 年第 1 期。

〔5〕 华友根：《薛允升的古律研究与改革——中国近代修订新律的先导》，上海社会科学院出版社 1999 年版。

〔6〕 方勇："清末薛允升的改法修律思想刍议"，载《社科纵横》2010 年第 6 期。

〔7〕 孙美玲："薛允升法律思想研究"，青岛大学 2014 年硕士学位论文。

〔8〕 郑策："薛允升法律思想研究"，中央民族大学 2015 年硕士学位论文。

允升的法律思想，具有一定的参考价值。

(二) 赵舒翘研究

自光绪二十七年（1901 年）赵舒翘"自尽"后，关于赵舒翘之死的相关评论及其人之事迹均在各种笔记、小说、诗文中叙述[1]，民国在编撰《清史稿》[2]《清史列传》[3]《续修陕西通志稿》[4]《咸宁长安两县续志》[5]时，赵皆有本传。上述虽可以提供相关的研究资料，但其称不上严格的学术研究。

直到 20 世纪 80 年代，伴随着中国国内学术的日益发展，学术界对赵舒翘的研究成果逐渐增多。据笔者不完全统计，学术界研究赵舒翘的论文有 20余篇，专著尚付阙如。而赵舒翘的研究主要集中于通论性质的传记书写，义和团时期的赵舒翘及"庚子事变"被杀研究，以及赵氏的律学思想研究三个方面。介于此，笔者分三个方面对研究现状予以梳理。

(1) 通论性质的传记书写以蔡冠洛编著的《清代七百名人传》[6]最早，其中著录赵氏小传，但颇为简略。之后有韩学儒的《赵舒翘的生平及其最后的悲剧》[7]、张应超的《赵舒翘》[8]，此两文较为细致地叙述赵舒翘生平，

〔1〕 如（清）王彦威辑：《西巡大事记》卷首，民国清季外交史料附刊本；（清）刘孟扬撰：《天津拳匪变乱纪事》卷四，清钞本；（清）叶昌炽撰：《缘督庐日记抄》卷八，民国上海蟫隐庐石印本；（清）吉同钧：《乐素堂文集》卷十五，北平杨梅竹斜街中华印书局铅印本；（清）鲍心增撰：《蜕斋诗稿》卷一，1949 年铅印本；（清）黄遵宪著、钱仲联笺注：《人境庐诗草笺注》，上海古籍出版社 1981 年版，第 1047~1052 页；（清）徐珂：《清稗类钞》第 3 册，中华书局 1984 年版，第 1441~1442 页；（清）刘体智著、刘笃龄点校：《异辞录》，中华书局 1988 年版，第 187 页；（清）葛虚存编、琴石山人校订、马蓉点校：《清代名人轶事》，书目文献出版社 1994 年版，第 318 页；（清）孙静庵著、李岳瑞著、张明芳点校：《栖霞阁野乘》，山西古籍出版社 1997 年版，第 72~74 页；（清）罗惇曧著、孙安邦、王开学点校：《罗瘿公笔记选》，山西古籍出版社 1997 年版，第 39 页；（清）徐凌霄、徐一士：《凌霄一士随笔》，山西古籍出版社 1997 年版，第 1296~1298 页；（清）苏曼殊等著、马玉山点校：《民权素笔记荟萃》，山西古籍出版社 1997 年版，第 9 页；（清）李伯元：《南亭笔记》，山西古籍出版社 1999 年版，第 222~223 页。（清）恽毓鼎：《恽毓鼎澄斋日记》，浙江古籍出版社 2004 年版，第 790 页；（清）吴永口述、刘治襄记：《庚子西狩丛谈》，广西师范大学出版社 2008 年版，第 146 页。

〔2〕 赵尔巽等：《清史稿》卷四六五《赵舒翘传》，中华书局 1977 年版，第 12752~12753 页。

〔3〕 王钟翰点校：《清史列传》卷六三《赵舒翘传》，中华书局 1987 年版，第 4992~4998 页。

〔4〕 杨虎城、邵力子等修：《续修陕西通志稿》卷七四《赵舒翘传》，1934 年铅印本。

〔5〕 翁柽修、宋联奎等修：《咸宁长安两县续志》卷一五《赵舒翘传》，1936 年印本。

〔6〕 蔡冠洛编著：《清代七百名人传》，中国书店 1984 年版，第 514~517 页。

〔7〕 韩学儒，吴永涛主编：《三秦近代名人评传·初集》，西北大学出版社 1988 年版，第 105~122 页。

〔8〕 清史编委会编、李文海、孔祥吉主编：《清代人物传稿》第五卷，辽宁人民出版社 1989 年版，第 63~69 页。

资料充实，很具有参考价值。再之后的相关传记多与韩文、张文类似，参考价值不大。张安兴的《新征集民国〈赵母董太夫人墓志〉浅说——兼谈赵舒翘其人其事》[1]一文通过考释赵母董太夫人墓志，简述赵氏生平，尤其是对赵氏的家世及早岁成长经历有所参考价值。《沣河上还有清代赵舒翘桥遗址》[2]一文简述了赵氏生平，通过实物资料佐证了赵氏为家乡建石桥之事。闫强乐《赵舒翘年谱长编》[3]详细考证了赵舒翘的生平，是现阶段最为完善的赵舒翘研究成果。

（2）关于义和团时期的赵舒翘及"庚子事变"被杀研究，以西北大学历史系的《旧民主主义革命时期陕西大事记述（1840~1919年）》载录的《赵舒翘在西安被"赐令自尽"（1901年2月）》[4]为最早。之后有许多关于赵舒翘之死的叙述，但以韩学儒的《关于赵舒翘之死》[5]、贾熟村的《义和团时期的赵舒翘》[6]最具学术性，两文材料充实，论证严密，但韩文、贾文将赵舒翘之死归因于赵氏的"为官之道""附和权贵"以及其"思想保守性"，笔者认为过于简单化，应该全面地分析赵舒翘的死因。其他关于赵氏之死的著作，皆流于传奇小说式的书写，参考晚清、民国的稗官野史、笔记小说，将赵氏之死的原因归结于"趋附刚毅，以致杀身""遭李鸿章幕僚陷害""清廷斗争，为人（李鸿章）不容"等。陆玉芹的《穿越历史的忠奸之辨：庚子事变中"五大臣"被杀研究》[7]，从庚子事变中被杀的"五大臣"角度分析当时的清廷权力结构，为赵氏之死的研究提供了新的视角。徐笑运《庚子、辛丑之际"惩赵"风波探析》[8]认为从"惩赵"过程看，似是列强步步紧逼，清廷诺诺惟退，但背后却是全权大臣、地方实力督抚与列强谈判代表之间多方力量的互动与交织。

---

〔1〕 张安兴："新征集民国《赵母董太夫人墓志》浅说——兼谈赵舒翘其人其事"，收录于西安碑林博物馆编：《碑林集刊》第十辑，三秦出版社2004年版，第149~153页。

〔2〕 "沣河上还有清代赵舒翘桥遗址"，载《西安晚报》2013年8月18日。

〔3〕 闫强乐："赵舒翘年谱长编"，兰州大学历史文化学院2015年学年论文。

〔4〕 西北大学历史系编：《旧民主主义革命时期陕西大事记述（1840-1919年）》，陕西人民出版社1984年版，第126~128页。

〔5〕 韩学儒："关于赵舒翘之死"，载《西北大学学报》1985年第3期。

〔6〕 贾熟村："义和团时期的赵舒翘"，载《南阳师范学院学报》2010年第7期。

〔7〕 陆玉芹：《穿越历史的忠奸之辨：庚子事变中"五大臣"被杀研究》，中国社会科学出版社2010年版。

〔8〕 徐笑运："庚子、辛丑之际'惩赵'风波探析"，载《盐城师范学院学报》2015年第3期。

（3）关于赵舒翘的律学思想研究，在中国法制史、中国监狱史的研究著作叙述清代法制及监狱制度（主要为提牢制度）时，都会简述赵著《提牢备考》，肯定其书的研究价值及赵氏的律学成就。而对赵专门的研究以刘茂亭的《晚清的法律家——赵舒翘》[1]一文为最早，文章简述赵氏生平，肯定其在中国古代法制进程中的作用，偏重于赵氏律学思想的"威吓刑主义""重刑主义"、执法的"无枉无纵"原则、法制对"安民"的作用等，但忽略了赵著《提牢备考》的内容和其法学思想，此缺陷之处也。而薛梅卿、张守东的《〈提牢备考〉对建设文明监狱的启示》[2]则简述了《提牢备考》的编撰过程、内容梗概，重点阐述其对现代监狱文明管理的启示[3]，弥补了上文不足。孙美玲《赵舒翘法律思想浅析》[4]，只是对赵舒翘的律学思想做了简要的叙述。徐忠明《晚清河南王树汶案的黑幕与平反》[5]探究导致王树汶冤案的根本原因以及清代中国司法权力的组织架构与运作程序，认为由于审转程序的过于严格，司法责任的过于严苛，律例规定的过分僵硬，导致了地方官员对权力控制的抵制和对司法责任的规避。同时该文亦肯定了赵舒翘据法斥驳在本案审理中的作用。

（三）吉同钧研究

吉同钧作为陕派律学的殿后者，学界关注相对较少。俞江《倾听保守者的声音》[6]分析了吉同钧在清末修律中的活动、主张及思想变化的原因，认为吉同钧有"薛、赵二司寇"名师指点，有丰富的办案经验以及广博阅历，从而成为律学大家，其律学研究注重的是经验的、实用的、系统的、长成的传统法律方法论，吉同钧保守的立场实际并不与当时的司法实际脱节，正面肯定了清末变法修律中保守者的价值。鲍如《儒者与法学家：近代夹层中的

---

〔1〕 刘茂亭："晚清的法律家——赵舒翘"，载《西北政法学院学报》1984 年第 1 期。

〔2〕 薛梅卿、张守东："《提牢备考》对建设文明监狱的启示"，1996 年发表于中国政法大学监狱史学研究中心内部刊物，载薛梅卿、杨育棠点注：《〈庚辛提牢笔记〉点注》，中国政法大学出版社2007 年版，第 266～276 页。

〔3〕 薛、张文指出有关监狱管理，建设文明监狱的启示：1. 狱政管理的完善关键在于制度的高度严密。2. 制度的高度严密关键在于其本身的法律特质的严肃性。3. 法律制度严格而有效执行的关键在于监管人员素质的提高。

〔4〕 孙美玲："赵舒翘法律思想浅析"，载《法制与社会》2013 年第 13 期。

〔5〕 徐忠明："晚清河南王树汶案的黑幕与平反"，载《法制与社会发展》2014 年第 2 期。

〔6〕 俞江："倾听保守者的声音"，载《读书》2002 年第 4 期。

吉同钧》〔1〕在清末修律的大背景下，分析吉同钧经验、实用、人情合一的法学观，认为身处在时代夹层中的吉同钧，是一个持完全儒家文化价值理想的出色法学家，从他身上折射出的新与旧、中与西的冲突，就是近代中国的时代缩影。李欣荣《吉同钧与清末修律》〔2〕重建"陕派"律学家吉同钧参与清末修律的"本事"，包括早期提出折中中西的修律计划，到不满新刑律过于趋新而实施"抵制弥缝之计"以及制订现行刑律来保存旧律精粹等一系列的行动，以"见之于行事"的方式探讨其温故知新的修律思想及其对于沈家本主导的修律事业由支持转向抵制的思维转折，从而观察清末修律愈趋激进的走向。杨楠楠《从〈乐素堂文〉看吉同钧的法律思想：近代法律变革中保守主义的再诠释》〔3〕以吉同钧生平及《乐素堂文集》为主要线索，分析了吉同钧经法本末、因地制宜、谨慎变革的保守主义法律思想。闫晓君《吉同钧年谱》〔4〕详细考证了吉同钧生平、著述、交游以及清末修律中的作为，为进一步研究吉同钧的律学思想奠定了坚实的研究基础。

三、"陕派律学"文献整理与研究

（一）薛允升著述整理与研究

薛允升作为"陕派律学"的创始人，其律学著述为后世所重，沈家本称其著述为"律学之大成，而读律者之圭臬也"。薛允升撰有《汉律辑存》《唐明律合编》《读例存疑》《服制备考》《秋审分类批辞》《秋审略例》等。

《汉律辑存》六卷〔5〕，但"同治、光绪之间，长安薛大司寇曾纂《汉律辑存》一书，业经写定，将付手民，庚子之变，为某舍人所得，匿不肯出，

---

〔1〕 鲍如："儒者与法学家：近代夹层中的吉同钧"，中国人民大学 2004 年硕士学位论文。

〔2〕 李欣荣："吉同钧与清末修律"，载《社会科学战线》2009 年第 6 期。

〔3〕 杨楠楠："从《乐素堂文〉看吉同钧的法律思想：近代法律变革中保守主义的再诠释"，北京大学 2011 年硕士学位论文。主体部分可参见杨楠楠："浅析《乐素堂文集》中吉同钧的保守主义法律思想"，载陈煜主编：《新路集：第二届张晋藩法律史学基金会征文大赛获奖作品集》，中国政法大学出版社 2013 年版。

〔4〕 闫晓君："吉同钧年谱"，载霍存福主编：《法律文化论丛》（第 4 辑），知识产权出版社 2015 年版。

〔5〕 关于《汉律辑存》的作者问题，张忠炜经过细致考证认为当为薛允升，沈曾植另撰《汉律辑补》。具体参见张忠炜："《汉律辑存》稿本跋"，载徐世虹主编：《中国古代法律文献研究》第 6 辑，社会科学文献出版社 2012 年版，第 437~457 页。

百计图之，竟未还珠，良可惋惜"[1]。1935年，顾廷龙在书肆中发现标记有"汉律稿本"的残卷，后与李祖荫提及此事，李氏说道："尚有《汉律辑存》稿本，近亦知其所在，盖为东方文化事业委员会所得。"[2]1924年末，日本政府于北京设立东方文化事业总委员会，大量购买中国古籍。抗战胜利后，国民政府教育部将此单位所藏图书交由史语所保管，后由张政烺精选出南京史语所未藏之图书，装箱运往南京，以明刊本、明钞本以及稿本为主[3]，《汉律辑存》即在其中。近四十年之后，1973年，日本学者岛田正郎在中国台湾地区"中央研究院"傅斯年图书馆发现此书稿本，是书正文首页有"东方文化事业总委员会所藏"图书印，后由日本著名秦汉法律史学者堀毅整理，收入到杨家骆主编的《中国法制史料》[4]。

关于《汉律辑存》的学术研究，徐世虹《秦汉法律研究百年（一）——以辑佚考证为特征的清末民国时期的汉律研究》[5]在清末民国时期的汉律研究学术史的视野下，认为《汉律辑存》是当时汉律辑佚考证的重要作品。张忠炜《〈汉律辑存〉稿本跋》[6]利用《汉律辑存》稿本与沈曾植《汉律辑存凡例》及《唐明律合编》笔迹三相对比，认为《汉律辑存》确为薛允升之作。曹旅宁《薛允升〈汉律辑存〉稿本与汉律沿革》[7]利用出土文献与《汉律辑存》凡例进行对比，认为《汉律辑存》稿本的编排体例较同类著作优胜，与出土汉律简牍暗合。

《唐明律合编》四十卷。日本关西大学"内藤文库"藏有《唐明律合编》

---

〔1〕（清）沈家本：《历代刑法考·寄簃文存》，邓经元、骈宇骞校注，中华书局1985年版，第2230页。

〔2〕顾廷龙："薛允升《服制备考》稿本之发见"，载《顾廷龙全集》编辑委员会编：《顾廷龙全集·文集卷》，上海辞书出版社2015年版，第599页。

〔3〕汤蔓媛纂辑：《傅斯年图书馆善本古籍题跋辑录》，"中央研究院"历史语言研究所2008年版，第14~15页。

〔4〕［日〕岛田正郎主编、杨家骆主编：《中国法制史料》第二辑第1册，我国台湾地区鼎文书局1982年版，第325~470页。

〔5〕徐世虹："秦汉法律研究百年（一）——以辑佚考证为特征的清末民国时期的汉律研究"，载徐世虹主编：《中国古代法律文献研究》第5辑，社会科学文献出版社2012年版。

〔6〕张忠炜："《汉律辑存》稿本跋"，载徐世虹主编：《中国古代法律文献研究》第6辑，社会科学文献出版社2012年版，第437~457页。

〔7〕曹旅宁："薛允升《汉律辑存》稿本与汉律沿革"，载陈建明编：《湖南省博物馆馆刊》第九辑，岳麓书社2013年版；又载王沛主编：《出土文献与法律史研究》第2辑，上海人民出版社2013年版。

手稿本[1](简称内藤文库本)与上海图书馆藏《唐明律合编》手稿本1册（简称上海图书馆本）。日人奥村郁三将关西大学"内藤文库"所藏之《唐明律合编》手稿本确定为"孤本"，清水裕子撰写关于该影印本书评时亦使用"孤本"一词[2]。查《中国古籍善本书目·史部》之"政书类"，有"唐明律合刻不分卷薛允升撰手稿本"[3]的记载，该手稿本藏于上海图书馆。德国学者陶安于2006年前往上海图书馆阅览该书电子图书版，再将上海图书馆本与内藤文库本及刊本在体例、具体条文内容、夹注、校正等方面多方比较，从而认为上海图书馆本第4册是薛允升《唐明律合编》卷十三下与十四的稿本，其成稿年代从校正指示的正确反映来推测，应较内藤文库本早。[4]之后陶安将上海图书馆本其余6册与刊本《读例存疑》在体例、校正方面比较，详细列出上海图书馆本与刊本《读例存疑》的对应关系表，认为上海图书馆本其余6册不是《唐明律合编》，而是《读例存疑》。同时陶安提出《读例存疑》与《唐明律合编》或许原本就是一部著作，薛允升晚年的时候将其分割为两部著作，上海图书馆本很可能就是分割之前的本子[5]。陶安的观点不无道理，同时也为我们重新认识《唐明清三律汇编》的稿本问题提供了思路。

1922年徐世昌退耕堂刻本（简称刊本），多家藏书机构收藏，《海王邨古籍丛刊》[6]据刊本影印出版，中华再造善本古籍[7]亦据刊本影印。

1998年田涛征集到的《唐明清三律汇编》，由田涛、马志冰点校，收入杨一凡、田涛主编的《中国珍稀法律典籍续编》第八册[8]。其书旧题《汇

---

[1] [日] 奥村郁三编："薛允升《唐明律合编》稿本（上、下）"，载《关西大学东西学术研究所资料集刊》24-1，（日本）关西大学出版部2003年版。

[2] [德] 陶安："关于上海图书馆藏薛允升《唐明律合刻》手稿本"，李力译，载徐世虹主编：《中国古代法律文献研究》第四辑，法律出版社2010年版，第340页。

[3] 中国古籍善本书目编辑委员会编：《中国古籍善本书目·史部·政书类》，上海古籍出版社1993年版。

[4] [德] 陶安：《关于上海图书馆藏薛允升〈唐明律合刻〉手稿本》，第345页。

[5] [德] 陶安：《关于上海图书馆藏薛允升〈唐明律合刻〉手稿本》，第356页。

[6] （清）薛允升：《唐明律合编》，中国书店1990年影印版；《唐明律合编》，中国书店2010年影印版。

[7] （清）薛允升：《唐明律合编》，中国书店2008年影印版。

[8] 杨一凡、田涛主编：《中国珍稀法律典籍续编》第八册，黑龙江人民出版社2002年版；参见田涛、马志冰："《唐明清三律汇编》点校说明"，载杨一凡主编：《中国珍稀法律典籍续编》第8册，黑龙江人民出版社2002年版；此点校说明亦为"薛允升遗稿《唐明清三律汇编》发现始末"，载种福元主编：《中国古旧书报刊收藏交流指南》，上海古籍出版社2002年版。

编》，其内容为将唐、明、清等不同历史时期的部分法律条文汇辑比较，其内容较《唐明律合编》更为翔实。田涛先生认为《唐明清律汇编》是《唐明律合编》与《读例存疑》两项研究的继续和发展。[1]笔者并不赞同这一观点，根据前面陶安对于上海图书馆本的研究，我们有理由相信薛允升当年的学术研究一定是有体系的，志在于唐、明、清三代律（包括例）的整体比较研究，而这本《唐明清三律汇编》恰恰是未分割以前的整体学术著作。现阶段笔者所需要做的工作就是查询到田涛先生整理本的底本，将其与上海图书馆本两相比较，从而为我们重新认识薛允升的律学著作以及学术价值提供新的可能，此当尽快且竭尽全力而完成。

关于《唐明律合编》的整理本，民国时期商务印书馆《万有文库》中有《唐明律合编》整理本[2]，其以刊本为底本；中国台湾地区"人人文库"[3]据《万有文库》本整理出版；后怀效锋、李鸣点校的《唐明律合编》[4]以退耕堂刻本为底本，以民国商务印书馆《万有文库》本《唐明律合编》为校本，整理出版，收入《中国律学丛刊》。近年闫晓君主编的《陕派律学文献丛书》亦在整理《唐明律合编》，希望能参考手稿本、刻本、整理本，出版更为"精核"的点校整理本。

关于《唐明律合编》的学术研究[5]，艾永明《评〈唐明律合编〉》[6]认为《唐明律合编》是中国法学史上第一部比较法研究的专著，其具有褒唐律贬明律的主题思想，但是亦具有偏误的研究方法和保守落后的法律观。何勤华《中国历史上第一部比较法著作——〈唐明律合编〉评析》[7]进一步肯定了《唐明律合编》作为中国法学史上第一部比较法研究专著的地位，认为其在比较唐、明律条文的优劣时，旁征博引诸子各家经典、历朝各种法律、明清各家律学，并提出了自己关于中国古代法律发展的独到见解。同时分析

〔1〕 田涛、马志冰："《唐明清三律汇编》点校说明"，载杨一凡主编：《中国珍稀法律典籍续编》第 8 册，黑龙江人民出版社 2002 年版，第 5 页。

〔2〕 （清）薛允升：《唐明律合编》，商务印书馆 1937 年版。

〔3〕 （清）薛允升：《唐明律合编》，台湾商务印书馆股份有限公司 1977 年版。

〔4〕 （清）薛允升：《唐明律合编》，怀效锋、李鸣点校，法律出版社 1999 年版。

〔5〕 我国台湾地区曾有林咏荣："唐明律的比较研究"，载《法学丛刊》1962 年第 28 期；以及专著《唐明律的比较研究》，1962 年中国台湾自版。但笔未见到此著述，当继续查找。

〔6〕 艾永明："评《唐明律合编》"，载《比较法研究》1992 年第 4 期。

〔7〕 何勤华："中国历史上第一部比较法著作——《唐明律合编》评析"，载《法学评论》1999 年第 4 期。

了薛允升强调法律在治理国家中的重要性与坚持封建正统的以三纲五常等为核心的法学世界观。但亦指出《唐明律合编》虽然是中国历史上第一部比较法作品，但与现代比较法学在内容、精神、体例以及方法的运用等方面均有较大的差距，带有中国传统律学的深刻烙印。

赵晓耕、王平原《学术与变革：清末的唐明律研究与评价》[1]《远近高低各不同——薛允升、沈家本、杨鸿烈眼中的唐明律》[2]在清末民国学术史的视野下分析了薛允升、沈家本、杨鸿烈对唐明律的研究的异同，认为薛允升唐明律的研究与评判实际上与当时的法制变革紧紧联系在了一起，薛允升的贡献在于他意图以唐律为标准来评价明律，从而间接地批判清律，从而为清末修律做好学理基础。

《读例存疑》五十四卷。有手稿本，现藏于上海图书馆。德国学者陶安将上海图书馆本《唐明律合刻》其余 6 册与刊本《读例存疑》在体例、校正方面进行比较，详细列出上海图书馆本与刊本《读例存疑》的对应关系表，认为上海图书馆本其余 6 册不是《唐明律合编》，而是《读例存疑》的手稿本。[3]光绪二十九年（1903）北京琉璃厂翰茂斋出版《读例存疑》刻本，袁世凯、沈家本作序。现阶段通用的整理本为中国台湾学者黄静嘉编校的《读例存疑重刊本》[4]，将清律及其条例进行编号，繁体竖排，因 20 世纪 70 年代出版于中国台湾地区，大陆地区颇为难见。再有胡星桥、邓又天主编的《读例存疑点注》[5]，简体横排，对一些专有名词进行注释，可惜这个整理本错误颇多。近年闫晓君主编的《陕派律学文献丛书》亦在整理《读例存疑》，希望能参考手稿本、刊本、整理本，出版更为"精核"的点校整理本。

李贵连先生《传统法学的殿后人和殿后作——兼论〈读例存疑重刊本〉之价值》[6]全面肯定了《读例存疑》作为传统法学殿后之作的学术价值，评

---

〔1〕 赵晓耕、王平原："学术与变革：清末的唐明律研究与评价"，载《浙江社会科学》2004 年第 4 期。

〔2〕 赵晓耕、王平原："远近高低各不同——薛允升、沈家本、杨鸿烈眼中的唐明律"，载"沈家本与中国法律文化国际学术研讨会"组委会编：《沈家本与中国法律文化国际学术研讨会》，中国法制出版社 2005 年版。

〔3〕 ［德］陶安：《关于上海图书馆藏薛允升〈唐明律合刻〉手稿本》，第 345 页。

〔4〕 （清）薛允升撰、黄静嘉编校：《读例存疑重刊本》，台湾成文出版社 1970 年版。

〔5〕 胡星桥、邓又天主编：《读例存疑点注》，中国人民公安大学出版社 1994 年版。

〔6〕 李贵连："传统法学的殿后人和殿后作——兼论《读例存疑重刊本〉之价值"，载《法律科学》1992 年第 2 期；亦可参见赫晓惠："薛允升及其《读例存疑》"，载《河南图书馆学刊》2001 年第 5 期。

价了黄静嘉校勘《读例存疑重刊本》的价值，提出了研究"例"的演变和它在各个时代的作用的"例学"概念。

在《读例存疑》具体条文的内容分析上。毛高杰《由〈读例存疑〉看清代自首的立法艺术》[1]对《读例存疑》中自首制度展开研究，分析其中的立法艺术，认为现代的自首立法和司法应该借鉴其从社会关系入手而不是从抽象概念入手的角度，才能够更好地评估和预测自首制度的价值。彭巍《〈读例存疑〉看清代刑例对律的细化和发展——以犯罪留存养亲律及附例为例》[2]利用《读例存疑》中"犯罪存留养亲"的例文就正式制定的大清律所附之刑例的一般性特征进行阐述，认为刑例具有超出律文规定的要件对不同情形加以区分的趋势和特征。同时认为薛允升的《读例存疑》一书，不仅因其周详的考证为清代刑例发展的趋势和特征的表现提供了丰富的材料，更因作者深厚的律学功底和实务经验，在注文中于各例文及其相关律例之间详加对比参照，更突显了例的"个别"与律的"一般"。

《服制备考》为薛氏研究服制之作。中国传统法律"礼法合一"，礼制是法制史研究的重要内容，服制在其中占有重要地位。薛允升撰写《唐明律合编》之后，凸显明律之错谬，而服制为其核心，故著写《服制备考》。顾廷龙即指出："曩定刑律，本于宗法，尊卑亲疏，以服制为纲维。唐之改制，详于《开元礼》，明之改制，详于《孝慈录》。明于唐制既皆更改，而律亦多所重定。薛氏既为《唐明律合编》，以显明律之谬，服制尤为核心，遂别着《备考》若干卷（或谓四卷），明其渊源之所自。"[3]《服制备考》一书就《清律》所载各条服制与《仪礼》及各朝礼书等诸经相互比较，并引述历代礼学家论说，然后加上自己的意见与认识，以表明他对服制与礼法关系的看法，当为研究法律史、宗法制度、传统礼制的重要资料。此为手稿，原任上海图书馆馆长顾廷龙发现于书肆之中[4]，现收藏于上海图书馆。

---

〔1〕 毛高杰："由《读例存疑》看清代自首的立法艺术"，载《兰台世界》2012 年第 15 期。

〔2〕 彭巍："《读例存疑》看清代刑例对律的细化和发展——以犯罪留存养亲律及附例为例"，载陈景良主编：《文化底蕴与传统法律》，湖北人民出版社 2014 年版，第 154~164 页。

〔3〕 顾廷龙："薛允升《服制备考》稿本之发见"，载《顾廷龙全集》编辑委员会编：《顾廷龙全集·文集卷》，上海辞书出版社 2015 年版，第 601 页。

〔4〕 顾廷龙："薛允升《服制备考》稿本之发见"，载《顾廷龙全集》编辑委员会编：《顾廷龙全集·文集卷》，上海辞书出版社 2015 年版，第 598~601 页。

《秋审分类批辞》一卷、《秋审略例》四卷（存二卷）。[1]清代秋审文类，专指那些通过大量秋审司法实践，由当时法律专家研究编撰而成，反过来又对秋审司法实践产生重要影响的，若干形式、内容较为独特的文献类别。秋审文类的产生、存在及其传播，以满足秋审司法的实用规范和实质正义为整体目标，体现了清代秋审司法的技术复杂性，以及当时律学研究的较高水平。[2]薛允升所撰《秋审分类批辞》一卷、《秋审略例》四卷（存二卷）皆为当时重要的秋审文类。据孙家红《历尽劫灰望云阶：薛允升遗著〈秋审略例〉的散佚与重现》[3]一文可知，北京大学图书馆古籍特藏部有薛允升《秋审分类批辞》一函一册，封面右上题"己亥中春"，右下题"云亭筝吏重订"，据该书末页所粘签云："云阶大司寇，余丙戌朝考阅卷老师也。己亥年师右迁宗人府丞，余尝从问字，师遂出昔年手订秋审分类批辞两册授余曰：'此秋审程序也'。余珍而藏之。每值看秋谳时，置之案头，奉为枕中秘。今师已归道山，披此编如亲面命云尔。己酉仲冬，门人郭昭谨识。"同时北京大学图书馆古籍特藏部亦有薛允升《秋审略例》，该书卷首，江联莘所撰序言谓："《秋审略例》四卷，吾师长安薛云阶大司寇所编纂，同曹办秋谳者莫不互相传抄，奉为圭臬者也……师夙明律义，实朝野所共推，而研究精微，著述甚富。辛卯秋，联莘以门荫入刑曹，主贵州司稿，兼办秋审。虽严寒酷暑，师必入直，朝夕追随者八年，愧未能得其万一……拳匪事起，都门猝遭兵燹。师之稿本存否未知，而联莘行箧仅携手钞略例两卷，其三四卷亦为寮友假观者所失矣……爰将一、二卷先行排印，复寓书京友，访觅三、四卷。"依孙家红考证得知中国社科院法学所图书馆所藏稿本《秋曹稿式》、东洋文化研究所古籍善本图书《秋审略例》以及《秋审》皆属薛氏遗著《秋审略例》的完整抄本。

《薛大司寇遗稿》二卷、《薛尚书云阶公遗稿》（不分卷）。沈家本有《〈薛大司寇遗稿〉序》，言及《薛大司寇遗稿》"是编二卷，虽非公精意所存，然前卷乃宪牍之圭臬，后卷亦一代之典章所系也"[4]。但据北京华夏藏

〔1〕（清）薛允升：《秋审略例》四卷（存二卷），清光绪二十七年（1901年）兰州官书局铅印本。

〔2〕孙家红："清代'秋审文类'述论"，载中国台湾"中国法制史学会""中央研究院"历史语言研究所主编：《法制史研究》第十一辑；孙家红："'部中密'与'枕中秘'：再论秋审文类"，载中国台湾"中国法制史学会""中央研究院"历史语言研究所主编：《法制史研究》第二十八辑。

〔3〕孙家红："历尽劫灰望云阶：薛允升遗著《秋审略例》的散佚与重现"，载中国台湾"中国法制史学会""中央研究院"历史语言研究所主编：《法制史研究》第二十四辑。

〔4〕（清）沈家本：《历代刑法考·寄簃文存》，中华书局2006年版，第2223页。

珍国际拍卖有限公司举办的华夏国拍 2012 夏季拍卖会"中国近现当代名人墨迹专场"〔1〕，见有《薛尚书云阶公遗稿》，书扉页有"民廿零年咸宁晚学刘茂升手订"，钤印"国立西北大学图书馆"，但查阅西北大学图书馆并未见有此书，而与此拍卖公司亦不得联系。薛允升清光绪二十七年（1901 年）随扈返京病亡于河南旅次，此时沈家本尚在北京，后沈家本并未前往陕西吊唁薛氏，可见《薛大司寇遗稿》当为沈家本于薛允升病亡前所搜集刊印，以薛氏刑部公文之写作以及刑部相关之规章制度为主。而《薛尚书云阶公遗稿》乃1931 年陕西咸宁县刘茂升搜集整理薛氏手稿，据笔者访问薛允升后人，依其后人知晓，薛氏的遗稿在后期曾有人于其家中索求，此人或许就是咸宁县刘茂升，但无从查考。

随着古籍数字化趋势的发展，"中华古籍保护计划"自 2011 年开始全面推进古籍普查登记工作，截至 2016 年底，已完成全国 1218 家古籍收藏单位的普查登记工作，普查登记数据达 200 余万条，通过"全国古籍普查登记基本数据库"公开发布数据 40 余万条。利用该古籍登记基本数据库，笔者查询到薛允升的其他著述题目。如国家图书馆藏有薛允升撰、沈家本辑的《妇女实发律例汇说》，光绪二十四年（1898 年）抄本；首都图书馆藏有吉同钧编撰的《薛大司寇审办太监李苌材等奏稿》，光绪二十二年（1896 年）油印本，当为薛允升申办"太监李苌材案"的奏稿汇编。通过陕西师范大学出版总社有限公司出版的《汉籍数字图书馆》查知，薛允升之子薛浚撰有《云阶府君（薛允升）行述》一卷，但不知所藏。同时据沈家本记载，薛允升亦著有《汉律决事比》四卷、《定例汇编》若干卷，但笔者未查到相关信息，此当为孜孜访求，孜孜辑录的重要文献。

（二）赵舒翘著述整理与研究

赵舒翘作为陕派律学的中坚，其著述有《慎斋文集》十卷（《慎斋别集》四卷），此书由王仙洲编订，1924 年陕西酉山书局铅印出版。〔2〕纪宝成主编的《清代诗文集汇编》第 767 册〔3〕影印出版此书。后闫晓君教授主编的

〔1〕 http://pmgs.kongfz.com/item_pic_311358/，最后访问时间：2012 年 12 月 20 日。

〔2〕 （清）赵舒翘：《慎斋文集》，西山书局民国十三年铅印本。

〔3〕 纪宝成主编：《清代诗文集汇编》第 767 册，上海古籍出版社 2010 年版。

《陕派律学文献丛书》中点校整理《慎斋文集》[1]，附录《清史稿》《清史列传》《咸宁长安两县续志》《续修陕西通志稿》中的赵舒翘传，为进一步研究赵舒翘奠定了坚实的史料基础。

赵舒翘亦著有《提牢备考》四卷，此书为我们研究清代监狱立法、提牢规章制度提供了许多珍贵的史料。现存版本为光绪十一年序刊本和光绪十九年重刊本，杨一凡主编的《古代折狱要览》[2]收录光绪十一年序刊本，日本东洋文库网站可以直接下载两个版本。现国内有两个整理本，即张秀夫的《提牢备考译注》[3]，是书对原著除进行校订、注释和翻译之外，从结构体例上增加了《序》《后记》和《清朝提牢制度简介》等内容。薛梅卿、杨育棠点注有《〈庚辛提牢笔记〉点注》[4]，此书附录有《提牢备考》整理，与张秀夫译注格式有所不同，同时增加了雷瀛仙撰写的《提牢备考》序言。

之后洪丕谟[5]、何勤华[6]、张秀夫[7]、高鑫[8]、李仪[9]均对《提牢备考》有所著述，但均仅限于文献简要介绍和通过对书中所述录的律条、技措或观念等的分析研究，以资现代监狱管理的借鉴和应用，仍未超越薛、张文的研究。而高奉春《从〈提牢备考〉看中国传统监狱文化》则在前人研究的基础之上深入分析《提牢备考》，展开对中国古代监狱制度的研究，从而进一步地分析研究中国传统监狱文化，间接地反映赵舒翘的律学成就和在中国监狱史研究中的作用。

---

〔1〕 闫晓君整理：《慎斋文集》，法律出版社 2014 年版。

〔2〕 杨一凡编：《古代折狱要览》第十五册，社会科学文献出版社 2015 年版，第 107~298 页。

〔3〕 张秀夫译注：《提牢备考译注》，法律出版社 1997 年版。

〔4〕 薛梅卿、杨棠点注：《〈庚辛提牢笔记〉点注》，中国政法大学出版社 2007 年版，第 192~265 页。

〔5〕 洪丕谟："《提牢备考》书评"，载《文汇读书周报》1999 年 6 月 19 日，载于建华、洪运：《洪丕谟年谱》，学林出版社 2006 年版，第 281 页。洪丕谟：《中国古代法律名著提要》，浙江人民出版社 1999 年版，第 317~320 页。此书评笔者未见到，但应与之后的《中国古代法律名著提要》中的《提牢备考》词条相类似。

〔6〕 何勤华："中国第一部监狱学著作——赵舒翘撰《提牢备考》评述"，载《法学》1999 年第 7 期。

〔7〕 张秀夫："以史为鉴、继往开来——主编《提牢备考译注》有感"，载张秀夫：《中国监狱现代化建设》，法律出版社 2001 年版，第 529~535 页。

〔8〕 高鑫："由《提牢备考》探悉清代狱官、狱吏管理制度"，载中国政法大学监狱史学研究中心编：《中国监狱文化的传统与现代文明》，法律出版社 2006 年版，第 108~118 页。

〔9〕 李仪："提牢备考"，载张晋藩主编：《清代律学名著选介》，中国政法大学出版社 2009 年版，第 362~371 页。

沈玮玮《文若其人：赵舒翘与〈提牢备考〉互证——兼论中国法律史的研究方法》〔1〕对赵舒翘的阅历与法学思想的互动有一个整体性研究，并以《提牢备考》互证，内容翔实，集上述诸文的优点，有很大的参考价值。喻江《从〈提牢备考〉看清代的治监理念》〔2〕利用《提牢备考》分析清代的治监理念。喻江《从〈提牢备考〉看清代刑部监狱管理》〔3〕、王清丽《〈提牢备考〉与清朝监狱管理人员职责研究》〔4〕利用《提牢备考》分析清代的监狱管理制度和监狱管理人员的职责。

赵舒翘亦编辑有《温处盐务纪要》，汇编温溪地方有关盐务的公文，是研究地方盐政、社会的重要资料。此书光绪十九年（1893年）瓯江官舍刻本。〔5〕于浩辑的《稀见明清经济史料丛刊·第一辑》〔6〕中，闫晓君主持的《陕派律学文献丛书》中《慎斋文集》对此书亦进行了点校整理。

（三）吉同钧著述整理与研究

吉同钧是陕派律学的殿后者，其著述有《乐素堂文集》八卷（《乐素堂诗存》四卷）。1932年北平杨梅竹斜街中华书局铅印出版，闫晓君教授以此为底本，整理出版《乐素堂文集》〔7〕。

《审判要略》（不分卷）。吉同钧积二十年刑部审判经验及采前人之成就总结而成的审判秘籍，附录审判要诀三十则。国家图书馆藏有光绪三十四年（1908年）法部律学馆油印本，首都图书馆藏有《吉石笙比部审判要略三十则》，光绪三十四年（1908年）油印单行本《审判要诀三十则》。国家图书馆藏有宣统二年（1910年）法部律学馆石印本。后载入上海大东书局1925年出版的《司法官要览》中。杨一凡主编《古代折狱要览》〔8〕影印收录。闫晓君教授点校整理的《审判要略》，收录于《乐素堂文集》。

《东行日记》（不分卷）。此书主要记述吉同钧于1902年初随大学士裕得

---

〔1〕 沈玮玮："文若其人：赵舒翘与《提牢备考》互证——兼论中国法律史的研究方法"，载《政法论坛》2012年第2期。

〔2〕 喻江："从《提牢备考》看清代的治监理念"，载《黑龙江史志》2014年第9期。

〔3〕 喻江："从《提牢备考》看清代刑部监狱管理"，海南大学2015年硕士学位论文。

〔4〕 王清丽："《提牢备考》与清朝监狱管理人员职责研究"，西北大学2015年硕士学位论文。

〔5〕 （清）赵舒翘：《温处盐务纪要》，瓯江官舍光绪十九年（1893年）刻本。

〔6〕 于浩辑：《稀见明清经济史料丛刊》第一辑，国家图书馆出版社2008年版。

〔7〕 闫晓君整理：《乐素堂文集》，法律出版社2014年版。

〔8〕 杨一凡编：《古代折狱要览》第十六册，社会科学文献出版社2015年版，第441~538页。

去奉天查办内蒙古哲里木盟图什业图亲王被旗下逼死案件，往返百日所见所闻。对于研究晚清关外山川风物、风俗人情，官场生态具有很大的资料价值。杜春和、耿来金据近代史研究所图书馆抄本整理，刊于中国社会科学院近代史研究所编的《近代史资料》[1]。闫晓君教授整理的《乐素堂文集》就其中错误进行改正，重新收录。

《大清律讲义》光绪三十四年（1908 年）法部律学馆刻本，《大清律例讲义》光绪三十四年（1908 年）法部律学馆刻本，《大清现行刑律讲义》宣统二年（1910 年）法部律学馆刻本。高柯立、林荣辑的《明清法制史料辑刊》第 3 编收录《大清律讲义》《大清现行刑律讲义》[2]。闫晓君教授主编的《陕派律学文献丛刊》整理出版《大清律讲义》[3]《大清现行刑律讲义》[4]。栗铭徽亦点校整理《大清现行刑律讲义》[5]。龙宪华、周向阳《近代化背景下的律学教育——以〈大清律讲义〉为视角》[6]利用《大清律讲义》分析近代化背景下的律学之特征，即"秉承宗旨、致以实用""溯其源流、揭其得失""引用学说、参诸国外"。《新订秋审条款讲义》宣统三年（1911 年）法部律学馆刻本，此书系吉同钧于秋审条款研究的心得成果，"（吉）同钧庚寅分部，时值乡先正薛赵二公先后为长官，谆谆以多看秋审相告语，并为摘要提示……现在新律将行，旧法一切变易，惟此秋审一节，将来尚不能废，故乐与律学馆诸友讲解，以求实效"[7]。杨一凡主编的《清代秋审文献》[8]收录此书。

《考试法官拟作》（不分卷）。福建省图书馆藏有该书，为宣统二年（1910 年）法部律学馆石印本。为应对宣统二年（1910 年）的法官考试，吉同钧在法官考试前就《大清律例》部分拟题批答，共有二十个题目。作为考试法官主要科目之一的《大清律例》部分的考试范围大致可以据此确定。由于《法官考试答案汇纂》一书缺乏《大清律例》部分，正好可以与本书互相补充。

---

〔1〕 中国社会科学院近代史研究所编：《近代史资料》（总第 87 号），中国社会科学出版社 1996 年版。

〔2〕 高柯立、林荣辑：《明清法制史料辑刊》第 3 编，国家图书馆出版社 2015 年版。

〔3〕 （清）吉同钧纂辑、闫晓君整理：《大清律讲义》，知识产权出版社 2017 年版。

〔4〕 （清）吉同钧纂辑、闫晓君整理：《大清现行刑律讲义》，知识产权出版社 2017 年版。

〔5〕 （清）吉同钧撰、栗铭徽点校：《大清现行刑律讲义》，清华大学出版社 2017 年版。

〔6〕 龙宪华、周向阳："近代化背景下的律学教育——以《大清律讲义》为视角"，载《凯里学院学报》2009 年第 5 期。

〔7〕 闫晓君整理：《乐素堂文集》，法律出版社 2014 年版，第 90 页。

〔8〕 杨一凡主编：《清代秋审文献》，中国民主法制出版社 2015 年版。

吉氏答案的特点是沟通中西，既让考生明了外国相关规定的来龙去脉，又引导考生熟悉国情；既让考生知其然，又让他们知其所以然。李启成认为："吉氏综论中西、会通理论与经验，一方面有利于拓宽考生的知识面，另一方面又可以借此提高考生的分析能力，对那些有机会从事司法审判工作的考生在将来审判案件时，在新旧法律交替时期存在大量的法律空白地带的情况下，恰当运用裁量权是有帮助的。"[1]

《皇朝续文献通考·刑考》卷二百四十二至卷二百五十六。据《世载堂杂议》记载："乾隆间敕撰《皇朝文献通考》，止于五十年，候补京堂刘锦藻私辑五十一年以后事为《续编》，宣统初进呈。既又托法部尚书劳乃宣，重为修订，乃宣卒，遂托毅。毅于是以刑属法部郎中吉同钧，以象纬、物异属典礼院直学士柯劭忞，以兵、职、官属弟业，皆成书矣。而毅所手订者，征榷之盐法，国用之漕运罱贷，增益逾倍。"[2]通过这条史料可知，吉同钧编撰了《皇朝续文献通考·刑考》部分内容。

四、"陕派律学"研究展望

当有关学术史的观念问题被做了多次雷同的总结之后，在中国传统律学的研究中，过程往往比结论更为重要，细节也比框架更具有魅力。本节将结合上述学界关于"陕派律学"的研究概况，展望"陕派律学"研究的未来方向。

（一）"陕派律学"人物再寻踪

"陕派律学"除薛允升、赵舒翘、吉同钧以外，尚有雷榜荣、党蒙、张成勋、段燮、萧之保、武瀛、段维、高祖培等[3]，皆为一时名士。"张成勋，字麟阁，汉阴人。光绪丁丑进士，授刑部主事，精研法律，援引确当，屡主秋审，无稍冤纵，尚书薛允升尤倚重之……诏起为京师总检察厅厅丞，复擢为法律馆咨议官，俱辞不就，林下数年，颇多善举。寻卒。著有《秋审实缓

---

〔1〕 李启成："晚清法官考试研究"，载张生主编：《中国法律近代化论集》第二卷，中国政法大学出版社 2009 年版，第 357 页。

〔2〕 刘禺生：《世载堂杂忆》，钱实甫点校，中华书局 1960 年版，第 242~243 页。

〔3〕 闫晓君："陕派律学的几个问题"，载曾宪义主编：《法律文化论丛》第六辑，中国人民大学出版社 2011 年版，第 154~155 页。

比较汇案》。"〔1〕"武瀛，字百川，号仙航，富平人。好学能文，由光绪乙酉举人，己丑成进士，授刑部主事，充秋审处坐办、律例馆提调，累迁员外郎、郎中，谙习法律，中西兼通，为尚书薛允升倚任。修订法律大臣沈家本、伍廷芳亦引以为重，与修新律……宣统纪元，川省开办法厅，调署高等审判厅厅丞。瀛甄拔人材，拟议规则，清理全省积案八百余起。值川民因铁路归国，聚众罢市要求，总督赵尔丰滥杀夺命，瀛建言不纳，遂告规。年五十有八，卒于民国元年。著有《强学斋全集》，待刊。"〔2〕可见，陕派律学其他诸公亦颇多成就。所以说，接下来，我们需要对"陕派律学"其他人物的生平、著述、思想进行更加精核的研究。

同时沈家本、许世英、董康，虽非陕西籍人士，但从学术师承、仕途发展等方面来看，皆与薛允升、赵舒翘等陕派诸公有千丝万缕的关系。故重新认识"陕派律学"的人物范畴也是接下来研究的重要方面。

(二)"陕派律学"文献再搜寻

闫晓君教授指出现阶段"陕派律学"研究的最大难题是史料收集问题。薛允升作为"陕派律学"的创始人，著述颇丰，沈家本所谓薛氏"积成巨册百余"，但流传所见仅上述区区几种，就连十分珍贵的《薛大司寇遗稿》"若是编，则仅有同官传钞之本，盖非公所甚注意者"〔3〕，可见薛允升确有一些稿本之类的书籍自己所未注意，但刑部同僚却推崇传抄。薛公如此，"陕派律学"诸公如赵舒翘、吉同钧亦有更多我们现在未见到的重要文献，收集、整理"陕派律学"文献将是研究的基础和重中之重，我等后学晚辈当亟亟访求，孜孜辑录也。

(三)"陕派律学"价值再定位

"陕派律学"作为中国传统律学的总结与集大成者，在中国律学史上占有重要的地位。例如薛允升所著《读例存疑》，是薛公集中了长达三十年的司法实践经验和学术研究功力，对清代律例的独到见解，被视为第一部"例学"著作，因此研究"陕派律学"是对中国传统律学的重新定位和价值诠释。以

---

〔1〕 杨虎城、邵力子等修：《续修陕西通志稿》卷八二《张成勖传》，1934年铅印本。
〔2〕 杨虎城、邵力子等修：《续修陕西通志稿》卷八四《武瀛传》，1934年铅印本。
〔3〕 (清)沈家本：《历代刑法考·寄簃文存》，中华书局2006年版，第2223页。

"陕派律学"研究为个案，尝试中国传统法律学术的概念、理论与框架。回归传统，对中国传统法学进行概括与总结，总结中国传统法律的发展规律，发掘中国传统法律的具有中国特色的价值与意义，扎根中国现实，弘扬民族优秀传统，则是当代学人艰巨而又光荣的历史使命。

法史镜鉴

曶鼎铭"五夫"案的重新复原

黄　海[1]

　　曶鼎，又名㽙鼎，是西周中期的青铜器，清朝乾隆年间毕沅得之于西安[2]，现在唯有铭文拓本传世，鼎本身已不知所踪，或云毁于兵火[3]，或云毕沅卒后其后人将鼎沉于太湖[4]。

　　曶鼎铭文有数种传世拓本，[5]大致可以分为未剔本和已剔本两类。鼎在出土时铭文之上多有锈掩，在未除锈的情况下所拓印的拓片即是未剔本，而除锈以后所拓的拓片则称为已剔本。今存拓本多有缺字，铭文总字数在四百字上下。铭文内容共有三段，第一段是周王、井叔对曶的册命和赏赐，之后是两个案例。

　　曶鼎铭文自发现以来即受到重视。它对于西周历谱、西周社会等方面的研究均具有重要的意义，因而自其现世以来，著作颇丰，但因为铭文篇幅较长且缺字甚多，关于其理解一直以来聚讼不已，其中的案例一（即"五夫"案）争议尤为巨大。

　　"五夫"案在曶鼎铭文的第二段，是鼎铭所含两个案例中的案例一。"五夫"案起自原告方的"曶"等人与被告方的"限"等人以"五夫"为标的的交易纠纷，对它的解读目前仍然存在很大的争议。无论是其中出现的数个人物的关系，还是"五夫"的代价究竟是"匹马束丝"还是"百锊"？目前均无定论。本文将通过对"五夫"案铭文的梳理，力争还原"五夫"案的完整过程。

　　首先，将"五夫"案铭文释文收录如下[6]。

　　[1]　作者简介：黄海，华东政法大学法律史专业博士研究生。

　　基金项目：本文系国家社会科学基金项目"新出金文、简牍所见周秦法制变革研究"（项目号16BFX018）与国家留学基金资助的阶段性研究成果。

　　[2]　毕沅、阮元：《山左金石志》，清嘉庆二年仪徵阮氏小琅嬛仙馆刊本。

　　[3]　阮元：《积古斋钟鼎彝器款识》，清嘉庆九年自刻本。

　　[4]　关于沉之太湖的记载，见光绪年间吴士鑑的题识，吴士鑑题识可参见严一萍：《金文总集》，台北艺文印书馆1983年版，第712页。

　　[5]　关于曶鼎铭传世拓本，可参见李朝远："曶鼎诸铭文拓片之比勘"，载《上海文博》2009年第1期。

　　[6]　本释文基于《殷周金文集成》释文，并吸收了各家观点和笔者的一些个人意见。释文可参见中国社会科学院考古研究所：《殷周金文集成》，中华书局2007年版，第1521页。

唯王四月既眚（生）霸，辰在丁酉，井叔才（在）異为□。智事
（使）厥小子𪿎以限讼于井叔：我既卖女（汝）五夫效父，用匹马束
丝。限誩（许）曰：俶则卑（俾）我賞（偿）马，效父则卑（俾）復
厥丝束。𪿎、效父乃誩（许）赘曰：于王参门□□木榜，用償（赗）征
（诞）卖（赎）丝（兹）五夫，用百寽（锊），非出五夫□□膳。廼圂又
（有）膳眔剽金。井叔曰：才王人，廼卖（赎）用□，不逆。付智，毋卑
（俾）式于俶。智则拜頴（稽）首，受兹五夫，曰陪、曰恒、曰耢、曰
鑫、曰省。使寽（锊）以告俶，廼卑（俾）饗以智酉（酒）伋（及）
羊、丝三寽（锊），用致丝（兹）人。智廼每（诲）于俶曰：汝其舍
（舍）𪿎矢五秉，曰：弋（必）尚（当）卑（俾）处卑（厥）邑，田
厒（厥）田，俶则卑（俾）復令（命）曰：若（诺）。

一、诸家对"五夫"案案情的复原

如前所述，目前学者们对"五夫"案的案情有数种截然不同的理解，为
了方便后文讨论，本节将按照时间顺序，列出八位学者对"五夫"案基于不
同理解而产生的截然不同的案情复原。为彰显区别并方便理解，每种案情复
原的方法均会配图，每张图中均标明了该学者认为的原告方、被告方及其内
部关系，另外还标明了"五夫"在交易中的走向。

（一）郭沫若复原的案情

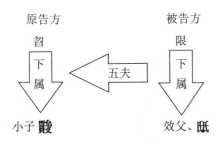

郭沫若先生在 20 世纪 30 年代出版的《两周金文辞大系考释》[1]中，首先对"五夫"案理解如下：我（即曶方，下同）曾以匹马束丝交给效父，以订赎你（即限方，下同）的奴属五人。你未能从约，许诺我说：命舐还马于我，命效父还丝。舐与效父又约我于王叁门改订券契，改用百锊之䯞以赎买这五个奴隶，并相约如不出五夫则再相告。之后，舐又来告，并将原金退还。

（二）陈梦家复原的案情

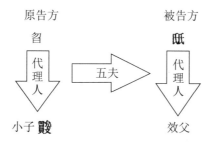

在郭沫若先生之后，陈梦家先生在 20 世纪 50 年代的《西周铜器断代》[2]中对"五夫"案提出了截然不同的理解方法。主要区别有陈氏将"限"理解为契约而非人名、曶为"五夫"的卖方而非买方等。

陈氏对案情的复原大略如下：曶为卖方，舐为买方，标的为五夫，即奴隶。双方最初议定的价格是匹马束丝，并言明由舐偿马，由效父还丝。但此二人又于叁门更定契约，将五夫的价格改为百锊之金，不许反悔，若曶不出五夫，则将上告。之后舐上告于井叔。

〔1〕 郭沫若：《两周金文辞大系图录考释》，上海书店出版社 1999 年版，第 446~447 页。
〔2〕 陈梦家：《西周铜器断代》，中华书局 2004 年版，第 199~201 页。

（三）姚孝遂复原的案情

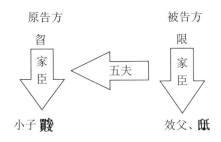

20世纪60年代，姚孝遂先生在《曶鼎铭文研究》[1]一文中又对"五夫"案的案情提出了新的认识。姚氏与郭沫若、陈梦家两位先生的观点最主要的区别在于，他认为铭文中出现的"限"是被告方三人中的上级。

姚孝遂先生的案情理解大致如下：曶原定售予限五个奴隶，议定的价格是"匹马束丝"。限同意了这个议价，并许诺由其家臣氒负责偿付马，效父负责偿付丝束。可是，氒与效父认为用"匹马束丝"交换五夫不合算，又与曶的家臣𤕫改订为用"百锊"来交易，不料后来又行毁约，因此曶乃"以限讼于井叔"。

（四）谭戒甫复原的案情

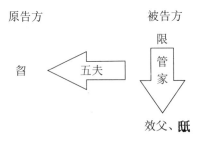

几乎与姚孝遂先生同时，谭戒甫先生在《西周"曶"器铭文综合研究》[2]一文中也对"五夫"案有不同理解。谭氏与过往诸家的主要区别在于，他认为纠纷产生的原因是因为被告方将"五夫"以更高的价格卖给了其他人。

〔1〕 姚孝遂："曶鼎铭文研究"，载《吉林大学社会科学学报》1962年第2期。
〔2〕 谭戒甫："西周'曶'器铭文综合研究"，载《中华文史论丛》第3辑，中华书局1963年版。

谭氏对案情的复原大略如下：小子𤔲是井叔部下的属官。曶用一匹马一束丝由效父经手，欲买得限的五夫，但限又把五夫别卖以图厚利，因而成诉。限应允通过效父与𧧻向曶归还匹马束丝。在归还之后，双方商定改用𧷓百锊来购买五夫。

（五）白川静复原的案情

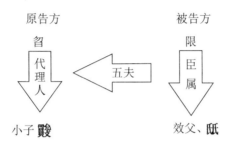

同样是在20世纪60年代，日本学者白川静在《金文通释》[1]中对"五夫"案也有自己的理解。与之前学者有别，白川静先生将"五夫"的权益分为使用权和所用权两个部分，并由此对案情有不一样的复原。

其对案情的理解如下：限是五夫的最终权力者，或谓所有权人，而效父与𧧻则拥有五夫的用益权。曶欲向限购买五夫，所以首先就其用益权向限支付了匹马束丝。限有将匹马束丝交予用益权人（即效父、𧧻）的义务，但并未这么做，因而成诉。之后，限承诺将匹马束丝交予效父与𧧻，同时双方约定以百锊的价格交易五夫，转移所有权。

（六）孙常叙复原的案情

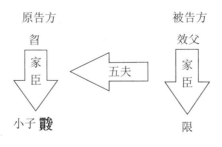

---

〔1〕［日］白川静：《金文通释》第23辑，白鹤美术馆昭和四十三年版。

20 世纪 70 年代，孙常叙先生在前人观点的基础上，对"五夫"案案情作了进一步阐释[1]。孙氏观点与诸家最大的区别在于，他认为铭文中的"**氒**"既非原告也非被告，而是政府官员，类似《周礼》中的质人。

以此为基础，孙常叙先生对案情有自己的理解：**氒**应是《周礼》中所言的质人。案情大略是说，曶方出了一匹马一束丝，向效父方换取五名奴隶，可是限把匹马束丝退了回来，并说交易没有被质人批准。质人、效父之后传话给曶方说，按照王叄门木板上的禁令，该交易必须使用一百锊包金铜贝，若不拿出百锊，就要被处罚。曶方表示反对，所以质人对曶方进行处罚并逼缴罚金。曶方因此诉于井叔。

（七）松丸道雄复原的案情

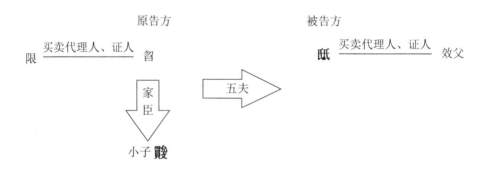

20 世纪 80 年代，日本学者松丸道雄在《西周后期社会所见的变革萌芽——曶鼎铭解释问题的初步解决》[2]一文中又对"五夫"案提出了截然不同的理解方法。与过往诸家相比，最大的不同有两点。第一，松丸道雄先生认为"限"和"效父"分别是原告方和被告方的证人，而非诸家理解的诉讼当事人；第二，"五夫"的代价是"百锊"，纠纷是因为"百锊"在交易中失踪而引起的。

松丸先生复原的案情大致如下：曶方欲将五夫卖予**氒**方，双方在王宫叄门的树旁约定了百锊的价格。之后，曶将五夫交付后，未收到对方的百锊，而只收到匹马束丝，但对方表示，自己实际上已支付了百锊，因而成诉。案

---

〔1〕 孙常叙："曶鼎铭文通释"，载孙常叙：《孙常叙古文字学论集》，东北师范大学出版社 1998 年版。

〔2〕 ［日］松丸道雄："西周后期社会所见的变革萌芽——曶鼎铭解释问题的初步解决"，田建国、黄金山译，载《日本学者研究中国史论著选译》第三卷，中华书局 1993 年版。

情的中心在于"百锊下落不明"。

（八）李学勤复原的案情

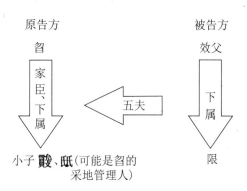

略晚于松丸氏，李学勤先生在《论曶鼎及其反映的西周制度》[1]一文中也对"五夫"案进行了复原。李学勤先生与诸家最大的区别在于，他认为本案中的"五夫"并非买卖标的，而是"赎"的对象。他对于案情的理解大略如下：曶方向效父方赎了五个人，效父却只付给一匹马一束丝，而不肯交人，因而成诉。

二、"五夫"案的重新复原

上一节中列举了八位重要学者对"五夫"案的复原过程，可以看到，目前对"五夫"案的解读可谓五花八门。下面，笔者将按照铭文顺序，结合各家观点，并通过各种出土文献与传世文献的材料，努力复原"五夫"案的案情。

（一）诉讼裁判者

本段铭文第一句云"唯王四月既眚（生）霸，辰在丁酉，井叔才（在）異为□"（□代表缺字，下同），"唯王四月既眚（生）霸"是诉讼的时间，"井叔才（在）異为□"则是对本案裁判者的介绍。

井叔在本案中的身份是裁判者，这一点从铭文后文可以很清楚地看到，他对双方的纠纷进行了裁定，并督促败诉方执行判决。"井叔才（在）異为□"大概的意思是，井叔在異这个地方做什么官。

---

〔1〕 李学勤："论曶鼎及其反映的西周制度"，载《中国史研究》1985年第1期。

关于"異"的具体地点，除清人阮元〔1〕猜测其通"冀"、清人吕调阳〔2〕猜测其通"滇"外，历来均认为无法考证。近年来，随着许多相关青铜器的出土，为我们确定"異"的具体地点提供了可能。2009 至 2010 年在山西省翼城县大河口出土的霸伯簋〔3〕，其铭文中出现了井叔〔4〕，有学者认为此井叔与曶鼎铭文中的井叔为同一人，并结合霸伯簋出土于翼城，推测"異"很有可能就是翼城。〔5〕

关于井叔究竟所任何官，因为该处的字正好看不到了，所以很难判断。谭戒甫先生〔6〕将此字补为"理"字，《商周古文字读本》〔7〕将其补为"士"，均是从井叔的裁判者身份出发进行的猜测。笔者认为，目前两种补字的观点均有缺陷，井叔所任官职目前仍然无法确定。

谭氏补此字为"理"，释为管理狱讼事务的官员，孙常叙从之〔8〕，并结合《周礼》进一步发挥，将此处井叔所任官职定为大司寇。谭氏的主要依据有两点：第一点是说"理"是半缺文，其右边的"里"字略可察见。第二点是列举了《国语》《管子》等传世文献中"为理"的辞例，以为依据，孙氏更是进一步结合《周礼》加以诠释。关于第一点，考之于目前所存的几种曶鼎拓片，并未见到"理"有残存之文。关于第二点，谭、孙二氏均未举出金文方面的有关辞例，而且金文中的"理（里）"亦很难说与司法职能相关。

《读本》补此字为"士"，并以牧簋〔9〕之"司士"、趞鼎〔10〕之"士"为例，来说明"士"为司法官。但"士"是否为司法官同样很难确定，除了牧簋的铭文可以将司士和司法职能联系起来以外〔11〕，金文中"士"的用法不

〔1〕 阮元：《积古斋钟鼎彝器款识》，清嘉庆九年自刻本。

〔2〕 吕调阳：《商周彝器释铭》，观象庐丛书本。

〔3〕 谢亭尧等："山西翼城县大河口西周墓地"，载《考古》2011 年第 7 期图 5。

〔4〕 霸伯簋铭文有"唯十又一月，井叔来麦"句。

〔5〕 王保成："翼城大河口霸伯簋试解"，载《中原文物》2013 年第 2 期。

〔6〕 谭戒甫："西周'曶'器铭文综合研究"，载《中华文史论丛》第 3 辑。

〔7〕 刘翔、陈抗、陈初生、董琨：《商周古文字读本》，语文出版社 2002 年版。

〔8〕 孙常叙："曶鼎铭文通释"，载孙常叙：《孙常叙古文字学论集》，东北师范大学出版社 1998 年版。

〔9〕 中国社会科学院考古研究所：《殷周金文集成》，中华书局 2007 年版，第 2748~2749 页。

〔10〕 应为趞簋，中国社会科学院考古研究所：《殷周金文集成》，中华书局 2007 年版，第 2596 页。

〔11〕 牧簋铭文中的"司士"是否具有司法职能亦有争议，例如王晶："铭文中的司士与讯讼无关——从曶鼎铭文的补字谈起"，载《考古与文物》2013 年第 6 期。

一,《读本》所提到的趩鼎在内容上可能与司法相关,但在该铭中与司法联系起来的官职是冢司马,并不是士[1]。而且以金文观之,断狱讼之人多非专职司法官员。

正因如此,该句所缺当补何字,目前尚难确定。同样的,井叔所任官职,目前也无法确定,但其在本案中的裁判者身份则没有问题。

（二）起诉

铭文第二段开头介绍了诉讼的时间和裁判者后,开始描述案件的诉讼过程。首先是曶的起诉。

铭文云" 曶 事（使）厥小子 𩰚 以限讼于井叔",即是说曶以小子 𩰚 为代表向井叔状告限。起诉人是曶,小子 𩰚 是他的代理人,被告则是限。

关于金文中"以……"句式的问题,通说认为"以"字后为诉讼中的相对方,或称为被告,唯有松丸道雄先生认为名词前置的"以"字在金文中的用法与英文中的"with"相似,有"率领"和"与"两种意思,诉讼时的"以……"句型不当例外,其中的"以"字亦应该是"率领"或者"与"的意思[2]。其观点仍有待讨论,如张经先生便认为"以……"已成为固定用法,所以解释时不能以非句型用法来推断,且在目前所见涉及诉讼的铭文中,"以"字之后均为被告,而松丸氏之说并不符合这一规律[3]。籾山明在《春秋訴訟論》[4]一文中也认为松丸氏观点与现有的诉讼类铭文不符。

关于限是否为人名,目前还有一定争议。第一种观点认为限为人名,该说法始自刘心源[5],郭沫若[6]承之,目前学者多从此说。第二种观点认为限为契券之意,该说法始自吴东发,陈梦家承之。契券之意,在此句中可以讲通,但正如白川静先生所言,作契券解则后文中的"限许曰"等内容将无

〔1〕 趩鼎:"王若曰:趩,命汝作冡师冢司马,啻（适）官僕、射、士,訊小大有隣,取﨟五锊。"

〔2〕 参见［日］松丸道雄:"西周后期社会所见的变革萌芽——曶鼎铭解释问题的初步解决",田建国、黄金山译,载《日本学者研究中国史论著选译》第三卷,中华书局1993年版。

〔3〕 参见张经:"曶鼎新释",载《故宫博物院院刊》2002年第4期。

〔4〕 ［日］籾山明:"春秋訴訟論",载《法制史研究》（日本）第37辑,1987年版。

〔5〕 刘心源:《奇觚室吉金文述》,清光绪二十八年自写刻本。

〔6〕 郭沫若:《两周金文辞大系图录考释》,上海书店出版社1999年版,第446页。

法理解〔1〕。

在笔者目前所见的金文中，除曶鼎铭以外，限字凡三见：

西周早期的辛▨簋〔2〕："王才（在）限。"

西周早期的伯限爵〔3〕："伯限乍（作）宝彝。"

西周晚期的䰧比盨（䰧从盨）〔4〕："復限余䰧比田。"

以上三器中，前两器之"限"字分别为地名与人名，䰧比盨铭文中"限"字之意则仍有争议〔5〕，但也不是契券之意。而且在诉讼类铭文中，"以……"作为固定句型，其后所跟的均为被告方，故在曶鼎铭中，限应是人名。

（三）原告方陈述

起诉之后，铭文记录了原告对裁判者的陈述，即"我既賣女（汝）五 夫 效 父，用匹馬束絲"。大意是说，我方曾经约定以匹马束丝的代价向对方的效父购买五夫。在这里，原告方说明了起诉理由，即双方约定了交易。言下之意是，双方虽然有此约定，但对方并未履行，所以来起诉。在原告方陈述中，有三个问题需要注意。

1. 效父在诉讼中的身份

围绕效父在诉讼中的身份是原告还是被告，本句的断句有所争议，有学者认为应当断为"我既賣女（汝）五夫，效父用匹馬束絲"〔6〕。对于效父的身份，如本章第一节所介绍的那样，诸家主要的争议在于他在诉讼中的身份以及他和限的关系。

首先，关于效父在诉讼中的身份，一般认为他属于被告方，而晁福林先生〔7〕则认为限、效父及后文出现的氒均属于王朝主管交易的官员。对此，涂

———————

〔1〕 [日] 白川静：《金文通释》第23辑，白鹤美术馆昭和四十三年版。

〔2〕 钟柏生、陈昭容、黄铭崇、袁国华：《新收殷周青铜器铭文暨器影汇编》编号1148，艺文印书馆2006年版，第805页。

〔3〕 中国社会科学院考古研究所：《殷周金文集成》，中华书局2007年版，第4812页。

〔4〕 中国社会科学院考古研究所：《殷周金文集成》，中华书局2007年版，第2871页。

〔5〕 郭沫若在《两周金文辞大系图录考释》中认为"限余"当是"限賒"，意为"付以期限假借"；陈梦家在《西周铜器断代》中则认为"限余"可能为"质賒"之意。

〔6〕 参见李学勤："论曶鼎及其反映的西周制度"，载《中国史研究》1985年第1期。

〔7〕 晁福林："匹马束丝新释——读曶鼎铭文札记"，载《中华文史论丛》1982年第3期。

白奎先生在《对曶鼎铭文第二段的考释》[1]一文中已有所反驳，认为若效父为原告方，则铭文后文会无法解释，故效父属于被告方并无疑问。之后，关于效父与限的关系，孙常叙先生[2]和李学勤先生[3]认为限是效父的下属，理由是限在此处应诉，而《周礼》有云"命夫命妇不躬坐狱讼"，故限在本案中是代表效父参加诉讼，身份是效父的下属。然而，在诉讼类铭文中，情况并非完全如此，例如：

五祀卫鼎[4]："卫以邦君厉告于井伯、伯邑父……厉乃许曰"。

此铭文中，邦君厉是被告方，称邦君，乃是贵族，根据后文的"厉乃许曰"可以得知邦君厉亲自参加了诉讼，所以《周礼》所言"命夫命妇不躬坐狱讼"在金文中并非完全适用。

本句铭文中，曶从限处购买了五夫（我既贖汝五夫），交付人却是效父，这说明对于五夫具有处分权的人是限，而效父只能按照契约内容进行交付。所以效父很可能是限的下属，五夫属于他管理，限在与曶方缔约后，让效父处理具体交易。

2. 买卖关系问题

在买卖关系方面，争议集中于曶究竟是买方还是卖方，这对整个案情的理解非常关键。

该问题的争议主要源自对"卖"字的释读。但是，正如白川静先生[5]与晁福林先生[6]所言，铭文后文有"曶受兹五夫"句，曶作为胜诉方，最后得到了五夫，由此可知在这场交易中曶是买方。故"賣汝五夫"的"賣"字不管是释作"贖"抑或通作"鬻"，都应当是买的意思。

另有说法认为，"卖"字释为"贖"，意思应该是赎免奴隶，李学勤先生[7]、陈连庆先生[8]主此说。然而正如姚孝遂先生[9]所言，"贖买"为

[1] 涂白奎："对曶鼎铭文第二段的考释"，载《考古学研究》第六辑，科学出版社2006年版。
[2] 孙常叙："曶鼎铭文通释"，载孙常叙：《孙常叙古文字学论集》，东北师范大学出版社1998年版。
[3] 李学勤："论曶鼎及其反映的西周制度"，载《中国史研究》1985年第1期。
[4] 中国社会科学院考古研究所：《殷周金文集成》，中华书局2007年版，第1507页。
[5] [日]白川静：《金文通釈》第23辑，白鹤美术馆昭和四十三年版。
[6] 晁福林："匹马束丝新释——读曶鼎铭文札记"，载《中华文论丛》1982年第3期。
[7] 李学勤："论曶鼎及其反映的西周制度"，载《中国史研究》1985年第1期。
[8] 陈连庆："试论曶鼎铭文中的几个问题"，载《古文字研究》第二十辑，中华书局2000年版。
[9] 姚孝遂："曶鼎铭文研究"，载《吉林大学社会科学学报》1962年第2期。

"赎"之后起意，在这里并不适用。考之于金文与古籍，姚说无误，金文中，作"赎免"之意的用例目前笔者仅见一处，即子禾子釜〔1〕，其时代已至战国早期，而且陈连庆先生在论证时所用的证据均出自《吕氏春秋》所载春秋战国之事，亦无西周时期的证据。

3. "匹马束丝"与"五夫"的关系

关于"匹马束丝"的性质，诸家多认为其为五夫的代价，价值应该与"五夫"相当。与此不同的有李学勤〔2〕、晁福林〔3〕、松丸道雄〔4〕三家说。三位学者对"匹马束丝"作为"五夫"代价的质疑，主要是因为他们认为后文中的"百锊"是一个不菲的价格，而"百锊"是被告就"五夫"交易向原告提出的新的价格，所以"百锊"的价值应该与"五夫"相当。但是，"匹马束丝"似乎金额并不大，所以其应该不是"五夫"的代价。涂白奎先生在《对曶鼎铭文第二段的考释》一文中通过金文资料与传世文献资料，论证了在西周时的"百锊"价值并非想象中的那么大。所以"匹马束丝"应该与其价值相当，二者均是"五夫"的代价〔5〕。

（四）被告方限的陈述

原告陈述之后，被告方的几人依次陈述，首先是限的陈述，即"限誎（许）曰：𤔲则卑（俾）我赏（偿）马，效 父 则 卑（俾）复厥丝 束"。大致意思是，限陈述道："𤔲将马拿回给我，效父将束丝拿回给我，让我退还给曶。"言下之意，是被告中的其他两人，𤔲与效父不愿意交易。被告方的限通过陈述，撇清自己与此案的关系。在限的陈述中，有几个问题值得注意。

1. 𤔲在诉讼中的身份

在限的陈述中，出现了新的人物𤔲，他在诉讼中的身份需要注意。

---

〔1〕 中国社会科学院考古研究所：《殷周金文集成》，中华书局2007年版，第5592~5593页。其铭文有"中刑斩殺，赎台（以）金半鈞"句。

〔2〕 李学勤："论曶鼎及其反映的西周制度"，载《中国史研究》1985年第1期。

〔3〕 晁福林："匹马束丝新释——读曶鼎铭文札记"，载《中华文史论丛》1982年第3期。

〔4〕 ［日］松丸道雄："西周后期社会所见的变革萌芽——曶鼎铭解释问题的初步解决"，田建国、黄金山译，载《日本学者研究中国史论著选译》第三卷，中华书局1993年版。

〔5〕 参见涂白奎："对曶鼎铭文第二段的考释"，载《考古学研究》第六辑，科学出版社2006年版。

关于瓵的身份，孙常叙先生[1]与晁福林[2]先生认为其是政府主管交易的官员，类似于质人；李学勤先生[3]认为其是曶的下属，可能是曶采地的管理人；大部分学者则认为他与限、效父同属于被告方。在诉讼类铭文中，有"许"这种行为的确多为被告方，例如五祀卫鼎[4]有"卫以邦君属告于邢伯"句，邢伯便是被告。而本句中有"限许曰"句，铭文下文中则有"贄（即瓵）、效父乃许贄曰"句，所以限、效父、瓵三人很可能同属被告一方。

2. 关于 "詥"

本句中的 "詥" 字是西周时期诉讼常用语，故在这里试作说明。

该字在铭文中作 "🖼"，郭沫若先生[5]隶定为 "詥"，释为 "许"，理解为 "答应、许诺"。之后，李学勤先生[6]将本字隶定为 "詥"，释为 "诉"，意为 "陈述、辩解"。这是目前两种主流观点。

"🖼" 字又见五年琱生簋[7]，而在与五年琱生簋记载同一事且铭文内容基本相同的琱生尊[8]铭文中，该字作 "许"，由此可知 "🖼" 即 "许" 字[9]。但其并非 "许诺、答应" 的意思，松丸道雄先生认为，将其理解为许可、允许之意，文意上显得晦涩，从审判程序上考虑，"许" 应该是反映了这样的程序：在掌有审判权的人面前，当原告陈述后，则要求相关者（证人或被告）进行陈述或辩解[10]。杨树达亦言 "许为诉讼之恒用语也"[11]。在金文中，"许" 在诉讼类铭文中屡见，用法正与前说相合，例如：

〔1〕 孙常叙："曶鼎铭文通释"，载孙常叙：《孙常叙古文字学论集》，东北师范大学出版社1998年版。

〔2〕 晁福林："匹马束丝新释——读曶鼎铭文札记"，载《中华文史论丛》1982年第3期。

〔3〕 李学勤："论曶鼎及其反映的西周制度"，载《中国史研究》1985年第1期。

〔4〕 中国社会科学院考古研究所：《殷周金文集成》，中华书局2007年版，第1506～1507页。

〔5〕 郭沫若：《两周金文辞大系图录考释》，上海书店出版社1999年版，第446页。

〔6〕 李学勤："论曶鼎及其反映的西周制度"，载《中国史研究》1985年第1期。

〔7〕 字形为 "🖼"。中国社会科学院考古研究所：《殷周金文集成》，中华书局2007年版，第2636页。

〔8〕 见《文物》2007年第8期。

〔9〕 参见张世超："西周诉讼铭文中的'许'"，载《中国文字研究》第15辑，大象出版社2011年版。

〔10〕 ［日］松丸道雄："西周后期社会所见的变革萌芽——曶鼎铭解释问题的初步解决"，田建国、黄金山译，载《日本学者研究中国史论著选译》第三卷，中华书局1993年版。

〔11〕 杨树达：《积薇居金文说》，上海古籍出版社2013年版，第46页。

五祀卫鼎〔1〕："卫以邦君厉告于邢伯……厉乃许曰：……"

㪔比鼎〔2〕："**㪔**比以攸卫牧告于王……牧弗能许**㪔**比……"

综上，本句铭文中的"諎"应为"许"字，"许"字在诉讼类金文中为专门用语，意思是被告（或其余诉讼相关者）进行陈述或辩解。

3. "马"与"丝束"的归属

限的陈述在铭文中过于简略，所以我们需要确定，他陈述中的"马"和"丝束"到底归于何人。关于这个问题，笔者认为可以从句式上考虑。

㪔比盨〔3〕有"俾**㪔**比復小宫吒**㪔**比田"句，从其后文可以得知，最后得到"小宫吒**㪔**比田"的人是**㪔**比。我们可以将该句的句式抽象为"A〔4〕俾 B 復 C"，其中 A、B 为人，C 为某物，在该句式中，C 的归属是 B。而"效父则俾（我）復厥絲束"正与此句式完全一致，所以我们可以推导出在这句话中，"厥丝束"的归属是限（即句中的"我"）。又因为《广雅·释言》云"偿，复也"，所以"氐则俾我赏（偿）马"同样适用该句式，这句话中"马"的归属也是限。该句是指氐与效父不欲履行前约（即匹马束丝交换五夫），故将曶交付的匹马束丝交还给限，使限交还给曶。

（五）被告方**氐**与效父的陈述

在被告方之一的限进行了陈述后，被告方的**氐**与效父又进行了陈述，即"贇、效父乃諎（许）贇曰：于王参门□□木樗，用**徝**（䞠）延（诞）卖（赎）丝（兹）五夫，用百寽（锊），非出五夫□□旜。酒酤又（有）旜罙劙金"。其中的"贇"即是铭文上文中出现的"氐"，而"贇"即上文出现的"小子貖"，之所以字形不相同，只是该字有不同写法而已。这句话的大致意思是说，氐和效父向貖辩解到："之前在王参門□□木之处，双方曾订约，用百锊的賵来买五夫，如果违约就要被告诉。所以我们拒绝以匹马束丝为对价交易。"

在二者的陈述中，有以下几个问题需要注意。

---

〔1〕 中国社会科学院考古研究所：《殷周金文集成》，中华书局 2007 年版，第 1506~1507 页。

〔2〕 中国社会科学院考古研究所：《殷周金文集成》，中华书局 2007 年版，第 1488 页。

〔3〕 中国社会科学院考古研究所：《殷周金文集成》，中华书局 2007 年版，第 2871 页。

〔4〕 在**㪔**比盨铭文中，该句话的"A"承前省略。

1. 关于"木梬"

对于"木梬"，诸家多将其连为一词理解，解释为"书写契约的木片"[1]或"华表木之旁"[2]等意思。然而，金文中除曶鼎铭外，再无"木梬"或类似的词语出现。考虑到"木"字之前有两个缺字，关于"木梬"二字似乎可以分开理解。在金文中，"木"字经常用于表示具体的地标，且在字前会标明其具体信息，例如：

西周晚期的散氏盘[3]："……迺即散用田，履自瀗涉以南，至于大沽（湖）……以西，封于敝城楮木……"

西周中期的倗生簋[4]："厥贾卅田，则析……殷谷厥纠'帚谷、杜木……"

在曶鼎铭中，此处的"木"字也可能是某具体的地标，"木"前的缺字可能正是其具体信息。而"梬"字应如陈梦家先生[5]、谭戒甫先生[6]所言，是《仪礼·聘礼记》"不及百名书于方"中的"方"，意为书契的版牍。该句可以断句为"**賸**、效父乃**詰**（许）**贅**曰：于王参门□□木梬……"，意思是，**賸**、效父向**贅**辩解到：（之前）在王参门□□木之处，（我们曾）订约……，本句之后即订约的内容。

2. 关于"貫"与"百寽"

"百寽"在此处也是"五夫"的代价，被告方二人在此处陈述时，认为双方之前曾约定以百寽的价格交易五夫，所以才拒绝用"匹马束丝"的价格交易。在此处，要确定百寽确实是"五夫"的代价的话，需要理清"貫"与"寽"的具体含义。

"貫"，郭沫若言其为金属货币[7]，当无疑问。马承源先生进一步结合考古资料研究认为"貫"是"鋝"的本字，"鋝"是铜饼[8]，较为可信。

"寽"为"貫"的单位名称当无争议，但关于其具体重量，自汉朝的经学家开始直至现代，一直争议不休，因其具体重量对于本铭文的理解影响不大，

〔1〕　参见陈梦家：《西周铜器断代》，中华书局 2004 年版，第 200 页。
〔2〕　参见晁福林："匹马束丝新释——读曶鼎铭文札记"，载《中华文史论丛》1982 年第 3 期。
〔3〕　中国社会科学院考古研究所：《殷周金文集成》，中华书局 2007 年版，第 5487 页。
〔4〕　中国社会科学院考古研究所：《殷周金文集成》，中华书局 2007 年版，第 2590 页。
〔5〕　陈梦家：《西周铜器断代》，中华书局 2004 年版，第 200 页。
〔6〕　谭戒甫："西周'曶'器铭文综合研究"，载《中华文史论丛》第 3 辑，中华书局 1963 年版。
〔7〕　郭沫若：《两周金文辞大系图录考释》，上海书店出版社 1999 年版，第 447 页。
〔8〕　马承源："说鋝"，载《古文字研究》第十二辑，中华书局 1985 年版。

故此处暂不讨论。

另外，涉及"鋝"字与"勶""锊"二字的关系。陈连庆先生认为"鋝""锊"二字同源，至战国时才分化为两字，二者均为金属货币的重量单位[1]。马承源先生则认为"鋝""睸"（即"勶"）均为货币名，"睸"字后来为"鋝"所代替，"寽"是重量单位[2]。

3. 关于"非出五夫□□詹"和"廼䚐又（有）詹罘勳金"的理解

被告两人答辩最后的这两段话非常难以理解，诸家对此众说纷纭，差异极大。笔者认为，理解这两段话的关键点在于"**詹**"（"**詹**"）、"**勳**"（"**勳**"）两字。

关于"**詹**"字，诸家多隶定为"**詹**"，另有隶定为"**匄**""**旖**"等几种意见。同时，各家基于各自对文义的解读，将其理解为"告""鞠""旂""背"等[3]。

"**匄**"字在金文中作"**匄**"，与"**詹**"字区别明显，"**旖**"字则不见于其他金文，故此处从众说，将其释为"**詹**"。关于其具体意思，仍有待讨论，但应该与告诉相关，诸家亦多从此角度理解，此处暂从陈梦家先生[4]，将其理解为"被告被诉"的"**匄**"。

关于"**勳**"字，考虑到后段铭文中有曶使**氐**给小子**酘**矢五秉的内容[5]，可能与诉讼费用相关，故此处暂从陈梦家先生所说[6]，将其理解为"缴纳"，"**勳**金"即缴纳诉讼费用。

本句话中，"非出五夫□□，詹"属于效父和**氐**在辩解中所提到的约定的内容，"廼詹又（有）詹罘勳金"则是之后发生的事情。在前面的铭文中，效父与**䚐**不愿用匹马束丝的代价交易五夫，并辩解说双方之前已有约定，即用百锊为代价交易五夫，违约一方将被告诉。"廼**氐**又（有）詹罘勳金"大意是说"之后以**氐**为被告告诉并缴纳了诉讼费用"。应当注意的是，以**氐**为被告的告诉似乎与上文效父与**氐**在辩解中所提到的约定没有关系，而仍是在要求

〔1〕 陈连庆："试论曶鼎铭文中的几个问题"，载《古文字研究》第二十辑，中华书局 2000 年版。
〔2〕 马承源："说睸"，载《古文字研究》第十二辑，中华书局 1985 年版。
〔3〕 关于这些说法，可参考本文附录的《曶鼎铭文集释》中关于本句的部分。
〔4〕 陈梦家：《西周铜器断代》，中华书局 2004 年版，第 200 页。
〔5〕 "曶廼誨于**氐**：汝其舍**酘**矢五秉"。
〔6〕 陈梦家：《西周铜器断代》，中华书局 2004 年版，第 200 页。

以"匹马束丝"的对价来得到五夫。至于为何只以阺为被告，可结合上下铭文来看。上段铭文中，限、效父、阺三人都是被告方，均进行了辩解，而下文中，在井叔的判决以及对其执行中，所针对的似乎均只有阺一人。由此我们可以推断，限、效父、阺三人在诉讼中辩解之后，限与效父当庭接受了曶方的要求（很可能经过了井叔的调解），而阺则仍不接受，故曶方又单独对阺告诉。

（六）井叔的裁判

在原告方和被告方分别进行了陈述之后，如上文所说，被告方的限与效父同意了裁判者井叔的调解。但被告方的阺并未接受调解，所以井叔对此案进行了裁判。井叔的裁判即"井叔曰：才王人，酒卖（赎）用□，不逆。付曶，毋卑（俾）弌于阺"。其大意是，井叔裁判道："在王人参与的情况下，这次交易用𧵣是不被接受的。被告方应该将五夫交给曶，并不能使五夫背离曶。"判词中，前半部分是判决理由（才王人，酒赎用𧵣，不逆），后半部分是判决结果（付曶，毋俾弌于阺）。

对于裁判的理解，有以下几点需要注意。

1. 关于"在王人"

裁判中出现了"才王人"。"才"字诸家多理解为"在"，与金文相合，有解为"裁"者[1]，于金文并无其他例证，故从通说，仍理解为"在"。"王人"二字，有释为"王廷"者[2]，是认为铭文锈蚀不清的缘故。细观拓片，二字清晰可辨，应为"王人"。

"王人"的定义，自来争论不休，观点各异，这些观点大体可分为两类：第一类，认为其是上位者，如贵族、周王亲族或在王朝任官之人[3]；第二类，认为其是下位者，如奴隶等[4]。"王人"在目前所见西周时期的铭文中，除本铭外一共出现了两次：

西周中期的王人𪾢辅甗[5]："王人𪾢辅归观，铸其宝。"

〔1〕 参见马承源主编：《商周青铜器铭文选》（第三卷），文物出版社 1988 年版，第 171 页。

〔2〕 李学勤："论曶鼎及其反映的西周制度"，载《中国史研究》1985 年第 1 期。

〔3〕 参见孙常叙："曶鼎铭文通释"，载孙常叙：《孙常叙古文字学论集》，东北师范大学出版社 1998 年版。

〔4〕 参见张经："曶鼎新释"，载《故宫博物院院刊》2002 年第 4 期。

〔5〕 中国社会科学院考古研究所：《殷周金文集成》，中华书局 2007 年版，第 748 页。

西周早期的宜侯夨簋[1]: "赐在宜王人十又七生(姓),赐奠(甸)七伯,厥卢□又五十夫,赐宜庶人六百又□六夫。"

我们可以看到,第一件器的作器者名为"王人曶辅",应当是拥有作器资格的上位者,由此可以得知,"王人"在西周时应指上位者,而非下位者。具体在本铭中,即"王人"所指并非五夫。这在宜侯夨簋铭文中也可得到证明,宜侯夨簋铭文中,"王人"的单位为"生(姓)"[2],而不是"夫",以"夫"为单位的是"卢"和"庶人"。

认为"王人"是下位者的学者在论证时常引宜侯夨簋铭文"赐在宜王人十又七生(姓)"为证,认为既然王人是周王赏赐给贵族的对象,则其必然是下位者。笔者认为这并不能充分说明其为下位者,宜侯夨簋铭文是"封建诸侯的铭文"[3],而关于封建诸侯,《左传·定公四年》有"分鲁公以大路,大旂,夏后氏之璜,封父之繁弱,殷民六族""分康叔以大路、少帛、綪茷、旃旌、大吕,殷民七族"的记载,宜侯夨簋铭文中的"在宜王人十又七姓"或与《左传》中诸侯受封的"殷六族""殷七族"相似。

本铭中"王人"具体所指仍待讨论,但可以肯定的是,其所指必为诉讼当事人中的某人(或所有人),而不是被交易的五夫。

2. 关于"不逆付"

对于句中的"不逆付",诸家在文字理解和断句方面均有不同。

本句中的"逆"字,诸家或解为"迎""受"一类的正面意思[4],或解为"拒""反复"一类的负面意思[5]。考之于金文,两种意思均有出现[6],此处暂从孙常叙先生说,将其理解为"迎受,接受"[7]。

---

〔1〕 中国社会科学院考古研究所:《殷周金文集成》,中华书局2007年版,第2695页。

〔2〕 李学勤先生释为"里",亦通,参见李学勤:"宜侯夨簋与吴国",载《文物》1985年第7期。

〔3〕 李学勤:"宜侯夨簋与吴国",载《文物》1985年第7期。

〔4〕 参见张经:"曶鼎新释",载《故宫博物院院刊》2002年第4期。

〔5〕 参见涂白奎:"对曶鼎铭文第二段的考释",载《考古学研究》第六辑,科学出版社2006年版。

〔6〕 "逆"字的负面意思似乎至西周晚期才开始出现,如西周晚期的卌二年逨鼎(《商周青铜器铭文暨图像集成》编号02501)铭文有"弗逆朕新命"。参见吴镇烽:《商周青铜器铭文暨图像集成》第5册,上海古籍出版社2012年版,第395页。

〔7〕 孙常叙:"曶鼎铭文通释",载孙常叙:《孙常叙古文字学论集》,东北师范大学出版社1998年版。

关于"付"字，诸家或与"逆"连读为"逆付"，将"付"理解为名词〔1〕；或与之后的"曶"字连读为"付曶"，将"付"理解为动词〔2〕。此处综合上下文义考虑，暂将其与下一字"曶"连读，"付曶"指"五夫被交予曶"。

3. 关于"毋卑式于□"

关于"毋卑式于□"，"式"字有学者释为"成"。此字字形是"□"，若释为"成"似乎难以解释其字下半部分之"□"，刘心源认为"□"为重文符号〔3〕，但其写法与金文中的重文符号并不一致。故此处暂从郭沫若说，释其为"式"〔4〕。本字上部所从之"□"与秦駰玉牍〔5〕中"贰"字上部所从相类，秦駰玉牍字作"□"，此点或可为证。"式"字据说文所云，为"二"字的古文。"二"在金文中只出现于日期之中，李学勤先生认为"式"即"贰"字〔6〕，当无问题。因为此处"式"字的用法在金文中于此仅见，故各家在此处理解时多依照自己的理解，并未多作论证。唯有王德培先生认为，"毋卑式于□"与《左传·隐公元年》中的"大叔命西鄙北鄙贰于己"句式相同，且这种句式屡见于《左传》，二者意思应该相同，本句意思是"应无使五夫背离曶而即□"〔7〕，王氏此说或可取。

我们应该注意到，在井叔此处的判决中，被告方三人只有□被提及。正如上文中提到的那样，这是因为在被告方三人中，只有□未接受井叔的调解，仍不接受"匹马束丝"交换"五夫"的方案，所以曶方又单独对□告诉。故无论是此处井叔的判决还是之后对判决的执行，限与效父都未被提及，而只有□出现。本句的"毋卑式于□"正如王氏所言，是要求"无使五夫背离曶而贰于□"。

〔1〕 孙常叙："曶鼎铭文通释"，载孙常叙：《孙常叙古文字学论集》，东北师范大学出版社1998年版。

〔2〕 张经："曶鼎新释"，载《故宫博物院院刊》2002年第4期。

〔3〕 刘心源：《奇觚室吉金文述》，清光绪二十八年自写刻本。

〔4〕 郭沫若：《两周金文辞大系图录考释》，上海书店出版社1999年版，第446页。

〔5〕 李学勤："秦玉牍索隐"，载《故宫博物院院刊》2000年第2期。

〔6〕 李学勤："论曶鼎及其反映的西周制度"，载《中国史研究》1985年第1期。

〔7〕 王德培："曶鼎铭文再推敲"，载《天津社会科学》1984年第6期。

（七）裁判的执行

匽叔宣布了对本案的裁判之后，本案便进入了执行阶段。在铭文中相对的部分是"匋则拜頴（稽）首，受兹五夫，曰陪、曰恒、曰勥、曰鑫、曰省。使寽（铧）以告氒，廼卑（俾）饗以匋酉（酒）彶（及）羊、丝三寽（铧），用致丝（兹）人。匋廼每（诲）于氒曰：汝其舍（舍）䞨矢五秉，曰：弋（必）尚（当）卑（俾）处垦（厥）邑，田垦（厥）田，氒则卑（俾）复令（命）曰：若（诺）"。这一段比较长，其大意如下：匋在行礼后，得到了五夫的名籍，名字分别是陪、恒、勥、鑫、省。之后，匋用酒、羊以及絲三寽作为交易完成的礼物，以告知氒应该交付五夫。氒用匋的礼物招待了五夫，使他们答应被交易。交付完成后，匋又对氒要求道："你应该给䞨矢五秉"，又道："你一定要保证五夫呆在他们的居邑，耕种应该耕种的田地，不能教唆或者帮助五夫逃亡。"氒使人回复道："好的。"

可以看到，裁判后，匋首先得到了"五夫"的名籍，之后通过正当的交易程序得到了"五夫"，最后，匋向氒提了两个要求，第一个是"舍䞨矢五秉"，即返还诉讼费用；第二个是"弋尚俾處厥邑，田厥田"，即确保五夫在交易后不会出现逃亡的情况，以免原告有所损失。在被告氒答应了匋的要求之后，该案结束。

在裁判的执行中，有以下几点需要注意：

1. 关于"廼卑（俾）饗以匋酉（酒）彶（及）羊、丝三寽"中的缺字以及"五夫"在交易中的自主权

关于本处的缺字，诸家多补为人名，[1]《商周青铜器铭文选》[2]则补为动词"饗"。此处可从句子结构入手进行分析。本句内容为"廼卑（俾）□以匋酉（酒）彶（及）羊、丝三寽（铧）"，将缺字补为人名的诸家，均将"以"理解为动词，但考之金文，似乎未见"以"字的动词用法，所以若将缺字补为人名，则这段话将没有动词。正因为如此，缺字应该是个动词，从《铭文选》将其补为"饗"，但铭文选将这段话释为"氒乃以羊和酒宴饗于

---

〔1〕 有补为"限""䞨""氒"等几种观点。具体可以参见本文附录的《匋鼎铭文集释》相关部分。

〔2〕 马承源主编：《商周青铜器铭文选》（第三卷），文物出版社1988年版，第171页。

曶，并用此三锊来酬谢报金百锊的使者"则有待讨论。笔者认为这段话可以理解为"阺使（某人）得饗，以曶之礼物（即酒、羊、丝三孚）"，或谓"阺使（某人）以曶的礼物得饗"，即阺用曶的礼物招待了某人。这里的"某人"当如郭沫若先生所说，是指五夫[1]，因为下文有"用致兹人"句，"兹人"即五夫。下句中的"必尚俾处厥邑，田厥田"，"俾"后省略的也应是"五夫"。之所以如此省略，应该是因为这几句话的中心就是五夫，不用特别说明。

在这里，曶为什么要向对方赠送礼物呢？如涂白奎先生所言，西周时期的交易活动中，买方在支付约定的价格外可能还会额外支付一些物品以体现买方的谢意[2]，所以曶提供了礼物（酒、羊和兹三锊），以和阺完成交易，而阺为了保障交易完成，用曶的礼物招待了五夫，使五夫愿意被交易。

当然，如此解释会产生一个新的问题，即五夫作为被交易对象，为何阺在交付时还要"饗"他们呢？这牵扯到五夫在自己被交易的过程中有无自主权的问题。根据所见金文，我们可以知道在西周时期，以"夫"为单位计算的有"庶人"[3]"众"[4]"人鬲"[5]"仆"[6]等等，这几种人很可能社会地位相近，故计数单位相同，此处的五夫当也类似于这几种人。关于这几种人的社会地位，由以下材料可以窥知一二：

西周中期的师旂鼎[7]："师旂众仆不从王征于方雷。使厥友引以告于伯懋父。"

贵族师旂下属的"众仆"不听从"从王征于方雷"的命令，但是师旂竟然不能直接处罚作为他下属的"众仆"，而是要通过诉讼来解决这个问题。由

---

〔1〕 郭沫若：《两周金文辞大系图录考释》，上海书店出版社 1999 年版，第 446 页。

〔2〕 涂白奎："对曶鼎铭文第二段的考释"，载《考古学研究》第六辑，科学出版社 2006 年版。

〔3〕 例如宜侯夨簋"赐宜庶人六百又□六夫"、大盂鼎"至于庶人六百又五十又九夫"。宜侯夨簋见中国社会科学院考古研究所：《殷周金文集成》，中华书局 2007 年版，第 2695 页。大盂鼎见中国社会科学院考古研究所：《殷周金文集成》，中华书局 2007 年版，第 1516~1518 页。

〔4〕 例如曶鼎铭中的"用众一夫"。

〔5〕 例如中甗"厥人鬲廿夫"。中国社会科学院考古研究所：《殷周金文集成》，中华书局 2007 年版，第 754 页。

〔6〕 例如伯克壶"锡伯克僕卅夫"。中国社会科学院考古研究所：《殷周金文集成》，中华书局 2007 年版，第 5114 页。

〔7〕 中国社会科学院考古研究所：《殷周金文集成》，中华书局 2007 年版，第 1478 页。

此我们可以知道，"仆"的社会地位可能并不低，而且拥有不小的自主权。可以推测，与"仆"社会地位相近的其他几种以"夫"为计数单位的人，也可能拥有不小的自主权。具体到曶鼎的此段铭文中，便是五夫在自己被交易的过程中拥有一定的自主权。正因为如此，㢚要"饗"五夫，以使五夫愿意被交易给曶，使交易顺利完成。

2. 关于"矢五秉"和诉讼费用

诸家对于"矢五秉"中"秉"的释字和具体数量有所争议。如郭沫若先生释此字为"束"，"矢五束"即五百矢[1]；陈梦家先生释此字为"拱"[2]，并推测一拱为二十矢，"矢五拱"即一百矢，正好是束矢。关于此问题，目前因材料有限，难下结论，不过可以确定的是，"秉"确为"矢"的计数单位。

关于"矢五秉"的性质，诸家多从《周礼·大司寇》"以两造禁民讼，入束矢于朝，然后听之"的记载出发，推断其为诉讼费用，该说与铭文文义相合，可从。正如张经先生所言，"矢五秉"作为诉讼费用，由原告的曶方预先缴纳，在胜诉后再向被告方索要[3]。这与今日法律中诉讼费用由败诉方承担的规定类似。

三、"五夫"案释义

通过上一节，我们基本还原了"五夫"案全貌：诉讼双方分别是原告方的曶与小子𡕝、被告方的限、效父与㢚。原告一方，小子𡕝是曶的下属；被告一方，效父和㢚是限的下属。

双方约定，原告方以"匹马束丝"的价格向被告购买"五夫"，但被告方未遵守约定，所以原告方向具有裁判权的井叔起诉。双方对裁判者井叔分别进行了陈述后，井叔应该进行了调解，被告方的限与效父同意调解，但㢚不同意，所以井叔对案件进行了裁决。裁决判定原告方获胜，之后双方按照当时的交易程序完成了"五夫"的交易，案件结束。

案情大略如下图所示：

---

〔1〕 郭沫若：《两周金文辞大系图录考释》，上海书店出版社 1999 年版，第 446 页。
〔2〕 陈梦家：《西周铜器断代》，中华书局 2004 年版，第 200 页。
〔3〕 张经："曶鼎新释"，载《故宫博物院院刊》2002 年第 4 期。

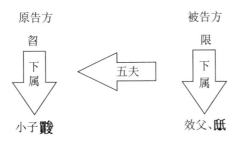

根据上文，我们可以对"五夫"案铭文翻译如下：

王四月既生魄丁酉日这天，井叔在異这个地方担任某官。智以小子𣄴为代表向井叔状告限："我方曾经约定以匹马束丝的代价向对方的效父购买五夫，但对方未能如约交付。"限陈述道："是𣄴与效父不愿意交易，𣄴将马拿回给我，效父将束丝拿回给我，让我退还给智。"𣄴和效父向𣄴辩解道："之前在王参門□□木之处，双方曾订约，用百锊的瑞来买五夫，如果违约就要被告诉。所以我们拒绝以匹马束丝为对价交易。"经过井叔的调解，限与效父同意按原约，即匹马束丝的对价交易五夫，但𣄴仍不同意交易。之后智方以小子𣄴为被告提起告诉，并缴纳了诉讼费用。井叔裁判道："在王人参与的情况下，这次交易用瑞是不被接受的。被告方应该将五夫交给智，并不能使五夫背离智"。智在行礼后，得到了五夫的名籍，名字分别是陪、恒、荔、鑫、省。之后，智用酒、羊以及絲三寽作为交易完成的礼物，以告知𣄴应该交付五夫。𣄴用智的礼物招待了五夫，使他们答应被交易。交付完成后，智又对𣄴要求道："你应该给𣄴矢五秉"又道："你一定要保证五夫待在他们的居邑，耕种应该耕种的田地，不能教唆或者帮助五夫逃亡。"𣄴使人回复道："好的。"

东汉建武循吏与江南地区社会治理

李博文　王　元[1]

内容摘要：汉代循吏作为汉代官员中的杰出代表历来为后世所称颂，其治民理念也多有借鉴意义。两汉之际的江南地区面临着错综复杂的社会矛盾，为实现这一地区的长治久安，汉光武帝有组织地派遣循吏去江南地区任职，从而形成了建武循吏政治的鲜明特点。在到达江南后，建武循吏普遍践行"得民和"和"化治"的执政理念，对江南地区社会、经济、文化的发展做出了贡献。

关键词：东汉　循吏　江南地区　社会治理

一、汉代循吏与其治民理念

（一）汉代循吏的概念

循吏的概念最早见之于《史记·循吏列传》，其文曰："法令所以导民也，刑罚所以禁奸也。文武不备，良民惧然身修者，官未曾乱也。奉职循理，亦可以为治，何必威严哉？[2]"可见司马迁认为，作为循吏必须要"奉职循理"。至于何为"奉职循理"，司马迁并没有给出明确的解释。因此，我们只能通过对司马迁笔下循吏人物的分析，来阐释这一概念。通过对《史记·循吏列传》的分析，我们发现太史公对于孙叔敖治国理政事迹的记载最为详细。其文曰：

> 孙叔敖者，楚之处士也……三月为楚相，施教导民……民皆乐其生。
> 庄王以为币轻，更以小为大，百姓不便，皆去其业……后五日，朝，相言之王曰："前日更币，以为轻，今市令来言曰，'市乱，民莫安其处，

---

〔1〕作者简介：李博文，甘肃兰州人，兰州大学历史文化学院硕士研究生，研究方向为先秦秦汉史；王元，甘肃兰州人，兰州大学历史文化学院硕士研究生，研究方向为先秦秦汉史。
〔2〕《史记》卷一一九《循吏列传》，中华书局1959年版，第3099页。

次行之不定'。臣请遂令复如故。"王许之，下令三日而市复如故。

楚民俗好庳车，王以为庳车不便马，欲下令使高之。相曰："令数下，民不知所从，不可。王必欲高车，臣请教闾里使高其梱。乘车者皆君子，君子不能数下车。"王许之。居半岁，民悉自高其车。

此不教而民从其化，近者视而效之，远者四面望而法之。[1]

孙叔敖为司马迁所列循吏第一人，其所作所为，可以认为是司马迁心中循吏之标准。依孙叔敖故事，可以发现他不仅忠于职守，为楚庄王分忧，而且心系百姓。此外，孙叔敖在治国理政中，十分重视示范和劝导，通过教化的方式来治理百姓。因此，太史公所谓"奉职循理"即可理解为以下几点：首先忠于责任与君主，其次心系百姓，最后通过教育和劝导的方式来实现其管理。

自司马迁而至班固，史官们对于循吏的界定逐渐清晰。班固曰：

汉兴之初，反秦之敝，与民休息……至于文、景，遂移风易俗。是时循吏如河南守吴公、蜀守文翁之属，皆谨身帅先，居以廉平，不至于严，而民从化。[2]

可见在一定程度上，班固继承了司马迁对于循吏的定义，并又将其具体化，即身为循吏，首先要以身作则、清正廉洁，其次要为政以仁、教化民风，最后实现"民风从化"的治理效果。实际上，班固对于循吏的界定，并非完全为他个人的总结，而是带着官方意识的烙印。

西汉宣帝朝是循吏辈出的年代，《汉书·循吏列传》共为六人立传，其中宣帝时期就占五人。实际上，正是由于汉宣帝对于官吏政绩考察标准的改变，造就了宣帝朝盛极一时的循吏政治。帝常称曰：

"庶民所以安其田里而亡叹息愁恨之心者，政平讼理也。与我共此者，其唯良二千石乎！"以为太守，吏民之本也，数变易则下不安，民知其将久，不可欺罔，乃服从其教化。故二千石有治理效，辄以玺书勉厉，

---

〔1〕《史记》卷一一九《循吏列传》，中华书局1959年版，第3100页。

〔2〕《汉书》卷五九《循吏列传》，中华书局1960年版，第3632页。

增秩赐金，或爵至关内侯，公卿缺则选诸所表以次用之。〔1〕

如将汉宣帝与班固所言对照，不难发现二者有着高度的相似性，在汉宣帝和班固的眼中"民风从化"成为判断官吏是否可为循吏的重要标准。及至范晔著《后汉书》，基本继承了班固对于循吏的定义。其文曰："又王涣、任峻之为洛阳令，明发奸伏，吏端禁止，然导德齐礼，有所未充，亦一时之良能也。今缀集殊闻显迹，以为《循吏篇》云。"〔2〕总之，自司马迁到范晔，他们对于循吏的认识是一脉相承的。根据他们对于循吏的认识，我们可以将汉代循吏界定为"以身作则、公正廉明、宽严相济、教化百姓"的杰出官吏。

（二）汉代循吏的治民理念

王子今认为："汉代执政者普遍认同'得民和'的政治理念，在这种政治理念的影响下，汉代执政者追求一种上下相合的政治氛围，而循吏政治正是这种'得民和'政治理念的实践。"〔3〕在这种政治氛围的影响下，汉代执政者普遍重视地方治理问题。如汉宣帝曾说："庶民所以安其田里而亡叹息愁恨之心者，政平讼理也。与我共此者，其唯良二千石乎！"〔4〕正是由于汉代执政者的重视，才使得在两汉时期的郡县长官中涌现出了不少为后世称颂的循吏。曾有人总结汉代循吏的治民原则主要有以下三点：首先，是富而后教之；其次，要奉法循理；最后，则是要廉洁自律。〔5〕以上观点虽把握住了循吏治民的某些特点，但并未对其核心内涵进行准确阐释。

前文说到汉代循吏是"以身作则、公正廉明、宽严相济、教化百姓"的杰出官吏，而其中"化治"是判定一个官吏是否为循吏的重要标准。然而关于"化治"的具体含义，文献中并没有明确的定义。只有对部分循吏政绩进行科学分析，才能得出较为可靠的结论。

---

〔1〕 《汉书》卷五九《循吏列传》，中华书局 1960 年版，第 3633 页。
〔2〕 《后汉书》卷七六《循吏列传》，中华书局 1964 年版，第 2457 页。
〔3〕 王子今："汉代'得民和'政治理念的思想史分析"，载《人文杂志》2007 年第 5 期。
〔4〕 《汉书》卷五九《循吏列传》，中华书局 1960 年版，第 3633 页。
〔5〕 张亮："先秦两汉循吏与儒家文化传播"，陕西师范大学 2007 年硕士学位论文。

表1 《汉书·循吏列传》所载循吏政绩[1]

政绩＼循吏	文翁	黄霸	龚遂	召信臣
民风向化	蜀地学于京师者比齐鲁焉…至今巴蜀好文雅，文翁之化也。	百姓向化，孝子弟弟贞妇顺孙日以众多，田者让畔，道不拾遗…	遂见齐俗奢侈，好末技，不田作，乃躬率以俭约，劝民务农桑…	其化大行，郡中莫不耕稼力田…
经济发展、百姓富裕、户口增加	无	户口岁增，治为天下第一。	劳来循行，郡中皆有蓄积，吏民皆富实。	好为民兴利，务在富之…户口倍增…
诉讼公平、治安良好	无	处议当于法，合人心…奸人去入他郡，盗贼日少…	盗贼于是悉平，民安土乐业。	盗贼狱讼衰止。吏民亲爱信臣，号之曰召父。

由表1可见，除文翁因其事迹不可详知外，其余循吏在地方上的政绩大体相同，如将他们的政绩予以总结，我们可以大体窥见汉代循吏群体的治民理念，即民风向化、重视经济、注重治安。在上表所列诸人中，班固首推黄霸，认为"然自汉兴，言治民吏，以霸为首"。据此，则可以将黄霸的政绩作为循吏社会治理理念的参考标准。《汉书·黄霸传》中保存了汉宣帝在奖赏黄霸时的诏令，其书曰：

"颍川太守霸，宣布诏令，百姓向化，孝子弟弟贞妇顺孙日以众多，田者让畔，道不拾遗，养视鳏寡，赡助贫穷，狱或八年亡重罪囚，吏民向于教化，兴于行谊，可谓贤人君子矣。《书》不云乎？'股肱良哉！'其赐爵关内侯，黄金百斤，秩中二千石。"而颍川孝弟有行义民、三老、力田，皆以差赐爵及帛。后数月，征霸为太子太傅，迁御史大夫。[2]

可见无论是发展经济还是追捕盗贼，其最终目标都是要民风向化。雷

---

〔1〕 其详情可见《汉书》卷五九《循吏列传》，中华书局1960年版，第3625~3643页。

〔2〕《汉书》卷五九《循吏列传》，中华书局1960年版，第3631~3632页。

戈指出：汉代循吏乃至所有地方官吏的教化，已经成为帝国官方意识形态的重要支撑。[1]因此所谓"化治"也就是让百姓自觉履行"忠、孝、友、悌"等以儒家道德为核心的官方意识形态。故可以将汉代循吏的治民理念理解为通过维护社会安定、坚持公平诉讼、富裕百姓生活等一系列具体的政策措施，最终让百姓自觉接受儒家伦理体系，从而实现整个社会的和谐与安定。

二、两汉之际的江南地区

本文所说的"江南"特指后汉时期云贵高原以东、长江以南地区诸郡国，其具体范围包括吴郡、会稽、丹阳、豫章、长沙、武陵、桂阳、零陵、南海、郁林、苍梧、合浦、交趾、日南、九真诸郡国。[2]其范围涉及今苏、浙、沪、赣、闽、鄂、湘、粤、桂九省市，及越南社会主义共和国北部部分地区。之所以将这一广大区域作为研究对象，是因为这一区域内的各个地区在当时都有一定共同性。通过对史料的分析，两汉之际的江南社会普遍存在着三种突出的社会问题。首先，经济发展水平不高，生产力落后；其次，这一地区受中原文化的濡染较浅，风俗习惯比较原始；最后，受两汉之际政局动荡和吏治混乱的影响，社会动荡。

（一）两汉之际江南地区的经济情况

这一时期，江南地区经济上普遍比较落后，属于欠发达地区。在汉代，人口和户口是政府征税和摊派徭役的主要依据，也是一个地区经济发展水平的主要表现之一。如果将江南地区诸郡国的人户数和当时经济较为发达的关中，以及黄河下游八郡的人户数目进行比较，就能窥见当时江南地区社会经济的发展水平。

---

〔1〕 雷戈："两汉郡守的教化职能——秦汉意识形态建制研究之一"，载《史学月刊》2009 年第 2 期。

〔2〕 谭其骧：《中国历史地图集》第二册，中国地图出版社 1982 年版，第 41~42 页。

表2 《汉书·地理志》汉孝平年间江南诸郡国与京畿及周边地区人户数表〔1〕

备注	江南诸郡国人户数			京兆尹诸君人户数		
	郡名	户数	人口数	郡名	户数	人口数
《汉书·地理志》以汉孝平帝时统计数目为依据，与建武年间差约二十余年，《后汉书·郡国志》以汉孝顺帝时统计数目为依据，距建武年间已有100余年，故以《汉书·地理志》所载之人户数作为参考。此表所列江南郡国，共十三郡、一国，所辖地域涉及今苏、浙、沪、闽、赣、湘、粤、桂、黔、滇等十省市。此外还包括京兆尹等八郡，主要延渭水、黄河、洛水流域分布，其所管辖区域主要涉及今陕西关中、甘肃陇东、河南中南部以及山西、河北南部部分地区。	会稽郡	二十二万三千三十八	百三万二千六百四	京兆尹	十九万五千七百二	六十八万二千四百六十八
	丹阳郡	十万七千五百四十一	四十万五千一百七十	左冯翊	二十三万五千一百一	九十一万七千八百二十二
	豫章郡	六万七千四百六十二	三十五万一千九百六十五	右扶风	二十一万六千三百七十七	八十三万六千七十
	长沙国	四万三千四百七十	二十三万五千八百二十五	弘农郡	十一万八千九十一	四十七万五千九百五十四
	桂阳郡	二万八千一百一十九	十五万六千四百八十八	河东郡	二十三万六千八百九十六	九十六万二千九百一十二
	武陵郡	三万四千一百七十七	十八万五千七百五十八	河内郡	二十四万一千二百四十六	百六万七千九十七
	零陵郡	二万一千九十二	十三万九千三百七十八	河南郡	二十七万六千四百四十四	百七十四万二百七十九
	南海郡	万九千六百一十三	九万四千二百五十三	颍川郡	四十三万二千四百九十一	二百二十一万九千七百三
	郁林郡	万二千四百一十五	七万一千一百六十二			
	苍梧郡	二万四千三百七十九	十四万六千一百六十			

〔1〕 此表数据详见《汉书》卷二八下《地理志》，中华书局1964年版，第1523~1671页。

续表

备注	江南诸郡国人户数		京兆尹诸君人户数		
交趾郡	九万二千四百四十	七十四万六千二百三十七			
合浦郡	万五千三百九十八	七万八千九百八十			
日南郡	万五千四百六十	六万九千四百八十五			
九真郡	三万五千七百四十三	十六万六千一十三			
合计	七十二万四千八百八十七千户	三百八十七万九千五百四十一人	合计	百九十五万二千三百七十五户	八百八十九万三千五百七十五人

由表2可知整个江南地区的人户数目未及当时京兆尹八郡的一半，即使人户数目较大的会稽郡，在考虑其辖区面积后，依然是一幅地广人稀的景象。由此可见，在两汉之际，江南地区的社会经济与作为当时经济中心的京兆尹诸郡相比存在着很大的差距。如果抛开与京兆尹诸郡的差距不管，江南地区的经济发展水平依然十分落后。如《汉书·地理志》云："江南地广，或火耕水耨"，足见其农业生产方式的原始。又说粤地"兵则矛、盾、刀，木弓弩、竹矢，或骨为镞"[1]，可见其金属冶炼水平的低下。毫无疑问，当时江南地区的社会经济发展水平依然处在比较原始和落后的阶段。

（二）两汉之际江南地区的社会风俗与安全形势

这一时期，江南地区受中原文化影响的程度较浅，社会风俗比较原始，譬如"吴、粤之君皆好勇，故其民至今好用剑，轻死易发"[2]，再如第五伦

---

〔1〕《汉书》卷二八下《地理志》，中华书局1964年版，第1523~1671页。
〔2〕《汉书》卷二八下《地理志》，中华书局1964年版，第1523~1671页。

到任会稽郡后发现该地"多淫祀，好卜筮。民常以牛祭神，百姓财产以之困匮，其自食牛肉而不以荐祠者，发病且死先为牛鸣，前后郡将莫敢禁"。[1]耕牛是重要的农业生产工具，会稽百姓反而被巫术蛊惑，宰杀耕牛，以至于经济发展缓慢，生活贫困。再如楚地风俗"信巫鬼，重淫祀"[2]，甚至于一些地方的百姓不识婚姻之礼，依然处在群婚制的状态之下。任延在担任九真太守时发现当地"无嫁娶礼法，各因淫好，无适对匹，不识父子之性，夫妇之道"[3]。因此，江南地区不仅在经济发展水平上与京畿及其周边地区差距较大，其社会风俗与中原地区相比也较为原始。

此外，由于王莽改制以来中原地区遭受战乱袭扰，中央政府对于边远地区的控制较松，结果导致包括江南地区在内的整个边远地区安全形势急剧恶化。如建武十八年（42年），昆明地区各族与汉政府发生武装冲突，其书曰："夷渠帅栋蚕与姑复、楪榆、梇栋、连然、滇池、建伶、昆明诸种反叛，杀长吏。"当地太守与之对抗遭到失败。此后两年间，汉政府两次派兵围剿，才把这次叛乱平息下去。[4]再如建武二十三年（47年）武陵郡发生当地少数民族武装对抗中央政府的事件。汉中央政府先后组织两次军事围剿均遭到失败，直到两年后汉政府派遣马援前去围剿，才取得胜利。[5]边远地区安全形势的恶化，一方面有其历史大背景的原因，另一方面也与汉政府用人不当有着很大的关系。建武九年（33年），时任司徒掾的班彪向汉光武帝分析河湟地区安全形势之所以恶化的原因时云："今凉州部皆有降羌，羌胡被发左衽，而与汉人杂处，习俗既异，言语不通，数为小吏黠人所见侵夺，穷恚无聊，故致反叛。夫蛮夷寇乱，皆为此也。"[6]由此可见，吏治的腐败与官员素质的低下也是导致包括江南地区在内的广大边远地区安全形势恶化的主要原因。所以，要想稳定江南地区的形势、发展江南地区经济，促进该地区民族融合以及中原文化的传播就必须要任用贤吏、能吏、干吏，才能收到成效。

总之，两汉之际的江南地区经济落后、风俗原始，再加上当时大环境和

---

〔1〕《后汉书》卷四一《第五钟离宋寒列传》，中华书局1964年版，第1396~1397页。

〔2〕《汉书》卷二八下《地理志》，中华书局1964年版，第1523~1671页。

〔3〕《后汉书》卷七六《循吏列传》，中华书局1964年版，第2462页。

〔4〕《后汉书》卷八六《南蛮西南夷列传》，中华书局1964年版，第2847页。

〔5〕《后汉书》卷八六《南蛮西南夷列传》，中华书局1964年版，第2832页。

〔6〕《后汉书》卷八七《西羌传》，中华书局1964年版，第2878页。

吏治的混乱使得这一地区的安全形势严峻，成为朝廷之患。因此必须派遣贤能之士去当地进行治理，才能取得成效。庆幸的是在"得民和"政治理念的影响下，汉代朝廷一般比较重视地方社会的治理问题，关心地方社会经济的发展，这便为循吏团体在江南地区的政治实践提供了可能。

三、建武循吏地方任职情况及其特点

两汉之际的江南地区面临着错综复杂的社会问题，由于两汉时期"得民和"政治理念的影响，那些善于教化民众，使得上下相合的循吏们，便成为汉政府解决江南地区社会治理问题的最佳选择。实际上，循吏成为帝国危机的处理者，早有先例。宣帝即位不久后"渤海左右郡岁饥，盗贼并起，二千石不能禽制"。在这种情况下，宣帝选派儒士出身的龚遂出任渤海郡太守。龚遂到达渤海郡后，采取宽严相济的策略，迅速稳定了局势："闻遂教令，即时解散，弃其兵弩而持钩锄，盗贼于是悉平，民安土乐业。"[1]可见，早在汉宣帝时，循吏就作为中央政府治理地方社会的最佳选择。

表3　汉建武年间循吏差遣及任职情况[2]

循吏姓名	差遣及任职情况
杜诗	建武元年，岁中三迁为侍御史，安集洛阳……世祖召见，赐以棨戟，复使之河东（治安邑，在今山西运城市夏县），诛降逆贼杨异等……拜成皋令（属河南尹，在今河南郑州市荥阳县）视事三岁，举政尤异……迁为沛郡（治相县，今安徽省淮北市相山区）都尉，转汝南（治平舆，在今河南驻马店平舆）都尉……七年，迁南阳（治宛县，在今河南南阳市宛县）太守
第五伦	建武二十七年，举孝廉，补淮阳国（治陈县，在今河南周口淮阳县）医工长……有诏以为扶夷长，未到官，追拜会稽（治山阴，在今浙江绍兴市）太守
宋均	会武陵（治临沅，在今湖南常德市）蛮反（建武二十三年，事在《后汉书·南蛮西南夷列传》），围武威将军刘尚，诏使均乘传发江夏奔命三千人往救之……迁上蔡（属汝南郡，在今河南驻马店上蔡）令……迁九江（治阴陵，在今安徽滁州定远）太守

---

〔1〕《汉书》卷五九《循吏列传》，中华书局1960年版，第3639页。

〔2〕注：此表中的古今地名对照均参考谭其骧：《中国历史地图集·第二册·秦、西汉、东汉时期》，其差遣职任情况详见《后汉书》卷七六《循吏列传》，中华书局1964年版，第2457~2463页。

续表

循吏姓名	差遣及任职情况
卫飒	建武二年，辟大司徒邓禹府。举能案剧，除侍御史，襄城（属颍川郡，在今河南许昌市襄城县）令。政有名迹，迁桂阳（治彬县，在今湖南郴州市苏仙区、北湖区）太守
任延	建武初，延上书愿乞骸骨，归拜王庭。诏征为九真（治胥浦，在今越南北部）太守……延视事四年……拜武威（治姑臧，在今甘肃武威市凉州区）太守

根据表3可知，建武年间的循吏，除杜诗外均有在江南地区担任郡守或重要差遣的履历。其影响范围涉及会稽、武陵、桂阳、九真四郡，其中会稽郡所辖面积涉及今浙、闽两省，武陵郡涉及今湖南、广西部分地区，桂阳郡涉及今湖南、广东部分地区，九真郡涉及今越南社会主义共和国北部地区。如果再考虑到对于周边郡县的辐射效应，建武循吏们对于江南地区的影响无疑是巨大的。至于建武时期循吏如此密集地被派往江南地区任职，是否属于汉帝国政府的有心之作这个问题，可以通过与汉代其他时期循吏任职情况的比较来进行解释。

表4 汉昭宣年间循吏地方差遣职任情况[1]

循吏姓名	差遣及任职情况
黄霸	会宣帝即位……上擢霸为扬州（西汉时监察区，监察会稽、丹阳、九江、六安、庐江、豫章六郡）刺史……三岁……以贤良高第扬州刺史霸为颍川（治禹县，在今河南许昌市禹州县）太守
朱邑	庐江舒（治舒县，在今安徽合肥市庐江县）人也。少时为舒桐乡啬夫……迁补太守卒史……迁北海（治营陵，在今山东潍坊市昌乐县）太守
龚遂	昌邑（治昌邑，在今山东菏泽市）郎中令，事王贺……宣帝即位，不久……上以为渤海（治浮阳，在今河北沧州市沧县）太守
召信臣	出补榖阳长（属沛郡，在今安徽蚌埠市固镇县）……超为零陵（治零陵，在今湖南永州市零陵区）太守……迁南阳太守，其治如上蔡（属汝南郡，在今河南驻马店上蔡县）

---

[1] 注：此表中的古今地名对照均参考谭其骧：《中国历史地图集·第二册·秦、西汉、东汉时期》，其差遣职任情况详见《汉书》卷五九《循吏列传》，中华书局1960年版，第3627~3643页。

据上表，可以发现在昭宣时期，循吏们所任职的地方基本集中在黄河下游与黄淮之间的区域。虽然不能据此推测这种情况是汉宣帝有意为之，但至少可以说明建武循吏集中任职江南地区，应当不仅仅是巧合而是有一定的政治考虑在其中的。

通过对建武年间循吏群体任职履历的考察，我们发现在江南地区担任郡守或执行重要任务，是这一时期循吏的普遍经历，具有明显的时代特色。此外，通过对昭宣时期循吏任职情况的分析，可以认为建武循吏群体任职南方，绝不仅仅是偶然事件，而是有一定的政治考虑掺杂其中的。

四、建武循吏对江南地区的治理

《后汉书·循吏列传》所记载建武时期的循吏共有六人，其中杜诗、第五伦单独列传，其余四人均收入《循吏列传》之中。因杜诗未有在江南地区担任职务的履历，对于他的问题在此不做讨论。根据对其余五人在江南地区担任职务时的作为，可以看出建武循吏们在以下领域对江南地区社会治理做出了突出贡献。

（一）剪灭暴乱，维护社会稳定

根据前文，我们已知两汉之际江南地区的安全形势比较严峻，汉中央政府不得不采取武装镇压的方式来解决问题。汉代循吏团体素来以富民兴业、教化地方而闻名，但这并不意味着这些以文治闻名的官吏，不会参与朝廷的军事行动。在江南地区发生严重武装叛乱的危险局势下，宋均为平叛战争的胜利做出重大贡献：

> 会武陵蛮反，围武威将军刘尚，诏使均乘传发江夏奔命三千人往救之。既至而尚已没。会伏波将军马援至，诏因令均监军，与诸将俱进，贼拒厄不得前。及马援卒于师，军士多温湿疾病，死者太半。均虑军遂不反，乃与诸将议曰："今道远士病，不可以战，欲权承制降之何如？"诸将皆伏地莫敢应。均曰："夫忠臣出竟，有可以安国家，专之可也。"乃矫制调伏波司马吕种守沅陵长，命种奉诏书入虏营，告以恩信，因勒兵随其后。蛮夷震怖，即共斩其大帅而降，于是入贼营，散其众，遣归本郡，为置长吏而还。均未至，先自劾矫制之罪。光武嘉其功，迎赐以

金帛，令过家上冢。其后每有四方异议，数访问焉。[1]

在军事行动遭受重大挫折的情况下，宋均临危不乱，果断处置，以极小的代价斩获敌方首领，并将其部众遣散，取得了平叛战争的胜利。值得注意的是，在处理敌方人员时，宋均采取了区别对待的措施，即在将组织者惩处后，对于放弃抵抗人员既往不咎，迅速安定了社会局面。这样便为地方官员后续工作的开展，创造了良好条件。

实际上，汉代循吏在维护社会稳定方面的贡献不仅仅表现在处理大规模武装暴乱方面。卫飒在担任桂阳太守时发现其所辖耒阳县（今湖南耒阳县）境内，存在大量私自冶铁的情况，由于当时铸铁为官营经济，私自冶铁属于非法。于是导致该县境内"招来亡命，多致奸盗"，对社会治安产生了较大影响。面对这种情况，卫飒一方面罢铸私铁，改为官营，另一方面体恤民情，诉讼公平，最后达到"郡内清理"[2]的治理效果。

（二）发展经济，促进生产

发展经济，造福百姓本是循吏政治的一大特点，由于建武年间江南地区的特殊情况，这一点便有了更大的意义。卫飒在任桂阳太守期间，发现含洭、浈阳、曲江三县，由于地处深山，交通不便，公事往来需要征发民船才能完成。然而"每一吏出，徭及数家，百姓苦之"，面对这种情况"飒乃凿山通道五百余里，列亭传，置邮驿。于是役省劳息，奸吏杜绝"。[3]在卫飒离任后其继任者茨充"教民种殖桑柘麻纻之属，劝令养蚕织履"，[4]使民得利。

如果说卫飒、茨充改革弊政，使民便利，那任延在九真郡任上的所作所为意义更为重大。建武初，任延被征为九真太守，到任后发现九真地区"俗以射猎为业，不知牛耕，民常告籴交阯，每致困乏"。可见，农业经济尚未在这一地区推广，广大民众依然依靠狩猎和采集进行生活，生产方式粗放落后。"延乃令铸作田器，教之垦辟。田畴岁岁开广，百姓充给"。[5]实际上，任延在九真郡的所作所为，早已经不是富民那样简单，而是改变了当地社会的基

〔1〕《后汉书》卷四一《第五钟离宋寒列传》，中华书局1964年版，第1412页。
〔2〕《后汉书》卷七六《循吏列传》，中华书局1964年版，第2459页。
〔3〕《后汉书》卷七六《循吏列传》，中华书局1964年版，第2459页。
〔4〕《后汉书》卷七六《循吏列传》，中华书局1964年版，第2460页。
〔5〕《后汉书》卷七六《循吏列传》，中华书局1964年版，第2462页。

本面貌和生产方式，极大地促进了生产发展与进步。

除通过施行各种政策促进地方发展百姓富裕之外，有些循吏还舍己为人，用自己的收入补贴鳏寡孤独，造福百姓。如第五伦在担任会稽太守时，"虽为二千石，躬自斩刍养马，妻执炊爨。受俸裁留一月粮，馀皆贱贸与民之贫羸者"。[1]

（三）移风易俗，使民从化

教化百姓，并使其自觉遵守以儒家道德为核心的官方意识形态，一直以来是循吏政治的目的之一。建武年间，江南地区的风俗较为原始，对于这一地区教化的意义，就不仅止于民风从化，而是关乎中原文化在边远地区影响力扩大的问题。

建武年间，在江南地区担任郡守的循吏有第五伦、卫飒和任延，作为两千石级别的高级地方长官，他们无一例外地对江南地区社会风俗进行了改良。如第五伦任会稽太守时发现当地居民存在用牛来祭祀鬼神的习俗。在当时，耕牛无疑是最为重要的生产工具之一，中国历代王朝也都有保护耕牛的政策。会稽地区的百姓之所以将本该从事农业生产的牛用来祭祀，是因为受到了巫术的蛊惑，称"其自食牛肉而不以荐祠者，发病且死先为牛鸣"，正因为此"前后郡将莫敢禁"。由于将牛用于巫术祭祀，生产遭到了严重破坏，遂导致"百姓财产以之困匮"，针对这种阻碍生产发展的落后习俗，第五伦果断采取措施："伦到官，移书属县，晓告百姓。其巫祝有依托鬼神诈怖愚民，皆案论之。有妄屠牛者，吏辄行罚"。由于受当地长久以来风俗习惯的影响，在政策实行之初，民间即有流言蜚语，但第五伦不为所动，而予以更果断的处置，最终收到了良好效果，"百姓以安"。[2]

桂阳郡位于今湖南南部地区，与交州刺史区接壤，因此濡染了不少蛮夷风俗。即所谓"郡与交州接境，颇染其俗，不知礼则"。卫飒任桂阳太守时，"修庠序之教，设婚姻之礼。期年间，邦俗从化"。[3]同样，任延所在九真郡由于过于偏远，及至建武年间当地百姓依然"无嫁娶礼法，各因淫好，无适对匹，不识父子之性，夫妇之道"，依然是原始社会的群婚制。任延到任后

---

〔1〕《后汉书》卷四一《第五钟离宋寒列传》，中华书局1964年版，第1396页。
〔2〕《后汉书》卷四一《第五钟离宋寒列传》，中华书局1964年版，第1396~1397页。
〔3〕《后汉书》卷七六《循吏列传》，中华书局1964年版，第2459页。

"移书属县，各使男年二十至五十，女年十五至四十，皆以年齿相配"。不仅如此，他还要求在当地推行中原地区的婚姻礼节。由于当地过于贫困，以至于婚姻双方无法礼聘，任延则"令长吏以下各省俸禄以赈助之"。在政府的大力倡导下，九真地区的百姓终于摆脱了原先落后的婚姻习俗，"其产子者，始知种姓"。为感谢任延为其生活带来的改变，当地百姓多名子为"任"。[1]

五、结语

综上所述，汉代循吏是官员中的杰出代表，并以富裕人民、教化百姓为己任，是汉代"得民和"政治理念的主要执行者。汉代循吏的治民理念和其最终的政治目的是通过一系列措施，使百姓自觉接受以儒家伦理道德为核心的官方意识形态，从而达到长治久安的治理效果。鉴于汉代循吏群体的特殊性，其必然成为汉代朝廷治理地方的不二人选，这便为他们在一些矛盾突出地区施展抱负提供了可能。

两汉之际的江南地区经济落后、风俗原始、安全形势严峻，为安定江南地区，促进社会经济发展，汉光武帝开始有意识地派遣循吏前往任职。事实证明，建武年间循吏在维护江南地区社会稳定，促进当地经济发展，传播中原文化，改良当地风俗等方面都做出了突出贡献，并在一定范围内达到了"化治"与"得民和"的效果。

从甘肃新出晋简看西晋地方诉讼制度

韩 伟[1]

内容摘要：甘肃临泽新出西晋田产争讼简册一批，内容较为完整，反映了丰富的地方民事诉讼信息。通过对该简册所记录的有关告诉、证据、审理等具体程序的研究发现，西晋诉讼具有反对诬告、重视证据、重视宗族处理，以及财产争讼刑事化等等鲜明特点。该简册的发现，为研究晋代诉讼法制史提供了难得的契机。

关键词：西晋 田产争讼 简册 占具入官诉讼法律史

有关晋代的实体法律制度，已经有不少卓有建树的研究，除了"故事"[2]等个别法律制度，近来也有专著问世。[3]但限于史料的局限，有关晋代的诉讼制度的研究长期以来难有突破，诉讼审理的实践也更鲜有研究。专攻中国审判史的我国台湾地区学者那思陆也不得不感慨："有关晋代县的审判程序，因史料有限，难以详述。惟可推断者，晋代县的审判程序与汉魏旧制大致相同。"[4]至于具体的内容如何，有何特别之处，虽依据传统史籍，有所记述，均不得其详。

2010 年夏，甘肃省临泽县发现成册简牍一批，该简册共计 27 枚，计 900余字，发现时被置于 M23 号墓墓主棺盖上。考古研究者对其进行了初步整理与释读，认为这是西晋晚期张掖临泽地方政府对一起田产争讼的民事纠纷案件的审理记录，将其定名为"田产争讼爰书"（以下简称"晋简"），并探讨

---

　　[1] 作者简介：韩伟，法学博士，陕西绥德人，陕西省社会科学院政治与法律研究所助理研究员，研究方向：法律文化、中国法律史。
　　课题项目：本文系陕西省社会科学院 2012 年青年课题（项目编号：12QN010）阶段研究成果。
　　简册原文参见杨国誉："田产争讼爰书"所展示的汉晋经济研究新视角，载《中国经济史研究》2012 年第 1 期。后文引用该简册内容均出自此，仅说明编号，文章简称"杨文"，不再特别注明。
　　[2] 吕丽："汉魏晋'故事'考辩"，载《法学研究》2002 年第 6 期。
　　[3] 李俊芳：《晋朝法制研究》，人民出版社 2012 年版。
　　[4] 那思陆：《中国审判制度史》，三联书店 2009 年版，第 82 页。

了其在研究汉晋经济史相关问题中的史料价值。[1]是否为"爰书"尚待分析，但该简册作为一份地方民事争讼的记录，除了作为经济史的研究材料，还包含有十分丰富的地方诉讼信息，对于研究西晋的地方民事诉讼制度，同样具有重大的意义。但是，仍然需要注意的是，就研究的方法而言，在使用新出简牍文献的同时，并不能忽视正史等传统史籍的重要参照作用，所谓孤证难立，仅仅依据一份简册来研究晋代诉讼制度，当然是不够的。籾山明指出，如果按照自己关注的问题与新史料的比对，但是只追逐出土文字史料，整体的历史图像很难构筑起来。可能会出现这样的结果，即各自的学说也不过是"局部"性的。[2]因此之故，在本文中，尽管将该新出简册作为中心材料分析，但同样需充分避免做这种局部的、碎片化的研究，而应尽量地以传统典籍为背景，将局部史料与整体性的史料相对照，进行互证，以期更全面、更真实地展示晋代地方诉讼制度及实践的情况。

一、简册反映的晋代主要诉讼程序

以下即以新出晋简为中心，详述晋代地方主要诉讼程序。由于该简册仅得到初步的整理，各简之间的编号与其内容的内在逻辑顺序还存在不一致的地方。以下仅就其特色突出的部分进行分析，从告诉到审理的各节题目，只是为了明确表述程序的大概流程而列出的，未必是晋简所记述案件的真实状态，在西晋的司法实践中也可能是并不存在的，而且各步骤间也可能有交叉、重合的地方。

（一）告诉程序

该案所反映的西晋诉讼的告诉程序，主要体现在下文论及的简文中。

中国古代一般奉行"私的诉追"主义，自秦汉至唐代，私人控告均是启动各类诉讼程序的基本途径，刑事、民事案件诉讼程序多肇始于当事人或其近亲属的告诉行为。唐代还逐渐发展出"据状论诉"的司法惯例，[3]不仅要

〔1〕 杨国誉："'田产争讼爰书'所展示的汉晋经济研究新视角"，载《中国经济史研究》2012年第1期。
〔2〕 ［日］籾山明：《中国古代诉讼制度研究》，李力译，上海古籍出版社2009年版，第3页、第100页、第140页、第199页。
〔3〕 陈玺：《唐代诉讼制度研究》，商务印书馆2012年版，第15页。

有诉状，诉状的内容、形式都有一定要求。从出土"晋简"来看，西晋同样遵循"私的追诉"主义，私人提起控告是启动诉讼的基本方式。在该简册中，"故郡吏"孙香即是提起诉讼主体。仅就该简册看，与唐代不同的是，西晋的提起诉讼并未要求有单独的"书状"，整个起诉、证据、裁判是记录在同一份简册中的，这似乎说明，西晋的起诉不过是向主管官府提出口头的追诉，诉求的具体内容由具体负责的"户曹"或"典吏"一并记入官方文书。从起诉的内容来看，虽然没有严格的格式要求，但是应包括基本的家庭情况，例如住址、家庭成员等，即简册中"年十七祖丧土，香单弱，时从兄发、金龙具偶居西旧坞"，除此之外，当然还包括争讼的前因后果，都需要详细陈述。

在西晋诉讼的"告诉"制度中值得关注的是"占具入官"之制。简册中有"今自凭儿子强盛，侮香单弱，辞诬祖母，欲见侵夺。乞共发、金龙对，共校尽，若不如辞，占具牡二具入官"。杨文认为，从文意看，在当时的案件审理过程中，为保证陈述内容的真实有效，往往有当事人口头承诺一定数量的财物作为保证，如果陈述不实，则将之没入官府作为惩罚。从诉讼法原理看，这一看法有些道理，但未必准确。对提起诉讼者而言，"占具入官"更像是一种起诉保证制度，在任何社会，进行诉讼都是有一定成本的，这一成本不仅是当事人的，更是诉讼裁判机构以及整个国家的。因此，历代司法中都有要求，在起诉控告中禁止诬告。对于诬告、滥诉的行为均需要限制，故"诬告反坐"之制自秦代即已入律，《晋律》亦要求"诬告谋反者反坐。十岁，不得告言人"。（《晋书·刑法志》）"占具入官"实际上也是为保证告诉真实客观而进行的一种保证制度，只是"反坐"的刑事惩罚被改为财产罚，这或许也是与该案为民事案件有关。而且，在其他简册中，还多次出现"诬冒""还相诬言，不从分理，诣官纷纭，兴长讼"等，这些用语也从话语层面说明时人对于"诬告"的鲜明态度。这一推测，在西周的起诉制度中也可以得到验证，据研究，西周时起诉的重要条件之一就是"入钧金"，即缴纳一定数量的财物作为"诉讼费"，任何一方如果不入钧金，"便是自服不直，不判自败，钧金没收入官"。西周刑律的这一规定，其目的在于限制滥诬滥告，减少冤狱。[1]在这里，"钧金"实际上也对如实告诉起到保证的作用。由此，还可以推断，"占具牡二具入官"也不应该仅仅是"口头承诺"，而很有可能

---

〔1〕 胡留元、冯卓慧：《夏商西周法制史》，商务印书馆 2009 年版，第 561 页。

是在提起诉讼时即实际交付官府一定数量的财物作为"保证金",从告诉不实,则将作为保证之财物罚没。当然,从证据制度看,这就是一种如实陈述的保证,如孙金龙陈述后有"若不如对,占人马具牡入官,对具"。孙发答辩亦谓"事可推校,若不如对,占人马具牡入官",陈述后这一近似套语的用词,主旨是要证明所言为实,声称的财物即是对如实陈述的保证。因此之故,"占具入官"之制是司法审判制度中的对如实告诉的保证制度,目的是要证明案件的客观事实,也就是主要具有法律上的意义,杨文所谓"契约精神进入公权领域",以及公权力运行中的"重商"之风,恐怕只能是一种经济史的夸张想象罢了。

(二)讯问、证据制度

该案所反映的西晋诉讼的讯问及证据制度,主要体现在下文论及的简文中。

自秦汉以来,讯问当事人在中国古代诉讼中即居于核心地位,案件的大部分事实的认定,以及最终判决的作出,都依赖于讯问。籾山明的研究指出:秦汉刑事诉讼中,构成诉讼程序之整体的是"告""讯""论"三个支柱,而其中居于核心地位的则是"讯问"[1],验之于出土诉讼简册,这可以说是至当之论。新出"晋简"中绝大部分内容,也是对涉案当事人的讯问。在本案中,原告孙香、被告孙发,相关人孙金龙都受到讯问并作了详细陈述,不仅如此,主审官吏还讯问了宗长孙司马、宗长孙丞,而且,孙丞的证言与裁断意见在案件处理中起到了关键的作用。

在证据制度中,券书发挥了重要的作用。自西周以来,券书在诉讼中的作用即至为重要,"凡以财狱讼者,正之以傅别约剂","凡有责者,有判书以治,则听"。(《周礼·秋官·士师》)其下有郑玄注云:"谓若今时辞讼,有券书者为治之。辨读为别,谓别券也。"并云:"判,半分而合者,即质剂傅别分支合同,两家各得其一者也。"[2]其所谓"判书"即是书面的权利凭证,券书成为定分止争的关键依据。从简册内容看,在西晋民事诉讼中,同样十

---

〔1〕[日]籾山明:《中国古代诉讼制度研究》,李力译,上海古籍出版社2009年版,第3页、第100页、第140页、第199页。

〔2〕《周礼·秋官》朝士,见(汉)郑玄注,(唐)贾公彦疏:《周礼注疏》卷四二,上海古籍出版社2010年版,第1376页。

分关注"券书"等书面证据的作用。在该案中,孙香为证明自己对讼争土地的合法权利,以"有券书"来说明,"祖父母存时为香父及叔季分异,各有券书,发父兄弟分得城北田"。与之相对,为证明孙发无理侵害其权利,提出"祖母存时命发息为弘后,无券"。而且,该案最终作出裁决时,也指出"书移达,具列香兄弟部分券书,会月十五日,须得断决如律令",也就是说,断决的事实依据,除了依照讯问得来的口供外,主要的就是参照作为书证的"券书"。

尽管作为书面证据的"券书"在审理中受到格外重视,但这并不意味着"券书"在西晋诉讼中就可以作为独立的证据被确认,"券书"的效力还要附加有关人证的佐证。本案中,尽管孙香坚称在祖母分产遗书中,孙发没有券书,但其持有的券书也并未成为确定产权的唯一依据。对孙发"无券书"这一事实,宗长孙丞给出完全不同的解释,"今为平史,使香自继其父蒙。祖母存时命发息为弘后,无券,香所不知"。也就是说,孙香继承其父孙蒙,祖母在世时让孙发的子女作为孙弘的后人,这件事没有券书,只是孙香不知道。孙丞的表述及确证,当然表示宗长证言的极大权威性,但也间接说明"券书"证据效力的有限性。

(三)审理制度

该案所反映的西晋诉讼的审理制度,主要体现在如下简文中:

"分居以来四十余年,今香、发诤,非金龙所知。有从叔丞可问,若不如对,占人马具牡入官,对具。"(6315)

"孙司马、民孙香、孙发、孙金龙兄弟共诤田财,诣官纷云,以司马为证写。"(6294)

"司马是宗长,足当知。书移达,具列香兄弟部分券书,会月十五日,须得断决如律令。"(6292)

"不和,还相诬言,不从分理,诣官纷云,兴长讼,请求官法。"(6281)

"请事诺,罚香、发鞭杖各百五十,适行事一用听如丞。"(6280)[1]

简册文意首先反映的是审限制度,也就是审理的期限问题。"会月十五

---

〔1〕 参见甘肃省张掖市墓葬出土西晋简牍册书"田产争论爰书"。

日"也就是要在"十五日"作出判决,该简册先后出现"十二月四日""十二月六日""十二月七日""十二月十一日""十二月十五日"等五处时间点,其中孙香最初提起告诉的时间是十二月四日,最晚为十二月十五日孙丞提出证言,而且简册中仅有户曹掾史作出审断的初步意见,故"会月十五日"不大可能是"十二月十五日",而很有可能是次月十五日。故可初步推断,如果自提出告诉,到作出判决,其大概的期限为四十日;如果从讯问所有人证结束起算,则为一个月整。

简册还反映出,尽管只是一件民间财产纠纷案件,仍然应"断决如律令",即需要如律断决。依法裁断的要求,唐律中已经有明确的规定,"诸断罪皆须具引律、令、格、式正文",[1]但是更早前的晋代是否有类似规定,从留存晋代律令法文本中还无法确知,但在地方诉讼的实践中,却得到了一个现实的印证。这里值得注意的是,"断决如律令"的主体并非是宗长孙司马,而是"临泽令",也就是说官府对民间纠纷解决中据律裁断的要求,主要是针对地方官员。而回头分析该简,"书移达"一语,作不同的断句似乎可得出不同的结论。如果按照原录文,在"书移达"之前断开,即指将诉讼记录及状辞等移送主审官员,由其根据诉讼记录,辅之以作为证据的"券书",作出裁判,这是较为符合一般诉讼程序的解释。如果"书移达"前文未断,而是与司马宗长相联系,似乎又可以看到民事讼争在正式的官府审判与非正式的民间调处之间来回折转反复的一个过程。如果结合最初孙丞对该案的处理,大致可以得出该案处理的一个经过:讼争首先经同宗宗长孙丞裁断,当事双方不服起诉至"临泽令","临泽令"审断过程中,又"移文"于司马处断,最终案件再回到"临泽令",由户曹掾史具体处理。由于孙丞既是宗长,又是孙金龙、孙发等人的"从叔",因此作为最初的仲裁人,作出裁断。讼争经官后返回的"孙司马",应该是更高级别的宗长,他有更大的权威,对复杂、疑难的案件作出裁断,而且,从"以司马为证写"一语,似透漏出,这类的"宗长"还起到官方支持的证书确认作用。

"罚香、发鞭杖各百五十"反映的则是民事纠纷的刑事化处理,类似的方式,在出土汉简中就多有反映,其内在的理由是:即使纯粹的"争财"纠纷,其主张也有不合情理的方面,这可以被视为"有罪"。换言之,民事案件有时

---

[1] 《唐律疏议》卷三〇。

也出现以刑罚为结果的情况。[1]一定意义上，泛化地从罪与非罪、德与失德的角度去看待民间纠纷，这也可被视为中国古代"民事诉讼"的通例。这反映了中国传统的刑罚观，"刑罚为政教之用""笞者，击也，又训为耻。言人有小愆，法须惩诫，故加捶挞以耻之"。[2]所以，鞭杖的刑罚处理，蕴含着"明刑弼教"的司法理念。

"晋简"还反映出当时存在一定的诉讼审级制度。在最低的层级，宗族、村社起到重要的作用。在本案中，孙丞是宗长，除了在诉讼中作证外，他还起初审作用，类似于汉代的"乡诉讼"。而到了县一级地方审判中，户曹掾史起到关键作用，户曹掾史是县一级的任事官吏，"县大者置令，小者置长。有主簿、录事史、主记室史、门下书佐、干……户曹掾史干、法曹门干、金仓贼曹掾史、兵曹史、吏曹史、狱小史"。[3]疑问是，晋代有专职的"法曹"，本案却让户曹掾史处理讼争，似乎存在令人难解的地方。这里试着作出的解释是：法曹与户曹职能有别，法曹恐怕主要是负责杀、盗等"刑事犯罪"的案件，户曹则处理财产争讼等民事案件，如此，由户曹掾史处理此土地争讼案就在情理之中了。

从简册文意看，当时临泽县令并不亲自参与审判，整个审判的实际运作过程是由县之户曹掾史完成，并且由其拟具初步裁判意见，然后"请事诺"，即审理完结后，再履行申报程序，请主管的上级官员再作定夺，当然这应该是指县的主事官员（本案即临泽令）最后裁断，至于县一级审理完毕，是否还需要将案情再上报郡、州等覆核，当事人可否，以及如何再行上诉，从该简册内容还无法确知。

二、西晋地方民事诉讼程序特色

综合上述，新出土的西晋简册虽然极为零散，内容也不够完整，但确实包含了大量的地方民事诉讼的信息，通过阅读简册，使我们可以直观地了解西晋县一级诉讼的基本情况。经过分析，可以大致得出西晋地方"民事诉讼"制度的一些基本特色。

---

[1] [日]籾山明：《中国古代诉讼制度研究》，李力译，上海古籍出版社2009年版，第3页、第100页、第140页、第199页。

[2] 《唐律疏议》卷一。

[3] 《晋书·职官志》。

第一，强调如实起诉，反对诬告和不实陈述。从简册文本中可以看出，无论是"占具入官"，还是反复声称的"若不如对""若不如辞"，以及供词中多次出现的"诬冒""诬言""欲死诬生"等词语，都在说明无论是当时的官方律令制度中，还是在参加诉讼的一般民众的观念中，非理或不实的"诬告"都是不能被允许的行为，甚至就是一种犯罪行为。值得一提的是，通过"占具入官"这样一种财产保证的方式，防止诬告、滥诉，在民事诉讼实践中，无疑具有积极的意义。

第二，注意各类证据的核实与运用。尽管晋代的诉讼程序较为简单，但从简册中已经可以看出，具有证实案件事实的各种证据都得以充分的运用，证人证言，券书等都被纳入诉讼裁判的视野。在证人证言中，除了听取控辩两造的陈述以外，还讯问了与该土地租借关系密切的相关人孙金龙，听取了他的陈述作为旁证。当然，基于乡间社会的威望，作为宗长的证言最终起到了关键的作用。"券书"作为书面证据的作用虽然得到重视，但其并不能作为具有单独的证明效力的证据，还需结合宗长、亲邻等其他见证人的证言，对其反复验证。多方的核实比对，也充分体现了主审官吏在处理证据中的慎重。

第三，宗长等家族、社会组织在讼争解决中起到重要作用。从该简册文书中，可以间接得知，有关土地的民间纠纷，最初是被提交乡里的权威"宗长"作出裁断，这显示出"宗长"在民间基层的纠纷解决中扮演关键角色。由"宗长"来解决纠纷具有天然的优势，一是他对纠纷双方以及讼争财产的情况都较为熟悉；二是，宗长在宗族中无疑具有首要的权威，其裁决也更令人信服。户曹裁决中"适行事一用听如丞"一语，也足见对于宗长处断民间纠纷，官方持一种鲜明的支持态度。然而，从孙香最终起诉至临泽令这一事实看，宗长的非正式裁决尽管十分重要，但如果当事方对宗长的裁决不服，仍然可以将民事讼争提交官府机构，请求得到更公正，也更符合律令的裁判。

第四，民事讼争的刑事化处理。这当然是出于官方的一种"厌讼"情绪，或认为兴讼是一种有违"道德教化"的不好的行为。这里值得注意的有两点：一是鞭杖刑针对的是诉辩二造，即在官方看来，一旦提起讼争，过错就不仅在于起诉方，被诉方同样有错，因此需要一体惩罚，以儆效尤；二是，具体刑罚为"鞭杖各百五十"，这在量刑中属于较高的刑罚等级，在唐代，笞刑是一十至五十，杖刑为六十至一百，鞭杖一百五十，是笞杖刑结合的顶格使用，而且，唐代地方各县只能审理杖以下的案件，徒刑案件须上报州一级审理。宋时所有杖以上刑罚判决都由县以上级别的机关作出，但是在司法实践中县一级也可以判处杖刑，并且无须经过州府覆核，只需定期将审判情况上报即可。[1]该案"户曹掾史"直接作出高达一百五十的笞杖刑，这也说明晋代地方司法官吏掌握着较大的自由裁量权。

三、余论及讨论

从该简册文本出发，"杨文"直接将简册定性为"爰书"，但事实上该简册是否为"爰书"，恐怕还值得仔细讨论。"爰书"是秦汉法制史中很重要的一个概念，在经典史籍中并不常见，被经常提及的，是见于《史记》与沿袭它的《汉书》中的"张汤审鼠"的记载，其中略谓："劾鼠掠治，传爰书，讯鞫论报。"[2]其含义性质不易确定。好在出土秦汉简册中，对"爰书"多有提及，这为后世认识"爰书"提供了佐证。据这些资料，可知"爰书"又分为自证爰书、相牵证任爰书、秋射爰书等几类，根据汉简的研究，爰书一般被认为具有作为公证文书的功能，它是由负责官吏制作的、用于进行公证的文书。[3]而且，"爰书"也不止限于审判文书。可见，"爰书"的核心有二：一是其受到官方的认可，可作为公证；二是它可在不同审级间传送，即"传爰书"之制。回到本文讨论的晋简，就其内容看，主要是对涉案各当事人的讯问，最终提出初审官吏的裁断意见。该简册主要的作用在于记录案情，并据此得出裁判的意见，当然其中也提到"请事诺"的程序，但它是否就等同于"传爰书"，还不好妄下结论。因此，从谨慎的角度出发，该简册的性质更可能只是一份民事诉讼案件的庭审记录，是否可归入"爰书"，尚无法准确评断。尽管简册性质难以确定，但这并不能否定其作为西晋诉讼研究材料的重要价值。

通过对该简册的研究，我们不难发现晋代诉讼制度在秦汉与唐宋之间具有承前启后的作用，无论是对诬告的禁止，还是对券书、亲族证人的重视，

---

〔1〕［美］马伯良：《宋代的法律与秩序》，杨昂等译，中国政法大学出版社 2010 年版，第 299 页。

〔2〕《汉书·张汤传》。

〔3〕［日］籾山明：《中国古代诉讼制度研究》，李力译，上海古籍出版社 2009 年版，第 3 页、第 100 页、第 140 页、第 199 页。

以及民事诉讼的刑事化处理，都延续了秦汉以来的中国司法传统，并在唐宋诉讼制度中可以发现其遗风，其"占具入官"的诉讼保证制度更是特色鲜明。此外，晋时法律发展突出的一点是"律学"，即法律研究、解释之学的高度发达，可惜律学的成果在一份纯粹的财产争讼中还无法得到验证。而且可以明显地看到的是，晋时地方司法裁判中主审官吏的自由裁量权较大。

唐代婚姻法律制度评析

——以归义军为视角

任春年 赵力标[1]

内容摘要：本文以唐朝为研究对象，以《唐律疏议》对婚姻家庭的法律规定为参照，分析了唐朝婚姻法律制度制定的历史背景，概述了婚姻法律制度的主要内容，将唐朝中原地区的婚姻法律制度实践与敦煌地区的婚姻法律制度实践进行对比，探讨了敦煌地区出现的不同于中原地区的婚姻现象，探析了唐朝的婚姻法律制度本身特点及其在唐朝整个时期、不同地域的影响。

关键词：唐代　婚姻法律制度　唐律疏议　礼制

一、唐朝婚姻法律制度确定的历史背景

（一）政治背景

公元 618 年，唐朝终结隋朝统治，对内完成中原地区的大一统，在制度上较为全面地承袭隋朝，并更为广泛地运用。对外，唐朝自建立开始，就一直持续着积极收复北方、张庭掖国的国策，自唐太宗开始至唐高宗时期达到顶峰，长期与少数民族进行军事斗争。唐朝先后在西域地区设立安西都护府、北庭都护府等行政管理中心，以确立和维持对西北地区的控制。逐步完成内外统一的唐朝，其单一的针对中原农耕文明地区的法律制度在适用于游牧文明地区时就显得水土不服，格格不入。古代中国，向来自诩为礼仪之邦、文明上国，因而在具备了统一的政治大环境下，推出极具包容性和整合性的法律就显得非常必要和顺理成章。唐朝立朝近三百年，除了收复少数民族战争和安史之乱、唐末割据之外，内部鲜有动荡，保持了一个长期稳定的局面，对于输出国策奠定了良好的政治条件。

---

〔1〕 作者简介：任春年，甘肃榆中人，西北师范大学 2017 级宪法与行政法学研究生；赵力标，四川绵阳人，西北师范大学 2013 级本科生。

（二）经济背景

对内，中原地区经济重心传统上都是位于北方的，从西晋朝末年至隋唐五代时期，中原地区经济重心逐渐南迁，经济重心南移这一现象一直持续到宋朝结束。自北宋开始，经济重心的南迁完成，南方最终成了中原地区的经济重心所在。在经济重心迁移的过程中，北方经济水平并非是处于倒退的局面，而是相对南方经济的快速发展，北方经济发展整体显得缓慢一些。这种局面的出现，从中原地区经济水平和总量的角度来看，南北两方的经济都处于增长的态势，形成两地开花的局面，这样的局面带动着唐朝整体经济的飞跃式发展，进一步为政治推行、文化灿烂提供着经济基础；对外，中原地区经济和北方少数民族经济交流频繁，在与少数民族经济持续交流的过程中，中原王朝始终处于顺差的一方。在贸易顺逆比对中，经济发达的一方往往对经济相对落后的一方具有极强的吸引力。经济基础决定上层建筑，国家经济如果被视为事物的本质，那么一个国家的政治、文化等其他方面的表现，则可被视为本质之上的表象。经济吸引通常也是一种推行政治、文化、法律制度的利器。落后的一方主动地去探究另一方超越自己的方面，其探究落脚点也通常在政治和文化这一外在表现形式上。

（三）文化背景

隋朝存续时间较短，但其创造的文化成果却是十分辉煌，唐朝则较为全面地继承和发扬了隋朝的文化成果。唐朝的文化体系庞大且完整，发展水平较高，同时极具开放性和兼容性。唐朝政策开明，对少数民族实行兼容的民族政策。魏晋以来，我国北方出现过几次统一的局面，在和平的环境中，各族人民交往频繁，也许正是这种兼具汉族和少数民族的血脉特质，唐朝也始终致力于建设与维系各民族友好相处、平等往来的局面。李唐强盛的原因之一便是少数民族力量的支撑，这一支撑在李氏取得皇室正统地位后并没有被忘却，反而注重更甚于以前，因而唐朝在不断对外输出文化的同时，也在不断吸收着包括少数民族文化在内的所有外来民族文化的优秀特点。同时，国教兴起，佛教传入，自汉以来的"罢黜百家，独尊儒术"的局面被改变，多种文化形式的并存和劲促，更加有利于思想的革新和萌芽。在这样的文化背景下，女性对于自己的现状有了更加深刻的认识、对于婚姻也有了不同的看法。这种新的观念、思想也在潜移默化地改变着政治局势同时影响着法律规定制定的思想基础。

二、唐代婚姻法律制度的主要内容

(一) 婚姻的成立

唐律对于婚姻的成立没有做出具体的规定，所以婚姻成立的法律条件仍被礼制要求所替代着。因而婚姻成立的法定条件首先就是"父母之命，媒妁之言"。"媒妁之言"是古代男女婚配的前提条件，在程序上，有时更是先于"父母之命"的。《释名》曰："婚，昏时成礼也；姻，女因媒也。"〔1〕再有"匪我愆期，子无良媒"，可见媒人牵线、父母允命是古代婚姻缔结的必要条件。

其次是适婚年龄的要求。关于适婚年龄的要求，《唐律疏议》中也没有明确的记载和要求，但唐朝先后有过两次关于婚姻年龄的诏令。前一次是在贞观元年（627 年），唐太宗刚刚即位不久，就下诏令，言："其庶人男女之无室家者，并仰州县官人以礼聘娶，皆任其同类相求，不得抑取。男年二十，女年十五以上……并须申以婚媾，命其好合。"〔2〕后一次是在唐玄宗开元二十二年（734 年），唐玄宗诏令，言："男年十五，女年十三以上，听婚嫁。"〔3〕在唐朝的婚姻中，满足了前两则条件即被认为是法律认可的。法律认可后，双方再满足报婚书、立婚约、受聘礼三则形式条件，婚姻也就基本宣告成立。

报婚书、立婚约、受聘礼可以看作是一体的行为，即双方尊长以书面形式提出和答应订立婚约，而后女方尊长接受男方聘礼的过程。"【疏】议曰：许嫁女已报婚书者，谓男家致书礼请，女氏答书许讫。"〔4〕即男方尊长以书面形式致书女方尊长商谈婚事，若女方尊长同意则双方订立婚约。婚约订立时若男方尊长言及"老、幼、疾、残、养、庶之类"关于男方的一些特殊情况，则表示双方婚约之中还有私约的存在。唐律对于有私约的婚事保护是较为严苛和不平等的，"约，谓先知夫身老、幼、疾、残、养、庶之类……皆谓宿相谙委，两情具惬，私有契约，或报婚书，如此之流，不得辄悔，悔者杖六十，

---

〔1〕 任继昉编：《释名汇校》，齐鲁书社 2006 年版，第 166 页。
〔2〕 （宋）王溥编：《唐会要》卷八三，上海古籍出版社 2012 年版，第 1756 页。
〔3〕 （宋）王溥编：《唐会要》卷八三，上海古籍出版社 2012 年版，第 1802 页。
〔4〕 （唐）长孙无忌编：《唐律疏议·户婚》第 175 条，中华书局 1983 年版，第 253 页。

婚仍如约。若男家自悔者，无罪，娉财不追。"此外"【疏】议曰：婚礼先以娉财为信，故《礼》云：'娉则为妻'，虽无许婚之书，但受娉财亦是。"纵使事先没有订立婚书，但是只要女方尊长收受了娉礼也就等同于默认了婚礼的成立。正如前文所言，唐律在婚事中对男方的保护是高于女方的。

（二）婚姻的限制

唐律之中规定了两大类关于婚姻成立的犯罪。一为违律为婚，一为嫁娶违律。

违律为婚，即唐律所禁止的成婚行为"【疏】议曰：依律不许为婚，其有故为之者，是名'违律为婚'"。[1]此处的违律为婚不仅指违律为婚恐吓娶、违律为婚离正两罪，还包含《户婚》中的"为婚妄冒""同姓为婚"（包括五服内亲属为婚）"娶逃亡妇女""监临娶所监临女""杂户官户与良人为婚"等罪。主要注重于预防上述列举的婚姻形式发生。

嫁娶违律，多指不符合唐律的规定，但已经发生的嫁娶行为，主要注重于事后的调解。"诸嫁娶违律，祖父母、父母主婚者，独坐主婚。"[2]这一类罪名又和礼制有所结合，形成了以礼制为前提的"不孝""不义"的嫁娶行为。主要有"居父母丧嫁娶""父母被囚禁嫁娶""夫丧守志而强嫁"等罪名。在为父母服丧期间嫁娶是"不孝"，在为丈夫服丧期间自行嫁娶是"不义"。可见，在婚姻嫁娶之中，刑罚的规定仍然是以礼制为主导的，刑罚的惩处也是以不符合礼法为前提的。

（三）婚姻的解除

唐朝的婚姻解除，根据双方的意愿程度可以分为：强制解除、协议解除、单方解除三种方式。

强制解除，即唐代法律所规定的，若发生"义绝"的情况，则必须解除婚姻。"【疏】议曰：夫妻义合，义绝则离。"[3]所谓"义绝"就是指夫妻一方对于另一方的五服以内的亲属实施殴打、奸淫、杀伤的情形。古人认为，夫妻之间，因义而合，因义而绝，夫妻关系形成的核心就是"义"。所以当发

---

〔1〕 （唐）长孙无忌编：《唐律疏议·户婚》第193条，中华书局1983年版，第271页。

〔2〕 （唐）长孙无忌编：《唐律疏议·户婚》第195条，中华书局1983年版，第272页。

〔3〕 （唐）长孙无忌编：《唐律疏议·户婚》第190条，中华书局1983年版，第268页。

生"义绝"情形就必须解除婚姻，若不主动解除，则法律予以强制解除。"若两不愿离，即以造意为首，随从者为从。"[1]义绝的主要情形包括：（1）夫殴打妻之尊亲属，杀伤妻之尊亲属，与妻之母通奸；（2）妻欲图谋害夫，殴打谩骂夫之尊亲属，杀伤夫之尊亲属，与丈夫缌麻以内的亲属通奸；（3）夫或妻的尊亲属间有杀伤行为。总体来看，唐律对于义绝情形的规定是偏袒夫一方的，夫一方须有实际的杀伤行为才会构成义绝情形，而妻只要对夫有伤害的想法或者言语有较为不敬之处就会构成义绝情形。

协议解除，即所谓的"和离"。"【疏】议曰：'若夫妻不相安谐'，谓彼此情不相得，两愿离着，不坐。"[2]唐代法律是允许夫妻自愿协议解除婚姻的。但是如果妻或者妾擅自解除婚姻或者逃离，则是违背法律的，也会受到相应的刑罚。"【疏】议曰："妇人从夫，无自专之道，虽见兄弟送迎尚不逾阈。若有心乖唱和，意在分离，背夫擅行，有怀他志，妻妾合徒二年。"[3]尽管夫妻之间可以协议离婚且国家和社会对再婚、改嫁行为不予过多限制，但是女方若想再婚、改嫁则必须持有丈夫亲自书写的手书和官府判决义绝的文书，才可以再婚、改嫁，否则也会受到刑罚，"因擅去而即改嫁者，徒三年，故云：'加二等'"。

关于单方面解除婚姻，唐代仍旧沿袭着"七出三不去"的制度，且主要以男性单方解除为主。为了避免夫滥用休妻的权利，唐代也从法律上对妻进行了保护，"【疏】议曰：伉俪之道，义期同穴，一与之齐，终身不改。故妻无七出及义绝之状，不合出之"。除此之外，丈夫想要休妻，也必须亲手书写文书，且应由双方的尊亲属以及左右邻里、见证人签署同意。尽管法律和礼制上对妻有所保护，但是妻"若犯恶疾及奸者，不用此律"。[4]礼法对古代女性权益的保护仍旧是不周全的。

三、唐代婚姻法律制度的实践

（一）中原地区

自周代礼制立国后，礼就成为社会核心的价值观，上至王室贵族朝政，

---

[1]（唐）长孙无忌编：《唐律疏议·户婚》第190条，中华书局1983年版，第268页。
[2]（唐）长孙无忌编：《唐律疏议·户婚》第190条，中华书局1983年版，第268页。
[3]（唐）长孙无忌编：《唐律疏议·户婚》第187条，中华书局1983年版，第266页。
[4]（唐）长孙无忌编：《唐律疏议·户婚》第189条，中华书局1983年版，第267页。

下到寻常百姓嫁娶，一切行为皆须符合礼制要求。上至皇廷，下至黎民都遵循着"一夫一妻，不刊之制"的规定。尽管每一位人君在历史的记载上都有着三宫六院七十二嫔妃，但是后宫之主却只有一位，即是人君的"正妻"，任何朝代都不例外。

对唐初至"安史之乱"时期皇帝及皇后的数量统计可得：

表1

皇帝姓名	皇后数量	皇后姓名	皇后姓名	皇后姓名
高祖光孝帝李渊	1	太穆顺圣皇后窦皇后		
太宗广孝帝李世民	1	文德顺圣皇后长孙皇后		
高宗弘孝帝李治	2	则天顺圣皇后武媚娘	王皇后	
中宗昭孝帝李显	2	和思顺圣皇后赵夫人	韦丽娘	
睿宗兴孝帝李旦	2	肃明顺圣皇后刘皇后	昭明顺圣皇后窦德妃	
玄宗明孝帝李隆基	3	王皇后	元献皇后杨贵嫔	贞顺皇后武惠妃
肃宗宣孝帝李亨	2	章敬皇后吴皇后	张皇后	
代宗孝武帝李豫	1	贞懿皇后独孤贵妃		
德宗孝文帝李适	1	昭德皇后王皇后		
顺宗安孝帝李诵	1	庄宪皇后王琅琊		

尽管表1中也有不少皇帝有着两位或者三位皇后，但是这些帝后基本都是以前后顺序关系存在的，要么被废黜要么身死，很少有并列的情况。例如唐高宗李治的两位皇后，王皇后一直身居后位至公元665年，即永徽六年。武则天在王皇后卒后被唐高宗新立为后。

唐朝的婚姻实践中，妻妾成群的人不少，家中独此一位的也有。唐朝名臣房玄龄就是一位典型的"妻管严"代表,《隋唐嘉话》中载有梁公夫人至妒,宁妒而死的典故。为了达到阻止房玄龄纳妾的目的,面对太宗钦点婚事,宁可喝"毒酒"自尽也不愿意认同,最后惊得太宗"我见尚畏,何况于玄龄"之言;唐朝韩琬《御史台记》中也有类似的记载:唐管国公任瑰酷怕妻,太宗以功赐而侍子,瑰拜谢,不敢以归。太宗召其妻赐酒,谓之曰:"妇人妒忌,合当七出。若能改行无妒,则无饮此酒。不尔,可饮之。"曰:"妾不能改妒,请饮酒。"遂饮之;再有即是唐朝后期宰相王铎,在抵御黄巢之时,忽然听闻妻子离京前来,惊慌地说出:"黄巢北上,夫人南下,我当如何?"幕僚笑言:"不若降黄巢。"可见这位名相对妻子的恐惧可以与黄巢比肩。

一方面,自古传统就是一夫一妻制度,在儒家思想影响久远的唐朝,祖辈先人都只能是一妻相配,今人更是理当遵循此种先例,纵使敢想也不敢为。同时皇室贵胄、朝野大夫都有着表率的作用,只有一名正妻,这种行为无疑也为平头百姓起着良好的表率作用。另一方面,即是社会对束缚女性的思想观念的松动、女性社会地位的提升和家庭地位的改变。思想上,传统的妻子应该全心全意为丈夫考虑,将为丈夫纳妾视为一种德行的观念也正在改变。正妻们不再如以前一样乐于将自己的丈夫与他人表面看似愉快地分享。另外,正如上文所提到的例子,妻子不再是单一地只想着相夫教子,在诸多家庭中,妻子对丈夫的威慑远超想象,更出现了能够操纵丈夫的情形。再有则是最为关键的一点,一般人家经济基础都是非常薄弱的,大多数的人都是耗尽全部积蓄只为娶一个老婆,哪里还有能力再去娶亲?因而基于诸多原因,唐朝婚姻制度大体上是以一夫一妻为主的。

（二）归义军政权辖区

"安史之乱"后,随着中央政权的衰弱,敦煌地区再次长期受到吐蕃、回鹘等少数民族政权的侵扰和控制。大中二年（848年）,唐朝名将张议潮率众反抗少数民族统治,建立了以河西地区敦煌为中心的政权——归义军,且历经了张氏、曹氏两个氏族的统治时期。由于敦煌地区远离中原政治文化中心,先后为唐王朝和少数民族政权控制。在不同政权的执政时期,受不同的文化、宗教的影响,敦煌地区形成了与中原地区既有联系又有区别的婚姻制度。

以纲常伦理为核心的儒教影响到了社会的各个方面与阶层,但是以李耳后裔自居的唐朝皇室使得道教在统治阶层象征着非凡的意义。在远离中原文化核心区域的敦煌，统治思想总是随着政权的变更而变化。儒家的正统、道教的盛行、佛教的深入、祆教的崇尚等，使得宗教思想对敦煌地区产生了深刻的影响。因而，在敦煌地区，不同宗教的教义也被引入了婚姻家庭之中，也使得儒教的"和离"制度更为丰富。

《女诫》言："阴阳不同性，阳以刚为德，而阴以柔为用。男女品行相异。"在道家看来，男女婚配实质是阴阳五行相生相合的结果。五行相生、阴阳相济，则泰；五行相克、阴阳相背，则否。夫为阳，妻为阴，阴阳关系平和象征着夫妻关系平和，只有阴阳关系能够匹配，男女双方才适合成婚。否则即使成婚，日后也会离散。正如儒家所言"日见于甲，月见于庚，象夫妇之义"，夫妻之间因义而合，因义而绝。同样的，阴阳关系的平衡与否则暗示着婚姻关系成立、顺长与否。

《中论》言："因缘所生法，我说即是空，亦名是假名，亦是中道义"。又说："未曾有一法，不从因缘生，是故一切法，无不是空者。"即一切事物都是因缘和合而生。佛教认为万事万物之间皆有因果，万事万物处于过去、现在、未来三者的不断轮回之中，婚姻关系是彼此之间因果纠缠的表现。夫妻关系的由来就是前世因缘，今生相遇，过去与现在的轮回和因缘厚薄的注定。缘分深厚未尽，则夫妻之间"一从结契，要尽百年"；若缘浅薄已尽，则夫妻之间"两共听稳，各自分离"。夫妻之间的关系形成和解除依赖于轮回因缘，可见，佛教的因果轮回教义在当时也可以对婚姻的成立和解除予以解释。

唐朝沿袭着"一夫一妻"这一婚制传统，"一夫一妻，不刊之制。有妻更娶，本不成妻"。一夫一妻不仅是一种法定制度，而且更是从法律角度对妻子进行保护的一项制度，妻子一经确定之后，是不能随意更换的。

前文中已经提及，敦煌地区因为长期受到少数民族政权的侵扰和控制，远离政治、文化中心，使得中央对于敦煌地区的控制也是时断时续的。加之，少数民族之中对于收继婚制又有着延续。在这种一夫一妻制度和收继婚制度的交替影响下，特别是在少数民族政权的控制时期，敦煌地区的婚姻状况中出现了一夫一妻和一夫多妻的现象。

归义军政权是在长期反抗吐蕃、回鹘等少数民族政权统治的斗争中逐渐形成的，且历经了张氏和曹氏两个主要家族的统治时期。根据陈丽萍《理想、女性、习俗——唐宋时期敦煌地区婚姻家庭生活研究》和郑炳林、徐晓丽《晚唐五代敦煌归义军节度使多妻制研究》中对归义军政权领导核心张、曹两个氏族的成员婚姻的考察，进行统计可得：

表2

丈夫姓名	妻子数额	妻子名氏	妻子名氏	妻子名氏
张议潮	3	广平宋氏	范阳卢氏	佚名
张淮深	2	颍川陈氏	佚名	
张淮鼎	1	武威阴氏		
索勋	1	南阳张氏		
张承奉	2	佚名	于阗公主	
曹议金	3	回鹘天公主（陇西）李氏	钜鹿索氏	广平宋氏
曹元德	不可考			
曹元深				
曹元忠	1	浔阳翟氏		
曹延恭	1	慕容氏		
曹延禄	3	于阗公主李氏	慕容氏	武威阴氏
曹宗寿	1	济北汜氏		
曹贤顺	不可考			

另外，根据《唐天宝六载敦煌郡敦煌县龙勒乡都乡里籍》[1]中记载的民间婚姻状况进行统计可得：

表3

丈夫姓名	妻子数额	妻子名氏	妻子名氏	妻子名氏
程思楚	3	马氏	郑氏	常氏
程思忠	2	郑氏	郑氏	
程思太	2	李氏	白氏	

---

〔1〕 唐耕耦、陆宏基编：《敦煌社会经济文献真迹释录》第一辑，书目文献出版社1986年版，第171~180页。

丈夫姓名	妻子数额	妻子名氏	妻子名氏	妻子名氏
程什住	2	茹氏	王氏	
程仁贞	2	宋氏	安氏	
程大忠	2	张氏	宋氏	
程大庆	2	画氏	皋氏	
程智意	2	郑氏	薛氏	

尽管上述资料不能完全证明敦煌地区一夫多妻现象的普遍存在，但至少可以证明敦煌地区确实存有多妻（嫡）现象。

张、曹两个家族成员婚姻中多嫡的出现，必然具有极强的政治性，在此不作具体讨论。民间婚姻中多嫡现象的出现，笔者认为主要有以下几点：（1）政权因素。前文中提及的在少数民族政权统治时期，收继婚制的适用，使得原来的一夫一妻制度受到一定程度的影响和破坏。（2）战争因素。归义军建立前后至唐王朝解体，整个政权一直处于吐蕃、回鹘等少数民族政权的包围之中，长期的战争极大地消耗了敦煌地区本身所拥有的人口数量和物质资源，特别是男性人口。加之，中原王朝的衰落，使得敦煌地区在抗击少数民族侵扰的过程中，基本受不到中央政府的帮助。反而，在中原王朝动荡时期，还需要受到中央的征召进入中原地区帮助维护统治，客观上极大地增加了敦煌地区的战争、人口负担。（3）心理因素。由于整体人口的锐减，男性人口的急剧下降，男女比例失调率极高。为了生存和寻求可用男性劳动力，适婚妇女不得不选择加入已成婚的男性家庭中，以获得对原本家庭的支撑。同时，由于女性本身劳动能力比较男性而言相对较弱，女性也不得不选择彼此之间进行联合以代替原本属于男性付出的劳动力，长期的彼此帮扶，使得成员之间认同度高，对于接受同一男性心理排斥度低。此外，由于长期的战争，无论男女心理受压抑度都高，加之唐代整体"欲"的观念开放，男性女性中定然存在部分为了"欲"可以彼此之间接受共侍一夫、一夫多妻的思想，进而促成了多嫡现象的出现。（4）父母因素。为了维持家庭本身劳动力的充足加之不存在限制人口的政策，古代家庭通常都会生育多个子女。然而战争的出现导致男性人口的减少，使得育有女性的家庭尊长不得不首要考虑女性的安全因素。保证在自己无法保全家庭女性的情况下，能为女性寻得有力的庇护。

因此家庭家长们也被迫妥协将女性嫁给原本已有配偶的男性，以尽量保证长期动荡的时局中女性的安全。这一思想的出现可能客观上也能导致多嫡现象的增长。

四、唐代婚姻法律制度的特点及评价

（一）唐代婚姻法律制度的特点

1. 兼容并蓄

隋朝的统治为唐朝所终结，但是隋朝的文化、制度、社会特点几乎全为唐朝所承袭，其中自然也就包括隋朝的婚姻法律制度。隋朝的建立就是以结束北方其他少数民族政权为前提的。匈奴、鲜卑、羌、氐、羯五个主要游牧民族部落分裂割据中原地区，客观上冲击了传统中原地区的政权统治与社会生活，但是也开启了中原农耕地区与北方游牧地区的交融。

游牧文明与农耕文明的碰撞，获得足够多物质好处的游牧民族若不选择回归而是贪恋农耕文明的物质，其在意识上就会主动地农耕化。移动的生存方式被固定的生活方式所替代，为了生活的游牧民族也就必然会与农耕民族结合。

唐朝统治者允许与少数民族通婚的开明政策为两者的交融提供了便利。北方少数民族是以收继婚为主要婚制的，即一个女子当其丈夫死后必须转嫁给亡夫的兄弟。《史记·匈奴列传》载：匈奴风俗，"父死，妻其后母；兄弟死，尽取其妻妻之……父子兄弟死，取其妻妻之，恶种姓之失也。故匈奴虽乱，必立宗种"。[1]故而在长期的游牧文明与中原文明的交融过程中，其不可避免地影响着中原传统婚制特点，使得唐朝对"欲"的限制在整个王朝存续时期都是相对宽松的。这一点也表现在唐朝国家法律对妇女改嫁或者再嫁不再加以限制。《旧唐书·列女传》载："绛州孝女卫氏，字无忌，夏县人也。初，其父为乡人卫长则所杀。无忌年六岁，母又改嫁，无兄弟。"[2]可见，宽松的道德环境和开放的社会意识使得唐朝妇女的贞操观念也相对淡化，改嫁或者再嫁较为普遍且不会受到社会的轻视或者指责。

尽管少数民族的婚制对中原地区有所影响，但是中原地区仍旧延续着

---

[1] （汉）司马迁编：《史记·匈奴列传》，中华书局2014年版，第2183页。
[2] （晋）刘昫编：《旧唐书》卷一九三《列女传》，中华书局2007年版，第4752页。

"宗法制"下家长主导婚姻的特点，并以其为首要。"男不自专娶，女不自专嫁，必告父母"，[1]婚姻的成立与否首要前提即是家长的同意，适婚的男女是没有自主权的。"娶妻如之何，匪媒不得"，[2]媒人也是婚姻关系建立中不可缺少的程序。家长们通过媒人严格地把持着子女成婚对象的标准与选择，最大限度地减少了适婚子女私下的见面机会，收拢着所有的权力。无论是父母之命还是媒妁之言，无外乎是礼制与婚姻制度相结合的产物，"宗法制"下的家长们也是以此维护着作为家长的权威与家庭的秩序。

2. 选择吸收

自魏朝开创九品中正的选官制度后，九品中正制一直为后朝所延续和发展，直至隋朝改九品中正制为科举制。尽管九品中正制的初衷是为选拔人才，但随着门阀势力的形成和士庶等级的严格区分，门阀士族通过九品中正制严格控制了庶人的察举，品第偏重门第已成事实。

为了不断巩固门阀士族的利益和社会地位，士族成员的婚姻就被限定在一个固定且封闭的范围里面进行，圈外的婚姻受到严格的限制，即所谓的内婚制。长期的内婚，使得门阀士族势力盘根错节，由于缺少新鲜血脉的进入，近亲婚姻的弊端也以显现。故而在隋唐时期，一方面为了打击门阀士族，一方面为了优化血脉，隋唐两朝采取了较为开明的民族通婚政策，以有效地制约前朝以来门阀婚媾中的高频率的血缘异辈婚姻。

3. 礼法主导

自汉武帝后，中原地区形成了"罢黜百家，独尊儒术"的局面。儒术不仅统御了国家政治，也并入了社会生活之中，婚姻制度也必然受其影响。"昏礼者，将合二姓之好，上以事宗庙，而下以继后世也，故君子重之。"[3]中国古代自有礼制之后，非当于礼者不为婚，婚姻讲究礼仪程序，其最为典型的则是西周之后为历朝所沿袭的"婚姻六礼"，从求婚至完婚的整个过程都是与礼制相对应的。虽然法律对婚姻做了具体的条文规定，但婚姻家庭法律的作用是以律辅礼，正如在后续的社会发展中婚姻法律制度的调整方式仍旧是以"礼主刑辅"为主流的。唐律的"一准乎礼，而得古今之平"就是礼法思想结合自然演进的结果，唐律对违反婚姻规范的惩罚实质上就是婚姻程序应当

---

〔1〕（汉）班固编：《白虎通·嫁娶》，商务印书馆1936年版，第89页。
〔2〕（汉）戴圣编：《礼记·坊记》，河南科学技术出版社2013年版，第219页。
〔3〕（汉）戴圣编：《礼记·婚礼》，中国国际广播出版社2011年版，第382页。

遵循礼制的强制性规范。

两汉之后，道教思想兴起，随着佛教思想的传入，两种思想与儒教所代表的正统思想发生了碰撞。尽管儒家思想仍然是中原地区的主流思想，但是却不再是唯一的思想。为什么在后世的婚姻法律程序中仍旧是礼制程序？在当权者看来，无论是何种学说，只要能裨益于国家社会，都被其所支持。道家与佛家的思想对社会民众而言都有着安民、驭民的作用。但是对于权力体系的建设却没有儒家的"礼"与"序"优越，因而当权者可以用三种思想驾驭天下，却不用其他两种思想建设朝局，也就间接地导致礼制在社会整体的思想与制度之中依旧占据着主导地位。

4. 男性主导

随着劳动力在一个集体中重要作用的突显，母系社会向父系社会过渡后，部族抑或家庭的当权者通常为男性。加之，无论是奴隶制时期还是封建制时期，战争总是连续不断，作为多数战斗力的男性在对外战争中不可避免地会大量死亡。集体的建设需要男性，家庭的生存维系也需要男性。男性人口的客观减少，也促使了男性在社会与家庭中地位的拔高。相反的，也就注定着女性相对于男性而言，在社会与家庭地位中极大可能会下降或处于下风。设想，男性在历史发展中长期处于主导地位，就会想方设法地确保自己的主导地位，不使其被轻易改变。故而，礼制、纲常的融入就是男性用以确保自己地位的手段和说辞。经过长期的思想训导，女性们默认了这一事实，男性们也继续接受这一事实。唐律就是在沿袭这一思想的基础上制定的，因而在唐律中对男性权益的保护也是大于女性的。在这样的思想与制度确认下，男性的主导（一夫）与女性的弱势（一妻或者存有多妾）也是自然的。

无论是受少数民族婚制的影响，还是受传统宗法制的主导抑或是对"欲"观念的松动、改变再或者是客观条件的变化。婚姻法律制度始终是受国家根本建构这一前提所影响的，国家以家庭为基础，家庭的组建以人的存在为根本前提。在生产力水平低下的古代社会，统治者鼓励和促进人口的增长，是客观环境所决定的。因而，一夫一妻（多妾）制度就是客观环境下应运而生的婚姻法律制度。

（二）唐代婚姻法律制度的启示

从以掠夺人口为要务的奴隶制时代到以增加人口为国策的封建时代，各个时期、各个朝代都是以增加、扩充人口基数为国家社稷发展的根本。因而古代的婚姻家庭法律多是以促进男女嫁娶、家庭建立为角度制定的。自女权思想、女权运动兴起后，女性不断地倡导自身在社会、家庭中与男性相对等的地位，拥有所有应当拥有的权利。反观现在中国的婚姻家庭立法，更多的是从女性如果遭遇恶性婚姻时如何保护自己的合法权益、女性如果离婚如何确保成婚前自己的财产不受侵害，如果婚姻不能成立如何要回自己的彩礼等诸多将来预期会面临的不好的婚姻家庭问题的角度立法。再看三则司法解释，其出发点和落脚点显而易见地不在于如何更好地维系婚姻关系而在于如何在面临不幸的婚姻之时更好地保障自己的权利。现代婚姻立法的本意与古代婚姻立法的本意显得背道而驰。

对女性的态度反映着现代社会的文明程度。随着国家的不断强大，我们也在试图去恢复和创造中华法系的辉煌。反观几千年的婚姻家庭法律，其中也并不是没有值得去思考和学习的地方。婚姻家庭这一私法调整领域，当事人的自治意思受到法律充分的尊重。但是否一味地遵循当事人的意思去保证其私权利的绝对性，在中国这个婚姻家庭关系具有特殊历史背景的国家是否是善意的？这可以是一个法律问题也可以是一个社会问题，但它更是一个值得人们去思考的问题。

《唐律疏议》盗罪的规范分析

董凡绮[1]

内容摘要： 唐代是中华法系的成熟时期，各种罪名制度取得了较大的发展。其中，盗罪制度是唐代《唐律疏议》所确立的一种重要罪名制度。该制度在总结传统罪名制度的基础上，对盗罪的主体、客体、主观方面、客观方面，以及定罪量刑等方面进行了较为系统的规定，体现了我国古代罪刑相适应原则的立法水平和刑事法律制度的完备。

关键词： 盗罪　《唐律疏议》　规范分析

"盗罪"是中国古代侵犯财产权的重要的罪名，《法经》将其"盗法"列为第一篇，此后相关立法亦非常重视此罪的规定。讫至唐代，《唐律疏议》[2]在历代立法经验的基础上，对"盗罪"的犯罪主体、犯罪客体等进行了较为系统的规定。本文拟从《唐律疏议》相关规范、盗罪的犯罪构成等方面，对唐代盗罪的相关问题进行较为系统的梳理。

一、窃盗罪的定罪与量刑

本条罪名被规定于《贼盗》篇"窃盗"条(总第282条)中，现具体分析如下。

(一) 窃盗罪的定罪

1. 犯罪主体

所有犯罪行为均应由相应的犯罪主体（即犯罪行为人）具体实施，而犯罪主体是否能够依法承担相应的刑事责任往往是立法者在立法时需要重点考虑的问题。《名例》"老小及疾有犯"条（总第30条）规定了适用于唐代的刑事责任年龄，通过仔细对比分析，可以得出以下结论：

（1）七岁以下的行为主体除"反逆缘坐流"因涉及谋反应被惩处之外，对于其实施其他任一犯罪行为均可被免责，因此不属于窃盗罪的犯罪主体；

---

〔1〕　作者简介：董凡绮，汉族，浙江杭州人，法学硕士，兰州市土地储备中心科员。
〔2〕　本文所引用《唐律疏议》均为刘俊文先生点校本，中华书局1983年版。

（2）七岁以上、十岁以下的行为主体需要对谋反、大逆、故意杀人、窃盗、强盗、故意伤害等严重扰乱统治秩序、威胁他人人身财产安全的犯罪承担责任，但其可以通过适用"上请"或"减赎"制度免除一定量的刑罚，因此，处于此年龄范围之内的行为人是窃盗罪的犯罪主体；

（3）十岁以上、十五岁以下的行为主体原则上需要对所有犯罪承担刑事责任，但由于其年龄较小、主观危害性有限，所以法律允许对其进行从轻处罚，因此，该年龄范围内的行为人也是窃盗罪的犯罪主体；

（4）十五岁以上、七十岁以下的行为主体是唐代法律体系中最为主要的犯罪主体，因为他们对所有犯罪都具备刑事责任能力，且如果其不符合特殊条件或要求，则该类主体原则上不存在任何减免刑事责任的可能性，因此，该年龄范围内的行为人成为窃盗罪的主体毋庸置疑；

（5）七十岁以上、八十岁以下的行为主体与十至十五岁的行为主体地位相同，可以成为窃盗罪的行为主体，且同时享有从轻处罚的权利；

（6）八十岁以上、九十岁以下的行为主体相当于七至十岁的行为主体，可以成为窃盗罪的行为主体；

（7）九十岁以上的行为主体可以被视为七岁以下的行为主体，对窃盗罪免责。

由此可知，窃盗罪的犯罪主体范围极广：七岁以上、九十岁以下的行为人均可成为该罪的犯罪主体。除此之外，"废疾"者犯处流刑以下的罪过允许收赎，但加役流、反逆缘坐流、会赦犹流不允许收赎。"笃疾"者犯"反、逆、杀人应死"，允许适用"上请"制度；犯"盗及伤人者"，允许收赎；犯其余罪，"皆勿论"。

另外，《名例》"犯时未老疾"条（总31条）规定了行为主体犯罪时责任能力与事发时责任能力存在差异的解决办法，即：（1）若犯罪时未"老""疾"，案发时"老""疾"，依案发时论；（2）若案发时未"老""疾"，处断前"老""疾"，则依处断前论；（3）若在执行徒刑的过程中满足"老""疾"之一，则依"老""疾"处理；（4）若犯罪时行为主体幼小，但案发时行为主体已长大，仍依幼小处理。

综上可知，唐律以行为主体犯罪时的具体年龄与犯罪时是否符合"笃疾""废疾"条件为切入点对行为人犯罪是否应负刑事责任进行了细致分析。

2. 犯罪主观方面

窃盗罪作为一种以不正当手段取得他人财物的行为，其主观方面必然为故意；若主观方面为过失，则不可能构成窃盗罪。因此，有关窃盗罪主观方面的内容在此不再赘述。

3. 犯罪客观要件

窃盗罪作为一种侵犯他人财产权的行为，以获取他人财物为目的，原则上要求以作为方式构成，不作为方式不可能构成窃盗罪的主犯，但在特殊条件下可成立窃盗罪的帮助犯。

窃盗罪的犯罪对象众多，既包括具体的财物如金银、玉器、古玩、牲畜、器物等，也包括兵器、文书、符节等具有特殊含义的物品，二者均属于窃盗罪的犯罪对象。出于维护社会正常统治秩序的需要，后者因其所代表的特殊政治意义而被要求单独罗列成条，所以以其为犯罪对象的犯罪行为惩罚力度也重于前者。

4. 窃盗罪的既遂与否

依《贼盗》"公取窃取皆为盗"条（总第 300 条）可知，以性质各异的物品作为犯罪对象，犯罪行为构成窃盗罪既遂的标准也不尽相同：

（1）针对器物、货币而言，必须使其离开原所在地才能构成窃盗罪的既遂。若窃盗人在离开财物原所在地之前已被他人发现实施窃盗行为，则不构成窃盗罪的既遂。

（2）针对金银、玉器等物而言，因为其体积小又易于藏匿，所以只要将其隐藏起来不被所有者发现即可构成盗窃罪的既遂，其是否发生位移、离开原所在地则在所不论。

（3）针对木头、石块等笨重器物而言，窃盗人必须用牲畜驮运使其离开原所在地才能构成窃盗罪的既遂。若窃盗人只使其离开原处所，但并未使用牲畜进行驮运，并不构成窃盗罪的既遂。

（4）针对马、羊等圈内饲养牲畜而言，窃盗者不但要将其拉出饲养用的栏、圈等，而且要使牲畜彻底远离栏、圈，二者同时满足才可构成窃盗罪的既遂。若二者只能满足其一，则无法构成窃盗罪的既遂。

（5）针对狗、老鹰等放养动物而言，窃盗者只需能够使其不乱跑、时刻处于自己的控制之下即可构成既遂，无需将其放置于封闭空间内。

（6）针对随被盗牲畜同来的其他牲畜而言，若窃盗人不将随行牲畜据为己有，则只成立被盗牲畜的既遂；若窃盗人同时占有被盗牲畜与随行牲畜，则均成立窃盗罪的既遂；若被盗牲畜为随行牲畜的母亲，则无论窃盗人是否占有随行牲畜，其都对随行牲畜成立窃盗罪的既遂。

为了保护均田制不受侵犯,《唐律疏议·户婚》针对占田过限、盗耕公私田、妄认公私田、盗卖公私田、官吏侵夺公私田等兼并土地的行为做出专门规定,且《户婚》"盗耕种公私田"条(总 165 条)疏文载有"田地不可移徙,所以不同真盗",《户婚》"妄认盗卖公私田"条(总 166 条)疏文又载有"地既不离常处,理与财物有殊,故不计赃为罪,亦无除、免、倍赃之例。"据此可知,在唐代,土地并不是窃盗罪的犯罪对象。

(二) 窃盗罪的量刑

1. 窃盗罪的罪刑详情

窃盗罪作为"六赃"之一,在很大程度上代表了社会上存在的某一典型犯罪,因此,对窃盗罪的罪刑详情进行细致梳理有利于增进对同一性质犯罪的理解。

窃盗罪具体的罪刑对应情况如表 1 所示:

表 1 窃盗罪之罪刑详情

行为	赃值		科刑	注意
窃 盗	不得财至得财一尺以下		笞刑五十	无
	得财一尺以上至五匹以下	一尺	杖刑六十	无
		一匹一尺	杖刑七十	
		二匹一尺	杖刑八十	
		三匹一尺	杖刑九十	
		四匹一尺	杖刑一百	
	得财五匹以上至四十匹以下	五匹	徒刑一年	无
		十匹	徒刑一年半	
		十五匹	徒刑二年	
		二十匹	徒刑二年半	
		二十五匹	徒刑三年	
		三十匹	流刑二千里	
		三十五匹	流刑二千五百里	
	得财四十匹以上至五十匹	四十匹	流刑三千里	以加役流为罪止
		五十匹	加役流	

由上图可以看出，窃盗罪以"是否得财"及"得财多少"作为针对犯罪行为进行初步量刑的标准。

2. 平赃原则

从前文对窃盗罪的罪刑情况分析就可以得出，犯罪行为人（即偷盗者）所偷物品的具体价值数额就是司法官吏针对其行为进行定罪量刑的标准。如果偷盗者偷盗的钱财越多，则其所受到的惩罚也越重，通俗说就是"多偷多罚，少偷少罚"。

但因为赃物包含金银、牲畜、物品等不同种类，而且当不同的赃物位于不同时间或不同地点时，其自身价值极有可能相差甚远。所以为了统一不同地区间对赃物价值的衡量标准，实现以相同度量单位对赃物价值进行评判就显得尤为重要。

唐代的立法者由此出发，专门制定了适用于赃物价值评定的"平赃原则"，规定于《名例》"平赃及平功庸"条（总第34条）。该原则要求专门评估赃物价值的官员应当依据该商品在当时市场的流通价格进行合理估值。依据注解可知，对偷盗者偷盗所得的赃物进行估值时应当以其市场价格或以与其等级、品质相一致的物品作为参考，再将赃物价值换算成犯罪地上等绢的数量进行罪责的确定。假如不能将赃物分等计价，那么就依据赃物在当地集市的中档价格计算其价值，再根据计算所得的价值将赃物换算成价格统一的商品以衡量其自身的价值。假若需要通过衡量生产该赃物的社会必要劳动时间或者工时价格来衡量赃物价值，则需按照"一人一日值绢三尺"的标准进行衡量。而如果需要对具有特殊使用价值的赃物（多为某种工具）进行价值评定，则应当依据行为发生时赃物的实际租借价值进行衡量，并且其租借价格不得高于该商品或工具所固有的价值。

3. "追赃"与"倍赃"

唐代立法者在对盗窃者进行惩罚之外，还强制盗窃者将其偷盗所得的物品尽数归还，即犯罪人投案之后仍需将赃物全数返还失主。偷盗官府钱财的，由官府收回；偷盗某个人财物的，则归还于所有权人。若犯窃盗罪后适逢赦免或降罪，虽然行为人可以被依法赦罪或降罪，但仍需对其所盗取的赃物进行追征。这也是唐代立法者维护财物所有者所有权的一种具体体现。

《唐律疏议》中具体涉及"追赃"制度的是《名例》"以赃入罪"条（总

第 33 条）。通过对条文进行分析可以得出：若需依据赃物价值进行罪名认定且赃物尚存，则盗窃者需要及时将赃物归还官府或失主；若赃物已全部被耗尽，除已经丧失生命的盗窃者及已被遣放远方的盗窃者无需被追究责任，其他盗窃者均需被追究责任。

而针对窃取他人所有财物这一行为，唐代立法者在依据赃物价值确定罪名进行相应刑事处罚之后，还会针对盗窃者做出额外的财产方面的处罚。这种处罚除了把盗窃取得的赃物归还失主之外，还需依照法律特别规定加倍偿还失主损失的价值（即"倍赃"）。其中，通过盗窃获取的财物被称作"正赃"；"盗者，倍备"的注文则强调盗窃者应当加倍归还赃物，也就是说除归还"正赃"之外，盗窃者还应当归还双份与所盗物品价值等同的物品。

当然，"倍赃"制度只针对抢劫与盗窃这两种违法行为而言，并不适用于其他违法行为。唐代立法者依照该项制度的政策要求与社会实际情况制定形成了原则与例外互相交融的"倍赃"制度：

（1）若盗窃所得的财物已经用尽，且盗窃者已死或已被流放，则其无需加倍归还赃物。该种情况下的盗窃人实际上属于前文中"无需追赃"的情形，既然都不需要"追赃"，那就更不需要"倍赃"了。

（2）若盗窃所得财物已耗尽，但盗窃者既未死亡又未被判处流刑，那么，盗窃者不但需要遵循"追赃"制度返还赃物，还需按照"倍赃"制度加倍惩罚。

（3）若盗窃人被判处刑罚后适逢赦免或降罪，则其只需要按照"追赃"制度返还原物即可，无需进行"倍赃"的处罚。

（4）若盗窃人盗窃所得的赃物为不动产，即其行为侵犯的对象为他人土地所有权时，盗窃人只需将偷窃所得的土地还给失主即可，无需接受赃物加倍归还的处罚。因为土地作为不动产无法发生真实的移动，也就不能等同于真正的盗窃行为，所以相应地，法律也不会要求盗窃人在归还盗窃土地的同时加倍偿还土地的价值。

（5）以盗窃人与被盗窃人是否共同居住、二者财产是否属于共同所有为标准，可将盗窃人盗窃亲属财物的行为分成两种情形进行处理：若盗窃人与被盗窃人属于"同居共财"情形，则盗窃人的行为只能被定性为"私自动用财产"，不能依据"窃盗"的罪名进行相应处罚，也就不可能适用"倍赃"制度；若盗窃人与被盗窃人不属于"同居共财"情形，从维护封建伦理关系的角度出发，法律不会将该行为等同于一般的窃盗行为，只强调盗窃人应返还其盗窃所得的财物，且不需依"倍赃"原则进行二次处罚。

（6）若盗窃人在行为发生后立刻自首的，只需向失主归还盗窃所得的财物即可，无需依照"倍赃"原则进行处罚。

4. 自首制度

为了鼓励行为人主动投案，《名例》"犯罪未发自首"条（总第37条）规定了具体的自首减免制度，意在给予行为人犯错后改过自新的机会。通过对条文进行分析，可视具体情形的不同将自首制度分为以下几种并逐一做出说明：

（1）无论是行为人自己自首、行为人遣人代为自首，或者是由行为人的"同居相隐"者自首，均属于本条所称的"自首"。

（2）以窃盗罪为例，若犯罪行为人在犯罪行为发生后自己主动投案，即可免除其应受的刑罚，不再征收"倍赃"，归还"正赃"即可。既然不追究刑事责任，自然也就不再追究金钱方面的处罚了。但若盗窃对象为符节、宝印、制书等既不允许私人收藏又不能依照原样赔偿的物品，不适用于自首免罪制度。

（3）若窃盗罪的行为人在自首过程中故意混淆犯罪情节、意图蒙混过关，则依照实际犯罪情况对行为人进行定罪量刑。其中，若行为人在如实交代所盗赃物数额的同时故意改变行为性质的，依照性质较重行为的不得财后果定罪量刑。

（4）若窃盗罪的行为人主动投案却并未完全交代犯罪情节，则依照其所隐瞒的情节进行定罪量刑。

（5）若窃盗罪的行为人主动投案，但其投案事实既不真实，也未全部交代，则根据其所隐瞒的数额价值依照重罪处理。

除《名例》"犯罪未发自首"条（总37条）规定了自首的减免之外，《名例》"盗诈取人财物首露"条（总39条）也规定，若犯窃盗罪的行为人能够主动向财产所有者归还失物，则其归还财物的行为可视为去官府自首。

二、对《贼盗》中涉"盗"条文的梳理

自本节起，对《贼盗》中有关"盗"行为的法律条文进行梳理，以期能够更好地了解唐代盗罪体系的全貌。

（一）"盗大祀神御物"条（总270条）

本条律文认定某些特定行为具有亵渎天地神灵祖宗、侵犯皇帝尊严及权威的性质，故不但列其为犯罪，且属于"十恶"中"大不敬"的一种。

表2 "盗大祀神御物"条之罪刑详情

具体行为	科刑	比附	注意
盗现供大祀神御之物	流二千五百里	帷帐几杖亦同	
盗拟供神御之物	徒二年		
盗其供而废阙	徒二年		
若飨荐之具已馔呈者	徒二年	无	无
若飨荐之具未馔呈者	徒一年半		
盗供而已阕者	杖一百		
盗斧、甒、刀、匕之属	并从常盗之法	盘、盂、杂器之属同	

本条虽然属于"不计赃科"的盗罪，但依据《贼盗》"盗不计赃立罪名"条（总280条）的规定，若"不计赃科"的犯罪计赃重于凡盗，或依规定减轻刑罚后轻于凡盗，一律"以凡盗论加一等"。下文中属于"不计赃科"的盗罪，均适用"盗不计赃立罪名"条（总280条）的规定。

（二）"盗御宝及乘舆服御物"条（总271条）

本条律文规定的犯罪行为带有侵犯皇族威严与权力的性质，也属于"十恶"中"大不敬"的一种。

表3 "盗御宝及乘舆服御物"条之罪刑详情

具体行为		科刑	注意
盗御宝	盗皇帝八宝	绞刑	
	盗三后宝	绞刑	
	盗皇太子宝	流三千里	无
	盗皇太子妃宝	准例合减一等，流三千里	
	盗妃宝	流三千里	

续表

具体行为		科刑	注意
盗现供服御之物	盗皇帝服御之物	流二千五百里	1. 服御物指衣、冠、衾、毡、褥之类 2. 若此类犯罪所盗赃重，则各以常盗加一等论处
	盗三后服御之物	流二千五百里	
	盗皇太子及妃所服用物	准例减一等，徒三年	
盗拟进之御食	盗帝、后	徒二年	御食指膳食汤引之类
	盗皇太子及妃	徒一年半	
盗营造未成之御食及非服而御之物	盗帝、后	徒一年半	非服而御之物指帷帐、几杖、书史、器玩之类
	盗皇太子及妃	徒一年	

（三）"盗官文书印"条（总272条）

本条主要对盗取文书、危害公务执行的行为进行规定。

表4　"盗官文书印"条之罪刑详情

具体行为	科刑	比附	注意
盗官文书印	徒二年	无	本罪之构成以盗而不用为要件，若盗而行用，须另依《诈伪律》"盗宝印符节封用"条科罚
盗余印	杖一百		

（四）"盗制书官文书"条（总273条）

本条对可能造成泄密及妨碍公务的行为进行了限制。

表5　"盗制书官文书"条之罪刑详情

具体行为		科刑	比附	注意
盗见行文案	盗官文书	杖一百	无	此罪之构成，以盗而不用为要件。若盗而行用，须依《诈伪律》"诈伪制书"条及"诈伪官文书"条科刑
	盗重害文书	犯者加一等，徒一年		
	盗纸券	犯者再加一等，徒一年半		
	盗制、敕、奏抄	徒二年		
盗应除文案		依凡盗之法，计赃科罪	无	无

（五）"盗符节门钥"条（总274条）

符节与门钥匙在封建时期具有调配兵马、守卫宫廷、防御要害之意，象征权力与国家安全，因此以符节、门钥为盗窃对象的行为不能被视作凡盗。

表6 "盗符节门钥"条之罪刑详情

具体行为		科刑	比附	注意
盗符节	盗宫殿门符、发兵符、传符	流三千里	无	无
	盗使节及皇城、京城门符	徒三年		
	盗余符（如禁苑门符、交巡鱼符及非发兵用木契等）	徒一年		
盗门钥	盗宫殿门钥	各减盗宫殿门符罪三等，徒二年	无	无
	盗京城及皇城门钥	各减盗京城及皇城门符罪三等，徒一年半		
	盗州、镇及仓厨、厩库、关门等钥	杖一百		
	盗县、戍等诸门钥	杖六十		

（六）"盗禁兵器"条（总275条）

盗取各类兵甲、旌旗的行为具有危害国家安全的性质，因此也不同于凡盗。

表7 "盗禁兵器"条之罪刑详情

具体行为			科刑	比附	注意
盗为私有	盗为库藏或军用之官兵器	甲、弩	流二千里	无	无
		其他禁兵器（矛、矟、具状之类）	徒二年		
		非禁兵器及旌旗、幡帜	杖九十		
	盗为见用守卫宫殿之官兵器	甲、弩	流二千五百里		
		其他禁兵器（矛、矟、具状之类）	徒二年半		
		非禁兵器及旌旗、幡帜	杖一百		

续表

	具体行为		科刑	比附	注意
盗充官用	盗为库藏或军用之官兵器	甲、弩	徒二年半	无	无
		其他禁兵器（矛、稍、具状之类）	徒一年		
		非禁兵器及旌旗、幡帜	杖七十		
	盗为见用守卫宫殿之官兵器	甲、弩	徒二年半		
		其他禁兵器（矛、稍、具状之类）	徒一年半		
		非禁兵器及旌旗、幡帜	杖八十		
盗禁兵器且数量较多			依《擅兴律》"私有禁兵器"条科刑	无	无
盗为非禁兵器且数量较多			依《贼盗律》"盗不计赃立罪名"条科刑	无	无

（七）"盗毁天尊佛像"条（总276条）

唐代以道教、佛教为国教，自皇帝至百姓倍加尊崇，因此盗、毁二教神像的行为带有亵渎神灵的性质，不能视作凡盗。

表8　"盗毁天尊佛像"条之罪刑详情

行为主体	行为目的	具体行为	科刑
凡人	贪利	盗毁天尊像与佛像	徒三年
		盗毁真人像与菩萨像	徒二年半
	供养	盗毁天尊像与佛像	杖一百
		盗毁真人像与菩萨像	
道士、女官	贪利	道士、女官盗毁天尊像	加役流
		道士、女官盗毁真人像	徒三年
		道士、女官盗毁佛像	徒三年
		道士、女官盗毁真人像	徒二年半

行为主体	行为目的	具体行为	科刑
僧、尼	供养	道士、女官盗毁本教神像	杖一百
		道士、女官盗毁他教神像	
	贪利	僧、尼盗毁佛像	加役流
		僧、尼盗毁菩萨像	徒三年
		僧、尼盗毁天尊像	徒三年
		僧、尼盗毁菩萨像	徒二年半
	供养	僧、尼盗毁本教神像	杖一百
		僧、尼盗毁他教神像	

（八）"发冢"条（总277条）

此条规定了侵犯阴宅的行为，不同于凡盗，需列专条加以说明。

表9　"发冢"条之罪刑详情

具体行为		科刑	比附	注意
发墓开棺而盗	发而未彻	徒三年	无	上述处罚仅适用于凡人犯。若是亲属犯：卑幼发尊长之家及盗墓者，可同凡人法科之；其尊长发卑幼之家及盗墓者，需须减本杀一等而科之。（斗杀）
	发而已彻但未开棺椁	加役流		
	已开棺椁	绞		
冢穿未殡而盗	盗尸柩	徒二年半	无	
	盗衣服	徒二年；但若计赃重则加凡盗一等		
	盗器物、砖、版之类	各计赃以凡盗论		

（九）"盗园陵内草木"条（总278条）

本条律文针对破坏皇家及他人陵墓风水，亵渎皇家及他人先祖的行为进行处罚，不同于凡盗。

表 10　"盗园陵内草木"条之罪刑详情

具体行为	科刑	比附	注意
盗园陵草木	徒二年半	无	若计赃重，则以凡盗论加一等。
盗墓茔树木	杖一百		
斫伐园陵内草木	徒二年半	无	若计赃重，则以凡盗论加一等。
斫伐墓茔内树木	杖一百		

（十）"盗杀官私马牛"条（总 279 条）

本条律文规定了盗且屠杀国有或私有牛马行为的处罚，旨在保护农业生产力与国防战斗力。

表 11　"盗杀官私马牛"条之罪刑详情

具体行为	科刑	比附	注意
盗官私马牛而杀	徒二年半	无	若计赃重，以凡盗论加一等
故杀官私马牛	徒一年半	无	赃重者准盗论
盗杀余畜（乡俗不用耕驾者）	计赃以凡盗论	无	无

（十一）"强盗"条（总 281 条）

表 12　强盗罪之罪刑详情

具体行为方式	是否伤人	科刑	注意
不持杖强盗	未伤人	计赃科刑：不得财者徒二年，得财一尺徒三年，二匹加一等，满十匹科绞	无
	伤人	绞	无论得财与否、得财多少
	杀人	斩	
持杖强盗	未伤人	计赃科刑：不得财流三千里，得财五匹科绞	无
	伤人	斩	无论得财与否、得财多少

(十二)"恐吓取人财物"条（总285条）

表13　恐吓取财罪之罪刑详情

行为主体	具体行为方式	科刑	注意
凡人	恐吓凡人	1. 其财未入，杖六十 2. 其财已入，准盗论加一等，三十五匹罪止流三千里	无
监临官	确知所部吏民有罪不虚而恐吓取财	以枉法论，十五匹绞	无
	不确知所部吏民有罪而恐吓取财	准枉法论，八匹一尺罪止流三千里	
缌麻以上亲属	卑幼恐吓尊长	以凡人论，准盗论加一等，三十五匹罪止流三千里	无
	尊长恐吓缌麻、小功卑幼	减凡人一等，五匹徒一年	依尊长盗卑幼罪科断
	尊长恐吓大功卑幼	减凡人二等，五匹杖一百	
	尊长恐吓期亲卑幼	减凡人三等，五匹杖九十	

(十三)"以他故殴人因而夺物"条（总286条）（本无规财之心）

表14　殴人因而夺财或窃财之罪刑详情

具体行为	是否得财	科刑	注意
本以他故殴人因而夺财	夺财不得	止从故斗殴法，不以强盗不得财论	1. 持杖不加罪 2. 仅限于殴人夺财而没有杀伤的情形。若有所杀伤，虽殴人夺财，仍依《斗讼律》故斗杀伤法科罚
	夺财得赃	以强盗论，赃不满尺同强盗不得财徒二年，赃满尺者徒三年，二匹加一等	
	赃满十匹	依强盗法应科绞，改处加役流	
本以他故殴人因而窃财	窃财未得	止依故斗殴罪科，不以窃盗不得财论	仅限于殴人窃财而没有杀伤的情形。若有所杀伤，虽殴人夺财，仍依《斗讼律》故斗杀伤法科罚
	窃财得赃	赃不满尺者杖六十，一尺杖七十，一匹加一等，四十五匹罪止加役流	

（十四）"盗缌麻小功财物"条（总287条）

表15 "盗缌麻小功财物"条之罪刑详情

具体行为		处罚原则	具体科刑
仅行盗而无杀伤	盗缌麻及小功亲财物	依亲等由疏至亲递减凡人犯	减凡人一等
	盗大功亲财物		减凡人两等
	盗期亲财物		减凡人三等
行盗之时误有杀伤		不计盗罪，各据尊卑身份，依《斗讼律》杀伤本条科罚	
注意：1. 本罪以别具亲属相盗为要件，同居供财之亲属只能以私辄用财罪论 2. 本律文规定之处罚，仅适用于卑幼于尊长家窃盗、尊长于卑幼家窃盗及尊长于卑幼家强盗三种情况；若卑幼于尊长家强盗，须依《贼盗律》"恐吓取人财物"条之规定，以凡人强盗论			

（十五）"卑幼将人盗己家财"条（总288条）

1. 单纯行盗而无杀伤行为

表16 卑幼将人盗己家财物罪之情形一

行为方式	行为主体	科刑	注意
窃取	同居卑幼	以私辄用财物论加二等（《户婚律》"同居卑幼私辄用财"条）	无
	同盗之他人	依常盗减一等	
强取	同居卑幼	依"强者加二等"，加私辄用财物罪四等科之	无
	同盗之他人	依"强者加二等"之例，加常盗一等科之	

2. 行盗过程中有所杀伤

表17 卑幼将人盗己家财物罪之情形二

杀伤主体	杀伤行为对象	科刑	注意
卑幼杀伤	无论所杀者是否尊长	各依本杀伤法科罚	无

杀伤主体	杀伤行为对象	科刑	注意
他人杀伤	所杀伤者为尊长	无论卑幼是否知情，一律依本杀伤法科罚	无
		他人以强盗杀伤法论处	
	所杀伤者非尊长	卑幼知情，依本杀伤法	
		卑幼不知情，以将人盗己家财物罪，无杀伤之坐	
		他人依强盗杀伤法论处	

（十六）"因盗过失杀伤人"条（总289条）

表18　因盗杀伤罪之罪刑详情

具体行为	主观	科刑	注意
因行窃盗而过失杀伤人	过失	无论得财与否、得财多少，各依杀伤之状以斗杀伤论，至死者加役流	无
共行窃盗，临时乃有杀伤人	故意	其杀伤人者各依强盗论，伤者绞，杀者斩	无
		其同行而不知杀伤情者，依盗窃法计赃科刑	

（十七）"略人略卖人"条（总292条）

本条的犯罪对象为良人，规定了略卖、诱卖、和同相卖三种情形。若略、诱、卖亲属及奴婢者，分别依《贼盗律》"略卖期亲以下卑幼"条（总294条）、"略和诱奴婢"条（总293条）进行处罚。

1. 略卖人罪：被卖良人不同意被卖且不知道自己将被卖

表19　略卖人罪之罪刑详情

罪名	是否既遂	具体行为	科刑
略卖人罪	既遂	卖为奴婢	绞
		卖为部曲	减一等，流三千里
		卖为妻妾子孙	再减一等，徒三年

续表

罪名	是否既遂	具体行为	科刑
	略卖未遂	拟卖为奴婢	比强盗不得财，徒二年
		拟卖为部曲	减一等，徒一年半
		拟卖为妻妾子孙	又减一等，徒一年
	无论既遂与否	因略而杀伤人	伤人者绞
			杀人者比强盗杀人，皆斩

2. 诱卖人罪：被卖良人虽不知情但被诱骗同意

表 20　诱卖人罪之罪刑详情

罪名	是否既遂	具体行为	科刑
诱卖人罪（各减略卖人罪一等）	既遂	卖为奴婢	流三千里
		卖为部曲	徒三年
		卖为妻妾子孙	徒二年半
	诱卖未遂	拟卖为奴婢	徒一年半
		拟卖为部曲	徒一年
		拟卖为妻妾子孙	杖一百

3. 和同相卖人罪：被卖良人知情且自愿卖身

表 21　和同相卖人罪之罪刑详情

罪名	是否既遂	具体行为	科刑
和同相卖人罪	既遂	卖为奴婢	流二千里
		卖为部曲	徒三年
		卖为妻妾子孙	徒二年半
	和同相卖未遂	拟卖为奴婢	徒三年
		拟卖为部曲	徒二年半
		拟卖为妻妾子孙	徒二年

（十八）"略和诱奴婢"条（总293条）

《名例》"官户部曲官私奴婢有犯"条（总47条）疏文载："奴婢贱人，律比畜产。"《贼盗》"以私财奴婢贸易官物"条（总290条）载："馀条不别言奴婢者，与畜产、财物同。"据此可知，除第290条之外，在《唐律疏议》其他各律文中，奴婢均被视为主人的财产。

就本条而言，虽然本条仍属于掠夺人口罪的一种，但所略卖者为贱口，买卖奴婢的行为具有侵犯奴婢主财产权的性质。《名例》"以赃入罪"条（总33条）疏文又载："及生产蓄息者，谓婢生子，马生驹之类"。因此，奴婢所生子女仍为奴婢，且仍归奴婢主所有。

表22　略诱奴婢罪之罪刑详情

具体行为	科刑	注意
略奴婢（即以威力掠夺他人奴婢）	计赃以强盗论，罪止流三千里	其赃倍征
诱奴婢（即以利诱拐骗他人奴婢）及私卖逃亡奴婢（即捉得逃亡奴婢私自鬻卖）	计赃以窃盗论，罪止流三千里	
私藏逃亡奴婢（即捉得逃亡奴婢私自藏隐）	计赃减私卖罪一等科之	
乞买奴婢子孙（即私自向奴婢讨要或购买其子孙）	计赃准盗论	不征倍赃

（十九）"略卖期亲以下卑幼"条（总294条）

本条也是略卖人口罪的一种，但因为卖亲属的行为对封建伦理纲常造成了极大的破坏，所以被归属于"十恶"中的"不睦"。

表23　卖亲属罪之罪刑详情

具体行为对象		具体行为	科刑	注意
卖期亲以下卑幼为奴婢	略卖	子孙为奴婢	徒一年半	参见《斗讼律》"殴詈祖父母父母"条、"殴兄姊"条、"妻妾殴夫父母"条及"殴缌麻兄姊"条
		弟妹及兄弟之子孙、外孙、子孙之妇为奴婢	徒三年	
		从父弟妹为奴婢	流三千里	

续表

具体行为对象	具体行为	科刑	注意
	子孙为奴婢	徒一年	
和卖	弟妹及兄弟之子孙、外孙、子孙之妇为奴婢	徒二年半	
	从父弟妹为奴婢	徒三年	
卖余亲为奴婢	略卖	绞	参见《贼盗律》"略人略卖人"条
	和卖	流二千里	

（二十）"共谋强窃盗"条（总298条）

表24   "共谋强窃盗"条的具体科刑

具体情形	造意者行为	首从认定及科刑	注意
共谋强盗，临时不行，而行者窃盗	造意者分赃	造意者为窃盗首，科以全罪；其他行者为窃盗从，各减一等科之	无
	造意者既不行又不分赃	以行而专进止者为窃盗首，科以全罪；造意者及其他行者为窃盗从，各减一等科之；不行又不受分者笞五十	
共谋窃盗，临时不行，而行者强盗	造意者分赃	不论是否知情，造意者为窃盗首，科以全罪	无
	造意者不分赃	造意者及从者虽不行但分赃均以窃盗从论，减一等科之；从者既不行又不受分依《贼盗律》"共盗并赃论"条笞四十	

　　综上所述，《唐律疏议》对盗罪的犯罪主体、犯罪的主观方面、犯罪的客体、犯罪的客观方面、自首原则的使用等进行了较为系统而细密的规定，充分体现了中国古代刑事立法的水平和完善程度，也体现了唐代刑事法制罪刑相适应较为突出的特色，值得我们现在深入思考和借鉴。

论元代的婚姻制度

宋国华[1]

元朝是蒙古族建立的王朝。蒙古统治者试图恢复中原汉族婚制习以相沿的传统。其婚姻礼制的恢复施行与全面建制，是在元世祖忽必烈至元初期。[2]其后有所调整，有些规定在元代后期法典《至正条格》中依然存在，这说明在元末仍然实施。

至元八年（1271 年）九月，颁布了《婚姻礼制》，根据汉族旧有的体例，参考南宋朱熹《家礼》内《婚礼》的规定，"酌古准今，拟到各项事理"，详细规定婚姻的程序，即"议婚、纳采、纳币、亲迎、妇见舅姑、庙见、婿见妇之父母"等。

一、婚书

在元代，婚书是婚姻成立的条件之一。至元六年（1269 年）之前，民间婚礼有"立婚书文约者"，也有只凭媒妁，不立婚书为婚姻的。由于没有婚书，婚姻议定之后，稍不如意，便违背原有约定，"妄行增减财钱，或女婿养老、出舍，争差年限，诉讼到官"，诉讼中媒人、证人等偏向，"止凭在口词因，以致争讼不绝"，针对这种情况，至元六年（1269 年）十二月颁布"嫁娶写立婚书"条格，要求"但为婚姻，须立婚书，明白该写元议聘财，若招召女婿，指定养老，或出舍年限，其主婚保亲媒妁人等，画字依理成亲"。[3]至元十年（1273 年），还规定，"如有求娶妾者，许令明立婚书"。[4]婚书的样式、所载内容，《大元通制》"条格"中所载较为详细："婚书明写聘财礼物，婚主媒人各画字，女家回书亦写受到聘财数目，嫁主媒人亦画字，仍将

---

[1]　作者简介：宋国华，汉族，山东曲阜人，法学博士，海南大学法学院副教授、硕士生导师，主要研究方向为法律史、法理学。

基金项目：本文系国家社科基金项目"元代断例研究与复原"（项目编号：17AFX006）阶段研究成果。

[2]　王晓清：《元代社会婚姻形态》，武汉出版社 2005 年版，第 48 页。

[3]　方龄贵：《通制条格校注》，中华书局 2001 年版，第 145 页。

[4]　方龄贵：《通制条格校注》，中华书局 2001 年版，第 163 页。

两下亲书背面大书合同字样，各家收执。其彝俗俚语骈俪词语朦胧，无画字合同婚书，争告到官，即同假伪。"[1]

婚书记载了婚姻关系中双方的约定，因婚姻引发纠纷时，婚书是处理时的重要依据，"若不凭准私约婚书归结，别无依据"。[2]如民户招女婿，立到婚书，该写：年限不满，在逃百日或六十日，便同休弃，听从改嫁。女婿在逃，符合婚书约定，官府处理时就"照依两愿立到婚书断离"。[3]

二、同姓不得为婚

婚姻本是"合二姓之好"，早在西周时期就有"同姓不婚"的规定。唐律明确规定"同姓不得为婚"，违者"徒二年"，"同姓又同宗者以奸罪论"，宋代沿袭唐代。元代规定，"截自至元八年正月二十五日为始，已前者准已婚为定，已后者依法断罪，听离之"。至治二年（1322 年）十一月颁布断例，同姓为婚，除离异之外，和主婚之人，"各笞肆拾柒下"，"元下财钱没官，媒人量笞贰拾柒下"。[4]对于同姓之间，又有亲属关系的人为婚或私通则加重处罚。

在实践中，并非只要是同姓为婚就加以惩处，也有例外情形。如年幼时过房于其他姓氏，达到婚龄之后，与其原来之姓婚配，则与"明知同姓为婚者不同"。蔡福奴本来是蔡大亲生女儿，但蔡大夫妇在蔡福奴年幼之时离世。蔡福奴的兄长蔡广仔无力养赡，便在至元二十八年（1291 年），将伊过房给曹机察为女，并改名曹福奴。元贞元年（1295 年）曹机察主婚聘与蔡福为妻。至大二年（1309 年），蔡福的邻居陈良状告其"娶蔡大女广娘为妻，即系同姓为婚"。礼部认为，蔡福当初订婚时，凭媒写立婚书，是求娶曹机察女广娘为妻，"经今一十三年，因邻人陈良告发，其广娘自供身本姓蔡，乃曹氏乞养之女，中间情节瞒昧可疑。况本妇已有所出男女四人，比之明知同姓为婚者不同，合准已婚为定"。[5]

三、禁止服内成婚

元代继承了以往的服制制度，在婚姻方面，禁止服内成亲和服内定婚。

---

[1] 黄时鉴辑点：《元代法律资料辑存》，浙江古籍出版社 1988 年版，第 70 页。
[2] 陈高华等点校：《元典章》，中华书局、天津古籍出版社 2011 年版，第 623 页。
[3] 陈高华等点校：《元典章》，中华书局、天津古籍出版社 2011 年版，第 623~624 页。
[4] 韩国学中央研究院编：《至正条格（校注本）》，韩国城南影印元刊本 2007 年版，第 243 页。
[5] 陈高华等点校：《元典章》，中华书局、天津古籍出版社 2011 年版，第 2126~2127 页。

至元七年（1270年）十二月，由于有人在"父母及夫丧制中往往成婚，致使词讼繁冗"，但因为没有定例，很难裁断。户部认为，"父母之丧，终身忧戚，夫为妇天，尚无再醮"，如果不明令禁止，不但"引讼不已，实是乱俗败政"，为"免词讼""渐厚风俗"，元代参考了金代"居父母及大丧而嫁娶者，徒三年各离之，知而共为婚姻者，各减三等"之规定，制定了新的格例："渤海、汉儿人等，拟自至元八年正月一日为始，已前有居父母、夫丧内嫁娶者，准已婚为定。格后犯者，依法断罪听离。"[1]此处的"断罪"当是"徒三年"，然而至元八年（1271年）禁用《泰和律》，此后，服内成婚的处罚改为了"杖断"。

元中期明文规定，"妇人夫亡不行守志，服内与人成亲，媒人决三十七，主婚人决四十七，男子决五十七，妇人杖六十七，离异与男同居，财钱酬谢等物没官"。[2]如至大元年（1308年），利州蔡寿僧丈夫李四十死去只有八个月，背着婆婆李阿杨接受李茂才定物。小叔李五儿主婚，蔡寿僧与李茂才为妻。蔡寿僧六十七下，主婚人李五儿不应服内主婚嫁嫂，决四十七下，男子李茂才知情求娶，杖五十七下，离异，财钱没官。[3]建康路备句容县申偆必用状告弟偆贵三延佑三年（1316年）五月十八日，偆贵三因病亡殁。延佑三年（1316年）十月十二日，偆贵三之妻阿姜，在媒人徐寿家，与唐二官相见、吃茶、说话。延佑四年（1317年）五月二十八日与唐二官为妻，属于服内成亲。刑部认为，偆贵三亡殁未及期年，阿姜自行主婚，令徐实并母徐阿冯吕阿严等为媒，接受唐起莘财钱，服内成亲，拟杖六十七下，离异，与男唐起莘知而为婚，决五十七下，媒人徐实、吕阿严各决三十七下。[4]元后期法典《至正条格》"断例"篇，将《元典章》的"服内成亲"改为"居丧嫁娶"。其下条文，一是上文至大元年（1308年）蔡寿僧服内成亲断例；一是大德二年（1298年），王继祖父丧停尸迎娶马大姐例。

四、聘财

（一）聘财等第

聘财是缔结婚姻中的一个重要内容。元代多次立法对聘财的数额、返还

---

〔1〕 陈高华等点校：《元典章》，中华书局、天津古籍出版社2011年版，第667~668页。
〔2〕 陈高华等点校：《元典章》，中华书局、天津古籍出版社2011年版，第2127页。
〔3〕 韩国学中央研究院编：《至正条格（校注本）》，韩国城南影印元刊本2007年版，第245页。
〔4〕 陈高华等点校：《元典章》，中华书局、天津古籍出版社2011年版，第2128页。

等做出法律规定。

元世祖至元六年（1269 年）三月，中书省制定的《嫁娶写立婚书条例》中，明确规定只要婚姻议定，应当写立婚书文约，"明白该写元议聘财钱物"。[1]

此时官府并未明确规定聘财的数额，在议定婚姻时有时出现"妄增财币"的现象。至元八年（1271 年）二月，中书省"定民间婚聘礼币，贵贱有差"。民间的聘财，贵贱有差，并具体规定了不同等级的人员聘财的固定数额。《嫁娶聘财体例》规定："婚姻聘财表里头面诸物在内，并不以元宝钞为则，以财畜折充者，听。若和同，不拘此例。品官：一品二品五百贯，三品四品四百贯，四品五品三百贯，六品七品二百贯，八品九品一百二十贯；庶人：上户一百贯，中户五十贯，下户二十贯。"

此聘例，在实践中并没多大实效。原因在于：其一，虽然规定了具体的数额，但同时规定"若和同，不拘此例"，那么聘财数额即使少于或超过法定的数额，婚姻双方只要同意，官府亦不干涉，所以，在制定之日"民已不从"；其二，物价上涨，通货膨胀。胡祗遹指出，"立格之年，绢一匹直钞一贯，今即绢一匹直八贯，他物类皆长价八九倍十倍"。[2]

现实中，重聘之风盛行，有的"倾资破产，不能成礼，甚则争讼不已，以致嫁娶失时"。大德八年（1304 年），元代再次规定民间聘财等第，民间聘财，以男家为主，愿减者听。具体标准为："上户：金一两，银五两，缎六表里，杂用绢四十匹；中户：金五钱，银四两，缎四表里，杂用绢三十匹；下户：银三两，缎二表里，杂用绢十五匹。"[3]此次聘财的规定仅适用于庶民，品官聘财另行定夺。聘财的具体表现形式除了聘金外，还有缎、绢等实物。从数额上来看，元中期聘财比元初期增加了近十倍。[4]

赘婿婚是一种特殊的婚姻形式，在男方来说，是因家贫穷，无钱财娶妇，女方则是"或无子嗣，或儿男幼小，盖因无人养济，内有女家下财，召到养老女婿，图藉气力"。[5]男方与女方两家商议，意见一致后，自愿订立婚书，男方可到女方家做养老女婿或出舍女婿。至元三年（1266 年）规定，按照婚

---

〔1〕 陈高华等点校：《元典章》，中华书局、天津古籍出版社 2011 年版，第 613 页。

〔2〕 （元）胡祗遹：《紫山大全集》卷二二。

〔3〕 方龄贵校注：《通制条格校注》，中华书局 2001 年版，第 143~144 页。

〔4〕 王晓清：《元代社会婚姻形态》，武汉出版社 2005 年版，第 48 页。

〔5〕 陈高华等点校：《元典章》，中华书局、天津古籍出版社 2011 年版，第 622 页。

嫁约定，"养老者听从养老，出舍者听从出离，各随养老、出离去处，应当军民差发"。由于没有规定聘财标准，往往多加索取，有时导致争讼。为此，至元八年（1271年）颁布"女婿财钱定例"，规定招养老女婿的聘财，"照依已定嫁娶聘财等第减半"，招出舍年限女婿，男方或女方出备财钱，"照依已定嫁娶聘财等第，验数以三分中不过二分"。[1]

（二）特殊情形下聘财处理

聘财是议婚、定婚中的一项内容，按照正常程序，此后男方迎娶女方过门，但如果女方定婚许嫁并未过门，男方下聘财后迎娶之前，发生了影响婚姻关系的事情，以及结婚之后，男方或女方原因导致婚姻的破裂，议婚时所下聘财的处理则因事而异：

1. 不还聘财

其一，定婚后，男方如果悔亲，聘财不予返还；其二，除蒙古人外，定婚之后，女子年满十五岁，男方五年之内无故不迎娶，听离，不还聘财；其三，为婚已定，夫逃亡五年不还，听离，不还聘财；其四，汉族娶妻，已下聘财，但没有完婚之前"男女丧，不追财"。至元七年（1270年）十月，河东县马立"定问到本府扬大妹与次男马三为妻"。至元八年（1271年）五月十七日，马三死亡，当初所下聘财，女方仅返还了"头面三件，衣服五件"，其他的不肯归还，马立状告女方，省部认为"马立男马三定亲，未曾成婚，马三身故，元下聘财，难议回付"。[2]但有的民族则与汉族不同，按其体例，"女孩儿不曾娶过，死了的孩儿，若小叔接续，女孩儿底爷娘肯交收呵，收者。不肯交收呵，下与的财钱回与一半"[3]，也就是说，没有娶亲就死则返还一半财礼。

2. 返还聘财

如果女子已经许嫁但并未成婚，"其夫家犯叛逆，应没入者，若其夫及盗及犯流远者，皆听改嫁"，[4]但要归还聘财。如至元十一年（1274年），樊德与王招抚议定，将其女樊菊花与王招抚之子王道道为妻。"已下财钱。其王道道见犯图财杀害王何臧，下牢收禁"，樊德要求解除婚约，刑部议得："凡女

〔1〕 陈高华等点校：《元典章》，中华书局、天津古籍出版社2011年版，第616页。
〔2〕 陈高华等点校：《元典章》，中华书局、天津古籍出版社2011年版，第651页。
〔3〕 陈高华等点校：《元典章》，中华书局、天津古籍出版社2011年版，第650~651页。
〔4〕 《元史》卷一〇三《刑法志》二。

定婚未嫁，其夫作盗，拟合听离，归还聘财。"〔1〕定婚之后，如果女子"犯奸事觉"，聘财的处理则主要由男方决定，如果"夫家欲弃，则追还聘财，不弃，则减半成婚"。〔2〕

成婚后，女子不守妇道，对家庭成员有犯罪行为，除刑事处罚、离异外，还追回聘财。至元十三年（1276年），济宁府郓城县刘冬儿谋伊翁欺奸，断杖八十七下。"刘冬儿与翁当官面对奸事，已为义绝，难叙舅姑之礼，似难同居。拟将本妇断离归宗，追回元下聘财，给付夫家，别求妻室。"〔3〕延佑二年（1315年）十二月十四日，永平路抚宁县辛寨社乱山里郝千驴后妻韩端哥，用烧红的铁鞋锥，将郝千驴前妻抛下十三岁女子郝丑哥的舌头扯出，烙了三下，然后在两小腿上及腰胯连脊背，直烙至臀片，前后通烙七十二下。还将年仅十一岁的郝骂儿，烙了讫七下。韩端哥趁丈夫不在，虐待前妻儿女，酷毒无比，已绝骨肉之情。刑部认为，韩端哥所犯，甚伤恩义，杖断七十七下离异，"追回元聘财钱，以为后来之戒"。〔4〕

3. 没官、充赏

汉人收继婚聘财产处理。元世祖至元初年，开始允许汉族收继婚制。元文宗时，开始禁止汉人、诸色目人"妻其叔母"。但顺帝时"汉人殁了哥哥，他的阿嫂守寡，其间兄弟每收继了多有"。至顺元年（1330年）九月二十三日，中书省奏请定拟通例禁治。规定"今后似此有犯男子、妇人，各杖八十七下，主婚者笞五十七下，媒合人四十七下，聘财一半没官，一半付告人充赏。虽会赦犹离之。"由于收继婚本身是违法的，其聘财当然也不予以保护，不存在返还与否的问题，而是没收和充当奖赏物质。后至元六年（1269年），禁止苔失蛮、主吾人等，叔伯自相成亲，为激励告发，"首告到官，于聘财内，给中统钞一十定充赏"。〔5〕

五、收继婚

收继婚是指妇女在丧夫之后，转婚于其夫的亲属。蒙古族在入主中原前

〔1〕 方龄贵校注：《通制条格校注》，中华书局2001年版，第165页。
〔2〕《元史》卷一〇三《刑法志》二。
〔3〕 陈高华等点校：《元典章》，中华书局、天津古籍出版社2011年版，第1528页。
〔4〕 陈高华等点校：《元典章》，中华书局、天津古籍出版社2011年版，第1417~1418页。
〔5〕 韩国学中央研究院编：《至正条格（校注本）》，韩国城南影印元刊本2007年版，第243~244页。

后，其收继婚都一直存在。[1]收继婚姻有两种情况。一种是同辈间的收继。兄死，弟收寡嫂为妻；弟亡，兄纳弟媳为妇。一种是异辈间的收继：叔、伯死，侄儿娶婶、伯母为妻；父亡，子可收父妾为妇。元政府一直是禁止兄收弟妻和侄儿收继婶母的。兄收弟妻被认为是"废绝人伦、实伤风化"，对于违反者予以刑事处罚。如至元十四年（1277年），平阳路高平县张义收弟妻，省部议得："张义所招，虽称伊母阿王许将弟妻收继，终是不应，量断一百七下，阿段九十七下，离异。主婚伊母阿王，若不惩戒，浊乱典礼，如未年及，拟决五十七下，说合人李克孝决三十七下。"侄儿收继婶母，是"欺亲尊长"，同样加以禁止。大德八年（1304年），中书省、枢密院对汉人侄儿收继婶母一案判决中认为，"虽系蒙古军驱，终是有姓汉人，侄收婶母，浊乱大伦，拟合禁止"。[2]

元代收继婚的变化主要表现在元政府对汉人收继婚，特别是对弟收兄妻的允许与限制上。元世祖初年，蒙古统治者推行收继婚制。至元八年（1271年）十二月，中书省承圣旨颁行诏令："小娘根底，阿嫂根底，收者。"此法令发生了实效，汉族人收继婚事例增多。至元五年（1268年），郑窝窝之兄郑奴奴身死，抛下嫂王银银。由于郑窝窝未曾娶妻，其嫂王银银亦为年小守寡相从，于至元八年（1271年）十月初八日通奸。事发后，省部引用上述"至元八年十二月"诏令，依圣旨事意，即将郑窝窝疏放，将王银银吩咐郑窝窝收续为妻。[3]至元十年（1273年），傅二因病死亡，抛下妻子阿牛。傅二亲弟傅望伯，想将嫂阿牛"依体例收了"，但阿牛不肯允许，情愿在家守服。傅望伯将其嫂强行奸讫。省部认为，"牛望儿虽欲恩养儿男守志，其傅望伯已将本妇强要奸污，况兼傅望伯系牛望儿亡夫亲弟，钦依已降圣旨事意，合准已婚，令小叔将牛望儿收继为妻"。

至元十年（1273年）的另一则案例，说明元政府对收继婚的态度发生了转变。至元七年（1270年）四月，刘珪之亲兄刘国玉因病身故，抛下妻子马氏，刘珪想"依例收继"，但马氏守志不行改嫁，最后省部"准拟无令收继"。至元十三年（1276年），户部在商议韩进是否可收继其嫂阿庄时，引用

---

〔1〕 具体论述参见王晓清：《元代社会婚姻形态》，武汉出版社2005年版，第118~121页。

〔2〕 黄时鉴点校：《通制条格》，浙江古籍出版社1986年版，第42页。

〔3〕 陈高华等点校：《元典章》，中华书局、天津古籍出版社2011年版，第653页。

了两个诏令，一是至元八年（1271 年）二月条画："妇人夫亡守阕，守志者听，其舅姑不得一面改嫁。"二是至元八年（1271 年）十二月圣旨："小娘、阿嫂根底，收者。"户部舍后取前，"听从守志"，并明确规定："今后似此守志妇人，应继人不得骚扰，听从守志。"[1]

从至元后期到元代中后期，元政府对收继婚的态度明显发生改变，汉人收继婚姻越来越受到限制。[2]延佑二年（1315 年），由于"各处贫民，因值饥荒，夫妻不能相保，将妻嫁卖"，"其原夫已亡后，又有前夫之弟宜出状指小叔收嫂体例，争告收继"，明令"兄亡嫂嫁小叔不得收"。[3]延佑五年（1318 年），开始对强行收继的行为予以刑事处罚。大宁路利州田长宜强迫收继兄嫂阿段，"乱常败俗，甚伤风化"，"比依凡人强奸无夫妇人减等杖九十七下"。[4]

元文宗至顺元年（1330 年），下诏"诸人非其本俗，敢有弟收其嫂、子收庶母者，坐罪"。[5]如何坐罪，《至正条格》记载的较为明确。至顺元年（1330 年），"汉人殁了哥哥，他的阿嫂守寡，其间兄弟每收继了多有"，礼部定拟："今后汉人、南人收继庶母并阿嫂的，合禁治。"刑部明确了具体额刑事处罚："今后似此有犯男子、妇人，各杖八十七下，主婚者笞五十七下，媒合人四十七下。"此外"聘财一半没官，一半付告人充赏。虽会赦犹离之"[6]这一规定，在至正五年（1345 年）编纂的《至正条格》中存有，说明元代后期，此规定依然有法律效力。另外，《至正条格》"断例"篇"杂律"中有"蒸收继母""强收婶母""收舅妻""收纳弟妻"等条，也说明元朝后期对不同辈分之间收继婚的禁止。

六、违律为婚的处罚

违律为婚，元人徐元瑞解释为："依法不许违律，其有故为之者，是名违律为婚。"[7]元代并没有唐宋时期所谓的"律"，根据《元典章》《通制条格》

---

〔1〕 陈高华等点校：《元典章》，中华书局、天津古籍出版社 2011 年版，第 660 页。

〔2〕 具体论述参见王晓清：《元代社会婚姻形态》，武汉出版社 2005 年版，第 125 页。

〔3〕 陈高华等点校：《元典章》，中华书局、天津古籍出版社 2011 年版，第 662 页。

〔4〕 陈高华等点校：《元典章》，中华书局、天津古籍出版社 2011 年版，第 657 页。

〔5〕 《元史·文宗本纪》。

〔6〕 韩国学中央研究院编：《至正条格（校注本）》，韩国城南影印元刊本 2007 年版，第 242～243 页。

〔7〕 杨讷：《元代史料丛刊 吏学指南 外三种》，浙江古籍出版社 1988 年版，第 93 页。

《至正条格》，此处律包含了元代的"条格"和"断例"。《元典章》"户部""婚姻"之首以图表形式列出"为婚"的基本规定和"违律为婚"的刑事处罚；《通制条格》中卷三"户令"有"婚姻礼制""收嫂""收继婶母""良嫁官户""嫁娶所由""良贱为婚""娶女由使嫁""乐人婚姻"等条，卷四"户令"有"嫁娶"条。《通制条格》是《大元通制》的一部分，《大元通制》中的"断例"部分已经佚失，故对哪些"违律为婚"的行为予以刑事处罚及何种刑事处罚已无从得知，但《元典章》和《大元通制》同为元代前中期的法律史料，可从《元典章》窥其一二；现存残本《至正条格》"户令"不存，但"断例"部分中"户婚"是其完文，从中可得知元代后期对违律为婚的刑事处罚。

据《元典章》前集[1]"户部""婚姻"之首图表所示，前期重点对嫁娶婚礼、嫁娶聘财等第、筵席、夫焚尸扬骨改嫁、兄收弟妻、悔亲别嫁、职官娶为事人为妻妾、服内成亲、同姓不婚、有妻娶妻、转嫁妻妾、故婚有夫妻妾、乐人嫁娶、驱口嫁娶等进行规制。这些内容，大部分在元代后期依然有效。但元代中后期，随着社会发展变化，对之前的法律进行修改，同时也增加了一些新的规定，《至正条格》卷第八"断例""户婚"共有42条，其中延佑七年（1320年）之后条文17条[2]，其年代和所属"条标"参见表1如下：

表1

年代	韩校本序号	所属条标	年代	韩校本序号	所属条标
至治二年	244	同姓为婚	至顺元年	241	禁收庶母并嫂
至治二年	247	兄妻配弟	元统元年	270	冒娶良人配驱
至治二年	252	娶有夫妇人	（后）至元二年	248	弟妇配兄
至治二年	257	夫亡招婚	（后）至元二年	271	冒娶良人配驱
至治二年	263	典雇妻妾	（后）至元三年	272	娶囚妇为妾
泰定元年	249	娶男妇妹为妾	（后）至元三年	281	职官娶倡

〔1〕《元典章》，全名为《大元圣政国朝典章》，包括六十卷，并附新集不分卷。《元典章》六十卷，习惯上成为"前集"。

〔2〕由于元代有"至元"和"（后）至元"之分，但在语言表达上皆为"至元"，韩校本《至正条格》卷八"断例""户婚""至元三年五月"条，无相关史料印证是"至元"还是"（后）至元"。

年代	韩校本序号	所属条标	年代	韩校本序号	所属条标
泰定四年	269	娶逃驱妇为妾	（后）至元五年	256	赫娶女使
泰定四年	279	禁娶乐人	（后）至元六年	246	禁叔伯成婚
天历二年	255	赫娶女使			

将上表有关内容与《元典章》及《通制条格》相比较，可看出其变化：

（1）同为婚。元代前期对于同姓为婚也是禁止的，《元典章》有"同姓不得为婚"之规定，处罚较轻。[1]元代后期，至治二年（1322年）规定，同姓为婚，不仅"离异，元下财钱没官"，还要对有关人员予以刑事处罚，"主婚之人，各笞四十七下"，"媒人量笞二十七下"。[2]

（2）收继婚。前文已论及元政府对汉人收继婚的限制，但现实中收继婚依然存在，故元政府多次颁布格例，禁止收继婚。从处罚的对象和内容都有变化。至元七年（1270年），规定"侄儿不得收婶母"，如果违反，即使已经成亲，"合离之"。[3]元代中后期，不仅处罚收继婚的男子、妇人，还处罚主婚者和媒人。至顺元年（1330年）规定，汉人、南人收继庶母并阿嫂的，"男子、妇人，各杖八十七下，主婚者笞五十七下，媒合人四十七下"。[4]

（3）典雇妻妾。至元二十九年（1292年），元世祖时就禁止南方百姓典雇有夫妇人，但如果夫妇一同典雇则是允许的。直到至治二年（1322年），刑部定拟："今后若有受财典雇妻妾与人的，决断五十七下，本妇离异归宗，元钱没官。和同的本夫本妇并雇主同罪，引领媒保人等，减一等决断。主首、豪霸人等，因催官物，或索私债，以力逼勒典雇为妻妾的，决断六十七下。本妇责付本夫完聚，不追聘财。"[5]

（4）乐人婚。元代在至元十五年（1278年）规定，乐人婚姻，是"乐人内匹聘"，"乐人只教娶乐人者"，如果其他人娶乐人，仅是"听离"。泰定四

---

〔1〕 陈高华等点校：《元典章》，中华书局、天津古籍出版社 2011 年版，第 627 页。

〔2〕 韩国学中央研究院编：《至正条格（校注本）》，韩国城南影印元刊本 2007 年版，第 243 页。

〔3〕 陈高华等点校：《元典章》，中华书局、天津古籍出版社 2011 年版，第 657~658 页。

〔4〕 韩国学中央研究院编：《至正条格（校注本）》，韩国城南影印元刊本 2007 年版，第 242~243 页。

〔5〕 韩国学中央研究院编：《至正条格（校注本）》，韩国城南影印元刊本 2007 年版，第 248 页。

年（1327 年），加大处罚，"官吏并富实人等，不许违例求娶乐人，以为妻妾。乐艺之家，亦不得许嫁。违者，嫁娶之家，坐以不应，各笞四十七下，财钱没官。有职役者，解任别叙"。[1]

（5）驱良婚。《元典章》中专门对"驱良婚"规制，规定奴婢不嫁良人、驱口不娶良人、良人不得嫁娶奴等。但是，如果奴婢嫁娶招召良人，如果良人自愿，各立婚书，"许听为婚"。现实中，有的以婚姻为名，娶到良人之后，私下当作驱口买卖，或将良人转配驱奴。元统元年（1333 年），明确立法："其巧立名色，捏写婚书，妄冒求娶良家子女，转配驱奴者，所生男女，俱合随母为良，别立名户，收系当差。主婚妄冒之人，笞五十七下，有职役者，解任别叙。保亲、媒合人等，减二等科断。"[2]

（6）职官娶妻妾。官员作为牧民之官，应"抚字黎庶，宣明教化"，守礼遵法，但有的官员纵情荒淫，有品官娶被监人男妇为姜的，有牧民官娶部民的，有流官娶妻妾的，元代对此都是禁止的，在《至正条格》中涉及官员婚姻的条文，对其违法婚姻，除离异外，刑事处罚和行政处罚参见表 2 如下：

表 2

序号	时间	官员姓名	职务	行为	处罚	出处
1	元贞六年	乔天铎	云州知州	以与弟娶妻为名，勒要部内为事人刘秉直亲生二女，在家驱使。	杖柒拾柒下。期年后，降贰等，杂职内叙用。	韩校本第 267 页
2	大德八年	哈剌	河南省都镇抚	唤倡女申燕哥，宿睡后娶为妻。	杖伍拾柒下，罪释免，解任别仕。	韩校本第 280 页
3	延佑元年	塔海	金复州新附军百户	娶到良女白闰奴为妾，受钱后，转嫁与王黑狗为妻。	杖伍拾柒下，罪遇原免，解任别仕。	韩校本第 260 页
4	至治二年	阿思兰羊阿花赤	景陵县达鲁花赤	违法求娶有夫妇人王良妻为妾。	解任，杂职叙用。	韩校本第 252 页

---

[1] 韩国学中央研究院编：《至正条格（校注本）》，韩国城南影印元刊本 2007 年版，第 251 页。
[2] 韩国学中央研究院编：《至正条格（校注本）》，韩国城南影印元刊本 2007 年版，第 249 页。

序号	时间	官员姓名	职务	行为	处罚	出处
5	泰定四年	雷复礼	宝鸡县尹	将在逃驱妇赵金金占恰，断令为良，断后七日，收纳为妾。	笞肆拾柒下，解见任，标附，杂职内叙。	韩校本第269页
6	天历二年	刁太不花	大都兵马司指挥	向王平章娘子索要妇女王莲哥，收纳为妾。	断柒拾柒下，降贰等，殿参年，杂职内叙用。	韩校本第255页
7	（后）至元二年	尚瓒	庆阳府同知	教令部民罗文通妾刘定哥，告伊夫有妻娶妾，非理陵虐，擅断离异。却将本妇诱说，与驱作妻。	杖柒拾柒下，降贰等，杂职内叙用。	韩校本第271页
8	（后）至元三年	苏钦	清流县尹	已有妻子，又将高天佑未婚男妇郑春儿，买嘱媒证，诈捏婚书，寅夜部领人众强要拜门，未曾成亲。	笞肆拾柒下，解已除县尹职事，别叙标附。	韩校本第254页
9	（后）至元三年	夏震子	双流县簿尉	求娶因奸杀夫案内妇人常巧哥为妾。	杖陆拾柒下，解见任，杂职叙用，标附。	韩校本第272页
10	（后）至元三年	李普颜	上都兵马司指	娶倡女为妾。	笞决伍拾柒下，解见任别仕标附。	韩校本第281页
11	（后）至元五年	解复出	江西省河泊所提领	自捏婚书，吓要本官持服孙女王福儿，强纳为妾。	杖断柒拾柒下，罢职不叙。	韩校本第256页

可以看出，元代对于官员违法娶妻妾的行为，予以刑事处罚和行政处分。刑事处罚从笞四十七下到杖七十七下；行政处分主要是黜降处分。

元代的黜降处分，对官员有以下几种处分，一是"勾当里永不叙"，即罢职不叙；二是"罢见职"，即解除现任；三是"殿三年委付"，即停职三年后再委任；四是"注边远"，即调任边远职务；五是"杂职内委付"，即杂职叙用。

上表涉及主要处分为：

（1）解任，杂职内叙用，如标号4、5、9。"解现任"，是指解除现行职务；杂职内叙用，指将被处分者从原来的官职调任到另一不重要的职务。有关"杂职"的界定，可为中书省（牧民官系统）、枢密院（军方）以及御史台（监察系统）及其各该下辖官署以外的官僚系统。[1]

标号5，除了"解任"外，还附带"标附"。"标附"，此处是"标附过名"，官吏犯罪定罪后，或行政处分时，将所犯事由、断决结果，由原任职官厅内所置"标附簿"上登记。

（2）解任，别仕。解任，是指解除现行职务；别仕，是"别行求仕"之简语，是"另外再去求取官职"意思。"告叙"一词，是"别行求仕"的另一表达语，是已有任官资格者的再任职程序。至元三年（1266年）四月规定，"随处告叙用官员，今后先于本处官司具入仕根脚、历任月日、停职缘由陈告，勘瑝别无诈冒，申覆本路官司更为照勘，相应，仍录连节次所受付身，保结申部，委有体例拟定可任名阙，呈省定夺。毋得直诣省部呈告施行"。[2]解除官员现任职务的同时，向原夫官厅取解由，填写申部，还家听候，吏部朆该解由考核其资品、行止、年深，并与各部照会其功过，再任以他职。

（3）降官，杂职内叙用。官员违反法律娶妻妾降职，都是降二等，但在何时担任杂职，则不一样。标号1，是满一年后，降二等，杂职内叙用；标号6，是"降二等，殿三年，杂职内叙用"。"殿三年"，是指"持续三年期间的职务停止处分"[3]，也就是解除现任职务后，满了三年才能在杂职内叙用。

（4）罢职不叙。这是黜降处分中最严厉的一种。"罢职"是指先解除其见任职务；"不叙"是指不再叙用，元代文献中有"永不叙用"之语，相当于唐宋时期的"除名"处分，但不同的是，元代的除名处分效力及于被处分人终身，唐宋在经过一定时间之后，可再入仕途，如《唐律》规定："诸除名者，官爵悉除，课役从本色，六载之后听叙，依出身法。"疏议曰："称六载听叙者，……假有元年犯罪，至六年之后，七年正月始有叙法，……"[4]也就是说，唐代除名的时效为六年。

---

〔1〕 罗晏松：《元代官吏惩戒制度研究》，东吴大学2012年硕士学位论文。
〔2〕《元典章》卷一〇《吏部四·职制一·告叙》，"告叙本路保申"条。
〔3〕《元史刑法志译注稿（一）》，第64条译注5，第432页。
〔4〕《唐律疏议》卷三《名例律》，"除名官当叙法"，中华书局1983年版。

《比部招议》中所见的明代会审

——明代诏狱程序及特点

张　凡[1]

内容摘要： 古代司法档案是历史上关于法律适用的记录，明代陈璋所编写的《比部招议》较完整地记录了刑部等会审于谦、张伟、赵鏸、刘瑾、何锦5宗重大案件的审讯记录，每案有案由、犯人招供、依律拟罪和皇帝最后裁决，结合明代的法律制度与历史史料可以较真实地还原明代会审的实际运行情况。其中明代承担审判职能的会审从其组织到功能上体现了明代政治运作的特点，也折射出皇权对审判权的拆分与掌控。

关键词： 明代　会审　《比部招议》

引　言

司法档案是历史上所发生过的司法活动中所形成的文书资料，包括审判记录、供词（招）、拟罪（议罪）程序及定罪程序等。正史文献所记载的主要是相关制度性内容，而司法档案却是当时制度运行过程的真实记录，因此如能深入解读历史上的司法档案便能够更深入地了解当时真实的司法制度。谈到明代司法制度时，有学者指出："明法研究受制于案例记载的缺乏，因为我们没有类似于《刑案汇览》的汇编。结果我们就难以确切地知道法律是如何应用的"[2]。许多学者在研究明代司法制度时有感于案例之匮乏。这使得很多研究只能就典章进行归类与梳理，虽然取得系列研究成果，但于法律"应然"与"实然"之间的辩谈一直是我们在还原明代法制历史原貌中需要进一步解决的问题。

一、陈璋与《比部招议》

明代温州人陈璋所编辑整理的《比部招议》是典型的司法档案，对于我

---

〔1〕　作者简介：张帆，法学博士，河北工程大学文法学院副教授。

〔2〕　［美］牟复礼、［英］崔瑞德：《剑桥中国明代史·明代的法律》，张书生等译，中国社会科学出版社1992年版，第158页。

们研究明代中央司法审判中的会审具有重要的参考价值。《比部招议》一书，《明史·艺文志》中有载，作《比部招拟》，陈璋撰[1]。从其性质看，该档案主要的记载内容系会审案件中案犯的招供、会审官员奉旨议拟罪名的过程。《明史·艺文志》的修撰者将书名中的"议"与"拟"混用是完全有可能的。"比部"之名称在北魏初年沿用至隋初，在隋朝为都官部所属。从杜佑《通典·职官·刑部尚书》的记载来看：隋初设都官尚书，开皇三年改为刑部尚书，统都官、刑部、比部、司门四曹，亦承后周之名，唐代因之。唐代刑部之下设四司曰："刑部、都官、比部、司部。"从《明史·职官志·刑部》中的记载来看，明代刑部分为总部、比部、都官、司门四部，后总部改为宪部，到洪武二十三年，将刑部的四部按省划分为十二部，比部之名称随之亦不存。因"比部"长期属刑部主要部门，所以书名"比部"当为"刑部"指代。因明朝刑部职责就有"凡军民、官吏及宗室、勋戚丽于法者，诘其辞，察其情伪，傅律例而比议其罪之轻重，以请诏狱。"[2]从比部名称推测，这些职事应是原比部之责。现存《比部招议》曾经由民国初年上海大东书局印行，并由当时著名法学家董康鉴定。该作品还有晚清法部尚书沈家本所藏抄写本，该抄写本现为沈家本四世孙沈厚铎所藏，较之大东书局印本更为原始，是非常稀见的法律文献资料。[3]

编者陈璋，明弘治十八年进士，历任刑部河南道清吏司主事、大理寺少卿、大理寺正卿、刑部左侍郎等职，皆在法司。他所编写的《比部招议》一书汇编刑部等会审于谦、张伟、赵鐩、刘瑾、何锦等几宗重大案件的会审记录，为我们研究明代会审的面貌提供了较真实而独特的观察视角。[4]明万历

---

[1]《明史》卷九七《艺文志二》，中华书局1974年版，第2399页。

[2]《明史》卷七六《职官志》，中华书局1974年版，第1758页。

[3] 本文研究所据即为沈厚铎先生所提供的原始手抄本，由中国政法大学法律古籍研究所南玉泉教授点校，张小也教授核校，经点校后收入《沈家本先生全集》，中国政法大学出版社2010年版。特此对两位教授所作的前期文献整理工作和对本文的指导表示感谢。以下所引用《比部招议》的文字，皆引自上述文献，不再另作说明。

[4] 关于《比部招议》中的案件，因为涉及许多明代著名的历史事件，包括"南宫复辟""刘六、刘七起义""安化王朱寘鐇叛乱"和"刘瑾谋反案"。其中的案件情由都可以与相关的历史文献相对照。从案件的招供内容来看，基本与正史的记载相吻合，从另一个侧面也看出官方的司法裁决形成文档后为正史的修撰提供了重要的参考。可参见（清）谷应泰：《明史纪事本末》卷三五《南宫复辟（附易储）》；卷四五《平河北盗》；卷四四《寘鐇之叛》；卷四三《刘瑾用事》，中华书局1977年版，第525页、第665页、第659页、第629页。

年间的《国朝献徵录》中收有"刑部侍郎陈璋传",其中关于陈璋的一些掌故可以同《明史纪事本末》中的情节相印证,应当较为真实。"陈璋传"中还专门提到,陈璋作为刑部尚书聂贤的下属"多以刑名著闻",聂贤将陈璋之旧稿付梓"名曰《比部招议》,凡入仕者咸用以资吏治"等语。[1]

《比部招议》所收录档案材料涉及案件办理的整个过程。每案有案件承旨推问的缘起(启动会审的谕旨)、犯人招供(经司法部门整理)、依律拟罪和皇帝最后裁决。其中最要者当是会审官员审理案件后所上的"题本"和皇帝针对大臣的"题本"所进行的特旨批答。明代的题本是大臣处理公事上奏皇帝的一种公文,即"所凡公事用题本"。其具体格式为:"某衙门某官等谨题为某事备事由,谨题请旨云云。"[2]例如《比部招议》中主要内容即为题本形式所录,可推知诏狱会鞫中,题本是其特有的一种司法文书。该文书由参与会审的官员撰写,包括案件查明的事实和拟处理意见,但非完整判决,尚待皇帝根据题本内容进行终裁。

二、《比部招议》所见的案件材料

《比部招议》所收录档案,从明代的司法组织形式上来看属于"会审"。会审是由皇帝组织的、由众多部门和人员参加的、直接向皇帝负责的一种审判方式。因为其审级高、又便于为皇权直接掌控,是明代最高统治者非常信赖的一种审判方式,因而承担了大量大案、要案、钦案的审理。这些案件都由皇帝下旨亲自交办,故也称"诏狱案件"。明代的"诏狱案件"在会审组织程序上有其自身的特点,从审判形式上属于"多官会审"。"多官会审"是指皇帝针对重大案件直接下令由包括三法司在内的诸多官员参与的会审,是以明代"三司会审"为基础派生而来的会审模式,这类会审参与者的身份复杂,除三法司官员外往往还包括六部堂上官、宗室、宦官、勋臣、锦衣卫等,形成了一个涵盖明王朝各个政治集团、派别的特殊会审组织。本文将《比部招议》所录重案依其性质,就其组织程序等分类述之。

---

〔1〕 参见:(明)焦竑辑:《国朝献徵录》卷四六,雷礼撰《刑部侍郎陈璋传》,万历末年的刻本,上海书店影印 1987 年版。

〔2〕《明会典》卷七五《礼部·奏启题本格式》,中华书局 1988 年版,第 440 页。

（一）职官案件的会审（会审于谦等）

于谦案实际上是由于明英宗"南宫复辟"之后兴起的政治案件，也是明代著名的冤案之一。根据《比部招议》来看主要有以下特点：其一，从这次会审的程序上看，首先由六科给事中进行弹劾。而在此之前，于谦等人已经被锦衣卫先行抓捕。"在廷群臣奉迎皇上正位大统，当谦与王文、王诚、舒良、王勤、张永、项文曜已行擒拿，送锦衣卫监问。"其二，会审的官员由皇帝通过旨意选派"公、侯、伯、驸马、五府、六部、都察院、大理寺等衙门、魏国公等官"组成，在奉天门奉圣旨进行会审。明英宗下达的会审上谕非常简单明确："会多官午门前问。"其三，会审官员根据于谦等人的供词进行议拟，议拟之后，奏请皇帝裁决。当时会审官员议得：

"于谦等俱合依谋反，但共谋者不分首从律凌迟处死，祖父、子孙、兄弟、同居之人不分异姓及伯叔父、兄弟之子不限籍之同异，年十六岁以上，不论笃疾、废疾皆斩；其十五以下，及妇女、妻妾、姊妹及子之妻妾，给付功臣之家为奴，财产入官。陈循、萧镃、商辂……俱依谋反知情故纵者律各斩，决不待时……未敢擅便，谨题请旨。"

上报之后，由明英宗下旨裁决："是。于谦、王文、王诚、舒良、王勤、论法本应凌迟，从轻斩了，罢家小人丁免死充军，家口亦免为奴，着令随住家财入官。陈循等俱免他罪，发口外为民，役家小随住。钦此。"

（二）武官案件的会审（会审张伟、马中锡）

张伟一案系惠安伯充总兵官张伟、都察院左都御史马中锡等在镇压农民起义过程中，追剿不利，或避战畏敌，或失误军机，特别是作为统帅的都察院左都御史马中锡在"剿"与"抚"的决策中，坚执招抚，使得起义军数次通过假降逃脱明军的围剿，被御史参劾之后，由法司进行会审按问。

此案是研究明代的武官（军官）案件司法审理的非常重要的材料。其一，明代对武官犯罪有特殊管辖和严格要求。洪武三年明太祖定制度，对武官犯罪须特别处理："武臣有犯，非经奏请，不得逮问。"[1]在后来修撰的《大明律》就体现了这一思想，并具体化。《大明律》曰："凡军官犯罪，从本管

〔1〕《明太祖实录》卷五三，"洪武三年六月戊辰"，（台北）中央历史研究院影印本，1955年版。《明实录》总第二册，《明实录·明太祖实录》第1040页。

衙门开具事由，申呈五军都督府，奏问请旨取问。若六部都察院、按察司并分司及有司见问公事，但有干连军官及承告军官不公不法等事，须要密切实封奏闻，不许擅自勾问。若奉旨推问，除笞罪收赎明白回奏，杖罪以上，需要论功定议，请旨区处。"[1]将军官犯罪细分为军官犯罪与"干连军官"的犯罪，前者由专门的军事机关"五军都督府"请旨取问；后者由六部等官实封奏闻，但总的原则是要奉旨推问，请旨区处。在明代实际上也是这样执行的："军官犯罪，都督府请旨。诸司事涉军官及呈告军官不法者，俱密以实封奏，无得擅自勾问。"[2]从《比部招议》的记载上看：首先由兵部衙门会议之后，移交刑部处理："本月内，（张）伟与马中锡委因贼众节次攻破各处州县库狱……不能设策剿杀，致蒙取回间，随被御史吴堂将伟等失事缘由劾奏，兵部会议，奏行刑部提问。"其二，案件会审之后由法司官员议拟，再上奏皇帝裁决。明武宗的谕旨曰："张伟、马中锡误事情罪，已着三法司提问，待议拟来处治。"其三，对案件的题本有特殊要求。《刑台法律》曰："（武臣）杖罪以上，不拘替职见任，须要叙其父祖及本身功次，升袭缘由。论功定议请旨区处，不得擅自发落。"[3]《比部招议》记载之题本俱合此规定："刑部等衙门左侍郎等官臣张子麟等谨题，题为处置地方紧急贼情事。会问得一名张伟招，年四十五岁，河南开封府永城县人。高祖张麟。以皇亲除授东城兵马司指挥。曾祖张升，洪武三十三等年奉天靖难及征进勿剌失温等处有功，历升左军都督府左都督，宣德元年，征进武定州及守九门有功，蒙赐券封会安伯；故，祖张麟袭；故，伯父张琮袭；故，无子，父张瓒袭；故，承袭前爵，提督团营兼管三十一营操练兵马知太保充总兵官。"

这样做的目的是让皇帝在处置武官之时能够权衡功过。

（三）宗室案件的会审（会审朱寘鐇、何锦）

正德五年，安化王朱寘鐇与都指挥何锦发动叛乱。叛乱平息后，作为主要参与者的何锦被押赴入京，会审鞫谳。

---

〔1〕 怀效锋点校：《大明律》卷一《名例·军官有犯》；《大明律》卷一《明例·应议者犯罪》；《大明律》卷二《吏律·公式》；《大明律》卷二八《断狱·断罪引律令》，法律出版社 1999 年版，第 4 页、第 3 页、第 36 页、第 221 页。

〔2〕 《明史》卷九四《刑法志二》，中华书局 1974 年版，第 2312 页。

〔3〕 《刑台法律》名例副卷《军官有犯》，中国书店影印本 1990 年版。

从《比部招议》所录内容看，这次涉及宗室人员的会审主要有以下特点：其一，因涉及宗室，参加审理的机构和人员不仅有三法司，还特别包括皇亲、宗室。明武宗命令会审安化王朱寘鐇等的谕旨曰："皇亲、公侯、驸马、伯、五府、六部、三法司、锦衣卫、六科、十三道等衙门会同鞫问明白。国家成法俱在，朕不敢私姑，送入西门司礼监，选差的当内官内使用心看守，子孙宫眷送凤阳府仪，寘鐇罪犯奏来处治。"

其二，对宗室人员由专门地点羁押。与被监押在锦衣卫的不同，作为主犯的安化王朱寘鐇所收押的地点则在"王馆"。明武宗的谕旨："寘鐇并家属送王馆暂且隔别收住，着奉御卢景带领长随二名，提督校人等昼夜用心防守，毋致疏违。日用饮食着光录寺照例送用。"反映了对宗室的特殊照顾。其三，从刑部题本的内容来看，对宗室牵连其他人员的案件，原则上是分别推问拟罪。因为案情重大，所以这次会审经历了两个阶段。首先奉皇帝旨意对非宗室成员的何锦等进行会审，但刑部考虑案情重大，要求将何锦带到关押安化王朱寘鐇的"王馆"处一并审理。其次，初步审理之后，将何锦等人带到午门前会审，同时对安化王朱寘鐇另行弹劾。

（四）宦官案件的会审（会审刘瑾）

明武宗正德五年（1515 年），大宦官刘瑾被弹劾下狱，明武宗命"法司、锦衣卫执瑾午门，廷讯之"。[1]《比部招议》收录有会审刘瑾的题本与皇帝的谕旨，将这些记载结合明代的其他典章制度来看，对宦官的审理有以下特点：其一，对宦官刘瑾的罪状也先由六科给事中和十三道监察御史进行弹劾，皇帝准奏之后启动会审程序。"于是六科、十三道共劾刘瑾三十余条，上是之。"[2]但实际上刘瑾已被锦衣卫先行抓捕。其二，宦官犯罪一般由法司会审，会审后请旨由皇帝裁决。《问刑条例》规定："内官、内使、小火者、阉者等犯罪，请旨提问，与文职运炭、纳米等项一例拟断。但受财枉法漫灌，不拟充军，具奏请发落。"[3]

宦官在明代的政治中具有非常重要的地位，具奏请发落的实质，是涉及

〔1〕 （清）谷应泰：《明史纪事本末》卷四三《刘瑾用事》，中华书局 1977 年版，第 629 页。
〔2〕 （清）谷应泰：《明史纪事本末》卷四三《刘瑾用事》，中华书局 1977 年版，第 629 页。
〔3〕 《问刑条例》，载怀效锋点校：《大明律》，法律出版社 1999 年版，第 344 页。

宦官的犯罪，"实际交三法司审讯后由皇帝亲断"〔1〕《比部招议》会审刘瑾的题本中专门提到："缘刘瑾系内臣，及重刑先系节该奉钦依'着三法司会多官逐一条呈查奏，并将他罪名从实议拟来说事理'，未敢擅便请旨。"而对于同案其他人犯，则由锦衣卫问拟。

三、《比部招议》中所见明代会审的特点

《比部招议》中记载的会审过程与明代律例中对司法机关的要求较为一致。是否启动一个审理程序要由皇帝裁断，重要的会审案件都要请旨、提请，由皇帝决定如何进行审理。会审案件中，何人或何衙门参加审理，由皇帝下旨决定。这正好可以与《大明律》的相关内容相印证。《大明律》曰："凡军官犯罪应请旨而不请旨，及应论功上议而不上议，当该官吏处绞。""若文职有犯。应奏请，而不奏请者杖一百。有所规避，从重论。"〔2〕这是皇帝在司法上权力垄断的重要表现，以防止大臣不经过皇帝独立行使司法权。清代律学家薛允升对这条律文的评论是："按职官有犯，明律多轻于唐律，而此律则较唐律为过重，总系猜防臣下，不使稍有专擅之意。"〔3〕

明代诏狱会审中对案件事实的认定存有迎合上意的倾向。会审中的钦案秉承皇帝旨意办理，在案件实事的认定上存有秉承上谕、先入为主的问题。如于谦案就是因政治斗争而人为制造的一起"莫须有"的冤狱。在审理于谦时，有一段非常著名的记载，作为主犯之一的王文面对审问者不断申辩，于谦则说："辨生耶？无庸。彼不论事有无，直死我耳！"〔4〕通过上文所述，锦衣卫在会审以前已经介入了诏狱钦案，案犯"已行擒拿，送锦衣卫监问"，可见作为案件正式审理的会审，有时徒具形式意义。

明代会审中的法律适用较为严格。《大明律》规定，对六品以下官员犯罪，要由审理机关"取问明白"，但不能判决，在查明事实的基础上，议拟罪名，但不能做出最后的判决，只有上报皇帝才能最终定案。会审过程并不是

---

〔1〕 怀效锋："论明代司法中的皇权"，载《现代法学》1988 年第 5 期。

〔2〕 怀效锋点校：《大明律》卷一《名例·军官有犯》；《大明律》卷一《明例·应议者犯罪》；《大明律》卷二《吏律·公式》；《大明律》卷二八《断狱·断罪引律令》，法律出版社 1999 年版，第 4 页、第 3 页、第 36 页、第 221 页。

〔3〕 （清）薛允升：《唐明律合编》卷一〇，法律出版社 1999 年版，第 207 页。

〔4〕 （清）谷应泰：《明史纪事本末》卷三五《南宫复辟（附易储）》，中华书局 1977 年版，第 531 页。

一个完整的司法审判过程，关键在于，会审的官员只能根据审理的事实进行"议"和"拟"，"议"即"多官"共同议定案情，会商法律的适用和案件的处理；"拟"是根据"议"的结果提出的对案件的处理意见，供皇帝最终裁决时参考。例如，在《比部招议》中的题本之后经常写明："……未敢擅便开坐，谨题请旨。"

"拟"包括根据法律应得罪名及应当处以的刑罚。根据明制，在一定条件下（主要是法律无正条，需要引律比附时），也可以通过加"参语"来提出案件的处理意见供皇帝参考。但是涉及比附的参语往往受到皇帝的限制，明代的皇帝经常通过诏书禁止"妄加参语，滥及无辜"。比如，明武宗即位诏书即声明："内外问刑衙门，今后问拟囚犯罪名，律有正条者，俱依律科断。无正条者，方许引例发落。亦不许妄加参语，滥及无辜。"明世宗的即位诏书也强调："凡问囚犯，今后一依《大明律》科断，不许深文妄引参语，滥及无辜。"[1]明代的会审大案件，所使用的律条俱标明《大明律》原文。例如《比部招议》中认定罪囚谋反之后，所拟的处刑一准于《大明律》，最终如何决断需要请旨定夺，这与《大明律》的相关规定也可以相互印证。《大明律》规定：

"凡断罪皆须引律令。违者笞三十。若数事共条，止引所犯者，听其特旨断罪，临时处治不为律者，不得引比为律。若辄引比，至罪有出入者，已故失论。"又规定："凡律令该载不尽事理，若断罪而律无正条者，引律比附。应加应减，定拟罪名，转达刑部议定奏闻。若辄断决，致罪有出入者，以故失论。"[2]

例如，法司会审刘瑾时，认为刘瑾的主要罪名之一就是问刑之时变乱律令。《比部招议》中会审刘瑾的题本中提到："法司问刑自有律例，瑾要严行峻法，摄服人心，不合屡为更改，不分轻重罪囚并强、窃盗、贼、私盐、逊军邻佑人等，一概妄行枷号决打，永远充军，致死人命数多。"

由《比部招议》所录内容看，反观皇帝圣旨多以口语行文，终裁简约，

---

〔1〕《皇明诏令》卷一八、卷一九，载刘海年、杨一凡主编：《中国珍稀法律典籍集成》乙编，科学出版社1994年版，第569页、第623页、第623页。

〔2〕怀效锋点校：《大明律》卷一《名例·军官有犯》；《大明律》卷一《明例·应议者犯罪》；《大明律》卷二《吏律·公式》；《大明律》卷二八《断狱·断罪引律令》，法律出版社1999年版，第4页、第3页、第36页、第221页。

加刑减罪，多有随意处。例如，在于谦案件中，对于谦等人，"论法本应凌迟，从轻斩了，罪家小人丁免死充军，家口亦免为奴"，而陈循等人也根据皇帝的圣旨从轻发落。对于刘瑾，则直接下令凌迟，不需要复奏。从以上程序来看，多官会审案件，经皇帝裁决后，即告定案。但从明世宗以后，下诏令开始推行多官会审之后的复核："其有奉旨推问者，必须经由大理寺审录，勿得径自参奏，致有枉人。"[1]从此规定可见当时对"诏狱"中奉旨草率结案所生弊端已有认识，并进行了一定的修正。

综上，"多官会审"在明代会审体系中具有重要的地位，这种重要性不仅表现在司法审级上，也表现在如下几点：

第一，从其管辖的案件来看，往往是涉及威胁明王朝根本统治秩序的重大案件，会审对象的身份特殊，往往具有较高的政治地位，或其引发的事件具有较大的政治影响。

第二，"多官会审"直接由皇权掌控，对皇帝负责。审理的提请、审理后的议拟都需要直接向皇帝上奏，参与的人员、审判的进程和最后的判决都有皇帝特旨处分。可以说，"多官会审"这种会审形式应当是除极个别皇帝亲审案件外明代最高级别的审判方式。

第三，参与"多官会审"的官员级别高、人数众多，许多宗室人员和勋臣都参与进来，此种制度安排实为明代政治运作于司法层面之映射。从"多官会审"组织程序来看，其组成人员并无一定严格遴选，完全由皇帝拣选高官、亲信、机要部门参加。指派哪些官员参与很大程度上更多的体现皇帝的个人意志。但通过《比部招议》的记载并对明代会审制度进行梳理，也会考察出一些具有规律性的内容：在参与会审的人员安排上，如果被审人员是皇亲宗室，则参审人员中常含宗室；如被审人员是重要武臣，则参审人员常含有勋臣（有公侯伯爵位的武臣）。若仔细推究明代中央会审机构与人员的组成则会发现：参与会审的人员主要涵盖了明代主要的四个政治集团——宗室、勋贵、宦官和文官集团，比如驸马（宗室）、公侯伯（军功勋贵，即武臣）、司礼监内官（宦官）、三法司及六部堂上官（重要职官）。出现此种对应殊非

---

[1]《皇明诏令》卷一八、卷一九，载刘海年、杨一凡主编：《中国珍稀法律典籍集成》乙编，科学出版社1994年版，第569页、第623页、第623页。

巧合，盖基于明王朝皇权统治的政治基础正由此四个政治集团构成[1]。上述
四个政治集团既可以是皇权利用和依靠的对象，也同时可能成为皇权统治的
威胁。基于上述四个集团在明代国家政治统治中的特殊性，明代皇帝对他们
采取的一贯策略是：利用、防备、分而治之，从而使之互相牵制。中央会审
机构的组成也是这一策略在司法上的体现，会审的组成上安排有各个政治集
团的代表，使之都能参与到司法活动中来，这实际是一种司法权力的分配也
是一种政治权力的制衡。

---

　　〔1〕　明朝皇权的政治基础即明代皇帝进行集权统治时所依靠的政治力量。纵观明代的政治发展，
明代皇权统治所依靠的政治力量主要由四部分组成：藩王、勋贵、宦官和重要文官（大官僚集团）。
以上问题，李渡先生在其论文《试论明代皇权的政治基础》（载《史学集刊》1993 年第 4 期）一文中
有详细的论述与分析，对笔者研究明代中央会审的模式与明代政治运行的关系提供了重要参考。

从"圣谕宣讲"看清代少数民族地区的法制教育

——以云南武定彝族那氏土司地区为例

王虹懿[1]

内容摘要： "圣谕宣讲"是清代统治者宣扬统治思想的一项重要措施。顺治年间，为加对大云南武定彝族那氏土司地区的社会控制，清政府令地方官员将"圣谕六条"及宣讲内容写入"乡规全书"，令专人定期宣讲，作为当地最高行为准则和治理规范。圣谕宣讲以"礼法结合""出礼入刑"的传统法律思想为核心，利用大清律法的严酷维护圣谕威严，震慑乡民使其不敢逾越礼教，无形中加深了乡民对大清律法精神和内容的认识。从这一角度看，圣谕宣讲以宣扬礼教之形式，得法律教育之实效，是清王朝对少数民族地方推行法制统一的重要手段。同时，宣讲活动在形式和内容上表现出的对少数民族传统权威以及文化的重视也反映清统治思想中"以民治民"的灵活变通法律思想。

关键词： 圣谕宣讲　法制教育　礼法结合　法制统一　"以民治民"

明清以来，地方土司制度弊端显现，不断威胁中央政权。迫于废除陋习、规范当地社会秩序的现实需求和扩大中央集权范围的政治要求，统治者不断推进"改土归流"政策，旨在将土司地方纳入到正统统治秩序中。其中一项重要内容就是不断加深土司地方乡民对正统法律思想的认同程度，扩大国家正统法律制度在该地区的适用范围，逐步形成国家法律在该地区的绝对约束力，实现中央和地方法制统一。云南武定彝族那氏土司地方的圣谕宣讲活动就是法制教育的典型措施。

顺治十八年，皇帝命令云南武定彝族那氏土司地方的官员按时向当地民

---

〔1〕 作者简介：王虹懿，彝族，云南文山人，中国政法大学 2015 级法律史博士研究生。

基金项目：本文受教育部人文社会科学重点研究基地项目资助，是"内儒外法，霸王二道——中国传统刑法与社会控制"（批准号：16JJD920020）的阶段性成果，是中国政法大学博士研究生创新实践项目课题"清代国家法律在彝族地方的适用"（课题号 2015BSCX04）的成果。

众宣讲"圣谕六条"〔1〕，并将宣讲内容记录在当地"乡规"中，作为当地最高行为准则和治理规范。圣谕的内容及其宣讲形式和现实效果，无不渗透着传统儒家维护皇权统治和家族伦理纲常的治国思想和"德礼为本，刑罚为用""礼法结合"的法律思想。为推行国家法律在该地方的效力起到了巨大作用。

一、"圣谕六条"是儒家法律思想的体现

顺治九年（1652 年）颁布的"圣谕六条"内容为："孝敬父母，尊敬长上，和睦乡里，教训子弟，各安生理，勿做非为"，是典型儒家思想的治国理念。以孔孟之学为代表的儒家学派，汉武帝时期，由于实行"罢黜百家，独尊儒术"的政策而跃居统治地位，成为近两千年封建法律的理论基础。对中国古代立法和司法的影响都十分深远。〔2〕孔子提倡"出礼入刑"的治国思想，主张将"礼"和"刑"结合起来，为"引礼入法"提供了基础。汉代的"春秋决狱"，《唐律疏议》中"德礼为政教之本，刑罚为政教之用"，"昏晓阳秋相须而成者也"，明朝"明刑弼教"的法律思想等，都体现出对儒家"礼""法"结合法律思想的认同。明清更将丧服图置于律首，以示重礼。礼的基本规范取得了法的形式，成为传统法文化的一大特色。〔3〕这六条圣谕，深刻体现着"礼"的法律思想，"孝敬父母""尊敬长上"是儒家"孝道"的要求，《孝经》中就说道："人之行，莫大于孝"〔4〕，并明确提出"以孝治天下"。儒家认为"孝"是"仁"的本源，也是其他道德范畴的根本，所有道德都应该围绕"孝"而来展开。孟子曰："仁之实，事亲是也；义之实，从兄是也。"〔5〕清代法律中也将"不孝"写入"十恶"之列，并规定了严酷刑罚。例如《大清律例》规定："凡祖父母父母在子孙别立户籍分异财产者，杖一百；若居父母丧而兄弟别立户籍分异财产者，杖八十"〔6〕，对父母在或在父母丧期分家产的不孝行为进行惩罚。"和睦乡里""各安生理""勿作非为"是

---

〔1〕 "圣谕六条"最早源自明朝，开国皇帝朱元璋亲自撰写并向百姓宣讲，内容为："孝敬父母，尊敬长上，和睦乡里，教训子弟，各安生理，勿做非为。"顺治九年颁布了《顺治六谕》，内容与明代无差。

〔2〕 张晋藩："中华法系特点再议"，载《江西社会科学》2005 年第 8 期。

〔3〕 张晋藩："中华法系特点再议"，载《江西社会科学》2005 年第 8 期。

〔4〕 《孝经·圣治》。

〔5〕 《孟子·离娄上》。

〔6〕 《大清律例·户律》第八十七条。

儒家"仁"的思想的体现,有子曰:"礼之用,和为贵。"[1]孟子说:"仁者爱人,有礼者敬人。爱人者,人恒爱之;敬人者,人恒敬之。"[2]清代法律也对违反上述礼教的行为进行了惩罚,如:"凡骂人者,责一十。互骂者,各责一十。"[3]"乡党序齿及乡饮酒礼已有定式,违者责五十"[4]"盗卖冒认并虚钱实契典买及侵占他人田宅者,田一亩屋一间以下,笞五十,每田五亩屋三间加一等,罪止杖八十,徒二年,系官者各加二等"[5]等。

因此,顺治"圣谕六条"是儒家法律思想的凝练,是清代法律制度的核心要义。

二、"圣谕六条"是中央在地方推行的强制性规范

清代武定彝族那氏土司将顺治的"圣谕六条"及其宣讲内容记载在当地《乡规全书》中,成为乡约的主要内容。"乡规民约"是我国古代乡村社会治理的重要工具,最远可追溯到先秦时期。但从周朝到宋代,乡规民约的制定大多属于民间性的自发行为,很少受到官府的干预,从乡约制定到组织和执行等环节中,都体现了较大的自治性。[6]在明成祖朱棣统治时期,第一次以国法的形式颁布了乡规条例,他要求地方官将宋代《吕氏乡约》中有关礼仪教化的内容进行宣讲,以达到移风易俗的效果。[7]到了清代,乡规民约的巨大影响力更是受到统治者的重视,为了有效地控制基层民众的思想,清朝统治者不断通过统一"乡规民约"内容的方式,使其成为朝廷律法在地方的重要执行细则和补充。顺治九年颁布的"圣谕六条"就是其中之一。顺治十六年(1659年)议准设立乡约,作为约束乡民的规范,在此之后,康熙九年(1670年)的《圣谕十六条》和雍正二年(1724年)的《圣谕广训》的推行,使得乡约逐渐丧失了地方性,成为具有统一性、国家强制性的官方性质的文件。

因此,从"圣谕六条"本身的内容、记载的形式上看,是中央在地方推

---

〔1〕《论语·学而第一》。

〔2〕《孟子·离娄下》。

〔3〕《大清律例·刑律》第三百二十四条。

〔4〕《大清律例·户律》第一百八十二条。

〔5〕《大清律例·户律》第八十八条。

〔6〕 吴晓玲、张杨:"论乡规民约的发展及其演变",载《广西社会科学》2012年第8期。

〔7〕 吴晓玲、张杨:"论乡规民约的发展及其演变",载《广西社会科学》2012年第8期。

行的最高行为准则和治理规范,具有国家强制性。其颁行目的是使中央王朝
的法律深入和控制边疆地区,实现中央和地方法制的统一,从而扩大皇权势
力,巩固和加强清王朝中央集权。

三、圣谕宣讲是官方性质的法律教育活动

武定彝族那氏土司《乡约全书》中规定乡约必须打造圣谕牌,选取开阔
场地,在指定时间严格遵照正统礼仪进行宣讲,通过隆重的正统仪式,在那
氏土司地方建立皇权的权威性。从活动的形式、时间、排场到宣讲内容都具
有明显的官方性的特征,从宣讲的内容来看,促进了当地群众对大清律法的
认知。

宣讲活动的官方性首先体现于"乡约"的官僚化。"乡约"是清朝政府
在地方设置的专门官职,并使其专司教化,负责于朔望讲读圣谕。在《清乡
约榜》中记载,顺治十八年(1661年),云南巡抚袁懋功曾说:"乡约之设,
每一里中有齿德表率乡民者,该里公举一人,于朔望齐至公所,宣谕六事,
使地方人等各知孝悌忠信、礼义廉耻,奉行毋违……如有不遵约束,乡约指
名呈报有司,究治此教民为善之成例也……"[1]《乡约事宜条例》中也写到:
"……须择年高有德兴望允孚者充之,照制服以衣,顶待以礼貌"[2]还专门
对宣讲人员进行安排"约正副为一方领袖……今择年高有德里中钦服者二人,
以一为约正,一为约副。公直强干,礼仪习熟者二人为约赞……如约正副诸
人果能公勤率众,行有实效,酌量奖劝,徇私不称者易置之。"[3]因此可以看
出,清统治者赋予"乡约"较高的社会地位,选取德高望重、通晓礼教之人,
纳入编制,赋予官职,按服制以礼待,专门宣讲圣谕,并进行监督。同时,
乡约还被赋予了行政管理的职能,"……输纳钱粮,总领自有里长,催征自有
排年及里名下花户。即有拖欠,该县自有限期追比,未有乡约经管钱粮者。

---

[1] 楚雄彝族文化研究所:《清代武定彝族那氏土司档案史料校编》,中央民族学院出版社1993
年版,第261~262页。

[2] 楚雄彝族文化研究所:《清代武定彝族那氏土司档案史料校编》,中央民族学院出版社1993
年版,第262~263页。

[3] 楚雄彝族文化研究所:《清代武定彝族那氏土司档案史料校编》,中央民族学院出版社1993
年版,第263页。

今查昆明一县，据县所委乡约多至四百余名，各里钱粮听其掌管"。[1] 因此，顺治时期，云南武定那氏土司地区的"乡约"是中央设在地方的专职官员，集教化和行政管理职能于一身，乡约的官僚化，体现出宣讲活动的官方性。

图 1

其次，仪式的宗法化也体现出宣讲活动的官方性。《乡约全书》中记载："……每一里中有齿德表率乡民者，该里公举一人，于朔望齐制公所宣谕六事……。"[2] "朔望"是指朔日与望日，即每月初一和十五，潮汐随朔望而有所变异，是汉历的概念，而彝族传统上使用太阳历，并无此概念，因此，宣讲于"朔望"进行，是正统文化的体现。从仪式站位排场看，并没有彝族

---

〔1〕 楚雄彝族文化研究所：《清代武定彝族那氏土司档案史料校编》，中央民族学院出版社 1993 年版，第 261 页。

〔2〕 楚雄彝族文化研究所：《清代武定彝族那氏土司档案史料校编》，中央民族学院出版社 1993 年版，第 261~262 页。

传统仪式中神职、鬼神、宗教、自然、祖先、舞蹈这些典型的民族元素，代表皇权的"圣谕"被摆放在前方正中央，以示皇权至上，其余人员，按官职大小等级依次排列，成东西对称。这是一个极具中国传统儒家伦理和等级观念的仪式。流程上更是依照传统仪式的击鼓、三跪九叩、宣讲、唱诗来进行。《乡约事宜条例》中写到"会日早，司鼓者击鼓三通，同约毕至司赞司铎先向圣谕牌行九叩头礼毕各分东西对立。司赞唱排班，各依次列行三跪九叩头礼，平身，再唱跪宣圣谕……司讲至案前东西对立……"〔1〕，整个宣讲仪式一共击鼓2次，共8通，跪叩3次，阵势隆重严肃，极具皇权威严。

宣讲的内容具有明显的法律化特点。大清律法条文的诵读是"圣谕六条"宣讲中极其重要和关键的内容。宣讲一开始就指出："本府恐尔百姓贼营之习染已深，性生之良知久锢，谨以俚言敷演成篇，务期仰答我大清皇上宣谕之宏恩……而又参以律条证以报应，俾尔百姓明知若何当趋，若何当避……"〔2〕可以看出宣讲的目的是教化易俗，摒除异习，而其方式就是把正统法律思想作为当地社会的治理思想，用大清"律条"替代"俚言"〔3〕作为人们的行为指引，让大家知道"若何当趋，若何当避"。每一条圣谕讲述中，在解释皇上旨意，为人们提供了明确行为指引之后，诵读朝廷律例的相关规定以震慑乡民，是宣讲的最核心部分。例如，在讲到"孝顺父母"时宣讲通过明确指出具体的行为方式，通过"做好人""行好事""教妻儿和睦""替父母代劳""为父母治病"等方式实现"孝顺父母"。紧接着就列举大清律对违背此类行为的处罚，"我皇上劝百姓们孝顺父母……你若不孝顺，朝廷有律例，决不轻贷，我今且摘讲几条与你们听着……子孙违反祖父祖母并父母教令，及奉养有缺者，杖一百……居父母丧而身嫁娶者，杖一百，离异……子孙骂祖父母、父母及妻妾骂夫之祖父母父母者，并绞殴者，斩，杀者凌迟"〔4〕。用国家法律的严酷，维护圣谕的威严，表明圣谕的国家强制性，即违反了这些行为，将会受到大清律法的严厉惩罚。由此可见，为了直接有效地加强乡民对皇权的畏惧，

---

〔1〕 楚雄彝族文化研究所：《清代武定彝族那氏土司档案史料校编》，中央民族学院出版社1993年版，第263页。

〔2〕 楚雄彝族文化研究所：《清代武定彝族那氏土司档案史料校编》，中央民族学院出版社1993年版，第263页。

〔3〕 方言俗语或不高雅的文辞。《新唐书·韦绶传》："方太子幼，绶数为俚言以悦太子。"

〔4〕 楚雄彝族文化研究所：《清代武定彝族那氏土司档案史料校编》，中央民族学院出版社1993年，第268页。

圣谕宣讲的重要内容就是对"大清律"进行宣讲,宣讲内容是极具法律化的,起到了法律教育的作用。

"圣谕六条"的宣讲是官方性质的,以宣扬传统礼教,统一社会秩序为目的的行政活动。宣讲遵照"礼法结合"的思想,通过讲读大清律法条文的方式,以律法的严酷震慑乡民,使其依照"礼教"行为,极大促进了人们对大清律法精神和内容的了解。从这个角度看,"圣谕六条"的宣讲无疑是一项官方性质的法律教育活动。

四、圣谕宣讲中的传统法律思想及变通

圣谕宣讲主要以"民风恶化,教化未开"为基础,其目的是通过宣扬国家法律的威严,加强皇权对地方的威慑力,实现中央对该地区的实际控制。为了使国家法律更好地推行,加强乡民对大清律法精神和内容的了解,宣讲遵循了"礼教+王法+天报"的理念,表现出典型传统的"出礼入刑,礼法结合"法律思想以及少数民族特点的神权法思想的双重特征。

第一,"礼法结合"的法律思想。汉代以后,儒家思想逐渐成为统治思想,"礼法结合"成了中国传统法制思想的核心。礼从正面规定了国家生活、社会生活的制度和行为规范,而法则对侵犯礼及相关利益的不法行为予以制裁。中国历代王朝的立法,都是将主要是惩罚性规定的法与创设制度的礼结合在一起,构成"法"这一完整的概念。同时,有主张明德慎罚,以礼教为先,圣谕宣讲的内容也充分说明了"以礼入法,礼法结合,出礼入刑"的法制传统。希望人们能够自觉遵守礼法,用"礼"来约束自己为最理想状态,对于违背"礼"的情况,要受王法的处置。对少数民族地区的治理政策和态度也是如此。在规定乡约事由时说到:"……使地方人等各知孝悌忠信礼义廉耻,奉行勿为……"[1]在乡约引言中提到大清律时说:"你们道皇上喜欢要做这书(大清律),也只为你们百姓不肯学好,又不肯听教训,没奈何只得用刑罚……假如你们百姓们个个听教训,个个学好,这一本大清律当初也是不消做的……就是有了这本律,我们官府今日也是不消用的……其兢兢遵守者,自脱法网,自植善果……甘犯朝廷圣谕者……纵得免于昭昭,终难逃于

---

[1] 楚雄彝族文化研究所:《清代武定彝族那氏土司档案史料校编》,中央民族学院出版社1993年版,第262页。

冥冥……"〔1〕这意在表明：圣谕是让大家遵守礼仪知廉耻，而朝廷律法虽然严酷，但只是惩罚不守"礼仪"的行为，大家可以通过遵守"礼仪"来避免受到刑罚。"先礼后法，礼法结合"更体现在每一条的宣讲中：

（1）用儒家思想解释圣谕。宣讲圣谕的第一步，是以通俗易懂的语言传达圣谕的大意，表明此谕提出的缘由和重要性。从其内容可看出，宣讲主要以中国传统儒家思想为基础，将圣谕与伦理道德结合起来，将抽象的圣谕转变为符合乡民伦理观念，贴近乡民实际生活的道德要求。既实现了圣谕的严厉性向道德的温和性的完美过渡，容易获得乡民的理解和认同，又有利于正统思想中"礼"的观念在少数民族地区的渗透，促进文化观念的统一。这说明了清代统治者在少数民族地区的治理上是通过"以民治民"的方式实现思想制度的"大一统"的目的，符合传统中国"礼治"和中央集权专制统治的特征。

例如，在"尊敬长上"一谕中，宣讲官员这样解释："如何是尊敬长上？偌大的世界，许多的人民，都只是一个名分管定，只是一个礼，安排定，名分就是这个长上了，礼就是这个尊敬了……"〔2〕"礼"就是"尊敬"，按照"礼"形成的"名分"就是"长上"。"尊敬长上"就是用"礼"去对待那些按照伦理的安排与你有名分关系的人。随后又将"长上"分为"本宗长上""外亲长上""乡党的长上"和"授业的长上"等，这些分类，都是儒家思想的典型体现。又如，在讲到"毋做非为"一谕时说："如何是毋做非为？凡一切不善的事，大小都叫做非为，行一切不善的事，大小都叫做非为……"〔3〕用道德中的"善"和"恶"观念来解释"非为"，"不善"即"非为"，就是不要做道德所谴责的事，这样不仅将圣谕的价值取向同道德的评价标准统一起来，使得圣谕通俗易懂且减少认同成本，同时也指明了法律所保护的行为。

（2）用国法的严厉维护礼教纲常。在《乡约全书》引文中就有："我皇上

---

〔1〕 楚雄彝族文化研究所：《清代武定彝族那氏土司档案史料校编》，中央民族学院出版社1993年版，第265页。

〔2〕 楚雄彝族文化研究所：《清代武定彝族那氏土司档案史料校编》，中央民族学院出版社199年版，第269页。

〔3〕 楚雄彝族文化研究所：《清代武定彝族那氏土司档案史料校编》，中央民族学院出版社1993年版，第281页。

去除妖氛，中外统一，做下一本书唤做大清律〔1〕。颁行海内与我官府……岂不知王法是无情的……你们若不遵依这六句话，那大清律上鞭、杖、徒、流、绞、斩等罪就都到你们身上了。"指出中央律例的最高效力和地位，表明圣谕和大清律均为皇上所做，揭示出二者实质上的一致性，让乡民敬畏朝廷的律法，从而实现对皇权的敬畏，同时表明了大清律的目的和空间效力，即在"我官府"管辖范围内是适用的。如果乡民违反了圣谕，就要按照大清律的规定处罚，而不是按照当地传统的方式处罚。增加了王法的震慑力，有利于实现"去除妖氛"和"中外统一"。

圣谕宣讲时，官员会将大清律中相应的惩罚措施挑选一些告诉乡民，这样的目的也是促使乡民畏惧朝廷立法而不敢造次。如"和睦乡里"一谕中说道："你若不和睦，朝廷律例，决不轻贷。我今且摘几条讲与你们听着……一、凡骂人者，责一十。互骂者，各责一十……"〔2〕，在讲到"各安生理"时说道："你若不安生理，朝廷律例，决不轻贷。我今且摘几条讲与你们听着……一、欺隐田粮脱漏版籍者，杖一百，其田入关官，所隐税粮照数的征纳……一、民户逃逸差役者，杖一百，发原籍当差，里长故纵及隐弊在己者，同罪……"〔3〕这是每一条宣讲的核心内容，以国家法律为尺度，说明圣谕不仅符合"道德"的要求，而且是以国家强制力（王法）进行保障的。由此可见，圣谕与王法指向同样的价值和要求，违背圣谕就是违背了法律，就会受到王法的处罚。是声明了圣谕的国家法效力以及大清律对武定彝族那氏土司地区的适用效力。若是违背圣谕，该地域的乡民同中原人民一样，都受大清律法的约束，体现了"礼法结合，出礼而入刑"的传统法律思想，"鞭、杖、斩、凌迟"等都具有典型中国传统刑罚特征的处罚方式，是"身体发肤受之父母"等儒家思想在法律上的映射，与彝族传统神权法不同。通过圣谕的形式向乡民传达律法精神，由乡民对圣谕的遵守来实现对大清律的遵守以国家法律为手段，直接有效地实现皇权对乡民的震慑，传播大清律法的内容，扩大国家法律的效力范围。

---

〔1〕 此处大清律是指顺治三年颁布的《大清律集解附例》。

〔2〕 楚雄彝族文化研究所：《清代武定彝族那氏土司档案史料校编》，中央民族学院出版社1993年版，第273页。

〔3〕 楚雄彝族文化研究所：《清代武定彝族那氏土司档案史料校编》，中央民族学院出版社1993年版，第280页。

第二，思想教化和行为教化并重。中国古代法律制度中一个极为典型的特点就是对"思想和行为的双重控制"同时规范的处罚，这也是儒家思想在法制当中的体现。清代立法中这一点体现得尤为明显，例如"十恶"中的"谋逆""谋大逆""谋叛"等，体现出统治者对民众思想和行为的双重约束，这一点在圣谕宣讲中也体现明显。在讲到如何"孝顺父母"时，圣谕中说道："孝顺父母也不难，只有两件事：第一件要安父母心，第二件要安父母身。如何是安父母心？你平时在家里行好事，做好人……教你妻妾儿孙大家柔声下气，小心奉承……上面有祖父祖母……如亲爹亲娘一般。父母身边有小兄弟、小姊妹……好生加以看待……如何是安父母的身？随你的力量，尽你的家私，饥则奉食，寒则奉衣……有事替他代劳，有疾病请医调治，这便是安父母的身……"〔1〕，可以看到统治者主张要同时做到"安父母心"和"安父母身"，"心"即为思想，"身"即为行为。通过"做好人""行好事""教妻儿和睦"等行为来实现"安父母心"；通过替父母代劳，为父母治病等方式"安父母身"，以实现"孝顺父母"。在与民众的两次问答也能看出。第一问是："你们众人听到这些自今以后还有萌着不孝顺的念么？"此问关注的是"念"，即思想。第二问："还敢做不孝顺的事吗？"则关注的是"做"，即人的行为。也就是说，圣谕的首要目的是控制民众的思想使其符合统治阶级的意志，其次再关注行为。"尊敬长上"一谕中，谈及行为规范时说到："尊敬两字不是外面假做得的，是你们那一点谦谨敬惧的真心，如你们今日在会上你心里真有一点敬官府尊圣谕的真心，才叫作尊敬。"〔2〕可以看出，圣谕中要求人们"尊敬长上"不是简单的外在行为，而是由真心的尊敬之意所发出的行为，即"尊敬的真心"和"尊敬的行为"的统一。"若只是随班行礼，没有这一点的真心……嘴里尊敬，心中傲慢，如何成得……假装外面像个谦恭，心中其实刚狠……这样的人，人面兽心，到底干名犯义，无所不至……快拔去那不尊长辈的真病根才好……"〔3〕通过对没有真心的尊敬行为的批判，

〔1〕 楚雄彝族文化研究所：《清代武定彝族那氏土司档案史料校编》，中央民族学院出版社 1993年版，第 266 页。

〔2〕 楚雄彝族文化研究所：《清代武定彝族那氏土司档案史料校编》，中央民族学院出版社 1993年版，第 270 页。

〔3〕 楚雄彝族文化研究所：《清代武定彝族那氏土司档案史料校编》，中央民族学院出版社 1993年版，第 270 页。

表达出对"尊敬的真心"的更大追求。由此可看出,圣谕宣讲中对人们心行一致的要求,是传统法制中思想教化和行为教化并重思想的体现。

第三,注重少数民族文化个性,以民治民,灵活变通。顺治"圣谕六条"在云南武定彝族那氏土司地方的宣讲中可以看出,其宣讲内容结合了彝族社会现状和文化,贴近乡民生活,增强了宣讲的效果。

(1)宣讲人员的本土化。《乡约事宜条例》中第一条对"乡约"做出说明:"仿取士于乡之意,即劝化一乡可兴仁崇让,可息纷解争,此谓以民治民也。自流寇入滇,接待乡约正副大失其道,奴隶呼之鞭挞,加之于是无体面有苦累矣,致令贤者退,不肖者代,假公济私伐异同党,于是有欺蒙无是非矣……须择年高有德兴望允孚者充之,照制服以衣,顶待以礼貌。""公举六十岁以上德业素著之生员(秀才),或素有德望六七十岁之平民统摄……如约正副诸人果能公勤率众,行有实效,酌量奖劝,徇私不称者易置之。"[1]根据云南当地社会情况,约正、约副采"公举"的方式由乡民选出德高望重者担任,利用乡约在当地的原有权威使得民众更容易接受和认同统治者的思想,宣讲人员的本土化更是有利于宣讲内容贴近民众实际生活。既增强圣谕宣讲的覆盖面和认同程度,同时使得"乡约"受官吏制度的约束,实现中央对地方的实际控制。

(2)神权法思想的注入,增强乡民的认同效果和圣谕的威慑力。中国古代奴隶社会以及封建社会初期,"王权神授"的神权法思想占统治地位,夏商时期"天讨""天罚"的思想,西周时期"以德配天"的思想都具有浓厚的神权法色彩。汉代以后,"儒家思想"成为统治思想,提倡"人治",反对鬼神之说,董仲舒又将儒家纲常之理奉为天理,为"天人合一"的理念褪去了神秘色彩。而在圣谕的宣讲中,经常看到鬼神之说,例如宣讲中常有这样的语句:"假使你们逃得过王法,也决逃不得天报……"[2]"……你们才动一个念头,鬼神随即鉴知。自古及今,作善作恶的,有那一些子放过不曾报应,

---

〔1〕 楚雄彝族文化研究所:《清代武定彝族那氏土司档案史料校编》,中央民族学院出版社1993年版,第263页。

〔2〕 楚雄彝族文化研究所:《清代武定彝族那氏土司档案史料校编》,中央民族学院出版社1993年版,第268页。

只争各来早与来迟耳……"〔1〕"……那个王法十分利害，这个天报又十分迅速……"〔2〕在"孝顺父母"一谕中讲到："父母打他，忽一夜起心谋害父母，当晚有鬼入室梦魇而死……"〔3〕在"和睦乡里"一谕中举例："有个缙云吕用明，平素欺压乡里……忽一日发狂，如被人缚打的模样，口中不住说我再不害人了，三日而死……"〔4〕在"各安生理"一谕中讲到一对安分守己的无子夫妇："其妻梅元香梦到一衙门，上坐一官提笔指梅氏曰：你夫妻能守分，不生恶念，赐你一子……梅氏果然有孕生一子，后长成做买卖致大富……夫妻受用不尽。"〔5〕又讲到一个好吃懒做，怨天恨地的人："……有神人变作一少年哄他说：'你随我去不愁不富。'行至一处，少年不见，忽有人高叫拿贼，方知是人家里，送官治之即时打死，竟不知少年是何鬼神……"〔6〕。彝族是有古老信仰的民族，相信神力和轮回报应，统治者利用"善恶有报"这个祖祖辈辈深植于乡民内心的神秘法则增加圣谕的神圣感和对违背圣谕的恐惧感，既宣告了皇权的正当性，又起到对乡民思想和行为的控制作用。皇上是天子，天子的圣谕就是上天的意志，遵守圣谕，上天就会奖励你，得到好的回报；违背圣谕，不仅会受到王法的惩罚，还会遭到上天的报应。王法可能逃脱，但上天的报应是逃脱不了的。这些带有天命、轮回、善报、恶终等神力色彩的事例，大大增强了圣谕在少数民族间的吸引力和威慑力。神权色彩的注入，是统治者利用少数民族文化的特点，对传统法律思想所做的调试。

五、结语

顺治时期的"圣谕六条"在武定那氏土司地区的圣谕宣讲，是清代中央

〔1〕 楚雄彝族文化研究所：《清代武定彝族那氏土司档案史料校编》，中央民族学院出版社 1993 年版，第 265 页。

〔2〕 楚雄彝族文化研究所：《清代武定彝族那氏土司档案史料校编》，中央民族学院出版社 1993 年版，第 268 页。

〔3〕 楚雄彝族文化研究所：《清代武定彝族那氏土司档案史料校编》，中央民族学院出版社 1993 年版，第 268 页。

〔4〕 楚雄彝族文化研究所：《清代武定彝族那氏土司档案史料校编》，中央民族学院出版社 1993 年版，第 274 页。

〔5〕 楚雄彝族文化研究所：《清代武定彝族那氏土司档案史料校编》，中央民族学院出版社 1993 年版，第 280~281 页。

〔6〕 楚雄彝族文化研究所：《清代武定彝族那氏土司档案史料校编》，中央民族学院出版社 1993 年版，第 281 页。

对少数民族地方治理的缩影。形式上，将圣谕及宣讲作为强制性的官方活动；内容上，用"礼法结合，处理入刑"的法律思想教育乡民，使国家法律深入人心。同时加入了神权法的思想，增强圣谕的威慑力。展现了中央王朝对少数民族地方实行法制教育，推行法制统一的治理思想。同时重视"以民治民"、灵活变通的治边法律思想。圣谕宣讲极大地促进了中央法律在边疆少数民族地区的推行，为"改土归流"的成功起到了关键而重要的推动作用。

参考文献

［1］《论语》，中华书局 1960 年版。

［2］（清）阮元：《十三经注疏》，影印本，中华书局 1980 年版。

［3］楚雄彝族文化研究所：《清代武定彝族那氏土司档案史料校编》，中央民族学院出版社 1993 年版。

［4］《大清律例》，中华书局 2015 年版。

［5］刘广安：《中华法系的再认识》，法律出版社 2002 年版。

［6］刘广安：《清代民族立法研究（修订版）》，中国政法大学出版社 2015 年版。

［7］张晋藩："中华法系特点再议"，载《江西社会科学》2005 年第 8 期。

［8］段自成："论清代乡约职能演变的复杂性"，载《求是学刊》2013 年第 40 期。

［9］吴晓玲、张杨："论乡规民约的发展及其演变"，载《广西社会科学》2012 年第 8 期。

清代刑部官员审判的裁量标准

——以《刑案汇览》为视角

张琳惠怡[1]

内容摘要： 在清代的刑事案件中，诉讼审判的裁量标准除了国家制定和颁布的《大清律例》之外，"天理""人情"作为非法律的因素，在案件的裁判过程中占有举足轻重的地位。这是我国传统社会"和谐无讼"理念影响的结果，更体现了统治者与世俗社会之间的博弈，亦是情、理、法三者自然融合的结果以及守法、释法、造法三者的统一。

关键字： 清代　刑案汇览　情理法　裁量标准

引　言

在现代社会，司法案件的审判结果是由"两个前提"决定的，它们分别是"大前提"（国家已然制定完成的法律）和"小前提"（案件的事实）。中国传统社会的诉讼案件，如果也用该逻辑形式去解构审判过程，会发现一个有趣的现象：即法律条文在立法语言上的抽象性以及在法律条文适用上的局限性使审判官员无法完全按照律文的规定对所有的案件进行合情、合理的判决。此种情形之下，情理在中国的传统诉讼中就显得尤为重要。

众所周知，中国传统社会的诉讼审判过程一直是情理法综合运用的结果，这种运用模式至少在唐代已然形成。经过宋元明三代的发展，到清代，这种以情理法为裁量标准和价值取向的构筑模式已经发育成熟。可是情理法三者在诉讼裁判过程中是一个怎样的构筑模式，亦或者说这三者有什么先后顺序，又或者说这三者在清代的诉讼裁判过程中分别占有怎样的地位，一直是国内外学者争论不休的问题。不得不承认，有关该问题的研究，各国学者形成了

---

〔1〕　作者介绍：张琳惠怡，法学硕士，基金项目：本文系 2012 年国家社科基金青年项目"清代中国西部宗教法制研究"（12CFX010）、西北师范大学 2016 年青年教师科研能力提升计划项目"'一带一路'视域下的西北方志法律资源整理与研究"（SKGG16014）、甘肃省高等学校基本科研业务费项目"地方立法语境中的清代藏传佛教立法研究"的阶段研究成果。

许多观点，作者在查阅和研究已有成果后发现，各国学者的研究成果大多集中于清代民事领域，对刑事领域所涉不多，且研究成果较为局限，以中央的审判机关——刑部为视角的研究成果甚少，而以裁量标准和价值取向为基点对刑部的案件进行研究的成果更少。因此，作者在总结前人研究成果的基础之上，分析和解构《刑案汇览》当中的案例，对清代刑部官员审判的裁量标准和价值取向进行研究。

一、《刑案汇览》中法有专条时的裁判

在清代，《大清律例》作为国家颁布的官方法律，其重要地位和法律的渊源作用不言而喻。《大清律例·断狱下》第415条"断罪引律令"条明确规定司法官员在断罪时必须做到"依法裁判"。[1]

（一）严格按照律例条文裁判

在《刑案汇览》当中，严格按照《大清律例》进行裁决的案件数量众多。作者从中选取了三个典型案例对该问题进行论述。案例一是一个赎刑案件，发生在嘉庆二十年（1815年）的陕西省，名叫"官员犯徒止准赎罪不准纳赎"。[2]该案的主角刘晋，是一位地方官员，他因为违制和诬告被判徒刑，陕西省巡抚对该案上请纳赎。中央司法官员收到案件后，对纳赎的律文进行查阅。在嘉庆六年（1801年）之前，有关纳赎的规定是："文武官革职有余罪，及革职后另犯笞杖徒流亲犯死罪，俱照有力纳赎，无力的处决发落。其贪赃官役盖不准纳赎。"[3]嘉庆皇帝对该条文做出修改，认为："文武官员在犯罪革职之后，如果所犯之罪是笞杖等轻罪，不用纳赎。但是在革职之后另犯徒流军谴之罪，依例发配且贪赃官员概不准纳赎。"从刘晋所犯之罪来看，无法适用纳赎之条例。可是该省巡抚依然上请对该案纳赎，是以与律例规定不符。中央司法机关驳回纳赎请求，要求该省巡抚对刘晋严格执行徒刑。

案例二是督捕司审理的旗籍案件，该案发生在道光十一年（1831年），名为"旗人夫妻销档其女仍附旗籍"[4]。从案件的名称就可以了解本案的案

---

[1] 张荣铮等点校：《大清律例》，天津古籍出版社1993年版，第648页。
[2] （清）祝庆琪编：《刑案汇览》卷一，法律出版社2007年版，第145页。
[3] （清）祝庆琪编：《刑案汇览》卷一，法律出版社2007年版，第145页。
[4] （清）祝庆琪编：《刑案汇览》卷一，法律出版社2007年版，第170页。

情。旗人扎克当阿因为妻子卜氏脱逃，依律夫妻二人被销除旗籍。但两人之女是否应该销籍，督捕司上请询问中央。根据《大清律例》之规定："旗人犯罪，销除旗档者，只应销除本身旗档……情愿带其子女出旗，亦将其子女一并销除户档，致违定例。"[1]因此，扎克当阿的子女并不用销档，而督捕司以父母子女不忍生离和同居抚养为由，将扎克当阿的子女销档是违反律例的行为。中央司法官员认为："应毋庸议，相应咨覆兵部。"[2]

案例三发生在嘉庆十九年（1814年），是江西省上请的案件，名为"抢夺刃伤事主闻拿投首减流"[3]。该案中杨美三抢夺时用刀误伤事主，官府立案后自首，案情非常简单。审理该案时，主审官认为该案的情形属于例无治罪明文的情形，比依大江、洋海出哨兵弁乘危捞抢的成案，对杨美三判处杖一百流三千里的刑罚。在上请之后，中央司法官员认为：该案可以运用《大清律例》中的条例审结，并不需要用成案作为审理依据，因为在《大清律例》中明确规定，持刀抢夺伤人的情形判处斩监候，本案的关键在于以上情形下自首情节应当如何认定的问题。根据《大清律例·名例律下》第25条之规定："闻拿投首之犯，除律不准首，及强盗自首律有正条外，其余一切罪犯俱于本罪上减一等科断……若私越度关及奸者，亦不在自首之律。"[4]由此可以得出结论：杨美三应当在斩监候之上减一等，处以杖一百流三千里的刑罚。

（二）依律酌情加重或减轻裁决

中国传统社会的法律从来就不是一个封闭的空间，它融合了众多元素，其中"情"就是一个被考量的因素。由于中国传统法律条文在规定时的罗列式表达，造成在司法审判过程中"大前提"和"小前提"缺乏相应的契合度，酌情加重或减轻处罚就成为必不可少的审判方法。然而，在现实的审判过程中，仍然存在酌情加重或减轻处罚之后无法达到情法两平目的的审判情形。此时，司法审判官员会完全依照情理审判，由此出现"破律""破例"的情形。

下面有两个旗人销档的案件，所犯之罪不同，处理方式却异常一致，即

---

[1]（清）祝庆琪编：《刑案汇览》卷一，法律出版社2007年版，第145页。
[2]（清）祝庆琪编：《刑案汇览》卷一，法律出版社2007年版，第145页。
[3]（清）祝庆琪编：《刑案汇览》卷四，法律出版社2007年版，第330页。
[4] 张荣铮等点校：《大清律例》，天津古籍出版社1993年版，第123页。

都是加重刑罚处理的结果。案例一发生在道光六年（1826年），江苏省巡抚上请了一个旗人恐吓亲属财物的案件[1]。旗人卓佳氏控告缌麻侄孙成立屡次讹索钱财。根据《大清律例》之规定：期亲以下自相恐吓者，卑幼犯尊长以凡人论。[2]但由于成立是旗人，拥有旗籍，所以免受处罚。可是，在该案中的"屡次"这一情节让审判官员认为若不降罪于成立，于"情法不合"。于是，审判官员斟酌之后，对成立所犯之罪适用凡人之例惩处，销除旗籍，以示惩戒。第二个案件亦是同样的处理情形。道光十年（1830年），陕西省上请了一个旗人初犯行窃未得财的案件[3]。该省的审判官员在审理案件时认为：旗人苗玉成并未得财，所以不需要销除旗籍。可是《大清律例》明确规定：旗人初次行窃，就要销除旗籍。该条律例是道光五年（1825年）确立并开始执行的。虽然在规定时，只是言明旗人初犯盗窃所受之惩罚，对得财与未得财这一事实性结果并未做出规定。但是中央司法官员认为：如果对行窃未得财的旗人免于刺字，同时也免于销除旗籍的处罚，那么旗人在有关恐吓、欺诈和准窃盗的案件中就会没有法律约束。因此，对该案未销旗籍的审判结果，中央司法官员认为可以免于刺字，但是要销除旗籍，才能达到"情法两平"，以示惩戒。

第三个案件发生在嘉庆二十二年（1817年），该案由抚镇司上请[4]。犯罪人刘八儿因为命案判处流刑，恰好遇到恩赦减为徒刑。在判决未批复之时逃脱行窃被抓获，依律被判处发配充军。发配期间又逃脱并盗窃八十两，审判官员比照徒犯中途脱逃、总徒四年例，在此基础上加一等，判处徒刑五年、杖一百的刑罚。还有一个同类型案件，发生在嘉庆二十四年（1819年）。犯罪人王二因为犯事被判处流刑，遇到恩赦减为徒刑，之后逃脱加等，被判充军。发配期间，再次逃脱并窃盗六次。从该案的情形可以看出：该犯是累犯减等，和盗窃拟徒再次盗窃的情形不同，所以在原犯之上酌情加一等，判处徒五年，杖一百的刑罚。

第四个案件是广东省上请的案件，发生在道光七年（1827年），名叫

---

〔1〕（清）祝庆琪编：《刑案汇览》卷一，法律出版社2007年版，第158页。

〔2〕（清）祝庆琪编：《刑案汇览》卷一，法律出版社2007年版，第158页。

〔3〕（清）祝庆琪编：《刑案汇览》卷一，法律出版社2007年版，第170页。

〔4〕（清）祝庆琪编：《刑案汇览》卷三，法律出版社2007年版，第271页。

"积匪拟军在配脱逃独窃六次"〔1〕。潭亚复系一名逃军，因为屡次盗窃，比照积匪猾贼例，发配至云南新平县。然而在发配期间逃脱，而后盗窃六次，每次盗窃银两数额都在一两左右，随后被抓获。该案的审判官员按照极边烟瘴军犯逃脱例，对潭亚复处以枷号三个月的刑罚。中央复核官员认为潭亚复所受之刑罚与逃脱但未犯盗窃的刑罚并没有什么区别，按照犯罪情节，除处以枷号之刑外，应当加刺并判处发配极边烟瘴之地充军的刑罚。

以上案件都为审判官员比照《大清律例》酌情加减刑罚的情形。可是当案件情形有违封建纲常伦理之时，该案的处理结果会出现"破律""破例"的情形。在这里，笔者只列举一个比较有代表性的案件。

乾隆二十五年（1760年），陕西省将一个因父自尽控审稍迟谋杀知县的案件上报中央，请求中央进行复审。〔2〕张裕志的父亲张士英是十里八乡有名的强势之人，因为某些事情被当地的县衙拘捕，而后在狱中自尽。张裕志认为父亲死得蹊跷，向县衙上诉，希望可以查明原因。臬司衙门查清该案后将批复文件下发至县衙，但是县衙没有及时公布该批文，张裕志对此甚为不满，并怀恨在心，于是伙同胞弟和妹夫将当地的知县杀死。张裕志依律被判处凌迟，其他二人被判处斩立决。但是，中央复核官员认为该案应当将张裕志的儿子张尚志一并处决，因为"此等凶恶之徒气类相同，亦不便复留余孽"。〔3〕从该案的处理结果可以看出，在封建社会，当有人直接触犯封建等级制度，藐视朝廷权威之时，所受刑罚必然加重，审判结果甚至"破律""破例"。

二、《刑案汇览》中法无专条时的裁判

从中国传统法律的条文结构中，可以清晰地发现：中国传统社会法律条文的罗列式编撰，常常会出现"大前提"和"小前提"无法对照的情形，此情形即被笔者认定为法无专条。面对众多的刑事疑难案件，统治阶层在审判时将儒家思想中的"天理""人情"作为裁量标准，纲常伦理和人之常情奉为价值取向，以期案件的审理结果达到"情法两平"的目的。

〔1〕（清）祝庆琪编：《刑案汇览》卷三，法律出版社2007年版，第283页。
〔2〕（清）祝庆琪编：《刑案汇览》卷二二，法律出版社2007年版，第1251页。
〔3〕（清）祝庆琪编：《刑案汇览》卷二二，法律出版社2007年版，第1251页。

（一）参照情理比附裁决

比附，这种审判模式至少在唐代已然形成，经过宋、元、明三代的实践和运用，到清代，这种审判方法和技巧已经彻底融入《大清律例》当中，成为审判官员经常运用的审判方法和技巧。[1]毋庸置疑，这种审判技巧是成功的，因为在中国传统社会的法律模式之下，比附这种审判技巧必不可少，它解决了许多当时法律无法解决的疑难问题。

道光六年（1826年），广西上报了一个土人行劫未得财迁徙后脱逃的案件[2]。林亚三偕同林卜绣到苏公召家抢劫，没有得财，打伤官兵后自首。打伤官兵的情节，由于二人并不知情，所以处理的结果按照拒捕律加二等处罚；自首的情节可以使刑罚减一等，最终处以发配之刑。而对强盗未得财的情节，审判官员认为应当将二人发配至新疆为奴。此案的处理结果似乎到此只需要上报中央复核即可，但是该案的处理结果并非如此。因为林亚三二人在发配之后逃脱，《大清律例》对该情节并没有明文规定，刑部官员对二人的处罚也只是比照寻常遣犯逃脱被获例发配回原籍枷示的刑罚来解决此事，这似乎并不符合清代官员审判的一贯做法。刑部审判官员对此裁判结果给出理由，认为："查土人有犯军流徒罪仅止迁徙，因其习俗迥异，言语不通，若发往他处无可谋生，是以仅以迁徙。"[3]由此可见，在制定《大清律例》时，统治阶层充分考虑了当地居民的实际情况，对少数民族的特殊照顾也反映了中国传统社会关注民生的治国理念。

第二个案件发生在道光二年（1822年），名为"父因赶殴失跌擦伤失风身死"，是广西上报的案件[4]。该案的犯罪人唐本华雇佣劳力制作石灰用于肥田。交工之后，发现工钱不足，于是拿两担石灰折抵，之后将事情告诉了他的父亲唐幅礼。唐幅礼一听当即责怪唐本华将石灰私卖。唐本华认为该事无足轻重，并出言顶撞。唐幅礼斥责唐本华并起身殴打，但是因为久病跌倒在地擦伤，七十日后中风身亡。对于该案的情形，《大清律例》并没有法律的明文规定。审判官员比照儿子过失杀死父亲例，对唐本华处以绞立决的刑罚。

---

〔1〕陈新宇："帝制中国的法源与适用论纲——以比（附）为中心的展开"，载《中外法学》2014年第3期。

〔2〕（清）祝庆祺编：《刑案汇览》卷六，法律出版社2007年版，第432页。

〔3〕（清）祝庆祺编：《刑案汇览》卷六，法律出版社2007年版，第432页。

〔4〕（清）祝庆祺编：《刑案汇览》卷三四，法律出版社2007年版，第1791页。

该案在刑部进行复核时，刑部官员认为唐幅礼是自己跌倒，而且死于中风，若处以绞立决，与情理不符。所以，对于唐本华的判决应当比照儿子违犯父亲教诲命令导致父亲自尽例进行处罚。

（二）直接运用情理裁决

比附是传统司法当中最常见的审判技巧，它的运用解决了大部分疑难案件，但是依然存在比附无法解决的案件。这种案件的出现，使审判官员不得不以"天理""人情"为依据，以情法两平、和谐无讼为最终目的，对案件做出最终的判决。

第一个案件是盛京将军上报的名为"移住宗室私自回京探母"的案件[1]。福清泰是满族宗室，奉命迁往盛京。但是因为母亲病重，思念情切，而回京探望。在私自到达京城之后，立刻向宗人府禀明情况。依照《大清律例》，福清泰私自回京的行为应当比照八旗子弟前往各省不领印私自前往例，处以鞭刑一百，折抵俸银一年的刑罚，保留宗亲玉牒，即刻押往盛京。当盛京将军把该案上报到中央时，嘉庆皇帝对该案的处理结果做出更改，将即刻押往盛京的处罚决定，改为在京侍奉母亲，直到亲养事毕，再行押往盛京。嘉庆皇帝认为："福清泰之母患病未痊，伊到盛京后，系念情切，必又思回归……原情救法，固亦行不悖也。"[2]从嘉庆皇帝的朱批中可以看出：当案件的处理结果有违人伦常理时，统治阶级运用儒家思想或者说最简单的人之常情对该案的审理结果做出调整和变更，以期达到统治阶层所认为的正义衡平感。

第二个案件是道光七年（1827年）山东省上报，名为"笃疾收赎后复医痊仍准释放"[3]。周骡是抢夺之后被处以流配的犯人，因为突发风湿而两腿麻木，逐渐加重为筋骨痉挛，最后演变为不能行走。经过山东省查验，该犯的双腿无法痊愈，已经形成笃疾，遂上报刑部收赎。刑部收到案件后发文咨询该省巡抚，该省巡抚将周骡的父亲已经拿药酒治愈该犯双腿的情形上报，请示刑部是否应当继续执行发遣之刑。然而继续将周骡发配或者收赎释放，都没有可以依据的律文。刑部官员查阅成案，也没有发现类似的案例。于是，刑部官员以儒家留养思想为审判依据，认为"惟思老小废疾收赎及亲老留养等

---

〔1〕（清）祝庆琪编：《刑案汇览》卷一，法律出版社2007年版，第151页。
〔2〕（清）祝庆琪编：《刑案汇览》卷一，法律出版社2007年版，第151页。
〔3〕（清）祝庆琪编：《刑案汇览》卷一，法律出版社2007年版，第302页。

项，俱系法外之仁"。[1]对周骡处以枷示，"即属国法已伸，罪无重科"。[2]从此案的审理可以清晰地看到"天理""人情"在清代刑部审判中的作用。

成案在中国的传统诉讼中是一个非常特殊的存在。因为在中国的传统社会，审判官员没有权力将判例作为裁判依据，就算以成案为依据，也要上报中央复核。在《刑案汇览》当中，有367个案件是运用成案审结。[3]所以，作者认为，成案的运用是审判官员为案件结果"情法两平"所做出的最重要的努力和尝试，亦可以看出中国传统法律文化的多元特点。

第一个案件发生在道光六年（1826年），广东巡抚上报了一个名为"弟兄聚众结拜酌留一人养亲"的案件[4]。该案中江泽芳纠集张耀安、张耀南、蓝四姐、蓝五姐四人结拜被发现。审判官员了解到张耀安、张耀南、蓝四姐、蓝五姐都是亲老丁单之家，但审判官员依然根据《大清律例》之规定，聚众结拜应被判为流刑，且不准留养。该省将案件上报至中央，刑部官员认为审判官员所定刑罚符合法律之规定，但不准留养的判决并不符合情理。刑部官员引出嘉庆十七年发生在江西省的"夺犯杀差案"，该案的犯罪人亦是兄弟二人，最终的处理结果是允许其中一人留养，而且这两人所犯之罪较江泽芳等人更重。因此，刑部官员更改了广东省的判决结果，允许张耀安等人留养，方能顺应人情。

第二个案件发生在道光二年（1822年），乌鲁木齐都统上报了一个屯工遣犯故杀幼孩的案件[5]。犯罪人黄秉因为被七岁幼童马五筋子谩骂，一时气愤而起杀心，将马五筋子殴打致死。该案的情形在《大清律例》中并没有专门的律条规定。审判官员在审理时，查到了一个嘉庆十九年（1814年）发生在广西地区类似的案件。在该案中唐老向故意用木枷打死七岁孩童杨小晚。审判官员将该案比照故意杀人律，判处唐老向斩监候的刑罚。故乌鲁木齐都统在处理该案时直接运用该成案判决，达到了情法两平的目的。

---

[1] （清）祝庆琪编：《刑案汇览》卷一，法律出版社2007年版，第302页。
[2] （清）祝庆琪编：《刑案汇览》卷一，法律出版社2007年版，第302页。
[3] 陈新宇："帝制中国的法源与适用论纲——以比（附）为中心的展开"，载《中外法学》2014年第3期。
[4] （清）祝庆琪编：《刑案汇览》卷二，法律出版社2007年版，第232页。
[5] （清）祝庆琪编：《刑案汇览》卷三，法律出版社2007年版，第273页。

三、清代刑部官员审判裁量标准形成的内部原因

综上可以看出：中国传统法律文化的构筑模式并非一个闭合区间，它包含着除了法律之外的其他因素，当然，作者承认中国传统社会的法律亦受到国家意志的影响。而本文一直提到的"情""理"实为除了法律之外对中国传统诉讼影响最大的因素。

从本文的写作架构中不难看出：当一个刑事案件发生之后，审判官员大都希望能够在《大清律例》中找到符合该案情形的律例并对该案直接审判，因为《大清律例》第415条明确规定审判官员需要"依法审判"。但是随着社会的进步与发展，国家制定的已有的《大清律例》根本无法完全应对社会发展过程中出现的新问题、新情况，这使审判官员大为苦恼。如何在不违反法律规定的情形之下，对已经发生的刑事疑难案件进行审理，成为审判官员必须要解决的问题。此时，运用情理裁判或者说"引礼入律"就显得尤为重要。

清代纪昀曾在《四库全书总目提要》中对《唐律疏议》有如此评价："一准乎礼，以为出入，得古今之平。"由此可以看出：至少在唐代，引礼入律已经完成。引礼入律之后，其体现方式亦或者说表达模式就是"情理"。于是，司法官员在审理案件时，对案件情形的认定便遵循以下路径：即所受案件是为律文所规定之情形时，则直接运用律例条文进行审理，但是需要注意审理结果必须要达到"情法两平"，如果审理结果并未达到此目的，则会出现"破律""破例"的情形；若所受案件是律文未规定之情形，则运用情理进行审判就成为一条必经之途，情理作为审判官员诉讼裁量过程中的重要标准，不断运用于案例当中。本文的写作框架，就是最好的体现。

而形成这样一个审判路径，并非一蹴而就之事，它是一个复杂的过程。自西周王朝周公制礼开始，传统中国社会就进入了一个"情感"为本位的时代。[1]周公制礼不仅仅确立了西周王朝的治国理念，同时也使中国的传统社会进入了一个"教化"时期，礼乐制度的确立，为中国传统社会的基本走向奠定基础。春秋战国是中国历史上的混战时期，此时传统的中国社会面临着一场前所未有的机遇和变革。虽然该时期被认为是礼崩乐坏，但这并不影响中国社会的变革和思想的蓬勃发展，诸子百家涌现，出现了许多建构社会制

---

〔1〕 徐忠明："诉诸情感：明清中国司法的心态模式"，载《学术研究》2009 年第 1 期。

度基本框架的学说，对中国传统律学的发展影响深远。先秦法家的代表人物韩非子曾说："法者，编著之图籍，设之于官府，而布之于百姓者也。"〔1〕又说："法者，宪令著于官府，刑罚必于民心，赏存乎慎法，而罚加乎奸令者也，此臣之所师也。君无术则弊于上，臣无法则乱于下，此不可一无，皆帝王之具也。"〔2〕商鞅，这位深受法家思想影响的改革家在秦国变法之时，改法为律，是对"法"含义的最好阐释。汉武帝时期的"独尊儒术"使传统中国社会彻底进入到一个礼法同行的时期。

此处姑且不论礼法融合的整个过程，但是汉代统治者的治国思想对中国传统法律文化的影响，尤为深远。因为在周公制礼之下，以"情感"为本位的社会秩序已然基本形成。春秋战国时期，《法经》六篇的出现，法家思想的发展，商鞅变法的成功，为我国礼法同行奠定了基础。而汉武帝时期的"独尊儒术"以及春秋决狱，顺应了中国传统社会礼法同行之路。经过魏晋南北朝的发展，引礼入律的成果在《唐律疏议》中得到最充分的体现。中国传统司法中的儒家思想得到充分彰显，一准乎礼，情法两平成为审判官员最终追求的目标。

由此，似乎也可以从侧面解释为何中国传统社会会形成"无讼"的观念。当西周时期的统治者提出"以德配天"的政治理念之时，中国的天道观念基本形成。传统的中国社会对"天"有一种天然的敬畏，因此，将统治者称为"天子"，即上天之子。在这种理念的支配之下，秦始皇在泰山举行封禅大典，似乎就变得顺理成章，汉武帝时期董仲舒所提之"天人感应"学说就有章可循。由此可以看出，天对传统中国社会的重要性。这种天道观直接影响了古人对法律的理解。在传统中国社会，法律很早就被称为"必要之恶"，这种理解是符合传统中国社会所持的"和谐"观念的，因为在中国古人看来：人与人、人与自然甚至整个宇宙都应该处于一种洽合无间亦或者说是一种微妙的平衡状态。而诉讼的出现，打破了天、地、人之间的和谐与平衡，这是统治者不愿意看到的，同时也不是中国传统法律文化所追求的最高境界，而争讼更加不是统治者积极引导的诉讼思想。梁治平在《寻求自然秩序中的和谐》一书中提出："礼义"出于"天道"，是"天道"的显现。而诉讼的出现不仅

---

〔1〕 陈秉才译注：《韩非子》，中华书局 2007 年版，第 230 页。
〔2〕 陈秉才译注：《韩非子》，中华书局 2007 年版，第 238 页。

破坏了自然秩序中的和谐，更加有违儒家思想当中的道德观，亦或者说是有违中国统治阶层所追求的"教化众生"的理想，"争讼""健讼"思想从中国传统社会统治阶层的最顶端开始就不被接受。[1]和谐无讼的观念贯穿于中国传统社会的始终并在中国传统法律文化中根深蒂固，这似乎并非偶然，而是中国传统社会自身选择的结果。至于宋代之后江南地区诉讼案件增多并出现"争讼"情形，是当时商品经济发展的所带来的结果。从统治阶层方面来说，希望通过源自于中国最朴素的天道观——礼义，即教化使社会达到和谐无讼的理想境界的愿望并没有发生根本性的改变，这从《刑案汇览》中的遣词用句当中就可窥见一二。

四、结论

中国古人就是在无讼的理念指导之下对所发生的案件进行审理裁判，它体现的是统治者与世俗社会之间的博弈，亦是情、理、法三者自然融合的结果，更是守法、释法、造法三者的统一。一言以蔽之：情、理、法是清代刑事审判的裁量标准和价值取向，也是中国古人心中朴素正义的衡平法感，只不过有些内容被国家固化上升为"国法"。由此可见，"天理""人情""国法"在思维模式和形式结构上形成了一个统一完整的逻辑体系。

---

〔1〕 梁治平：《寻求自然秩序的和谐》，三联书店 1998 年版，第 216 页。

《学徒健康与道德法》 评析

李海明　　陈艺文[1]

内容摘要：随着资产阶级兴起，新型资本主义工厂生产方式蓬勃发展但问题百出。童工雇佣现象十分显著，并引发了诸如虐待童工、迫使童工从事危险工作的情况，从而带来了一系列社会问题。面对诸多社会问题，政府不得不出台相应法律以改善工人工作环境，最早保障工人用工情况的法律应运而生，其中具有标志性的法律即《学徒健康与道德法》。但是在当时的社会环境中，通过法律改善工人生活的效果微乎其微，在多方利益斡旋与认识能力相对落后的背景之下，这部法律并没有取得预期的效果，仅仅成为政府表态的一种形式。但是在现代法学的视角之下，这部法律的颁布无疑有着极大的社会意义与历史意义。对于劳工人身健康与工作环境的保护渐渐走入历史舞台，国家干预劳动领域的先河就此打开。

关键词：学徒健康与道德法　罗伯特·皮尔　济贫法　工厂法　劳动立法

前　言

审视题目，既然叫作"评析"必然是分析与评价相结合。本文按照先分析后评价的思路，分别从《学徒健康与道德法》的内容与实际施行效果两个方面，将当代事业还原进历史环境中进行深入分析，并结合其立法目的、实际效果、本身价值、历史意义等作出中肯深刻的评价。

经过初步的资料查阅不难发现，通常被我们称作"1802年工厂法"的《学徒健康与道德法》的全称为《保护棉纺织厂和其他工厂的学徒和其他工人的健康与道德法》。随着资产阶级兴起，新兴资本主义工厂生产方式蓬勃发展并产生很多问题，诸如本文主要讨论的雇佣童工现象。由于大量的雇佣童工问题，虐待童工、迫使童工从事高强度危险工作的情况也随之而来，继而引发了一系列社会问题，如儿童畸形生长、青少年犯罪率高、传染病大规模爆

---

[1] 作者简介：李海明，中央财经大学副教授；陈艺文，汉族，中央财经大学本科生。

发等。因此政府不得不出台本法以改善工人工作环境，保障工人用工状况。

然而，由于历史意识残留，资本主义工厂学徒披着中世纪学徒制度的外衣，难以被大众在认识中划分入专门的工人种类当中。且本法本身内容含有诸多相互矛盾之处，大大降低了本法的严谨程度与权威效力。加之当时大背景下政府职员执法不力，很难做到有法可依、有法必依。同时，国家战乱需要工厂主的赞助与支持，因而国家也未对工厂主的违法行为做出严格的管理，可以说此法的实行相对来说效果十分微弱。当然，在当时那种内外环境都十分不利的情况下，这样一部具有划时代意义并触及资本主义工厂主切身利益的法律的推行必然是面临诸多困难和挑战的。

虽然法案并没有取得预期效果，或者说颁布此法案仅仅是为了表示"政府关注着并在积极作为改善社会"。但从现代法学角度来看，我认为法案在立法与历史方面的价值与意义都远远大于其当代作用。虽然《学徒健康与道德法》未能在19世纪的英国占有一席之地，然而作为公认的最早的工厂法，其为后续立法奠定了坚实的基础。同时在自由主义经济的背景下，本法案的颁布开创了国家干预的先河，使童工问题得以在议会讨论。自此以后，对于劳工的人身健康与劳动环境的保护在更大范围内实行，工厂法应运而生。综上所述，《学徒健康与道德法》无疑拥有重要的价值与意义，其丰厚的底蕴值得挖掘探讨。

一、制定过程

（一）法案制定历史背景

1. 由封建农业社会到近代工业社会的转变

18世纪后期，古老的英国被工业革命新浪潮淹没。大型水力机器的产生使社会生产力实现了质的飞跃，建立在工厂机器生产力之上的大英帝国的野心亦需要越来越多的社会资本来满足。在亚当·斯密自由放任主义的思想影响下，英国工业革命一发不可收拾地从轻工业领域开展开来。

棉纺织工业作为轻工业的代表部门，率先开启了技术与生产组织模式的革新。大部分发明专利以水力纺纱机为主，生产力的提升伴随着生产模式的变化，西方工厂制度由此诞生。在那时，生产机器的技术水平尚且有限，充足的水能是机器工作的必要条件，然而，机器体积十分庞大操作不便，需要大量劳动力协同集中操作。机器的产生使得儿童和成人的生产力相差无几，为了满足工厂机器对大量廉价劳动力的需求，童工雇佣的第一个契机由此出现。

且在社会风气以亚当·斯密的自由放任主义为标准之时，政府对于社会工厂的生产模式与用工构成并不在意，因而更不会加以监督和管制。社会进入片面关注生产力、经济利益、工厂财富最大化的时期，相对而言，劳工个人利益就显得微乎其微，其人权是否得到保护并不在政府考虑范围之内。

2. 封建学徒制外衣下的工厂学徒制

最早的"学徒"产生于13世纪伦敦的一个手工马鞍匠人保存的条例中。该条例限制了师傅对学徒的人身控制并规定了七年的服务期限。15世纪中期，市镇大部分行业均采用了学徒制并制定相应的管理规范，例如规定进入贸易和工商业的孩子和年轻人都要从学徒做起。学徒制度中最重要的师徒关系需要通过约束师傅和学徒并明确双方责任的契约确立，师傅之于学徒类似于再生父母，负责其食宿、道德教育、技能培训并带其了解行规，对于勤恳优秀的学徒，师傅甚至会将女儿许配给他。而学徒有时需要支付部分学费，到技艺学成之时便可以不脱离行会为前提自力更生。封建学徒制以手工业者避免外部竞争，维护行业垄断为目的。

工厂学徒实质为近代的童工。最早是衰败的教区济贫院与急需廉价劳动力的工厂主勾结，以学徒名义贩卖大量贫困儿童到工厂的产物。由于传统学徒制的影响与制约，近代工厂主以传统学徒形式掩饰工厂雇佣童工的本质。

长途的贩卖和到工厂后的恶劣工作环境、高强度的工作内容均给儿童的身心健康带来难以恢复的损伤。工厂中虐待童工、猥亵童工的现象数不胜数，与传统师傅带来的道德教育相比，工厂中的孩子们学到的只有监工的粗鄙与犯罪行为。在狭小昏暗不通风的棉纺织厂中，孩子们爆发皮肤病与呼吸道传染疾病的概率十分大，疲劳作业致死致残的孩子被工厂抛弃，因无法重返社会，只剩下惨死的命运。保尔·芒图对学徒的悲惨处境作了精辟的概括："通过这种腐败和痛苦、野蛮、卑鄙的混合，工厂就把地狱的全景摆在清教徒式的良心面前了。"[1]

---

〔1〕 ［法］保尔·芒图：《十八世纪产业革命——英国近代大工业初期的概况》，杨人楩等译，商务印书馆2011年版，第337页。

3. 战争前的经济危机

18 世纪末期的英国正在拿破仑战争中不可抽身，战争前期，英国面临着巨大的财富困境。在国内由于战事不利而舆论不止争执于是否应该参战的同时，庞大的军费开支使政府面临着严重的财政危机。

作为近代资本主义生产模式下最先富裕并且拥有最多财富的新兴工厂主们自然而然地成了政府化解财政危机的经济来源。新的财政改革在提高各项原有税收的同时，开辟出"收入税"这一新的税种，规定收入标准，并规定超出标准的部分每磅征收 2 先令 10 便士。为安抚新兴工厂主，同时使工厂主能够获取更多利润创造更多财富，政府相应作出让步——不再干涉工厂主使用童工。这亦是后续《学徒健康与道德法》成效微弱、难以推行的原因之一。

（二）法案制定相关人物

1. 放任不管政策者小威廉·皮特

小威廉·皮特（William Pitt the Younger）是迄今为止英国历史上最年轻的首相，在担任首相的同时兼任财政大臣。他常自诩为"新政治经济学的行家"，对于国家经济发展与工厂中日益盛行的工厂学徒制均采取放任不管的态度。在皮特执政时期，英国工厂中的童工比例日益上升。1796 年皮特在议会中关于工人工资法案的讲话中说："经验已经证明儿童劳动力所能做到的，而且在他们能力所及的工厂部门中所能得到的好处。工业学校的扩充也是一件有意义的民族大事。如果有人愿意费力计算按这种方式培养儿童的收益总和，那么当他开始思考他们凭借他们的劳动自力更生并带动国家发展，以及依靠他们的努力和业已形成的习惯所带来的财富时，他们将会感到吃惊。"[1]

在皮特首相眼中，工厂培养孩子可以满足孩子受教育的需求，也能带来更多的经济收益，成为足够的廉价劳动力，促进英国经济快速发展。在首相默许的政治氛围下，工厂主们变本加厉，更加无情地雇用儿童并压榨着他们的剩余价值。在英国大约 40 万工人中，除了 2390 名是成人男工外，其余 77% 都是女工和童工。[2]

---

〔1〕 Samuel Kydd, The History of the Factory Movement, Vol. I, p3.

〔2〕 ［法］保尔·芒图:《十八世纪产业革命——英国近代大工业初期的概况》，杨人楩等译，商务印书馆 2011 年版，第 147 页。

2. 创造环境者罗伯特·欧文

罗伯特·欧文不仅是 19 世纪著名的空想社会主义代表，还是一位在混乱的社会环境下仍能维持本心的棉纺织专家与工厂改革家、慈善家、教育家。欧文深受早年学徒生涯的影响，充分了解童工的苦难与这个社会对他们的亏欠。欧文在新卡纳克工厂担任经理时，在前任主人戴维·戴尔的基础上，通过制度的变革与环境的改善切实改变了童工的食宿条件与工作环境，同时缩短了工厂工人的劳动时间。结果工人心情愉快、体力充沛，产量反而实现了大幅增长，利润不断增加，就此打破了缩短工作时间会导致竞争力下降的谣言，得到了模范工厂的美称。他在成为工厂主人后废除工厂学徒制，再次缩短工作时间，照顾工人健康，"将一家困难重重的工厂经营得相当昌盛，胜过所有与之竞争的工厂"。引来世界各地的参观者甚至皇室前来观摩学习。

欧文发表了如《工厂童工状况调查委员会报告》等多篇文章以及著名的《上利物浦伯爵书——论工厂雇佣童工问题》等信件呼吁完善相关立法，推进工厂改革，将热点大幅度地聚焦在工厂改革，为 1802 年的《学徒健康与道德法》的出台创造了良好的社会环境。

3. 促成诞生者老罗伯特·皮尔与珀西瓦尔

工厂学徒问题第一次引人注意是因为一场大爆发的传染病，由几位名医对此展开调查，其中包括汤姆森·珀西瓦尔医生。调查发现，童工恶劣的生存与工作环境是暴发大规模传染病的根本原因，此外，珀西瓦尔医生还提出了关于缩短工作时间的建议。这些内容和调查报告一起作为证明工厂主压榨剥削童工的重要依据。然而地区执行官采纳后并没有赋予这些建议相应的执行效力，大部分内容与规定被人遗忘。在自由放任与重商主义的英国，富有的资本家们依旧为所欲为着。因而传染病问题并不能得到解决。

1796 年，珀西瓦尔医生和他的同事们成立了曼彻斯特健康委员会，继续对工厂中工人生存工作环境进行调查并整理发布，即后世所称"珀西瓦尔宣言"（详见附录）。"帕西瓦尔宣言"是老罗伯特提案的重要依据与来源。

老罗伯特·皮尔是最早爆发传染病的工厂的厂主，也是托利党内一位权威影响力十足的议员。来自新兴工业家族的皮尔观察自己的工厂后为学徒们的苦难与艰苦的生存环境、工作条件所深深触动，怀着基督教徒的悲悯之心以及深深的同情。深知巨大的社会问题仅凭个人之力远远不能解决这一道理的皮尔向国家政党发出了讯号，生来不喜参政的他提出了从政生涯的唯一一个草案：关于保护棉纺织厂学徒的草案，即后来的《学徒健康与道德法》。可以说老罗伯特·皮尔是《学徒健康与道德法》诞生的决定性人物。

但不可忽视的是老罗伯特难以摆脱的阶级局限性。资产阶级工厂主与皮特首相坚实拥护者的身份注定他无法实现巨大的变革，因而《学徒健康与道德法》的文章读起来总有种"以一种仁慈的口吻描述孩子们在工厂的悲惨和不幸来感动那些即便是'最没有同情心的人'"的感觉。也正是这份法治感的缺失以及为了获取更多人的支持，实际上不伤害任何工厂主利益的立法效果虽然造成了这部法案自身无法弥补的缺点，但也使得这份提案获得了许多人的支持，最终得以通过。总而言之，1802年《学徒健康与道德法》的诞生，老罗伯特功不可没。

（三）法案颁布及其内容[1]

1802年，《学徒健康与道德法》颁布，具体内容如下：

（1）属于磨坊或者工厂的任何房屋或者厅堂，应当每年至少两次，用生石灰和水把墙和屋顶的角落充分粉刷；并保证有足够的窗户以确保通风换气，保持空气新鲜。

（2）工厂主应为每个学徒提供两套完整的衣服，合适的亚麻布、长筒袜、帽子和鞋，每年至少派发一套。

（3）学徒工作时间每天不得超过12小时（早晨6点到晚上9点之间），不包括吃饭占用的时间等。但是产量不少于1000纱锭和不多于1500纱锭的工厂，学徒自1804年6月25日后才开始不得夜间工作。

（4）工作未满四年的学徒，工厂应根据他们的年龄和能力，为他们安排读、写、计算的学习，并由专人负责，设定专门的地点等。

（5）男女分开住宿，一个床位不得住两人。工厂主应当提供基督信仰者每周日至少一小时的礼拜时间。在英国和威尔士，学徒父母是教众者，在他们14~18岁时，每年至少有一次见所在地的教区长、牧师或副教区长的机会。在苏格兰类比执行。学徒每个月至少去一次教堂，在工厂隔周进行一个礼拜。

（6）治安法官制度。每年中下，指定两个与工厂无任何关联与利害的人参观工厂，一个为治安法官，另一个是国教的牧师。他们全权视察工厂，无

---

[1] 李海明：《劳动与社会保障法》，北京师范大学出版社2017年版，第5页。

论何时……得报告地方法庭有关工厂的状况和是否遵守本法的规定。

（7）以预防流行病爆发，巡视员可以要求工厂主医疗救助，可以要求医疗报道，费用由工厂主承担。

（8）与巡视员对抗或骚扰巡视员的，处罚金5~10英镑。

（9）张贴本法于工厂两处显眼的地方。

（10）工厂主不得故意违反本法或者本法的任何措施，否则处以5~40磅的罚款，同时违法的信息会记录在下月的月历中。

二、《学徒健康与道德法》分析

（一）优点

1. 顺应价值取向，缓和社会矛盾

不可否认的是，探究这部法案得以通过议会公开颁布的原因，除了上述先驱们的艰苦奋斗外，还包含着当时英国社会的特殊历史文化原因。因为议会中的议员大部分都有着基督教信仰，这种信仰包含着对曝光出的工厂童工生活工作的艰苦环境与非人待遇的悲悯情怀与慈悲之心。而这种宗教情怀在当时的社会中占有很高的地位，即便是行政命令的颁布或者政治政策的发行都应该囿于基督教的基本精神。当"爱人如己"得不到落实，当宽容和感恩的光明后亦滋生出浓重的阴影，当人性的丑恶与残酷赤裸裸地暴露出来，议员们感到羞耻，感到震惊，他们的慈悲心与传统价值观受到了来自工业文明附属品的冲击。因而他们选择出台这样的法律以规避如上行为，选择对工厂主进行制约，使科学与技术的进步在不违背宗教教义允许的方式中真正做到令人人都为之收益。综上所述，虽然是封建的老旧价值思想，然而顺应传统价值取向无疑极大地促进了法案的产生。

更值得注意的是，许多历史学家评论当时的社会，即19世纪初期的英国处于一种微妙的在传统与变革中求发展的阶段。其中变革不言自明，即近代资本主义工业文明，而传统可细化为充斥于英国政界的"家长主义思想"。家长主义思想具体可以在关于工厂童工的保护中被感知，政府议员认为在此情此景之下，工厂的童工们的人格尊严与生命安全都无法得到保障而政府有义务对其进行庇护与救助。在整个社会都将亚当·斯密的完全放任的自由主义奉为圭臬之时，这种思想未免显得有点悖于主流之音，甚至不符合社会的发

展趋势。"皮尔的议案所体现的家长主义的保护情结引起了议会中众多议员的共鸣，并获得他们的广泛支持……正因为如此，议案在两院中得以顺利通过。"[1]可见家长主义对于《学徒健康与道德法》诞生的重要意义。而一部承载着如此精神价值导向与类似于"救世"义务内核的法典的颁布，无疑对缓和紧张的社会劳资矛盾有着重要的意义与价值。

2. 启迪后续相关立法

剖析《学徒健康与道德法》的立法经历我们不难看出，最早提出议案的老罗伯特·皮尔其实并没有想要改变这一制度，而是想在继续奉行自由主义的前提下对工厂童工加以一定的教育与体恤以体现其悲悯之心。然而随着近代工业的发展，学徒这一群体人员越来越少，大部分工厂选择直接雇佣童工，且老罗伯特本人也拒绝扩大法案适用范围而使之局限在棉纺织与麻纺织厂，因此这部法律的法律效力十分微弱。

但正如我们一直以来所陈述的，《学徒健康与道德法》本身的意义并不在于它得不到实施而几乎没有法律效力的条款内容本身，而在于其立法的开创性与启迪性。它让劳动者与社会各界看到这样一种可能：工人能够并且值得得到更好的工作环境与生活环境，需要更加人性化地对待和管理；工人也有其人身价值并且值得保护，工人的合理需求也应当被满足。它使得劳动者看到了通过合法途径改善自己待遇和状况的希望，唤醒了他们的自我保护意识。同时也激励了密切关注劳工保护的那部分政治家与社会人士，促使他们走上立法的道路，通过颁布法律进一步推动工厂制度的改革以实现这一制度的精进。此举引起了英国社会的立法热潮，越来越广泛的人群呼吁着对《学徒健康与道德法》的完善弥补，要求改正其缺陷的同时提高其立法质量与效力。

因此议会经过不断商讨，又通过了1819年工厂法、1831年工厂法弥补了对于劳动者年龄、劳动者工作时长与法律适用范围的规范的缺失，进一步完善了早期工厂立法，实现了逐步加强的对童工与更广泛意义上的劳动者的保护。轰轰烈烈的工厂改革运动就此拉开帷幕，而对于这一切的良好发展，《学徒健康与道德法》正是有着定海神针般的作用。

---

[1] 刘金源："论十九世纪初英国政府的劳资政策"，载《复旦大学学报》（社会科学版）2012年第2期。

（二）缺点

1. 法案地位低下，实施效力不够

从保尔·芒图"这项法令的实际效果几乎等于零"的评价中，我们可以明确直观地得到这部法案实际效果到底如何的答案。究其外因，有如下几点：

首先，治安官并没有对其进行切实的监督。法规中大部分的操作都被片面地归属到治安官的有效监督中，这一行为的充分落实，在立法者看来是天然成立的，其实不然。因为对工厂主进行切实的监督对于治安官本身来说得不到任何额外的报酬，不仅如此反而会得罪工厂主。在重商主义之风盛行的19世纪英国，资本的掌握很大程度上决定社会地位的高低，这种社会风气下想要凭借小小的治安官之力纠察工厂主的失误，就很幼稚了。虽然每个郡有很多治安官，但是他们都有着一样的苦衷与社会环境，我们承认不是所有人都如此，但那部分想积极落实坚决监督的治安官也往往因为法案内容的缺陷以及法案内容与社会实践的难以匹配而无法奈何工厂主的违法行为。因此我们可以得出这样的结论，即《学徒健康与道德法》的落实基本上没有外力保障。

2. 内容相互矛盾，条款简陋片面

首先，"法案自身中，已经规定法令适合于棉纺织厂与毛纺织厂的所有成员，然而具体条文中，又规定保护对象仅限制为学徒。"诸如此类的自我矛盾使这部法律本身看起来有点滑稽，缺乏正经法律所应有的严谨与严肃之感。其次，法案中的规定所涉及的领域十分狭窄。《学徒健康与道德法》连最为基本的劳工年龄限制、劳动时长、用人单位应该为劳动者提供安全适当的劳动环境等最基本的限制都没有，更别提劳动者社会保障与福利等相关内容了。

不仅如此，随着瓦特蒸汽机的问世，工厂的开设已不局限于水力资源丰富的地区了。工厂位置的自由化使得工厂主不需再以学徒的名义远程贩卖大量童工，而是可以直接向社会发出雇佣申请，要求雇佣贫困家庭的小孩作为工人，仅提供微薄的薪水。研究表明，雇佣的工厂童工与工厂学徒外衣下的童工除了减少住宿条件外毫无区别，其所遭受的也是非人的待遇与残酷的剥削，童工依然生活在水深火热中。且名义的改变使得这些迫害巧妙地避开了《学徒健康与道德法》的保护，使得这部法案的效力又大幅下降，终究达到了从保护人群到保护内容以及保护手段和监察执行方式全面落空的惨淡境地，十分无奈。

因而,《学徒健康与道德法》虽然没有被取缔,也一直都没有实现其应有的预期作用。纵使其有着光芒万丈的辉煌历史意义与立法价值,我们仍不能忽略,这是一部疏漏众多、非常失败的法案。

三、《学徒健康与道德法》评价

(一) 立法意义

1. 对《济贫法》的承继

首先对《济贫法》做出阐述。《济贫法》于1601年由伊丽莎白女王颁布,主要用于对圈地运动造成的流离失所的流民进行救济,以妨碍其继续进行由于失去生活来源而实施的杀人放火,打砸抢烧等暴行,以实现缓和社会矛盾,迫使流浪农民加入工业生产劳动,推动社会转型的目的。其操作形式为:向社会征收济贫税,由慈善机构下发至愿意从事工业生产的劳动者,对于拒绝劳动的人进行投狱或者送去济贫院。有学者评价《济贫法》"印有基督教仁爱感情的印记",也有学者认为由于立法思想与法令本身内容的设定问题,《济贫法》加深了资本主义对劳动者的剥削,是一部"血的立法"。关于《济贫法》本身本文不再赘述,无论其作用如何,这种以立法手段确立的社会救助保障方式将社会对于贫困劳动者的保护归于政府职能之一,为后期的劳动者权益保障与福利国家的设定奠定了基础。

按照划分教区落实的《济贫法》中的教区官员们希望教区学徒可以在工厂学习到技能并以此为生,随着工业生产的发展,工厂主希望得到大量廉价的劳动力,双方需求契合,对于学徒的贩运就此开始。学徒的生活与劳动环境无疑更为惨无人道、泯灭人性,因此,从立法目的与内容相关角度看,《学徒健康与道德法》与《济贫法》有着明显的弥补继承关系。其次,两部法案针对人群均为学徒,虽然两处的学徒含义并不相同,但工厂学徒是手工业学徒的发展产物,因而可以得到结论,《学徒健康与道德法》是政府随着社会发展对古老落后、不能满足需求的《济贫法》的一种弥补,同样代表着政府对社会劳工的行政救济与宗教主义援助,同样对后续的福利国家建设与社会救济保障有着奠基意义。

2. 对工厂法的立法启迪

在《学徒健康与道德法》颁布后，众多社会人士与关注此事的政府议员均敏锐地发觉其所拥有的众多弊端以及实际法律效力的微乎其微，因而此后陆续出台了大量的工厂法，如 1819 工厂法、1831 工厂法与 1833 工厂法等。每一部都是对前有法案的修复与补充完善，究其源头即《学徒健康与道德法》。

由于复杂的原因，纵观英国早期的工厂法立法，每一部的改动幅度与弥补程度都十分有限，我们不能否定的是，这些谨小慎微的尝试对于后期的工厂法立法而言都是重要的财富与宝贵的实践经验。《学徒健康与道德法》推动了工厂法的立法工作，亦间接促进了英国工业革命的蓬勃发展。

关于《学徒健康与道德法》对于具体后续立法的影响，由于文章前部分已有尽可能详细的相关内容，且此点不属于本文的重点研究范围，因而本段落较为简略。本版块列举于此，用以系统地厘清思路、建立框架，不做多余的重复性论述。

（二）历史意义

1. 立法指导思想的更迭

早期的相关立法，均出自于家长主义的天命义务观念，即："财富不仅意味着权力，更意味着义务。"这种封建社会中产生的，人治关系观念十分明显的思想亦主导着之前《济贫法》的立法，且此信念的坚决拥护者多为封建地主阶级、乡绅与封建贵族。

而回顾《学徒健康与道德法》的立法过程，不难看出此次立法与之前由女王钦点的立法大不相同，此次立法是由社会各级贵族、乡绅呼吁，由兼具以上身份的议员提案，发动工厂改革运动，号召政府对此使用公权力加以调节规范。在自由主义完全放任政策影响下的英国社会，面临着社会的性质与人民思想等各方面大动荡大变革，本法案同时具有封建家长主义的特征和近代政府干预特征，是特殊时期的历史产物。

2. 对自由放任思想的初步突破

英国学者 G. H. 勃林格和迈克尔·塔布斯的研究表明："1802 年工厂法预示着自由放任资本主义终结的开始，尽管这一终结过程可能还需要几十年的时间，但是这一趋势是不可避免的。"此外，美国学者也认为"虽然这项法令实际上未能发挥多大作用，却开创了代表童工利益进行议会干涉的原则"。[1]
不仅如此，后续相关工厂法的确立也都遵循着政府干涉的原则。

透过社会转型的英国，我们可以得知，思想的重大变革必然和政治经济变革相互作用相互影响。在封建社会步入近代、新的生产组织方式代替旧有的收工作坊、水力与机器代替人力手工生产、农牧业向工业生存的关键时期，如此的思想突破无疑需要十足的魄力与胆识。即便当时的思想突破可能是无目的甚至无意识的，观其结果，意义仍然十分显著。

四、相关思考

首先，虽然不是很恰当，但是这种意义的变革总令我想起美国罗斯福总统的新政政策，在面对市场经济的滞涨状态时，罗斯福总统启动了政府的适当干预以代替胡佛总统坚持的自由放任政策，从而挽救了经济危机之下日益凋敝的美国经济。然而并非所有的干预与变革都能取得改革者预期的理想效果。如此看来，英国 1802 年的立法行为有着划时代的意义，甚至可以说非常幸运。站在评判法案的角度，《学徒健康与道德法》在我看来是十分失败的。不仅没有一部法案应有的严肃与严谨之美，其在内容与条例的安排方面也缺少一部正规法案应有的美感与节奏感，甚至在颁布后法律效力也微乎其微，完全达不到想要规范工厂主的行为以及对社会关系进行维护的目的。

然而，就是这样一部法律，居然具有深厚的立法意义与历史意义，在社会法与劳动法界均有着举足轻重的地位，占据着公认的"最早的劳动立法"的重要地位。

然而，还是这样的一部法律，虽然占据着重要的地位，有着无数荣誉的加持和学界的肯定，居然仅是众人浅浅提及，国内相关深入研究讨论的文献并不丰富。《学徒健康与道德法》规定的是对于学徒即童工的保护，规范的是重要的生产组织即工厂的经营操作，针对的是劳动雇佣关系的确立和维护。如此重要的一部历史悠久的法律，迄今为止，有限的学者研究中对其各个方面的观点都争论不休。总觉得作为如此重要的部分，学界对其亏欠了应有的关注与深入，也许学术观念完全相同是不可能达成的，但是形成系统化派别

---

[1] [法] 保尔·芒图：《十八世纪产业革命——英国近代大工业初期的概况》，杨人楩等译，商务印书馆 2011 年版，第 384 页。

差异的要求并不过分。私以为，对于《学徒健康与道德法》的进一步开发有待继续。

其次，《中华人民共和国劳动法》1994 年 7 月 5 日由第八届全国人民代表大会常务委员会第八次会议通过，1994 年 7 月 5 日由中华人民共和国主席令第二十八号公布，自 1995 年 1 月 1 日起施行。劳动立法多年以来，仅有 2009 年通过的唯一一部修正案对其进行补充。这绝不意味着我国的现行劳动法十分完善或者劳动关系方面十分稳定毫无问题，反之，这意味着我国的劳动立法尚有许多不足和缺漏需要弥补和完善。劳动法在西方拥有第二宪法的称誉，可见其重要性与地位之高。结合司法实践、社会实情和国情制定出能真正妥善适应社会需求的劳动法，达到调整规范社会劳动关系、有效合理保护雇佣关系双方的目的，这一切都值得每个法律人期待并付诸奋斗。

资源创新

检察机关如何应对以审判为中心的诉讼制度改革研究

蔡玉霞　胡建芳[1]

内容摘要：以审判为中心的诉讼制度改革是无罪推定原则和程序正义理念的体现，有利于实现人权保障、优化诉讼结构和解决现实问题，推进改革必然会影响检察机关的侦查与介入侦查取证职能、审查逮捕职能、审查起诉职能、法律监督职能，检察机关唯有在遵循司法规律的基础上，适时地调整检察职能，改进工作机制，创新工作方法，才能适应和应对改革要求，实现改革目标。

关键词：以审判为中心　检察职能　影响　应对

党的十八届四中全会通过的《中共中央关于全面推进依法治国若干重大问题的决定》（以下简称《决定》）确立了"全面推进以审判为中心的诉讼制度改革"的目标。作为司法改革的重要内容，该目标备受理论界和司法实务界关注，对于实现国家治理体系和治理能力现代化具有重要意义。然而，长期以来，受传统刑事诉讼理念的影响，侦查、审查起诉、审判平行递进关系导致了庭前认定、庭中过场和庭后公布、庭审虚化等违背刑事诉讼规律的问题，严重影响了刑事诉讼的改革进程。以审判为中心的诉讼制度改革恰是对以上问题的理性回应。作为刑事诉讼主体之一的检察机关，承担审查起诉和法律监督职能，控辩审关系的重新优化势必会对检察工作带来影响，在此背景下，检察机关准确认识和定位自身职能，明晰工作重点，调整工作内容，改进工作方式，是有效应对以审判为中心诉讼制度改革的必然选择。

一、以审判为中心诉讼制度改革的内涵和意义

（一）以审判为中心诉讼制度改革的内涵

以审判为中心，强调审判环节在刑事诉讼程序中的中心地位，整个刑事

---

[1] 作者简介：蔡玉霞，甘肃省嘉峪关市人民检察院党组书记、检察长；胡建芳，法学硕士，甘肃省嘉峪关市人民检察院法律政策研究室干部。

诉讼活动需围绕审判活动建构和展开。侦查是审判活动的准备，起诉是审判活动的启动，执行是对审判结果的落实。侦查、审查起诉阶段，案件事实的认定、证据的采信和法律的适用均需以审判为标准予以固定和审查。其中，庭审环节则处于审判阶段的核心位置，是辐射各个诉讼环节支流的主体，庭审是刑事诉讼活动的核心动脉，以庭审为中心是指证据出示、案件事实查明，辩诉意见表达，裁判结果形成等一系列诉讼活动均在法庭完成，只有民主透明和规范到位的庭审方式，才能实现控诉方的客观指控、辩护方的充分表达和裁判方的理性判断，继而使被告人、被害人和其他刑事诉讼参与人的合法权益得到维护，被告人的刑事责任得到权威准确的认定，审判机关做出客观准确的裁判结果。以审判为中心的本质是实现庭审的实质化，是确保直接言词、审判公开、程序公正、人权保障、证据裁判和法庭辩论等各项规则落实的重要载体。

综上所述，以审判为中心的诉讼制度是指对于刑事诉讼指控的犯罪事实是否发生、被告人应否承担刑事责任，应当由依法组成的法庭通过审判，对案件事实认定、证据采信、法律适用做出决定的裁决制度。[1]

（二）以审判为中心诉讼制度改革的意义

1. 有利于实现人权保障

以审判为中心的诉讼制度改革，强调审判的中心位置，增强了控、辩双方的对抗性，形成有效的控辩审制约关系，遏制违法取证行为的发生，防范冤假错案的发生，最大限度地保护犯罪嫌疑人、被告人的合法权益，是实体正义与程序正义的体现。两次新修订刑事诉讼法，进一步强调了对犯罪嫌疑人、被告人权利的保护，改变了"重打击、轻保护"，公检法共同追诉被告人的倒三角现状。显然，此轮改革是符合刑事立法精神和司法规律的改革，是对"人权保障和打击犯罪"的重新平衡，是社会主义民主、法治进步的必然结果。

2. 有利于优化刑事诉讼结构

我国宪法明确规定，"人民法院、人民检察院和法院办理刑事案件，应当分工负责、互相配合、互相制约，以保证准确有效地执行法律"，刑事诉讼法

---

〔1〕 王守安、张江生：《检察工作实践与理论研究》，中国检察出版社 2017 年版，第 107 页。

也对公安机关、检察机关、审判机关的线性关系作了明确规定，据此，侦查、审查起诉和审判诉讼阶段是向前运动，逐次递进的过程，且每个诉讼阶段是完整的，有其自身的职能任务，各个诉讼阶段是平行的线性关系，既不是侦查中心主义，也不是审判中心主义。《关于〈决定〉说明》中指出，"我国刑事诉讼法规定公检法三机关在刑事诉讼活动中各司其职、互相配合、互相制约，这是符合中国国情、具有中国特色的诉讼制度，必须坚持。"由此可见，此轮以审判为中心的诉讼制度改革并没有改变侦查、审查起诉和审判诉讼阶段，亦没有增减公检法的权责。但以审判为中心，凸显了审判环节在诉讼阶段中的中心地位，做出了以往不分中心到以审判为中心的转变，实现了侦查、审查起诉、审判的线性结构向正三角结构的转变。

3. 有利于解决现实问题

长期以来，受强职权主义的诉讼模式和重实体、轻程序，重协调配合、轻监督制约的影响。司法实务中长期存在领导的条子，内部的请示汇报和庭外的研究决定等违背刑事诉讼规律的现象，使侦查、审查起诉和审判不能被有效制约。检察机关为形成统一的司法尺度和顺利追诉犯罪，事先沟通，做好庭前应诉准备，造成未审先定，庭审虚化。以审判为中心的诉讼制度改革恰是我国针对以上问题审时度势的重大举措，凸显了审判程序的终局性与权威性，注重法庭实质，使侦查和审查起诉围绕和服务于刑事审判，实现侦查趋势和公诉强势向法庭优势和庭审定势转化；使诉讼的对抗性与对证性增强，进而增强审判对侦查、审查起诉的反向制约作用；使程序正义理念得以回归。

二、以审判为中心的诉讼制度对检察工作的影响

推进以审判为中心的诉讼制度改革势必会对传统的刑事诉讼理念、诉讼结构、诉讼职能产生较大冲击。就检察工作而言，虽然直观表现为对审查起诉职能的影响，但审判环节作为案件的终局节点，其诉讼制度的构建必然会反推至审查起诉、侦查监督和侦查环节。

（一）对侦查职能、介入侦查取证职能的影响

检察机关具有对贪污贿赂类案件和渎职侵权类案件的侦查职能，由于具有法律监督职能的检察机关无法实现对自身的监督，缺乏监督的自侦职权存在权力滥用的风险，以非法手段收集证据的可能性较大。而以审判为中心要

求贯彻证据裁判规则，其内容之一是排除非法证据，也就是说，通过非法手段收集的证据，在庭审实质化的情况下，将会被排除。这种严格的倒逼机制促使检察机关必须规范取证程序，确保获取的证据能经得住庭审实质化检验，这对检察机关的自侦能力提出了更高的要求。

审判中心主义必然会引起侦查方式的转变，而侦查方式的变化必然会引起侦查监督方式的转变。显然传统的事后监督、被动监督方式已不适应现实需要，适时介入侦查工作机制是检察机关引导、规范侦查活动、提高侦查监督质量和实效的重要措施，是变被动监督为主动监督，变事后监督为事前、事中监督，由发现问题向解决问题，纠正违法取证向引导合法取证转变的有效方法。

（二）对审查逮捕职能的影响

审查逮捕职能作为对侦查行为监督的重要方式，其设置初衷是控制犯罪嫌疑人、被告人的人身自由，以便追诉犯罪。它是与传统的刑事侦查模式相匹配的一项诉讼制度。而以庭审为中心，突出庭审在查明案件事实、调查核实证据中的核心地位，是疑罪从无原则和程序正义理念的体现。这一诉讼制度在推进过程中，必然会带来如下变化：一是随着庭审实质化的推进，庭审将以重大疑难复杂案件为审判重点，而简单、轻微刑事案件将会在审前程序中得以分流，继而侦查机关适用非羁押性强制措施的比率将会上升，检察机关的不捕率随之下降。二是传统审查逮捕犯罪嫌疑人，采取书面、封闭的方式，是一种行政化的审查方式，不能兼听犯罪嫌疑人一方的意见，难以客观、全面掌握犯罪事实证据，与庭审中心主义下程序正义原则相违背。三是传统审查逮捕证据重视事实证据审查，很少重视侦查活动合法性审查。庭审中心强调客观性证据的运用，减少言词证据的采纳率，注重对有罪供述证据来源的合法性调查。只有证据内容真实、合法的前提下，才会做出指控成立的有罪判决，否则检察机关将会承担举证不能的不利后果，这将倒逼检察机关加大对侦查活动合法性的监督力度。

（三）对审查起诉职能的影响

以审判为中心强调审判的主导地位，并不意味着所有案件都要经过审判环节，而适当的案件审前分流机制不仅能节约司法资源，降低诉讼成本，提高诉讼效率，减轻诉累，而且能保障审判机关审理重大、疑难、复杂案件的精力与时间，提高庭审的质量。故审前案件分流机制是对以审判为中心诉讼制度改革的必要补充，然而受"起诉法定主义"诉讼理念的影响，检察机关不起诉适用范围相对较小，导致贸然起诉、勉强起诉的情况出现。这不仅浪费司法资源，而且使庭审受困于诉累，不利于庭审实质化的实现。

以审判为中心要求"通过建立公开、理性、对峙的平台，对证据进行审查核对，对指控进行判定，实现追究犯罪的正当性和合法性"[1]。这无疑对检察机关的控诉职能提出了更高的要求，而其中一个重要的方面是证明标准的变化。虽然刑事诉讼法对起诉和审判阶段规定了相同的证明标准，均为事实清楚、证据确实充分，但受传统诉讼理念的影响，司法实务中普遍存在逮捕、审查起诉、审判依次递进的证明标准理念，这显然不符合刑事诉讼法就证明标准起诉与审判阶段有罪判决同质化的要求，更难以适应以审判为中心背景下平衡控辩双方力量，实现两者实质平等的要求。

（四）对法律监督职能的影响

检察机关作为法律监督机关，其对侦查和审判活动的监督是其监督的重要内容，由于受传统"重实体、轻程序""重打击、轻保护"刑事诉讼理念的影响，检察机关对侦查活动的监督存在走过场的形式主义弊端，致使监督程序虚置，不能有效制约侦查权能。加之刑事诉讼法未对非法取证行为规定严格的制裁措施，司法实务中通常采取口头纠正或发出纠正违法通知书的方式予以监督，侦查机关通常不予回复，缺乏实效。显然，监督方式过于"疲软"，不能形成有效的刚性约束。故强化对侦查活动的监督，是对以审判为中心诉讼制度改革的理性回应。

以审判为中心使审判权得到加强，依据权力运行规律的特点，权力增强的同时需要相应的机制予以制约，故强化对审判活动的监督是应对以审判为中心诉讼制度改革的有效方法。同时，以审判为中心是诉讼中心的后移，并不是审判代替其他诉讼程序，与之相应的其他配套制度还需进一步完善和强化，确保以审判为中心的诉讼制度改革顺利推进。

三、检察机关应对以审判为中心诉讼制度改革的路径选择

推进以审判为中心的诉讼制度改革对检察机关的各项职能带来重大挑战，

---

[1] 卞建林："刑事检察工作模式有待转型"，载《检察日报》2015 年 7 月 9 日。

检察机关要以此为契机，在遵循诉讼制度改革规律的基础上，结合现有实际，找准自身职能定位，及时调整检察工作方式，主动适应和应对此项制度变革。

（一）强化侦查取证能力

以庭审为中心对证据收集标准和规范化程度提出了更高要求，这就要求检察机关"要扭转习惯上审判、起诉、逮捕、立案证明标准依次降低的认识，坚持法律判断上的统一标准，即以审判活动中心内心确信的标准，排除合理怀疑，在审判之前的所有诉讼活动中都要以审判的标准来约束自己的行为，力求在本环节剔除不合理定罪的残次品。"[1]检察机关要加强自身侦查能力建设，提高侦查手段的专业性和技术性，强化对物证、书证、电子证据等客观性证据的收集和固定，要建立完善证据收集工作机制，完善案件移送标准和程序。同时，改变传统侦查保守、僵化的工作模式，改进取证方法，力求由供到证转变为以证促供、供证融合，继而适应以审判为中心的诉讼制度改革。

检察机关要强化引导取证工作，对于重大疑难复杂案件应提前介入侦查，及时跟踪案件进展，掌握案件证据收集情况，引导侦查机关取证重点的转变，由注重言词证据向重视物证、书证、视听资料、电子数据等客观性证据转变，由有罪、罪重证据向无罪、罪轻证据转变，由收集证据到固定取证过程转变。同时，公检法机关就案件的事实问题、证据问题、法律适用问题要加强沟通，确保证据问题在侦查终结前能充分的收集与固定，降低证据灭失风险。

（二）强化审查逮捕职能

为有效应对审判中心主义对审查逮捕职能带来的影响，检察机关需树立正确的法治意识、正当程序理念，坚持罪刑法定原则、无罪推定原则和证据裁判规则，注重客观性证据、无罪证据的审查与运用，在人权保障与打击犯罪之间实现平衡。一是针对检察机关不捕率下降的变化，检察机关要强化对非羁押性强制措施的监督，在追求程序公正的前提下，不影响追诉犯罪。要规范捕后羁押必要性审查工作，强化对捕后侦查活动的监督，防止出现捕后监督软化、弱化的现状，提高案件逮捕质量和不捕实效。二是实现审查逮捕方式由行政化向司法化的诉讼化改造。审判中心主义诉讼制度改革是遵循司法亲历性和中立性的体现，审查逮捕职能的实现亦是如此，检察机关应构建

---

〔1〕 甄贞："如何理解推进以审判为中心的诉讼制度改革"，载《人民检察》2014年第22期。

新型的检律侦三方关系，即以侦查机关为控方，律师为辩方，检察机关居中判定的三方结构，这种结构有利于检察机关在讯问犯罪嫌疑人，听取辩护律师意见的基础上做出客观公正的逮捕决定。三是逮捕审查内容由只注重事实证据审查到事实证据审查与侦查活动合法性审查并重。检察机关要坚决摒弃有罪追诉倾向，严格落实证据裁判规则，进一步健全讯问制度、讯问合法性核查制度，犯罪嫌疑人无罪、罪轻辩解核实制度，注重定罪证据来源与形成过程，确保侦查、审查起诉的证据都能经得住庭审实质化的检验。

（三）强化审查起诉职能

为有效应对庭审实质化，检察机关要充分运用起诉裁判权，发挥审前过滤和分流功能，提高审判质量，检察机关要摒弃"有罪必诉，有罪必罚"的僵化执法模式，拓宽不起诉裁量权的适用范围，对符合相对不起诉条件的案件，综合运用刑事司法政策、刑事调解、刑事和解等刑事司法手段，灵活地行使不起诉自由裁量权，以非监禁化和非刑罚化的方式扩大检察机关起诉自由裁量权的适用范围。当然，为实现社会效果与法律效果的有效统一，检察机关还需健全轻微刑事案件快速办理、刑事速裁程序、检察环节认罪认罚从宽处理等相应的配套机制，增强审前分流机制的适用效果。

为适用审查起诉阶段证明标准与审判有罪判决证明标准同质化的要求，检察机关需严格依照刑事诉讼法第55条第二款的规定审查和固定证据。即：（1）定罪量刑的事实都有证据证明；（2）据以定案的证据均经法定程序查证属实；（3）综合全案证据，对所认定事实已排除合理怀疑。以上第一条是对证据要求的基础规定，第二条是对证据客观性和合法性的规定，第三条是对证据关联性和充分性的规定，由此可见，据以提起公诉的证据必须符合证据的合法性、客观性和关联性，当然证据的充分性是对证据"三性"的进一步补充，证据的充分性是对证据全面性的要求，不仅要求证据收集的数量，而且注重质量，不仅包括有罪证据、罪重证据，而且包括无罪证据、罪轻证据，不仅重视口供证据，而且重视客观证据。同时，在技术性证据审查方面，要通过明确审查程序和规定，加强专业化队伍建设，提高技术性证据专业化审查能力。

（四）强化法律监督职能

针对检察机关对侦查活动监督疲软的情况，建议日后的刑事诉讼法律修订中设置严格的程序性制裁措施，在对以非法手段获取证据予以排除的基础上，设置责任追究机制，以对非法获取证据行为主体起到震慑作用，增强取证行为的责任意识和规范意识，提高证据收集的规范化程度，及早规避非法证据进入庭审程序，从源头上防范冤假错案的发生。

在以审判为中心的诉讼制度改革背景下，检察机关需运用好对未生效判决、裁定的二审抗诉和生效判决裁定的再审抗诉职能，以实现对裁判权的防范与制约，对生效错误裁判当事人的救济和未生效裁判当事人权利的保护。检察机关的审判监督部门应该加以改革，可以将检察机关的诉讼职能和监督职能作相对分离，由不同的部门行使，出席法庭的部门应当及时将出席法庭的情况向监督部门备案。[1]通过这种方式，以期拓宽审判监督线索的获取渠道，提高审判监督能力，防范冤假错案，实现公平正义。

---

〔1〕 陈卫东：《转型与改革：中国检察的理论与实践》，中国人民大学出版社 2015 年版，第 27 页。

合议制运行中的阻却因素与现实进路

——以 S 省 D 县法院 325 件民事案件为分析样本

高宇涵[1]

内容摘要：合议制度是我国基层法院的一项基本审判制度，但受我国司法体制等诸多因素的影响与制约，合议制度在审判实践中存在"形合实独""合而不议"等诸多问题，司法功效没能得到很好的发挥。笔者试图以 D 县法院 325 件民事案件为研究样本，从基层法院合议制运行的现状出发，分析各种现状形成的具体原因，并在此基础上提出对基层法院合议制进行完善的设想，以期引发大家对这一问题的普遍关注，促进审判质量的进一步提高。

关键词：合议制　审判委员会　陪审员　改革

引　言

合议制度是民主政治在司法领域的延伸，它满足了社会公众及诉讼当事人对司法认知及判断的一般要求，亦有利于避免审判组织运行中出现的人为武断和智虑上的缺失。[2]然而受到司法体制等诸多因素的影响，合议制度一直没有很好地发挥功效。"健全主审法官、合议庭办案机制""完善主审法官、合议庭办案责任制"[3]成为当前法院改革的重点，因此，找到我国基层法院合议制完善的切入点，克服司法实践中合议制操作的弊端，研究如何使合议制发挥其功效，具有重要的理论意义和现实意义。本文以 S 省 D 县法院随机抽取的近三年内（2014 年至 2016 年）民事审判案件 325 件为研究样本，从中找出合议制度在运行过程中存在的主要问题，分析原因并提出改革完善建议。

---

[1]　作者简介：高宇涵，山东省菏泽市定陶区人民法院研究室副主任。

[2]　张旭良、博蔚蔚："完善基层法院合议制度的内部运作思考"，载《中国司法改革十个热点问题》，人民法院出版社 2003 年版，第 442 页。

[3]　参见最高人民法院 2015 年 2 月 4 日印发的《人民法院第四个五年纲要》。

一、我国基层法院合议制运行中的阻却因素

（一）形合实独：承办人一人的"独角戏"

合议庭的本意是对复杂疑难的案件由多名审判员组成审判庭进行审理，但在实际运作中呈现出"形合实独"的特点，即形式上合议庭全体成员共同参与、集体决策，实际上却是案件承办人一人唱"独角戏"[1]，承办人的意见在案件的最终处理结果上起着决定作用。在笔者调查的 325 件民事案件中，几乎都存在"形合实独"的问题，这种现象在司法实践中表现为两个方面：一是案件承办人的地位突出，"大包大揽"；二是合议庭其他成员的作用趋于形式化。

承办人的强大作用具体表现为：①庭审前阅读案件材料，撰写开庭提纲，调查、询问，组织双方提供证据；②庭审中主持双方调解活动，根据当事人申请或者以法院职权调取新证据。案件评议时，提出关于法律适用和事实认定的初步意见，其他合议庭成员则是围绕承办人的意见展开讨论；③案件报审判委员会讨论时，负责撰写汇报材料，列席并向审判委员会汇报案情，回答审判委员会委员对案情的询问；④案件结束后一般由承办人制作判决书。可以说，承办人几乎包揽了绝大多数实质性的审理活动，而其他合议庭成员由于没有深入地了解案情，往往依赖于承办人的判断，所以承办人的处理意见很容易成为定案意见。与之对应，合议庭其他成员的作用被弱化，合议庭审理案件只是名义上的，实际上是由承办人一人审理。

（二）合而不议：评议流于形式

司法实践中评议往往流于形式。具体表现在：一是评议过程片面化。案件评议只围绕承办人的案件结论展开，并没有深入案情讨论。二是案件评议形式不正式。评议过程由承办人一人主导，在笔者调查的案件中，65% 的法官表示承办人大多以口头形式征求意见，20% 的法官表示承办人起草判决书后，交各成员签署，等领导签发后，再补抄评议笔录，15% 的法官甚至表示有的承办人只是将自己的意见向其他成员打声招呼，然后签字了事。（见图1）三是评议笔录不规范。有的评议笔录内容随意删减、更改，有的甚至直接

---

〔1〕左卫民、吴卫军："'形合实独'：中国合议制度的困境与出路"，载《法制与社会发展》2002 年第 2 期。

摘取、粘贴审理报告中的内容。三是有的案件议而不决，不仅不利于保证案件质量和效率，同时容易滋生权力滥用问题。[1]

■ 口头征求
■ 补抄记录
□ 打招呼

图1

（三）陪而不审：参与度不高

人民陪审员制度在很长一段时间没有起到应有的效果，法律虽然赋予人民陪审员与法官同样的独立审判权，但这一权利并没有得到有效行使。特别是一些基层法院没有充分发挥人民陪审员的价值，笔者调查的研究样本中，因人员不够无法组成合议庭，临时通知人民陪审员参加案件审理的占80%，长期使用一个或两个固定人民陪审员来组成合议庭的占15%，不适用陪审员审理案件的占5%（见图2）。

■ 临时陪审员　■ 固定陪审员　□ 不用陪审员

图2

审理案件过程中，由于人民陪审员在开庭前没有查阅案卷材料，对案件只是做了大概的案情了解，并没有形成自己的见解，又加上现实中大多数人

---

〔1〕 左卫民、汤火箭、吴卫军：《合议制度研究——兼论合议庭独立审判》，法律出版社2001年版，第42页。

民陪审员不可能达到职业法官所要求的业务技能，只是坐在审判席上充当合议庭成员，无法提高案件的参与度，使得人民陪审员制度起不到应起的作用。合议制实际上变成了独任制，人民陪审员制度存在着严重的陪而不审、形同虚设现象。[1]

（四）"拉郎配"：组成成员随意性大

在审理案件时，最好能由对相关领域有一定了解的审判员组成合议庭来审理，这种"合理搭配"的要求，在现实中合议庭却是"拉郎配"。[2] 目前大多数情况下，一个案件中除承办人外合议庭的其他成员在开庭前处于不确定状态，临开庭前几天，承办人才临时寻找有空闲的审判人员参加本次合议庭开庭。实在找不到办案法官，只要其具有审判资格，即使没有参与过开庭审理，也会被邀参加承办的案件。有时，因为迟迟找不到合适的审判人员，开庭日期不得不推迟的现象在司法实践中也是经常发生的。笔者在对 D 法院58 名法官的调查中发现，有98%的法官坦陈自己有过"被借"的经历。在司法实践中我们会发现，不仅合议庭成员的确定具有随意性，更换合议庭成员也具有随意性。有的合议庭成员确定好之后，由于法官的内部调动或者外出办案、培训等原因无法再继续参加案件的审理，不得不临时更换合议庭成员，在有些审理周期比较长的案件中，临时更换合议庭成员的次数更多。

二、基层法院合议制现存问题的原因分析

（一）内部操作机制不合理

从立法者的本意来看，合议制度的设计理念主要在"合"，合议制度的运行以及发挥作用的关键也在于"合"。但在具体的配套措施及其实践运行中，合议庭成员尤其是非主审法官的职责分工不清、难以落实，造成合议庭审理案件形"合"实"独"。[3] 即便是实行审判长负责制，审判长也只是对案件进行审核把关而已。司法实践中，主审法官包揽一切、一人办案的情况大量存在，合议庭其他成员参与度不高，对案件情况的了解不够，合议制度的效

---

[1] 左卫民、汤火箭、吴卫军：《合议制度研究——兼论合议庭独立审判》，法律出版社 2001 年版，第 42 页。

[2] 周永恒："基层法院法官合议制度的调查与思考"，载《山东审判》2007 年第 1 期。

[3] 江必新："论合议庭职能的强化"，载《人民法院报》2002 年 9 月 18 日。

果不甚明显。承办人已经成为事实上的责任主体，真正对案件从一开始就十分关心，始终参与的只能是承办人自己。加之合议庭成员专业知识、工作能力以及办案经验等存在差异，也会对案件审理和对裁判结果造成不同的影响。

（二）司法资源配置不合理

我国现行的三大诉讼法规定了独任审判仅适用于简单案件，并且只适用于基层法院，其他普通案件均应组成合议庭。[1]实践中，适用独任制还是合议制没有严格的法律依据，可操作性不强。有的简单案件组成合议庭审理，而复杂案件却是独任审判。该转为合议庭没转，不该转的反而转了。

以 D 县法院近三年的结案情况来看，结案数倍增，而具有审判资格的人员数量仅增加了五人（详见表1），同时，审判人员还要负责保全、整卷等烦琐工作，这使得审判人员大部分的精力都用在自己的案件上，对其他承办人的案件参与不深，基本上都是到了庭审环节才了解案情。D 县法院平均一个业务庭 3~4 人，均设庭长 1 人，副庭长 1~2 人，庭长负责协调各方面的关系，这样来看，实际办案人员可能只勉强组成一个合议庭。

表1　S 省 D 县法院年均结案统计表

年度	法官人数	结案数	人均结案数
2014	53	2890	54.5
2015	55	3240	58.9
2016	58	4260	73.4

（三）人民陪审员制度未能有效发挥

陪审制度在我国基层法院没有得到有效的发挥，"陪而不审"、形同虚设的现象依然存在。主要有三个方面的原因：首先，从法律层面上来说，关于人民陪审制度的规定过于笼统，在实践中操作起来有难度；其次，从陪审员自身素质说，现有的陪审员素质参差不齐，有的业务素质不够高，责任心不强，庭审驾驭能力弱，自身参与意识不强，在评议和表决过程中往往遵从法

---

〔1〕　常怡主编：《民事诉讼法学》，中国政法大学出版社 1999 年版，第 82 页。

官的意志，案件评议中表决时随声附和，使合议变成了"合而不议"。[1] 再次，长期以来，陪审员参加诉讼相关的一系列补助性制度缺失，如何支付陪审员的误工费、差旅费、补助费等都无明确的规定，致使人民陪审员的权利难以得到保证，挫伤了他们参加法庭审判的积极性。

（四）合议庭审判独立性受约束

合议庭在审理案件的时候不受外界影响这一规定在司法实践中很难完全保证，内部有院长、庭长签字制度，审委会制度等影响和制约，外部与上级法院是监督与被监督的关系，故无法排除上级法院的影响。地方上又难免会受到权威部门的干预，导致法律赋予的独立审判权被分割与侵蚀，很多时候审理者反而没有判决权。在这种背景下，实质意义上的"合议"因为无法对案件作出终局性处理结果，意义大打折扣。这种状况不仅构成了当前合议制度的特点，同时也是"形合实独"的重要原因。

三、完善我国基层法院合议制的几点构想

（一）明确法院内部行政管理与独立审判之间的关系

我国行政和审判的关系有着深厚的历史渊源，审判独立中纠缠着各种各样的行政因素，突破制约审判独立的行政困扰，理顺法院内部行政管理制度与审判制度的运作，才能确保合议制运行中避免行政化的烙印。[2]

1. 合议庭依法审判与院长、庭长的监督把关的关系

现有的法院裁判文书的签发均是实行院长、庭长签字监督把关制，带有行政管理的色彩，削弱了合议庭职能的发挥。这种监督把关制是造成"审者不判、判者不审"局面的重要因素。[3] 院长、庭长没有参与到具体案件的审理中，对案件也只是有个大概的了解，且仅限于合议庭的汇报，通过汇报了解所做出的判断不能完全彰显正义。首先，法律上对于院长、庭长的审核签发权没有相应的规定，如果造成错案，院长、庭长是否也要承担相应的责任？

---

〔1〕 温振英："司法改革背景下的人民陪审员制度改革"，载《人民法院报》2015 年 8 月 12 日。

〔2〕 吴卫军："试论我国合议庭制度现状的利弊"，载《河南省政法管理干部学院学报》2001 年第 4 期。

〔3〕 尹忠显：《合议制问题研究》，法律出版社 2002 年版，第 74 页。

再者，将院长、庭长的意见作为最终意见，合议庭成员就会产生懈怠，而且容易造成合议庭的依赖心理，挫伤审判人员的积极性，使合议庭职能难以得到有效发挥。最后，院长、庭长应经常参加具体案件的审理，而不应花太多的精力在法律文书的审核、签发上，这种监督把关不利于院长、庭长能力的发挥。综上所述，要解决好合议庭与院长、庭长之间的监督关系，一是要对案件审结后的情况跟踪收集，对当事人和社会反映的问题进行调研分析；二是实行"判后复核制"。由院长或庭长牵头组成判后复核小组，对案件进行判后复核，并将复核结果记录入卷。复核采取按案件数量比例抽查的方式，如果发现存在问题的案件要按照规定程序追责。

2. 合议庭依法审判与审判委员会的关系

审判委员会制度是我国特有的审判制度，是历史背景条件的产物。审判委员会一般不参加案件的审理，只是听取口头汇报，但做出的决定却具有巨大的权威，因此审委会事实上是凌驾于合议庭之上的特殊"审判组织"。有学者说，"审委会对于中国基层法院的司法公正就整体来说是利大于弊"[1]。合议庭制度的完善离不开审委会运作机制的改革。然而，鉴于中国目前的司法现状，应该对现有的审判委员会制度进行一些改良与完善，以期其能更好地发挥作用。

笔者认为改革完善审判委员会运作机制应注意以下几点：一是应根据实际情况设置不同专业的审委会，如民事、行政、刑事以及执行工作审判委员会，使其真正具有'专家'会议的性质，在'会诊'特定类型案件时真正发挥集体讨论与决策的功能；[2]二是审判委员会只负责对法律适用问题作出决定，而不对法律事实做出判断；三是限定审判委员会的工作重点，将案件设定在新型社会关系的领域，以期通过审判委员会的研究讨论发展法律，充分发挥司法的能动作用；四是从程序上限制审判委员会参与具体案件裁决，规定案件只有合议庭认为必要并提请院长决定以后，才能提交审判委员会。

（二）改革案件承办人制度

在当前案件压力增大与司法资源相对匮乏的矛盾下，承办人几乎一人独

---

〔1〕 苏力："基层法院审判委员会制度的考察及思考"，载《北大法律评议》第1卷第1辑，第363页。

〔2〕 唐健力、李莉："重构我国审判合议制度"，载《江西律师》2002年第6期。

揽了全部的实质性审判工作，其他合议庭成员一般在开庭后才开始介入案件，造成审判长、承办人及合议庭其他成员掌握的案件决策信息不对等的情况，从而影响了合议制整体功能的发挥。[1]如何在保留承办人制度的前提下，保证其他成员能够全面地介入案件，并且确保案件评议能够得到充分展开，是目前合议制改革面临的现实问题。

笔者认为，改革案件承办人制度应从以下几个方面着手。其一，应该界定承办人的产生办法以及配置方式，按照立法者的原意，案件的承办主体应是合议庭，承办人应由合议庭产生，而不是由立案庭或其他案件分配机构和人员指定；其二，应该明确界定审判长、承办人及其他合议庭成员的职责，特别是要明确审判长、承办人的特有的职责，这样才能形成合力，调动集体积极性，以保证案件的审理过程和裁判结果充分反映集体智慧。[2]从我国司法改革的长远的目标来看，案件承办人制度与合议制度在本质上是不相融的，合议制审理案件时既要做出相应的判断，又要完成诉讼具体任务，而这些工作主要是由承办人来完成。随着司法改革进程的推进，配备法官助理来为合议庭服务，明确合议庭成员的职责，使合议庭从繁杂的诉讼事务中解脱出来，将是承办人制度改革的一项重大举措。

（三）健全合议庭评议案件的程序机制

近年来，学界对完善合议制理论的讨论多在合议庭的独立审判问题，对合议庭内部运作的评议规则缺少必要的关注。笔者认为，应对评议表决规则进一步细化和规范化，内容至少要包含以下几条。

1. 对"少数服从多数"的评议活动原则进一步具体化

司法实践中，合议庭意见可能形成两种以上意见，例如对于民事案件中的赔偿数额产生不同意见时，笔者主张借鉴我国台湾地区"民事诉讼法"中规定"各不达半数者，以最多额之意见顺次算入次多额之意见，至达过半数为止"。[3]以此来阐述"少数服从多数"原则的含义，并更多地运用到其他方面。

---

〔1〕 王智宇、安娜："以案件承办人制度为视角析中国合议制度的困境和出路"，载《金卡工程》2010 年 14 期。

〔2〕 左卫民、汤火箭、吴卫军：《合议制度研究——兼论合议庭独立审判》，法律出版社 2001 年版，第 123 页。

〔3〕 林劲松："我国合议庭评议制度反思"，载《法学》第 2005 年第 10 期。

2. 对评议结果进行公开

将合议庭成员的具体意见写入判决书，目前我国有些基层法院已经推行了这项改革。此项改革不仅对于当事人来说，能够更加清楚明了地看到整个案件判决的过程，明白是非公断，心理上更愿意接受判决结果。同时，这也对合议庭成员形成倒逼机制，"迫使"他们自觉加强学习，不断提高自己的法律素养及职业道德修养，对合议庭成员专业水平和良知是一个极大的考验。

（四）充分发挥陪审员在合议制的职能作用

为了克服长期以来"陪而不审、审而不议"的弊端，各地法院都在积极地尝试，大陪审制模式探索很好地提升了审判质效。笔者认为，要充分发挥陪审员在合议制中的职能，要重点从以下方面着手：

1. 明确职权制度，确保人民陪审员享有同等权利

首先，法律要明确规定陪审员的责任、权利和义务，并且要求陪审员全程参与庭审。在合议庭评议时，陪审员必须首先独立发表意见，案件涉及专业知识时，合议庭应当充分考虑和尊重专业人民陪审员的意见，如果法官与陪审员意见产生分歧，要将不同的意见记录入卷。规定人民陪审员同样有权将案件提请审判委员会讨论决定，保障陪审员在履行职责期间与法官享有同等权利，这是解决"陪而不审"的关键。[1]

2. 完善保障机制，赋予人民陪审员职务豁免权

为了能够让陪审员自由地行使职权，不受他人包括主审法官在内相关人员的不当影响，[2]应当在制度建设上赋予人民陪审员职务豁免权，完善经费、权利、退出、惩戒等保障机制，确保人民陪审员能"认真对待自己的权力"，使其在案件评议时，能够根据公平正义准则和自己的良心对案件的是非曲直做出独立自主的判断。

结　语

合议庭制度改革作为我国司法改革的重点之一，并不是一个简单的审判组织改革问题，它关系到整个审判管理、人事等各方面的改革。问题与解决

---

[1] 李凡、史向阳：《浅谈合议庭审理案件中人民陪审员作用的发挥》，载国法院网，http://www.chinacourt.org/article/detail/2012/11/id/790457.shtml，最后访问时间：2017年6月25日。

[2] 张雁涵："试论我国人民陪审制度的完善"，载《法治与社会》2006年第10期。

问题的方法都是改革所无法回避的，在当下人民法院的司法资源紧张，法官工作压力大的背景下，我们需要积极探索使合议庭真正发挥作用、保证办案质量、提高审判效率的有效运行机制，统筹协调各种相关工作机制，才能有效解决合议庭制度改革面临的困境。

检察机关在生态环境建设中的法律监督职能研究

——以张掖市生态建设为视角

柳小惠〔1〕

内容摘要：按照党的十九大要求，检察机关积极开展服务和保障生态环境保护工作、"一带一路"建设就是新时期全市检察机关的"鸟之双翼""车之两轮"，也是检察机关在新时代社会主义建设当中，打造检察监督新亮点和品牌的必要措施。本文立足张掖生态建设实践，以"五个紧盯"为着力点，"四个机制"为支撑点，"三个拓展"为增长点，研究提出了检察机关在生态环境建设过程当中全面发挥检察监督职能的新功能、新亮点、新品牌。

关键词：检察　生态建设　新亮点

党的十九大报告站在历史和时代的高度，提出了一系列新的重要思想、重要观点、重大判断、重大举措，创立了习近平新时代中国特色社会主义思想。十九大报告提出的 14 条治国方略与习近平治国理政新理念、新思想、新战略一脉相承，其中之一就是"坚持人与自然和谐共生"。报告有 43 处提到生态，有 2 个章节专门论述生态文明建设。检察机关作为法律监督机关，发挥监督职能，为生态建设提供法律保障和公平正义的法治环境是检察机关现阶段服务大局的一项重大政治任务，也是检察机关法律监督职责的内涵要义。当前检察机关正处在深化改革的关键节点，必须加强法律监督工作常规业务，也必须在深化新领域法律监督方面打造新的亮点。

结合本地实际，我们认为张掖市检察机关积极开展服务和保障生态环境保护工作、"一带一路"建设就是新时期检察机关的"鸟之双翼""车之两轮"，就是检察机关服务大局的核心内容，只有借助这样的"翅膀"和"轮子"，全市检察工作才能真正腾飞、蹄疾步稳。

一、立足实际，清醒认识张掖"五大枢纽"生态现状及重要性

祁连山位于青藏高原东北缘，跨越甘肃、青海两省，是河西内陆河流石

---

〔1〕 作者简介：柳小惠，甘肃省张掖市人民检察院党组书记、检察长、全国检察业务专家。

羊河、黑河、疏勒河的发源地，是河西绿洲水源地。其独特的地理位置阻止了腾格里、巴丹吉林、库木塔格三大沙漠的南侵，保障了黄河的补给。目前祁连山冰雪及多年冻土数量、分布面积明显消退；土壤旱化、林地退化导致水源涵养力下降；草地开垦率较高，草地退化严重；野生动物数量下降、天然资源储量也明显减少。开展好祁连山生态环境保护工作，对于维系西北地区乃至全国生态环境具有重要作用。习近平总书记对祁连山生态环境保护工作高度重视，强调要推进祁连山生态保护与修复，真正筑牢这道生态安全屏障。张掖是祁连山水源涵养保护的核心区，也是黑河流域主要径流形成区，其特殊的地理位置及自然位置，使张掖成了丝绸之路经济带重要的河西走廊区域枢纽；南来北往、东进西出的立体交通枢纽；西电东送、西气东输、西煤东运、西菜东运、西粮东调的战略通道枢纽；北部荒漠区"绿色长城"的生态枢纽；丝绸之路经济带民族团结和社会稳定的国防枢纽。因此，张掖的生态建设和发展事关下游地区和甘、青、蒙三省地区的生态恢复，事关国家航天业和国防建设，对于维护国土生态安全，保护动物多样性，改善区域环境和维系绿洲安全具有特殊的战略意义。

二、扭住"五个紧盯"，把监督重点定位在中央和省委生态建设重点决策上

按照党中央和省委关于祁连山、黑河湿地建设的要求，抓好祁连山区与黑河流域生态环境法律监督工作是当前和今后全市检察机关服务大局的重要举措，检察机关必须坚持正确的法律监督方向，采取有力措施，落实工作责任，坚持做到"五个紧盯"。

一是紧盯整治项目。目前，中央、省委和市委在全市确定的 179 个祁连山生态环境问题已有 172 个得到整治，尚有 7 个正在整治。为确保 179 个整治项目全部验收销号，全市检察机关要对正在整治的项目和完成整治的项目"紧盯不放"，要按照市院制定的《张掖市生态环境保护工作责任实施细则（试行）》确定的工作目标，逐项完成清查监督工作，确保监督不留"盲区死角"。

二是紧盯项目资金。目前，中央财政支持的祁连山山水林田湖综合治理项目实施方案通过中科院组织的专家评审，列入 2017 年计划的 9 大类 58 个项目，总投资 18.13 亿元，已预拨资金 6.1 亿元。今年计划实施的 58 个项目已开工 41 项，实际完成投资 6.9 亿元。我们要紧紧盯住这些资金的管理使用，及时发现其中的违规违法使用线索，同步跟进，确保山水林田湖综合治理项目资金规范使用。

三是紧盯重点难点。祁连山国家自然保护区及黑河流域内现有矿山企业关停退出、矿权注销、企业合理补偿、在建水电项目评估退出、已建水电项目后续监管、旅游项目整改完善、农牧民搬迁、生态保护与修复提升、山水林田湖生态保护修复和依法打击破坏生态环境违法犯罪行为等工作是祁连山区与黑河流域生态环境保护工作的重点与难点。市委、市政府已经制定出台相关的指导性意见和实施方案，我们要按照市委的安排部署，深入县区有关单位摸清底数，对其中已注销的 61 个探采矿权项目实施重点监督。

四是紧盯项目建设。祁连山山水林田湖综合治理项目、黑河湿地自然保护区居民转移转产和湿地恢复保护、祁连山水源涵养区浅山区植被恢复、"三化"草原治理、矿山环境治理恢复、黑河河道和黑臭水体治理、高标准农田建设等项目已全面铺开。今后较长时期内，国家还会在祁连山区与黑河流域生态环境保护方面实施更多新的建设项目，检察机关要盯住这些项目，做到底数清、情况明，为检察监督的深入开展提供第一手基础资料。

五是紧盯现场整治。全市检察机关对于中央、省委和市委确定的整治项目，要严格做到全部现场监督查看，核实整治工作进展情况与实际效果。要与有关部门协调，形成工作合力，通过调阅卫星图片、其他视频资料、文书档案对整治情况进行核实。发现整治不力的，要通过检察建议、公益诉讼、"两法"衔接等检察监督职能，扩大整治效果。

三、立足"五个机制"，把监督视线聚焦到构建生态综合治理长效机制建设上

一是积极构建生态管理长效联动机制。坚决树立和践行"绿水青山就是金山银山"的理念，检察机关要主动发挥内生动力，以检察机关的主动工作带动执法部门的工作主动，以检察机关的联系协调推动执法机关的联合执法，以市级部门的以上率下带动基层单位的主动出击，形成以祁连山、黑河湿地环境整治工作为突破口的生态管理长效联动机制。把实行最严格的生态环境保护制度落实到执法工作中，以破解执法难、取证难、入刑难、追责难为着力点，以上下联动发现一批、突出重点纠正一批、集中力量治理一批、联合

执法打击一批的工作思路，强化责任担当，形成工作合力，依法惩治破坏环境资源违法犯罪行为，切实保障公众健康，推进生态文明建设，促进经济社会可持续发展。

二是完善"两法衔接"无缝对接机制。检察机关要以高姿态的政治站位，坚持把生态环境保护领域的"两法衔接"机制建设作为推进"两法衔接"工作的重中之重，不断加大力度，加快进度，努力推动生态环境保护的行政执法信息及时上传和涉嫌犯罪案件的网上移送、网上监督，实现无缝衔接。在充分发挥"两法衔接"信息共享平台沟通衔接作用的基础上，坚持问题导向，进一步健全完善生态环保检察部门与法院、公安、环保及相关行政机关的联席会议、信息交流、线索移送、案件通报、个案会商等工作机制，确保执法司法信息及时互通，切实解决联而不合、通而不畅、商而不定等制约"两法衔接"的短板问题。

三是着力强化对环保部门的行政执法检察监督机制。行政检察监督是指人民检察院依法对行政活动所进行的监督，是检察机关履行其法律监督职能对行政权力实施的监督。新《行政诉讼法》第 11 条规定："人民检察院有权对行政诉讼实行法律监督。"《环境保护法》也规定，检察机关对环保部门的执法活动进行监督。由此，对于环保部门行政行为，检察机关有权进行督促建议，对其进行纠正。另一方面在监督的同时，两部门应当建立工作联络信息共享机制，及时了解情况，深入了解环境保护现状，共同构建生态保护行政与刑事相结合的联合保障机制。检察机关在履行行政检察监督过程中，对于企业事业单位和其他生产经营者破坏祁连山生态环境，涉嫌犯罪符合逮捕、起诉条件的，应及时作出逮捕、起诉决定，依法从严追究刑事责任。环保部门在办理重大破坏祁连山生态环境案件时，应当告知检察机关在必要时提前介入，提供司法协助。

四是建立检察机关内部多部门联动的环境公益诉讼机制。检察机关在环境公益诉讼中，享有具体的诉讼权利，承担相应的诉讼义务，并有权对公益诉讼的公正高效以及法院对公益诉讼的裁判实施法律监督。检察机关一方面要尽快加强环保诉讼专业人才的培养和引入，探索建立环境资源诉讼专家库制度。另一方面要整合检察机关内设机构的力量，在现有组织框架内构建以民行部门为主，其他部门联动的环境民事公益诉讼联动机制。控告申诉、公诉、侦查等其他部门发现环境民事公益诉讼案件线索后要及时移交民行部门，并配合民行部门查阅、调取相关证据,形成整体联动的调查取证模式,确保对环境公益诉讼案件在民事领域和行政领域的全面监督。对于涉及破坏环境资源保护罪,侵害社会公共利益的刑事案件犯罪嫌疑人的违法行为,符合提起民事公益诉讼条件的,可以一并提起刑事附带民事公益诉讼。同时也要加强同环保、法院等相关部门的联系和协调,建立环境保护协作机制,充分发挥联席会议、案件咨询、协助调查等机制的作用,形成推进公益诉讼制度的良好氛围,共同维护社会公共利益。

四、深化"三个拓展",把生态监督成效落实到民生细节上

服务和保障生态保护、"一带一路"国家战略是全市检察机关在新时期服从省院工作部署,服务市委中心工作大局的两个重要支点,随着司法体制和监察体制的改革,检察机关必须要在新的司法体制和监察体制环境当中创新工作驱动模式,在服务大局和保障民生方面,打造检察监督新的亮点和品牌。

一是拓展新亮点,把党的十九大精神落实到本地生态文明建设当中,着力打造"绿色检察"新品牌。要坚持以习近平新时代中国特色社会主义思想为指导,按照中央和省委、市委关于生态建设的总体部署,依法加强全市环境资源与食品药领域法律监督,守护绿水青山、保障人民群众"舌尖上的安全"与生命健康权利,促进人与自然和谐相处,推动美丽张掖、健康张掖建设,维护国家利益、社会公共利益和群众合法利益。一方面检察机关要以服务大局为核心,健全工作措施,把法律监督常规业务与"绿色检察专项行动"紧密结合起来,切实发挥法律监督职能作用,认真落实"绿水青山就是金山银山"要求,统筹一切检察资源,形成"上下一条心、全院一盘棋"工作格局,在打造"绿色检察新平台、法律监督新亮点"上多想办法,多下功夫。另一方面,检察机关要牢固树立新发展理念,强化战略思维主动将检察工作放到大局中去谋划、推动,以"绿色检察专项行动"为抓手,着力强化办案在检察工作中的主体地位,通过办案,加大对破坏生态环境犯罪的打击力度。在确保一定办案水平的基础上稳定、有序扩大监督和打击生态犯罪案件规模,为全市经济社会发展营造良好法治环境。

二是拓展监督视角,充分发挥派驻乡镇检察室基层基础作用,实现生态建设"零距离"监督。依托派驻乡镇检察室建设,把检察机关打击犯罪、维护稳定、预防保障民生等职能作用通过派驻乡镇检察室这个重要阵地延伸、

衍射出去，为检察机关法律监督职能的充分发挥提供基础性保障。派驻乡镇检察室，要通过发挥区位优势和协同优势，强化生态巡查，强化生态宣传和信息收集，充分发挥派驻乡镇检察室与行政执法部门协同联动机制的基础作用，及时发现和掌握破坏环境资源保护、危害食品药品安全犯罪案件线索，建立工作台账，准确研判形势发展，按照环境资源和食品药品领域法律监督工作的具体要求，及时把相关线索和信息反馈到相应的检察机关，为检察机关及时开展生态建设法律监督工作奠定基础。

三是拓展执法理念，把恢复性司法引入生态环境建设法律保护当中，充分展现法律监督社会效果。党的十八大以来，尤其是十八届三中、四中全会明确提出建设生态文明的改革任务和法律任务，制定完善生态补偿的法律法规，为加快祁连山生态环境保护提供了政治基础和立法基础。首先，检察机关要着重加强检察环节"补植复绿"工作，对符合修复条件的案件，检察机关可依职权主动启动或犯罪嫌疑人、被告人及其辩护人在开庭审理前主动进行恢复性补偿和"补植复绿"工作，将恢复性补偿作为公诉意见的内容或量刑建议的依据。其次，检察机关要主动与公安、法院、林业、渔业、环保、国土资源等部门就生态恢复补偿机制联合出台意见，明确恢复补偿机制的适用范围、适用对象、适用条件、执行流程、监督流程等，为恢复补偿统一开展提供制度保障。针对检察机关提出恢复性补偿的公诉意见，法院根据案件具体情况对被告人判处恢复性补偿，即在判决书中判令被告人依法停止侵害、排除妨碍、恢复原状或者修复环境、赔偿损失，作出相应的恢复性补偿等；针对被告人主动实施恢复性补偿工作的，经查证属实后，法院可以据此作为酌定从轻的处罚。再次，检察机关作为国家的法律监督机关，需要承担对侦查活动、审判活动、刑罚执行、行政执法等活动的监督职能。恢复性补偿工作尤其是判决生效后补偿工作是否到位，同样需要检察机关密切跟踪，确保恢复质效。要通过检察建议、支持受害单位提起附带民事诉讼或依职权主动提起刑事附带民事公益诉讼等形式，要求犯罪嫌疑人或者被告人以补植复绿或赔偿的方式承担责任，督促相关行政执法部门加强环境资源保护。最后，要联合法院到案发地进行集中开庭、争取媒体广泛宣传等方式，结合办案以点带面地加强对受损环境资源司法补偿修复工作的宣传，培养重点人群的环保意识，使其认识到破坏环境资源不仅要负刑事责任，还要承担修复补偿责任，最大限度实现法律效果和社会效果的有机统一。

　　总之，生态环境建设是关系子孙万代幸福生活的大计，是实现中国梦的必要条件，是建设现代化强国的基石，需要长期坚持和不懈努力。检察机关发挥职能保障生态建设，打造"绿色检察"，是检察机关服务大局的必然体现，是检察机关落实习近平总书记指出的"检察官作为公共利益的代表，肩负着重要责任"的具体要求，也是检察机关适应改革转变发展方向、创新监督模式的新支撑点。

员额制背景下检委会委员办理案件及责任承担问题研究

邓　昆　　胡建芳[1]

内容摘要：员额制改革背景下，由检委会委员参与办案，在落实司法责任制改革目标、实现权责一致原则和规范检委会的职能方面发挥着重要作用，但也存在检委会委员身份冲突、流动机制不健全、办案责任制与检委会制度的衔接等问题，本文在分析检委会委员职权行使方式的基础上，着重研究探索如何在员额制改革背景下，形成与检委会委员自身职权相对应的问责考核机制。

关键词：检委会委员　办理案件　问责机制　考核机制

检委会是检察机关内部的最高业务决策机构，承担讨论决定检察机关重大疑难复杂案件和重要业务性事项的职责，而作为本院行政领导和专业精英的检委会委员，在一定程度上代表了本院的最高司法水平，具有较强的业务能力和综合素质。然而，司法实务中，受检察机关长期重视行政属性的影响，不分管业务的党组成员、政治部主任，主管行政工作的部门负责人担任检委会委员的情形依然存在。检委会委员参与办案、指导办案的少之又少，有个别检委会委员是为解决政治待遇和岗位级别配置的，专业性和职业性弱化，这显然不符合员额制改革背景下，检察人员的职业化、精英化要求。在员额制改革背景下，扩充检委会委员的职权范围，提高检委会委员的业务素质，切实发挥检委会委员的核心主导价值，已成为必然选择。

一、检委会委员参与案件办理的必要性

（一）有利于落实司法责任制改革的目标

本轮司法改革的目标之一是以司法办案为中心，实现每位员额检察官都能到司法一线办案。《关于完善人民检察院司法责任制的若干意见》规定：

---

〔1〕 作者简介：邓昆，甘肃省嘉峪关市人民检察院法律政策研究室副主任；胡建芳，嘉峪关市人民检察院法律政策研究室科员。

"推行检察官办案责任制，实行检察人员分类管理，落实检察官员额制。检察官必须在司法一线办案，并对办案质量终身负责。"据此，作为检察机关行政领导和专业精英的检委会委员，不仅具有员额检察官的身份，而且具有较强的业务能力和综合素质，相对于普通检察官，办案能力和议案能力较强。深入办案一线参与办案，是检察官办案属性的回归，符合检察工作规律和司法改革规律，不仅有利于发挥检察官的办案主体地位，落实司法责任制改革的要求，而且可以发挥检委会委员的引领、带动、示范作用，促进检察权的规范运行。因此，明确检委会委员以承办人身份直接办理案件，以委员身份讨论决定案件和以管理者身份监督指令办案，对于明晰责权，落实司法责任制改革的目标具有重要意义。

（二）有利于规范检委会的职能

检委会制度作为我国独具特色的检察制度，其设置初衷是为提高重大案件和事项的决策质量，通过民主集中制的方式，防止检察人员司法腐败的发生。然而，集体决策、集体负责等于无人负责的弊端异化了检委会的宏观指导职能。加之司法改革的背景下，办案责任终身制和错案责任追究制的"倒逼"，致使检委会成为检察人员逃避法律责任避风港的现象日益严重，这显然不符合检察改革的初衷。检委会委员作为检委会内部权力机构的组成人员，是决策形成的具体执行成员，发挥了对重大意见分歧案件或重大问题的把关、决策作用。在员额制改革背景下，加大对检委会委员的放权力度，由检委会委员行使不批准逮捕、不提起公诉等权力，这不仅有利于发挥检委会委员的主观能动性，确保检察权依法、公正、高效权威运行，而且有利于规避检委会讨论案件泛化的弊病，确保检委会为检察机关最高业务决策机构的职能定位。

（三）有利于落实权责一致原则

权责一致原则是现代法治社会的普遍认同和共同行动的准则[1]。长期以来，检察机关实行"三级审批"制，即案件承办人具体承办，部门负责人初步审核，检察长或检委会最终决策，形成了案件承办者不决定，案件决定者不负责，办案与决策脱离，权力与责任脱钩的现象。而检委会委员参与办案

---

〔1〕 魏文荣、陈波："落实司法责任制的几点思考"，载《人民检察》2016年第24期。

恰是检察官主观能动性的体现，强调案件从承办到决策再到责任落实主体的确定性、唯一性和不变性，遵循了司法办案的直接性与亲历性原则。检委会委员参与办案是检察官个人在职权范围内独立作出决定并独立负责，是一种先责后权、因责授权的权力责任运作方式，强调落实主体责任，突出了权力本位与责任本位，打破了传统"三级审批制"，实现了办案权力与责任承担的统一。由此可见，由检委会委员参与办案，是落实"谁办案谁决定、谁决定谁负责"的权责一致原则的重要途径。

二、检委会委员参与办案的问题梳理

检委会委员参与办案，涉及权力利益再分配和制度机制重建的改革难题，而问题倒逼改革，只有正视问题、审视难题，才能破除利益和制度藩篱，确立科学、健全、规范的制度设计，确保检察职权在司法改革的轨道上顺畅运行。

（一）检委会委员的身份冲突问题

检委会委员参与办案后，存在多重身份，即案件承办人身份、检委会中讨论发表意见的委员身份及不捕不诉类案件的监督管理者身份，其多重身份势必存在冲突，如以承办人身份办理的案件能否提交检委会讨论决定。有观点认为，检委会委员直接办理的案件不可提交检委会讨论决定，因这样会造成检委会委员角色的混乱，可由检察长以审批方式，强化对检委会委员的监督。笔者认为，委员直接办理的案件可提交检委会决定，但应遵循回避原则的规定，委员只以办案人身份汇报案件事实和证据，对所汇报案件的事实和证据负责，不以检委会委员身份参与案件的讨论和发表意见环节。就检委会委员参与办案后工作量增加的情况，笔者认为，应综合考虑检委会委员的实际工作量，在确保检委会会议决策质量不下降，标准不降低的情况下，为检委会委员分配直接办理案件的数量和监督指令案件的数量。

（二）检委会委员选任退出机制不健全的问题

检委会委员的理论水平和法律素养不仅关系检委会决策的质量，而且影响检察工作的整体水平。然而，现阶段检委会委员的选任存在解决政治待遇、行政级别，"一选定终身"的弊端，检察能力不足的少数委员仍然被选任为检委会委员，严重影响员额制改革的推进和检察改革的落实，故完善检委会委员的选任和检委会委员的流动机制是必然趋势。检委会委员的选任应考虑司法属性而非行政属性，因强调专业性和职业性是本轮司法改革的重点，作为职业检察官检委会委员，凸显司法属性是符合司法改革规律的体现。除此之外，设立常态的委员选任标准、更换条件和程序，明确委员的任期，形成检委会委员与外部检察官之间良性的竞争机制，不仅有利于提高委员的自身业务能力，而且有利于增强检察机关的整体工作水平，是推进员额制改革的核心动力。

（三）检委会制度与办案责任制的衔接问题

检察官办案责任制与检委会制度同为检察权运行的有效载体，由于两者建立的历史背景和目标不同，在权力运作过程中势必会存在冲突。检察官办案责任制突出检察官的主体地位，强调检察官独立办案、独立定案并在职权范围内独立负责。可见，检察官办案责任制是对"谁办案谁决定，谁决定谁负责"原则的有效落实，其实质是扩充了检察官个人的权力范围。检委会制度作为检察机关内部的一种特有制度设计，采用集体领导、集体讨论、集体决策和集体负责的集体行权方式，实现对部分案件处理结果的把控，其制度优势在于集思广益，实现对检察官个人的监督。然而，权力的总量是恒定的，检察官办案责任制下检察官个人的扩权，势必导致检委会权力的缩小，倒逼检委会逐步放权，这是否会对检委会的案件决策职能构成一定冲击，是否会影响检委会对检察官的监督制约呢？笔者认为，检委会委员的监督指令职权恰好是衔接检委会职能与办案责任制的重要方式，检委会委员通过履行不捕不诉类案件的监督指令职能不仅能实现对检委会"放权"部分的权力监督，而且能促使检察官办案责任制规范运行。

三、检委会委员参与案件办理的方式

（一）检委会会议中决策案件

检委会会议中，委员讨论案件、发表意见并形成决策是检委会委员参与案件办理的有效方式，是凸显检委会委员法律适用能力的重要渠道。作为一种集体讨论决策的办案活动，与单一主体办案活动的区别主要体现在：一是单一主体办案往往能实现"谁办案、谁负责"，"谁决定、谁负责"，而以检委会会议形式办案，往往是承办人办案，检委会委员集体决策和负责，继而将案件的个人办案责任转化为集体责任，而作为决策机构的检委会却无相应的责任追究机制。加之错案责任终身制倒逼和办案风险的增大，大量简单案件提交检委会会讨论决定，检委会对重大案件和事项的指导职能被异化，在一定程度上沦为案件讨论会，违背了检委会制度设置的初衷。二是相较于个人办案，以会议形式办案，体现了办案主体的多元化和不确定性，存在民主集中制被异化的风险。受传统官僚体制的影响，作为行政领导的检察长意见通常有意无意地影响其他委员的意见，虽然议事规则限制了检察长发言顺序，但在发问环节已流露出了检察长处理意见。三是案件办理亲历性程度不同，个人办案活动包括案件的受理到最后的处理意见形成，承办检察官均要亲历案件办理的各个环节和每个阶段。而以会议形式办案，检委会委员只通过会前审阅案件审查报告，会中听取汇报的方式了解案请、判断证据，通常不亲历案件，故检委会决策程序中，委员亲历性不足是影响决策质量的重要因素。为提高决策的准确性和司法办案的亲历性，检委会委员可通过事先调阅卷宗、询问承办人和案件当事人等方式，了解案情，以形成内心确信，从而增强决策的科学性。

（二）直接办理案件

检委会委员是检察机关政治素质过硬，法律功底深厚、检察工作经验丰富的业务精英，处于检察机关的核心地位，具有办理重大疑难复杂案件和有重大社会影响案件的工作能力和水平。同时，检委会委员亲自参与案件办理是改变检委会委员办案数量少或不参与办案现状，凸显检察官主体地位，适应办案责任制改革的重要方式。故由检委会委员亲自承担侦查、讯问，出庭等检察工作程序且独立办案、独立定案、独立负责是发挥领导干部带头示范作用和遵循司法办案直接性与亲历性的体现。推行检委会委员参与办案机制，要明确直接办案的案件范围、办案方式、办案数量和案件来源，健全同步考核机制，强化对办案数量和质量的考核，以提高检委会委员办案积极性和办案风险责任意识。检委会委员直接办理案件可采取以下方式：收集、复核主要证据，讯问重要犯罪嫌疑人、被告人，询问关键证人，主持对重大职务犯罪案件的侦查突破；听取重大案件辩护律师或者诉讼代理人意见；制作和签发法律文书，出庭支持公诉，发表出庭意见，参加法庭辩论；审查法院判决书、裁定书，并依据法律提出审查意见，主持不起诉、刑事申诉等案件的公开审查，直接接待、答复重大控告申诉案件或者长期上访的涉检案件当事人。因考虑到检委会委员专业精英的身份地位，其办理的案件范围可考虑如下类型：即有重大影响的案件，疑难复杂案件；首例、新类型案件，对于履行法律监督职能有重大创新意义的案件；在法律适用或证据运用方面具有指导意义的案件；上级检察院交办或者本院提办的案件。

（三）监督指令案件办理

突出检察官主体地位，明确和落实办案责任，就有必要在检察官权力清单中实现检察指令的规范化。[1]检委会委员除可直接办理部分重大疑难复杂案件外，还可以间接的方式指导监督案件办理。在不捕不诉类案件中，检察机关拥有较大的自由裁量权，对此，刑事诉讼法规定由检察长决定或提交检委会讨论决定，以实现对检察官承办权的监督管理。但是，实务中此类案件往往案情简单，意见分歧不大，但出于对检察官办案的监督管理及检察官个人规避办案风险的考虑，通常提交检委会讨论决定，使检委会的议题范围大量增加，甚至使检委会沦为单一的案件讨论会，浪费司法资源。因此，对独任检察官或主任检察官办理的不捕不诉类案件，检委会委员可以以主持听证会的方式予以监督和把关。听证程序是实现检察职能从单项、封闭、行政化的审批方式向双向、开放、中立审查方式转变的重要载体，检委会委员在主持听证会之前，应事先调阅卷宗，询问案件承办人了解案情，通过听证程序，进一步掌握案件事实，形成案件处理意见，若检委会委员与承办人意见不一致，检委会委员可与检察官沟通，仍达不成一致意见，且承办人不愿执行的，检委会委员可将案件移交给其他检察官办理。若按照检委会委员意见办理的，应以书面的形式记录下来，归档备查，为责任追究预留证据。检委会委员指令应采取书面形式，紧急情况下，可采取口头形式，但事后应补充书面形式。

四、检委会委员的责任承担与考核机制

十八届四中全会指出：实现司法公正，关键是要建立符合司法规律的办案责任制，做到有权必有责、用权受监督、失职要问责、违法要追究。没有责任的司法权将是对法治的否定、责任缺失的司法权，是对权力行使合法性

---

[1] 参见郑青："论司法责任制改革背景下检察指令的法治化"，载《法商研究》2015年第4期。

的否定。[1]对检委会委员设置严格、规范、合理的责任追究机制是确保权力在法治轨道上规范运行的重要依托，有利于提高检委会的决策能力和检察机关的整体办案水平，因此，在关注检委会委员权力配备的同时，对检委会委员的责任惩戒和业绩考核需同步跟进。

办案责任不仅包括狭义的承办责任，而且包括广义的监督管理责任，故依据检委会委员办案形式的不同可将检委会委员的责任划分为如下类型：对直接承办的案件承担承办责任，对个案承担监督指令责任，对检委会会议中发表的意见，承担决策责任。

（一）检委会委员的责任承担

1. 检委会委员的决策责任

要明确检委会会议中委员的决策责任，首先需明晰检委会与承办检察官之间的责任，依据《关于完善人民检察院司法责任制的若干意见》和《人民检察院检察委员会议题标准（试行）》的规定，检察官对提交检委会讨论案件的事实和证据负责。检委会对案件的处理限于法律适用方面，且仅对作出的决定负责，检委会委员承办的案件需提交检委会讨论决定时，同样仅对所汇报案件的事实和证据负责，故检委会只承担法律适用的决策责任。检委会作为集体决策机构，原有的集体负责制已不适应员额制改革的需要，需将检委会的集体决策责任转化为委员的个人责任。委员个人责任的确定应遵循主客观相一致原则，依据委员主观过错的程度，可将过错分为故意和重大过失，检委会讨论决定的案件出现错误时，故意发表错误意见的委员承担主要责任，随声附和发表意见的委员和因重大过失发表错误意见委员承担次要责任，对案件的法律适用有不同意见的委员不承担责任。当然，以上责任的落实需要通过配套的制度机制，一是建立检委会召开全程同步录音录像制度，借助高科技多媒体技术手段，对检委会召开的全过程实行同步录音录像，指派专人拍摄、专人保管，内部人员调取需经登记等管理程序，防止拍摄内容的篡改与编辑，这种以预先固定证据的方式，形成了对检委会委员的有效监督；二是完善和规范检委会会议记录的整理工作，检委会会议记录是记录会议实际

---

[1] 孙应征、刘桃荣："检察机关司法责任制的理论基础与功能定位"，载《人民检察》2015年第20期。

情况的有效载体，记录内容的客观性和真实性是会议记录工作的必备要素，故检委会办事机构要加强培训，提高记录人员的专业能力和职业素质。另外，检委会委员作为决策主体，办案责任终身制和错案责任倒查问责制同样对其适用，这是促使检委会委员认真办案、谨慎决策和守住冤假错案底线的有效方式。

2. 检委会委员的案件承办责任

在司法实务中，因检委会委员办案独立性及领导精英身份而致权力滥用的风险较大，而加强对办案行为的监督和制约是防止权力滥用的重要措施，故鉴于检委会委员身份的特殊性，需设置更加严格的执法过错责任追究制，以确保检委会委员严格司法、依法办案，维护司法公正。

建立检委会委员的追责机制同样应遵循主观过错与客观行为相一致原则、责任与处罚相适应原则。主客观相统一是追责的前提条件，对于检委会委员主观"无法预见"的情形，应排除在追责范围之外，即使存在"危害结果"，但主观上已超出委员的认知范围的，委员不承担司法过错责任。依据委员主观过错的程度，可将直接办案责任分为积极的过错责任和消极的不作为责任。积极的司法过错责任包括故意违反法律规定的司法过错责任和重大失职致错的司法过错责任，消极的不作为责任是未尽到勤勉注意义务的瑕疵责任。其处罚需与过错程度相适应，显然，随着过错程度从故意、过失、瑕疵的递减，其处罚程度也应相应递减。

要理顺严肃追责与依法免责的关系，严肃追责是防止冤假错案的先决条件，而依法免责是确保检委会委员依法、独立、公正行使检察权的基础，两者同等重要，需同等落实。一方面检委会委员因故意违反法律规定或重大过失造成严重后果的，要追究错案责任。另一方面要健全检委会委员依法履职不受追究制度，在司法办案中，虽有错案发生，但致错原因并非检委会委员的主观过错，检委会委员已尽到勤勉和注意义务的，检委会委员不再承担司法过错责任。

3. 检委会委员的监督指令责任

监督指令是对案件处理结果的把关活动，属于办案活动的一种，监督指令形式包括审签法律文书、审批案件等。案件监督指令是不同于直接办案的司法活动，其对实际发生的违法后果也是间接的部分的作用，故其责任承担也有别于直接办案责任。检委会委员审批检察官呈报的案件，本质上是行使审查权和决定权，属于办案性质，需对案件的全部事实证据和法律适用负全面责任。检委会委员审签法律文书是对案件程序和法律文书的规范性控制，只需承担监督管理职责。检委会委员审批案件时，若同意检察官意见的，检委会委员只需承担程序违法、法律文书不规范的监管责任，若检委会委员改变检察官处理意见的，意味着程序控制向办案性质的转化，检委会委员需对改变部分的案件事实和法律适用承担全部责任。

认定监督指令责任需遵循以下步骤：一是明确主体本身是否为监督指令者本身，进而确定是否需承担监督指令职责；二是监督指令的疏失表现为怠于履行职责或不认真履行职责，继而造成程序违法或案件处理结果的错误。其客观行为表现为不作为的样态，故确定监督指令主体是否有不作为的行为是认定的必经步骤；三是结合案件处理的难易和风险程度确定主观上是否存在重大过错。

（二）检委会委员的考核机制

检委会委员业绩考核机制是考察检委会委员业务素质和司法水平的重要措施，亦是发挥检委会委员主动性和提高办案质量的重要杠杆。因此，建立科学合理的检委会委员考核机制是推动检察改革科学发展的重要途径。建立检委会委员的考核机制需考虑两个因素：一是突出专业性，本轮员额制改革的初衷之一是强调检察人员办案的专业性，故建立专业化考评机制，以专业考评结果监督司法办案实现是员额制改革目标的应有之义。二是与表彰机制相结合，只有将检委会委员的业绩考核与遴选、晋升和奖惩相结合，才能内化为检委会委员自觉办案的动力，不断提高办案的质量和效率，以实现绩效考核激励的目标。

那么，如何评估检委会委员的业绩就成为建立考核机制的关键问题，我国台湾地区检察官的专业考核主要通过办案文书制作水平、办案时限的稽催及管考、办案质量的检查等三个方面评估检察官的日常专业能力。[1]目前，我国检察机关统一业务应用系统运用办案流程监控和案件信息统计功能，能够对案件的办理情况及时监控、预警、检查和考评，再通过量化评估得出办案数量、质量、效率和文书制作水平等业绩情况，实现了对案件质量的规模

---

[1] 参见白忠志："台湾地区检察官人事制度之变革——检察官的员额、遴选及考评制度述介"，载《人民检察》2016年第2期。

化、常态化评查。然而，囿于应用系统只是对文书制作水平、释法说理能力、司法办案技能的技能型评价，限于技术短板，难以涵盖办理案件的效果、个案评议和出庭情况评议。故在科学运用应用系统的基础上，建立司法业绩档案制度，是确保考核机制规范科学的必要环节。司法业绩档案是对检委会委员日常业务工作表现的记录，亦是对司法结果和司法过程的综合评价，具有客观性、全面性、直接性的特点，故依据司法档案材料，能够准确评估司法办案能力，以实现对检委会委员的动态考核。检察官考评委员会可下设专门的司法业绩档案机构，配备专门的工作人员负责记录、保存工作，并加强培训，以提高司法档案的客观性。除此之外，检委会委员业绩考核机制还需与案件质量评查机制、检察官惩戒委员会制度和检察官员额退出机制相结合，以确保检察人员考核机制的整体性、系统性和协调性。

为有效应对检委会决议制的滥用，继而使检委会异化为风险转移和责任分担"避风港"的漏洞，对检委会会议中，委员决策职权的考核，除适用以上个人考核机制外，还需运用集体考核机制，确保检委会委员积极认真履行职能，提高检委会决策的水平和质量。集体考核机制需明确由检委会办事机构具体承担检委会委员的测评工作，制作检委会委员民主测评表包括出勤、发言质量、发言顺序，遵守保密等事项，由参会人员（办案人员和列席人员）予以测评，测评结果报送案管办统计，测评结果得出不称职的委员，要会同政治部在届前或届中考察调整，去除检委会委员终身制的顽疾，切实增强检委会会议中委员的责任感、使命感和危机感，以实现对检委会委员的规范化管理。

美国博雷洛（borello）案及其对我国劳动关系认定的启示

——亚洲内陆贸易的政治环境与组织方式研究

李海明　罗丽娜[1]

内容摘要：劳动关系认定是劳动争议解决的第一步，目前我国"劳动关系"认定接受度最高的标准是"从属性"标准，但是近来随着各类"非标准用工模式"的出现，"从属性"标准在解决"劳动关系"认定问题时显得力不从心。1989 年美国博雷洛（borello）案，形成了一个较为完整的规则体系，而后成为加利福尼亚州"雇佣关系"认定最重要的标准。时至今日，博雷洛规则（borello test）仍然具有一定的影响力，对于我们思考未来"劳动关系"认定的走向，以及解决实务中的"劳动关系"认定问题都具有一定的借鉴价值。

关键词：劳动关系　从属性　博雷洛规则（borello test）

一、引言

"目前，我国对劳动关系的法律调整总体上实行'单一调整'模式，对所有的劳动者和用人单位，不区分类型或性质，统一实行'一体适用、同等对待'的处理方式。"[2]根据《中华人民共和国劳动法》（以下简称《劳动法》）第 2 条[3]的规定可看出，这种调整模式在《劳动法》上直接体现为判断一名劳动提供者与接受者之间是否是"劳动关系"，如是，则他们之间受《劳动法》调整，《劳动法》上的所有规则均对他们适用；如不是，则《劳动

---

　　〔1〕　作者简介：李海明，汉族，法学博士，中央财经大学法学院副教授，研究方向为劳动与社会保障法。罗丽娜，彝族，中央财经大学法学院硕士研究生，研究方向为劳动法。
　　〔2〕　谢增毅："我国劳动关系法律调整模式的转变"，载《中国社会科学》2017 年第 2 期。
　　〔3〕　《中华人民共和国劳动法》第 2 条规定，在中华人民共和国境内的企业、个体经济组织（以下统称用人单位）和与之形成劳动关系的劳动者，适用本法。国家机关、事业组织、社会团体和与之建立劳动合同关系的劳动者，依照本法执行。

法》上的所有规则均对他们不适用。换言之，在此种单一调整模式之下，要对一类劳动提供者进行全方位的保护，首先要将其纳入"劳动者"范畴，在劳动提供者与接受者之间构建传统的"劳动关系"。

而随着当前经济形势的变化和科技的发展，催生了许多"互联网平台经济"，出现了许多所谓的"非标准用工模式"，如滴滴出行司机、Uber 司机、美团外卖等外卖平台的配送员、河狸家服务平台的美容师等。与此同时，这些在新经济形态下出现的"非标准用工模式"直接挑战了传统"劳动关系"，对该类劳动者的保护也陷入了困境，给学界和实务界也带来了许多悬而未决的问题。近来，随着美国 Uber 专车司机诉 Uber 公司案件的迅速发酵，"劳动关系"认定再次成为学界焦点，而国内劳动法学界也多次就"互联网形势下的劳动法问题"进行了讨论，其中最为重要的内容就是"非标准用工模式"的劳动关系问题。在这些学界争论中，一个词汇频繁出现在了公众视野——博雷洛规则（borello test），这个来自美国的"雇佣关系（劳动关系）"认定规则。尽管频繁使用 borello test 一词，但是国内的 borello test 本身似乎一直蒙着神秘的面纱，学界对于该规则的产生和发展依然一头雾水。因而，笔者回到博雷洛（borello）案，试图通过对该案的分析以及对 borello test 的阐述，厘清美国"雇佣关系"认定规则中的"博雷洛规则（borello test）"对于中国目前互联网经济形态下的劳动关系认定究竟有何可借鉴之处。[1]

二、博雷洛（borello）案案情概述

1989 年，美国加利福尼亚州最高法院对博雷洛公司诉劳资关系部案 [S. G. Borello & Sons, Inc. v. Department of Industrial Relations (1989)] 作出了判决，认定博雷洛公司与其公司雇用的黄瓜采摘工人之间存在"雇佣关系"。该案对传统"工作细节控制规则"（control of work details）进行了深度讨论，并在此基础上形成了更为全面和系统的"博雷洛规则"（borello test），成为加利福尼亚州"雇佣关系"认定最为重要的规则，随之影响了美国很多州的"雇佣关系"认定标准。

具体案情：博雷洛（borello）公司是加利福尼亚州吉尔罗伊地区的一个

---

[1] "雇佣关系"亦称"劳动关系"，美国多使用"雇佣关系"，而国内多使用"劳动关系"。除做特殊说明外，本文所使用的"雇佣关系"与"劳动关系"同义。

农产品种植经营公司，主要经营各类农产品的种植和销售，其中包括种植和销售腌制类黄瓜。博雷洛（borello）公司的黄瓜收获工人是由"与农场主共享收益的农场工人"来完成的，这些工人与博雷洛（borello）公司签订"共享收益"协议。协议约定："共享收益"的采摘工人根据所采摘的黄瓜的品质等级和数量获得酬劳；博雷洛（borello）公司除了提供包装黄瓜的箱子外不提供其他的工具，采摘工人需要自备必要工具以及往来田间的交通工具；所收获的黄瓜出售给协议双方均认可的买家（实际上该条款毫无意义，吉尔罗伊地区的腌制类黄瓜收购商仅有一家），而后协议双方平分货款；双方认可他们之间为"独立承包商关系"而非"雇佣关系"，在服务提供期间，博雷洛（borello）公司不会给这些"共享收益"黄瓜采摘工人缴纳工伤等保险，也不会为他们办理纳税申报。1985年8月，一位副劳工专员由于博雷洛（borello）公司未为在其农场中工作的50名黄瓜采摘工人缴纳工伤保险而对该公司作出停止令。随后博雷洛（borello）公司向劳资关系部劳动标准划分执行局（Division of Labor Standards Enforcement of the Department of Industrial Relations）申请行政复议，执行局认定博雷洛（borello）公司与黄瓜采摘工之间是"雇佣关系"，从而确认了停止令的效力。而后，博雷洛（borello）公司诉至法院，请求审查执行局作出裁定，并认定他们之间无"雇佣关系"，一审法院驳回了博雷洛（borello）公司的请求；上诉法院推翻了一审法院的判决，认定博雷洛（borello）公司与其黄瓜采摘工人之间是"独立承包商关系"而非"雇佣关系"；加利福尼亚州最高法院在1989年作出最终判决，认定博雷洛（borello）公司与其黄瓜采摘工人之间是"雇佣关系"。[1]关于此案，核心是"雇佣关系"（劳动关系）的认定标准问题：对于一个非传统（或非标准）用工模式下的劳动提供者是否应该将其纳入劳动者范畴从而在劳动提供者和接受者之间构建"雇佣关系"（劳动关系）？

三、美国"雇佣关系"的认定规则

作为判例法国家的美国，在其成文法中对"雇佣关系"的界定较少，其所依据的"雇佣关系"认定规则大多是在司法实践中形成的。

---

[1] S. G. Borello & Sons, Inc. v. Department of Industrial Relations (1989).

（一）工作细节控制规则（control of work details）

"控制"是传统美国"雇佣关系"认定中至关重要的因素，"雇主"有权对"雇员"的工作进行监督，控制服务的细节和范围，从而限制雇主因雇员在工作过程中造成的损害承担责任的风险。以使"雇员"为"雇主"提供最为优质的服务。[1]在博雷洛（borello）案之前，美国一些州（如加利福尼亚州）对"雇佣关系"的认定已经确立了一个规则——工作控制规则（control of work），将服务（劳动）接受者是否有权对服务（劳动）提供者的工作进行控制作为认定"雇佣关系"的标准。在工作控制规则（工作细节控制规则）之下，一个"雇佣关系"语境下的雇员必须服从雇主制定的工作规则，其所有的工作内容、方式、时间以及结果都是在雇主控制之下的，如果服务（劳动）提供者和接受者之间没有"控制"的存在，他们之间不构成"雇佣关系"。

随着劳动力市场的发展和成熟，在雇佣关系中涌现出更多的需求，传统"工作控制规则"（工作细节控制规则）的弊端逐步暴露。美国法院在审理"雇佣关系"案件过程中（如劳恩案，Laeng v. Workmen's Comp. Appeals Bd. (1972)），在承认"工作细节控制规则"的前提下，加入了其他考量，包括实现立法的目的和宗旨、雇主有无随意解雇的权利、工作的性质以及双方签订的服务提供协议等。[2]丰富了工作细节控制规则，对其进行了理论和内容上的重构。

（二）"六因素标准"规则

为了实现《工伤赔偿法案》等对"雇员"（劳动者）的保护性立法目的，厘清"雇员"和"独立承包商"地位的区别[3]，《公平劳工标准法》（Fair Labor Standards Act）对此作出了一个"六因素标准"，该标准被一些州所采用，成为"六因素标准"规则。包括：

（1）服务接受者的工作控制权利；（2）员工根据其工作管理技能获得收

---

[1] S. G. Borello & Sons, Inc. v. Department of Industrial Relations (1989) 中引用的 Larson《工伤赔偿法》(1986) 所述内容。
[2] Laeng v. Workmen's Comp. Appeals Bd. (1972).
[3] 美国"雇员"和"独立承包商"是一对对应概念，雇员受《工伤赔偿法》保护，而独立承包商是被排除在《工伤赔偿法》之外的群体。

益或亏损的机会；（3）员工对工作任务所需要的装备和原料进行投资，或者雇用佣工；（4）提供该服务是否需要特殊技能；（5）工作关系的持久性程度；（6）提供的服务是否是用工方日常业务的一部分。

"六因素标准"规则在"工作控制规则"的基础上加入了更多的考量因素，使"雇佣关系"的认定更为系统和科学。

（三）博雷洛规则（borello test）

加利福尼亚州最高法院在审理博雷洛（borello）案时，综合考量了工作细节控制规则、"六因素标准"规则，认定博雷洛（borello）公司与其黄瓜种植者之间是"雇佣关系"，并形成了最初的博雷洛规则（borello test），该规则的具体内容如下：

（1）提供的服务是否是单独的工作任务；（2）工作是否通常需要用工方或者专家进行指导；（3）所提供的服务是否需要特殊的技能；（4）是否由用工方提供工具和工作场所；（5）所提供的服务需要多长时间来完成；（6）计算报酬的方式，是基于劳动时间还是工作结果；（7）所从事工作是否是用工方日常业务的一部分；（8）双方当事人是否相信他们之间存在雇佣关系。[1]

加利福尼亚州最高法院在审理博雷洛（borello）案时，不仅考量了上述8个因素，也认可了将"工作细节控制规则"作为最重要的考量因素，同时考虑服务接受者是否有权随意解除该服务提供者，以及出于实现立法目的的角度考虑个案中的主体是否应该纳入"雇员"范畴。除此之外，也以"六因素标准"规则对该案进行了评估。故此，实际上博雷洛规则（borello test）是一个完整的衡量标准体系，适用博雷洛规则（borello test）不是对其他认定标准的选择性放弃，该规则本身就是在工作细节控制规则基础上，以保护性立法目的的实现作为价值取向而建构起来的认定"雇佣关系"的"非主要标志"（secondary indicia）的体系，这个体系在形成之处的思考中包含了上述8因素以及前文所述"六因素标准"规则的内容。因此，实际上在最初的构想中，博雷洛规则（borello test）的内容就涵盖了"六因素标准"规则中与之不重叠的内容。

（1）员工根据其工作管理技能获得收益或亏损的机会；（2）员工对工作

---

[1] S. G. Borello & Sons, Inc. v. Department of Industrial Relations (1989).

任务所需要的装备和原料进行投资，或者雇佣佣工；（3）工作关系的持续时间。

上述共 11 个因素，基于工作细节控制、雇主权利的范围以及保护性立法目的的实现，形成了完整的博雷洛规则（borello test）。这也是博雷洛（borello）案审判所依据的完整的规则体系。

四、从博雷洛（borello）案看美国对"雇佣关系"的认定

（一）关于此案的争议焦点

在此案中，双方争议的核心在于博雷洛（borello）公司和"与农场主共享收益"的黄瓜采摘工人之间是否构成"雇佣关系"。争议点主要集中在以下三个方面。[1]

1. "控制权"是否保留

博雷洛（borello）公司辩称，博雷洛（borello）公司放弃了对黄瓜采摘工人的工作方式进行控制的权利，这些工人自主完成黄瓜的收获工作，不受博雷洛（borello）公司任何形式的监督和指导。因此，在加利福尼亚州传统的"工作细节控制规则"之下，博雷洛（borello）公司作为服务接受者没有对服务提供者的"控制权"而不符合法定"雇主"地位。

执行局则认为，博雷洛（borello）公司虽然放弃了对"黄瓜收获"这一环节的工作方式的控制，但是保留了对"黄瓜种植"这一整个生产活动的核心的控制权——黄瓜的种植培育以及出售。虽然协议约定黄瓜将出售给双方均认可的买家，但是吉尔罗伊地区的腌制类黄瓜收购商仅有一家，实际上采摘工人对此没有决定的权利。另外，在对黄瓜产量具有重要作用的作物种植环节，采摘工人完全没有参与，博雷洛（borello）公司完全掌控了作物的种植和销售，采摘工人实际完成的工作（作物采摘）是核心控制之下的成果，其变量是微乎其微的。

2. 所提供服务的专业性和技术性

博雷洛（borello）公司认为，黄瓜采摘工作是一项需要专业性和技术性的工作，黄瓜采摘工人需要在采摘期尽可能地利用自己的经验和技能护理作

---

[1]　下述争议内容总结均来源于 S. G. Borello & Sons, Inc. v. Department of Industrial Relations（1989）。

物，对其进行灌溉、施肥、喷洒农药，增加黄瓜的产量，并选择合适的采摘时间保证所收获的黄瓜获得最优的销售价格，实现收益最大化。如果博雷洛（borello）公司的该项辩护成立，则意味着作为具有高度专业性的黄瓜采摘行业很有可能作为一个独立的业务与博雷洛（borello）公司主体业务分离而承包给专业技术工人。

执行局提出，黄瓜采摘是一项简单的体力劳动。所有关于博雷洛（borello）公司所提到的黄瓜护理和收获技巧都可以在短时间内快速习得，并没有实质意义上的专业性和技术性。同时，博雷洛（borello）公司作为一个以农作物生产和销售为主体业务的公司，作物的收获是其日常业务的一部分，作为一项技术含量较低的体力劳动，黄瓜采摘失去其作为专业性业务而分包的必要性。

3. 当事人对于双方关系的定位

此案中的另一个关键点在于订约双方对自身法律地位的定位。根据博雷洛（borello）公司与其"共享收益"的黄瓜采摘工人订立的"共享收益协议"的规定，双方当事人认可他们之间不是"雇佣关系"，采摘工人是独立于博雷洛（borello）公司之外的"独立承包商"。如果博雷洛（borello）公司能够证明该条款的实际效力，就意味着博雷洛（borello）很可能跳出"雇佣关系"束缚，从而规避《工伤赔偿法案》的义务性规定。

执行局认为，"共享收益"的黄瓜采摘工人与博雷洛（borello）公司之间仍然遵循了雇员的一般模式，这些"共享收益"工人没有作为独立的"承包运营商人"来经营农场业务，在黄瓜的整个生长周期之中没有对其进行任何实质上的投资（包括设备、资料以及金钱），唯一的投入是他们的体力劳动。因而，即使博雷洛（borello）公司与"共享收益农场工人"之间书面约定双方之间不是"雇佣关系"，但是其工作的本质还是遵循了"雇员"模式，当事人对于双方关系的定位在该案中无法作为使博雷洛（borello）公司摆脱"雇主"地位的决定性因素。概因该条款极容易成为"雇主"规避法定义务的保护伞。

（二）法官意见

虽然加利福尼亚州最高法院最终以多数同意认定博雷洛（borello）公司与其"与农场主共享收益的黄瓜采摘工"之间存在"雇佣关系"，但是在审理过程中仍然存在一些争议。同时在考量认定规则时也存在不同程度的权重倾斜。

1. 同意认定双方为"雇佣关系"

加利福尼亚州最高法院伊格里森（Eagleson）法官等五位法官同意认定博雷洛（borello）公司与其"共享收益黄瓜采摘工人"之间构成"雇佣关系"。主要依据为：首先，各地法院在司法实践中已经意识到不能"严格而孤立"的实行"控制规则"[1]，还需要考虑前文所述"八因素"和"六因素"。博雷洛（borello）公司的主体业务与黄瓜采摘工提供的服务没有分离；他们之间的合作虽然是季节性的，但是黄瓜采摘是博雷洛（borello）公司的规律性业务，这些采摘工人与博雷洛（borello）公司之间的合作是长期而规律的；黄瓜采摘工人没有对作物进行投资，也没有融入黄瓜生产销售的核心环节；黄瓜采摘作为一项经验性极强但是技术性和专业性较低的重复式简单机械劳动，不存在博雷洛（borello）所辩称的特殊技能；黄瓜采摘工人不会有实际的"盈利"或亏损，因为他们所投入的只有自己的劳动，同时决定酬劳的最重要的因素——黄瓜的产量和品质，实际上不是由"采摘"这一环节决定的，而是由其生长周期的作物情况决定的。

其次，出于保护性立法目的和宗旨的实现，在衡量服务提供者和接受者之间是否存在"雇佣关系"时需要考虑这些服务提供者是否是保护性立法所意图涵盖的群体，从而尽可能地扩大保护性立法的覆盖范围，降低社会风险。黄瓜采摘工人为博雷洛（borello）公司提供的服务是其日常业务中的一部分，与其主体业务密不可分，这些工人除了简单农业劳动之外不从事其他职业和商业贸易来维持正常生活，也没有其他的因素使得他们可以避免工伤带来的损失，博雷洛（borello）公司有义务将这些损失风险纳入其生产成本之中。

最后，虽然"共享收益协议"约定了博雷洛（borello）公司不会控制黄瓜采摘工人完成收获工作的具体工作方式，但是根据农业生产惯例，作为简单农业劳动的黄瓜采摘工作的完成方式仅有一种路径。因此，所谓的"可选择的方式"不过是冠冕堂皇的说辞罢了。除此之外，双方所签订的协议的内容是由博雷洛（borello）公司预先提供的，协议中关于实质性内容的规定均没有经过双方协商，也没有证据表明未签字的"家族采摘工"自愿接受免责

---

[1] S. G. Borello & Sons, Inc. v. Department of Industrial Relations（1989）.

条款而使自己被保护性立法排除在外。

2. 反对意见

考夫曼（Kaufman）法官等两位法官提出了异议，主要依据在于：首先，根据前文"八因素"和"六因素"规则，博雷洛（borello）公司与其"共享收益黄瓜采摘工"之间有着明显的"独立承包商"特征。经验对于黄瓜采摘工人的收入具有重大的影响，经验丰富的工人能够使作物处于最佳状态从而实现更多的产出，因此黄瓜采摘工作已经由于其技术要求脱离了简单体力劳动范围而成了一项专业性较强的"技术类"工种；采摘工人自行安排工作时间和具体的佣工数量；虽然采摘工人没有对黄瓜进行资本投资，但他们投入了真实劳动，而劳动价值正是资本的最终来源；采摘工人需要自行准备必要的工具和设备；酬劳的支付方式不是计时模式，而是由工作的结果决定的。这些都表明，博雷洛（borello）公司没有采用"雇员"模式来雇用和管理黄瓜采摘工，也就无法在他们之间构建"雇佣关系"。

其次，"控制权"应该是一个程度问题，博雷洛（borello）公司所释放的"控制权"是与采摘工人体力劳动相分离的，博雷洛（borello）公司与采摘工人各取所需，在各自的业务管理范围内行使自己的"控制权"从而达成最佳的合作状态，这种"控制权"得到保留和释放是合作模式的需要，以实现最优的经济利益。

再者，案件的审判最终依靠的是事实和证据，不能依靠毫无根据的推测作出最终的结论。对于博雷洛（borello）案，不能根据其证据之外的假设性事实（包括黄瓜采摘工不会通过自行投保等方式降低其工伤风险；共享收益工人与其被代表的家族成员自愿处于独立状态；在共享收益模式下，工人无法获得更多的收入）而强行在博雷洛（borello）公司与其"共享收益"的黄瓜采摘工人之间构建"雇佣关系"。

最后，本案所涉利益相关者在此前没有因为"工伤赔偿"提起过任何一起诉讼，也没有任何一个"与农场主共享收益的农场工人"由于对"共享收益协议"不满而与博雷洛（borello）公司发生劳动争议。由此可知，"共享收益"模式是一种被服务提供者和接受者广泛接受的模式，且此模式在存续期间运行良好，这是人们（包括雇主和雇员）自由选择的结果，司法机构不应该也不能够对此进行过多的干预。

3. 结论

在博雷洛（borello）案的审理过程中可以明显地看到"雇佣关系"认定规则是灵活运用的，需要在案件处理过程中根据个案情况进行组合和权重的衡量。博雷洛（borello）案中，作为服务接受者的博雷洛（borello）公司并没有完全符合"八因素"和"六因素"规则，但是也没有完全不符合其中的各项标准，案件的最终结果取决于各因素所占的权重以及组合的方式。除此之外，认定服务提供者与接受者之间是否构成"雇佣关系"所需要解决的核心问题是所提供的服务的性质，而不是形式，在该案中所着重考量的就是与工作性质有关的"核心控制权保留"以及工人自由选择的程度。博雷洛（borello）公司与"共享收益的黄瓜收获工人"所遵循的"共享收益模式"实际上是计件工资模式的变通适用。尽管二者之间以"独立承包商"的形式订立协议，但是在实际的生产和工作过程中，没有脱离固有的"雇员"——"雇主"模式，抛开无关紧要的干扰因素，这些黄瓜采摘工人与博雷洛（borello）公司的其他类型的工人一样，都是在指定的地点完成指定的工作从而获得报酬，区别仅在于黄瓜采摘工人的酬劳是直接从销售额里分成，而其他类型工人需要等待工时结算。因此，法院在作出最终裁判时，并没有受到"八因素"和"六因素"等规则的限制，而是在综合考虑之下向某些因素倾斜而认定双方存在"雇佣关系"。那么，在实际运用中我们需要解决的一个重要问题就出现了——如何在个案适用中进行权重的调整并使之符合所提供服务本身的性质？

五、博雷洛（borello）案的借鉴意义

（一）博雷洛规则（borello test）的适用

博雷洛规则（borello test）作为一个完整的体系化标准，包含了 11 个因素，同时也涵盖了"控制"因素和促进保护性立法目的实现的考量，这是出于对"雇佣关系"的全面性考虑也是对司法实践的多样性和复杂性的回应。因此在适用规则的过程中，不可避免地需要对各个因素进行权重的调整，并根据个案进行排列组合。博雷洛（borello）案也提到，"所有这些因素都不是

孤立适用的，需要根据案件情况产生不同的组合方式"。[1]"Borello 测试体系并不是一个精确设计、逻辑严谨的分析模型，它不可能像数学公式般套用到具体案件中就可以得出结论。"[2]尽管博雷洛规则（borello test）无法通过简单套用得到最终结论，但是博雷洛（borello）案给我们提供了一个可参考的适用思路。

首先，该规则所涵盖的 11 个因素可以划分为两个部分——主观倾向型因素和客观倾向型因素。其一，客观倾向型因素：（1）对于业务的独立性因素，完全可以从服务接受者一方的日常业务与服务提供者所提供的服务之间的对比中得出较为客观的判断。本案中博雷洛（borello）公司的日常运营业务为农作物的生产（包括种植、收获和销售），采摘工所从事的黄瓜采摘工作是其核心业务的一部分，无法独立于博雷洛（borello）公司的主体业务，这是显而易见的。（2）对于工具提供方因素，可以根据实施过程所需工具来源得出必然结论。但是在某些案例中，工具是双方共同负担的，如本案中，博雷洛公司提供包装的箱子和运输工具，采摘工人自行准备采摘工具。因此，在考虑工具提供因素时，还需要考虑工具的复杂程度等辅助因素。（3）对于用工方介入指导因素，可以在工作的实际操作过程中得到结果，这也是一个显性因素。（4）对于工作时间因素（包括工作时间和工作关系持续时间），可以根据相关记录和惯例得出结论。如博雷洛（borello）案中，虽然采摘工作是季节性的，但是根据合作记录和惯例，采摘工人的工作时间是自行决定的，而工作关系则是长期性、规律性的。（5）对于双方对自身关系的定位，是可以根据协议内容进行判断的。（6）酬劳计算因素可以依据双方约定内容得到直接判断。其二，主观倾向型因素：（1）投资因素，将该因素纳入主观倾向型因素的范围主要是由于"资本"界定的不一致会导致对该因素的认定出现偏差，正如在博雷洛（borello）案中，法官对于黄瓜采摘工人是否对作物进行了投资存在的分歧就体现在"资本"形式上。（2）技能因素，实际上随着各个行业的发展，每个行业都不可避免地带有专业性和技术性，更多的是技术的难易程度和精炼程度的区别，因此在司法实践中对于技术性因素的考虑也会因为主观判断而有所不同。（3）风险和收益因素，该因素体现在两个方

---

〔1〕 S. G. Borello & Sons, Inc. v. Department of Industrial Relations（1989）.

〔2〕 王天玉："基于互联网平台提供劳务的劳动关系认定——以'e 代驾'在京、沪、穗三地法院的判决为切入点"，载《法学》2016 年第 6 期。

面，一个是服务提供者收入的不固定，另一个是服务提供者的技能水平会导致其收入的增减。其实在衡量该因素的同时带有主观和客观色彩，但是该因素在某些"雇佣关系"的情况下同时存在，除此之外对于风险和收益机会的判断也更倾向于主观判断。

其次，区分客观倾向型因素和主观倾向型因素之后，我们需要考虑具体的判断问题。对于客观倾向型因素可以根据证据得到较为客观的结果，但是对于主观倾向型因素而言，需要结合行业惯例、地区惯例、历史沿革等，作出符合案件事实的结果。博雷洛（borello）案给我们的启示是——抛开形式，追究实质。黄瓜采摘工表面上有获得收益和遭受损失的风险，但是一个有理性的采摘工人不会接手一块明显歉收的庄稼地，因此这个收益和损失的风险实际上是不存在的，诸如此类，在司法实际中亦可以参考和借鉴。

（二）突破"从属性"限制的"劳动关系"认定走向

目前我国对于"劳动关系"[1]的认定主要是以"从属性"作为判断标准，学界在论述"劳动关系"时，基本也都是以此为前提。"'从属性'实为劳动契约的最大特色，一切有别于传统民事法概念的劳动法概念，即是承此观念而展开，深受重视"[2]，从属性又分为人格从属性、经济从属性和组织从属性，在实务中对"劳动关系"的认定演变为对"从属性"的判断。但是随着科技的发展和商业模式的多样化以及现代企业管理模式的变化，带来了用工模式的变革，人格从属性逐渐弱化，实质上的"劳动者"权益保障问题这个本来不应该是问题的问题出现了，"劳动者之所以成为劳动法上的劳动者，并非基于从属性意义上的区界，而是基于劳动者之自然权益。因此，从属性理论之一般表征的任何一项都有可能被社会观念撼动。"[3]对"劳动关系"的认定势必需要注入新的活力，突破"从属性"限制，在司法实践中找到更为完整和严谨的认定规则体系。"在实务中，对雇员的身份认定应当从从属性的基本内涵出发，采用多重标准，综合考虑其受雇主控制的程度、组织上的归属、业务风险的承担、薪酬的支付方式、劳动持续时间等多重因素，

---

〔1〕　即上文所述"雇佣关系"。
〔2〕　黄越钦：《劳动法新论》，中国政法大学出版社 2003 年版，第 96 页。
〔3〕　李海明："论劳动法上的劳动者"，载《清华法学》2011 年第 2 期。

解决实践中具有争论的某些群体的雇员身份认定问题"。[1]笔者在此表示认同，严格孤立的实行"从属性"标准，尤其过度强化人格从属性标准，难以适应目前纷呈的"非标准用工模式"，可以适当引入一些规则以助于更好地进行个案处理，这不是对"劳动关系"的泛化，是出于对社会保障性立法目的的实现以及劳动法学本质的"妥协"，或者说，是"国家责任"和"社会责任"对新形势的回应。

博雷洛（borello）案所形成的博雷洛规则（borello test）以及其中包含的对各个标准的选择性衡量，给我国"劳动关系"认定带来了一些另类的血液。更为重要的是，20世纪的博雷洛（borello）案中对规则的技术性运用和剖析，对今天的我们同样有着积极意义。

六、结语

"劳动关系"是劳动法学的起点，"劳动关系"认定是司法实务中劳动争议解决的第一步，我国对"劳动关系"认定普遍采用"从属性"标准（无论是实务中还是学术界）。然而，各类"非标准用工模式"的出现使原有"从属性"标准出现理论和实务操作中的困难，对此，不应该以"一刀切"的方式直接断定某类服务提供者是否是"劳动者"，而应该拓宽视野，寻找更为严谨、合理的规则体系，突破"从属性"限制，通过发现服务提供者与服务接受者之间合作的本质来认定他们之间的劳动关系。博雷洛（borello）案为我们展示了一个比较完整的规则体系以及适用的技术，当然，这个规则需要适当的修剪和重构，但是在此前可以将之作为一个比照的方向，为我国目前实务中的"劳动关系"认定提供一定的借鉴和参考。

---

[1] 谢增毅："劳动关系的内涵及雇主和雇员身份之认定"，载《比较法研究》2009年第6期。

甘肃省毒品案件现状、特点及证据运用难点研究

——以甘肃省张掖地区毒品案件为视角

柳小惠　杜　刚〔1〕

内容摘要：本文通过对近年来甘肃省张掖市检察机关办理毒品案件的具体情况的特点进行分析，针对毒品案件当中涉及的危害大，取证难；假证多，印证难；毒品种类多，认定标准不一；破案过程复杂，证据效力难以认定等问题，对贩卖毒品案件当中，如何证明毒品数量、性质，如何区别假证，如何运用"特情"或"耳目"证据等进行总结，并针对毒品犯罪数量认定、毒品犯罪鉴定、零星贩毒、共同贩卖、特情引诱等现有的法律规定及司法解释，目前在办案当中存在的问题，对毒品案件的一般证据审查和复杂证据审查提出了具有指导意义的参考标准和证据审查要求。

主题词：毒品犯罪　特点　证据

一、近年来毒品犯罪案件概况及主要特点

2015 年 1 月 1 日至 2016 年 5 月 31 日，甘肃省张掖市检察机关共受理公安机关移送审查起诉的毒品犯罪案件 94 件、涉案人员计 115 人，移送起诉 93 件、涉案人员计 114 人。毒品犯罪案件类型构成方面，涉嫌贩卖毒品罪的案件占 85.11%，涉嫌非法持有毒品罪的案件占 8.51%，涉嫌运输毒品罪等类型的案件占 6.38%。分析其中的典型案例，近年来毒品犯罪呈现出以下特点：

（1）危害大，取证难。在巨额利润的驱动下，当前我国毒品犯罪猖獗，毒品犯罪形势严峻，我国正在由一个毒品过境国逐步转变为毒品过境与消费并存的毒品受害国，涉毒地域不断扩大，吸毒人数逐年增多，走私、贩卖、运输、制造毒品等犯罪的手段和方法不断翻新，贩毒人员反侦查能力及防范意识极强，往往不易取证，禁毒形势仍然十分严峻。毒品犯罪不仅严重危害

---

〔1〕　作者简介：柳小惠，甘肃省张掖市人民检察院党组书记、检察长；杜刚，甘肃省张掖市人民检察院研究室主任。

群众的生命、健康，而且在毒品交易过程中易引发多种犯罪，对社会造成极大的危害。如：我市办理的，较为典型的案例是肖某、牛某兵、胥某、符某明、陆某宏、陈某玲、陆某军等7人特大贩卖毒品、非法持有弹药案，涉案毒品达2900余克。此案系张掖市迄今最大的毒品犯罪案件。7名犯罪嫌疑人被法院分别判处无期徒刑、有期徒刑十五年、有期徒刑十二年等刑罚。肖某等人长期形成的贩毒网络隐藏较深、对张掖市危害严重、群众反映强烈。此案告破，彻底摧毁了这个贩毒网络，有力打击了毒品犯罪分子的嚣张气焰。

（2）涉案毒品种类多、数量增大。涉案的毒品以海洛因、冰毒（甲基苯丙胺）为主，其中冰毒逐渐成为毒品犯罪的主要对象，"摇头丸""K粉"等新型毒品不断出现。由于新型毒品不仅容易合成，而且成本较低，再加上使用便捷，合成简单，原料价格便宜的新型毒品也极易获取。一些犯罪分子为开拓毒品市场，针对不同吸毒人员的个性需要，同时贩卖多种毒品，既贩卖海洛因、冰毒（甲基苯丙胺），又贩卖"摇头丸""K粉"等毒品。与此同时，单个案件涉案的毒品数量呈不断增长的态势。

（3）毒品交易智能化，分销方式网络化。近年来，毒品犯罪嫌疑人利用现代科技作案，使得运输方式的选择越来越多，作案手法越来越有隐蔽性。例如，智能手机、互联网等通讯工具的普及，私家车等现代化交通工具的运用，使得毒品交易过程中的邀约、联络、碰面变得非常方便而隐蔽。交易的地点既有比较集中的区域，如人群较为密集的酒吧、KTV、足浴按摩等娱乐场所和餐饮、酒店服务场所，还有现在较为普遍的是经过吸毒人员相互介绍，通过打电话或者网络聊天工具，如微信、QQ约定交易地点或送货到预订者指定场所。由于毒品犯罪与上下游违法犯罪行为结合较为紧密，且一些犯罪嫌疑人在多次作案后往往拥有相应的上下游渠道，毒品犯罪分子通常有结伙并形成网络化、职业化的趋势。

（4）共同犯罪在毒品案件中比例较高，呈现出团伙化、家族化趋势。如2015年张掖市人民检察院办理的马某林、马某太夫贩卖毒品案，马某文、马某海贩卖毒品案等。

（5）毒品种类多，认定标准不一。贩卖毒品罪中的毒品指的是鸦片、海洛因、吗啡、大麻、可卡因以及国务院规定管制的其他能够使人形成瘾癖的麻醉药品和精神药品。审查毒品犯罪案件，除了要查获毒品外，还要确定毒品的性质和数量。刑法规定构成贩卖毒品罪的数量标准有的不需要达到一定的数量，只要性质是毒品即可构成犯罪，如贩卖海洛因等。有的需要达到一定的数量才能构成犯罪，如贩卖鸦片等 。同时随着科技的发展，制造毒品的手段也越来越多，毒品种类也在快速增加，如"冰毒""摇头丸"等，这就给认定和审查贩毒案件增加了相当的难度。

（6）破案过程复杂，证据效力难以认定。由于贩毒案件作案手段极其隐秘，且毒品流向一般均为特殊群体，吸毒人员购买、吸食毒品往往都是在秘密状态的地下进行，常人难以接触和掌握，这就给侦破工作带来了相当难度。公安机关查缉毒品犯罪大多从能够接触毒品及毒犯的人入手，建立秘密特情档案，为侦破案件提供情报和破案线索，有时甚至有侦查人员伪装潜入，直接与毒犯接触，侦破过程扑朔迷离，既要抓获毒犯又要保护特情不被暴露；既要保证自身安全又不能使毒品流入社会。案件侦破后既要保证诉讼程序的正常进行和诉讼证据的确实充分，又不能泄漏侦查秘密，证据中往往有许多侦破过程的说明和特情证言。这些说明和证言有时与被告人供述相矛盾，往往无法印证，证据的证明力不好确定，影响案件的正常诉讼。

二、贩毒案件审查起诉最低证据要求

贩毒案件的证据较之其他犯罪往往不易取得，有些案件证据在数量上甚至很少，审查判断贩毒案件的证据是否确实、充分，除运用证据的关联性、合法性来综合判断分析外，还可以联系毒品案件证据的证明对象来判断证据是否充分。证明对象的范围，既不能扩大，也不能缩小，如果扩大证明对象的范围，对案件无关的情节都进行详细调查，不仅是对司法资源的浪费，而且会影响查证核实与本案有最直接关系的事实。如对被告人供述虚假的"上线""下线"的查证，通常所提供的姓名、住址均不真实，如果一味查证则会造成久查不清，而贩毒案件只要证明被告人本人进行毒品贩卖活动，即可构成犯罪。如果缩小证明对象的范围，对证明与案件有密切关联的事实应查明而未查，则不仅会导致证据不充分的后果，而且还会造成对案件事实判断的错误。审查贩毒案件的证据，应主要把握以下几个方面。

（一）证明毒犯身份的证据审查要求

确定被告人毒犯身份的证据是贩毒案件中非常重要的证据，有些贩毒分子常常利用不知实情的人帮助其携带、传送物品，从中隐藏毒品从而完成其贩毒交易，有时公安机关虽将毒品截获，但抓到的并不是真正的毒犯。因此，确定毒犯的身份在贩毒案件中显得尤为重要，审查中应注意。

（1）审查毒品持有人与购买人之间的关系，购买者与毒犯是否认识或直接进行过联系，送货人是否为毒品的卖方。

（2）审查交货付款的方式，是先交钱后付货还是先付货后交钱，或者一手交货，一手交钱，购买毒品的钱付给了什么人，是什么时间、什么地点，以什么方式付的款，收款人是谁，是否为送货人。

（3）审查购买方与毒犯有无买卖毒品的经历，是初次贩卖还是多次贩卖，每次贩卖的方式是否相同。

（4）审查送货人有无通信工具，通过电信部门查询在贩毒前或贩毒中与购买人有无电话联系。

（5）审查送货人是否明知所送物品中藏匿有毒品，货主是谁，送给何人，其与货主是何关系，为什么替毒犯送货等。如有些送货人本身就是贩毒集团的成员，充当毒犯的"马仔"，而有些则是不明真相被临时花钱雇佣送货，送货人事先并不知道货物中藏匿有毒品，对二者要严格区分。

（二）证明犯罪动机及对毒品是否明知的证据审查要求

贩卖毒品犯罪动机一般是受暴利的诱惑，实践中一些被抓获的毒犯往往以不明知是毒品为由，狡辩没有故意贩毒，是否"明知"是证明被告人故意犯罪的重要证据，审查中应注意。

（1）审查贩毒手段，判断是否"明知"，贩毒案件成交时，多数是现款现物交易，在作案中被告人往往千方百计伪装毒品，如将毒品捆绑在人体上或藏匿于人体内，将水果或蔬菜挖空后藏毒，或改装车辆藏毒于夹层，或利用动物藏匿。如有证据证明被告人对毒品进行了上述伪装，则可据以判断被告人对毒品的性质在主观上是明知的。

（2）审查毒贩被查获时的行为判断是否明知。贩毒分子遇到检查时往往做贼心虚，对检查人员的提问支吾回答不出，外在表现为神情紧张或行为失度，或拒绝检查或弃赃逃跑。这种不正常现象的出现，意味着行为人内心清楚这些毒品的性质，其明知通过其自身行为表现出来，审查中应注意详细收集这方面的证据。

（3）通过间接证据审查被告人明知其所携带的物品是毒品。间接证据虽不能直接证明犯罪，但只要审查间接证据的来源合法，且多个间接证据互相印证，形成完整的证据锁链，环环相扣，也可证明被告人是否明知。

（4）审查毒品的来源。从其所携带毒品的来源上判断是否明知。

（三）证明贩毒手段的证据审查要求

贩毒案件犯罪手段隐秘诡谲，且方法多样，通常在极小的范围内进行，审查中应注意：

（1）审查犯罪的时间、地点、联系方式，时间、地点是毒贩指定还是购毒人提供，有无变换的新地点或多次变换的情况，联系方式是电话联系还是约会接头，接头的时间、地点、信号等。

（2）审查是一人犯罪还是多人共同犯罪，联系人与交货人是否同一，有无中间人。

（3）审查毒品的包装，有无藏匿或夹带在其他物品中，有无转手、验货等情况。

（4）审查毒品的付款及交货情况，是先付款后交货还是先交货后付款，是现金现货交易，还是将款打入指定账户。一般情况下先交货后付款都是与毒犯有长期交易，取得了毒贩的信任，先付钱后交货则大多有中间人担保，钱货两清的交易或是初次交易或者是大宗毒品交易，审查时要特别注意。

（四）证明毒品数量、性质的证据审查要求

贩卖毒品案件中毒品的数量和性质是对被告人定罪量刑的主要依据，审查中要结合鉴定结论，准确认定。

（1）审查毒品的种类、特征，结合被告人供述，判断其是否明知是毒品，是何种毒品。

（2）审查吸毒人员证言，查明其购买毒品的种类、价格，是否对所购毒品尝验，是否为预定购买毒品。

（3）审查有无过秤笔录，过秤时被告人是否在场，有无第三人监秤，毛重及净重是否准确，有无文字记载及在场人签字。尤其要注意审查记载内容是否完整，数量记载是否规范，计量换算是否按国家规定标准，毒品的称谓、颜色、形状是否记载清楚。

（4）审查毒品有无鉴定结论，鉴定的取量是否合适，鉴定手法是否科学，结论是否明确，是否经过复检，如有复检由何机关送检或复检。

（5）审查有无毒品扣押上缴清单，上缴的数量、种类是否与扣押笔录反映的数量、种类相一致。

（6）审查有无缴获毒品及称量器具的照片，有无现场勘查及检查笔录，现场查获毒品是否交由被告人辨认。

（五）证明贩毒情节的证据审查要求

犯罪情节是量刑轻重的依据，根据被告人实施犯罪行为的事实审查有无从重或从轻处罚的情节，便于准确打击毒品犯罪，审查中应注意：

（1）审查被告人有无犯罪前科，是否因毒品或其他违纪违法行为受到过处罚，有无贩毒历史，是否构成累犯。

（2）审查案件侦破过程有无"特情"或"内线"参与，有无犯意引诱或数量引诱，在毒品交易过程中，毒品为何人控制，有无流散到社会的危险。

（3）审查贩毒的数量、次数、是否为惯犯或偶犯，贩毒形式是批发还是零售，是否提供吸毒场所，毒品的贩卖对象主要是成年人还是未成年人，有无教唆、引诱、强迫他人吸毒等情节，有无因贩毒吸毒而造成死亡并引发其他犯罪等情况。

（4）审查有无法定从重情节，是否为集团犯罪或武装贩毒，有无暴力抗拒检查、拘捕和参与有组织的国际贩毒组织，是否为毒品犯罪的首要分子或主犯。

（5）审查有关法定从轻情节，有无自首、检举揭发、立功等法定从轻情节，有无未成年人参与犯罪，是否为贩毒的从犯，有无被他人胁迫参与犯罪等情节。

三、对贩毒案件几类复杂证据的审查要求

贩毒案件的证据特点本身就存在假证多，毒品种类多，认定标准多，及取证难，印证难，勘验鉴定难等"三多三难"问题。贩毒分子在向购毒人交付毒品的过程中，在暴利驱使下会在毒品中掺加各种添加剂，以增大毒品的数量，牟取高额风险回报。加之毒品案件的证人大多为吸毒人员和提供贩毒情报的"特情"或"耳目"，本身不便暴露身份或存在劣迹，贩毒时又大多是单线联系，如果毒犯被抓获后拒不供述或编造谎言开脱罪责，往往无法同被告人供述相印证，证据难以确定。因此，贩毒案件中的鉴定结论和特殊的

证人证言这两类证据显然不同于其他案件中的鉴定或证词，审查中应慎之又慎，特别加以注意。

（一）贩毒案件中鉴定结论的证据审查要求

（1）审查送检材料是否真实、充分，是否符合鉴定要求，有无写明送检机关、送检物的颜色、形状、气味、数量以及送检目的、要求等。

（2）审查鉴定人有无鉴定资格，是否有鉴定所需要的专门知识和技能，鉴定机关是否合法，鉴定设备是否符合鉴定条件。

（3）审查鉴定的方法是否科学，使用的设备和其他条件是否符合作出正确结论的必要条件，如果条件、方法、设备不能达到作出正确结论的必要要求，所作出的鉴定结论不能作为证据使用。

（4）审查鉴定结论的推理是否正确，结论是否明确、唯一。

（5）审查鉴定程序是否合法，有无委托单位出具的公函委托文书，鉴定机关出具的鉴定结论是否符合法律规定。

（二）贩毒案件中特殊证言的审查要求

1. "特情"或"耳目"证言

此类证言大多为公安机关提供贩毒情报或破案线索，有时往往直接参与破获毒品案件。在诉讼中起到证明案件来源及被告人贩毒过程的作用，其证言一般比较可信，但也不能完全排除有掩饰情节的可能性。审查中应注意：（1）审查公安机关是否有该"特情"或"耳目"的秘密档案及档案中记载该"特情"或"耳目"建档的时间、原因、真实姓名、住址、职业等情况。（2）审查该"特情"或"耳目"由侦查人员个人掌握还是由队、所掌握，以往有无向公安机关提供过贩毒情报或线索，是否参与过破获贩毒案件。（3）审查该"特情"或"耳目"有无接触毒品或毒犯的条件，其与毒贩是何种关系，提供的情报或线索来源是否真实。（4）审查"特情"或"耳目"提供的情报或线索是否准确，是否参与贩毒案件的侦破，其与毒贩的联系是否在公安机关的掌握之中，其证言有无夸大或隐瞒。（5）审查"特情"或"耳目"在贩毒案件中所起的作用，是否对毒犯有犯意引诱或数量引诱等情节。（6）审查贩毒所用的毒资由何人提供，是否为购毒人员或公安机关所提供。

2. 吸毒人员证言的审查判断

吸毒人员作为一个特殊群体，既是毒品的受害者，又是毒品的使用者，他们往往与毒犯有较多的接触机会，提供的证言具有一定的真实性。由于其本身违法的行为，往往在证言中掩盖或隐瞒一些事实和情节，其证言既不可全信，也不可不信，审查时要注意加以区分其中虚假的成分。（1）审查吸毒人员的吸毒历史，是否被强制戒毒，毒瘾的大小，以确定吸毒人员的身份。（2）审查吸毒人员所吸毒品的来源，是否为毒贩提供，判断其与毒犯的关系，有无毒犯为其提供毒品的条件和可能。（3）审查吸毒人员与毒犯联系、接头的方式，有无电话或邮件往来，有无接头暗号等特殊联系方式。（4）审查吸毒人员每次购买毒品的具体时间、地点、数量、种类、价格及称量器具，有无其他证言印证。（5）审查吸毒人员毒资的来源，判断其购买毒品的数量。（6）审查吸毒人员作证的动机及是否在购买毒品时被当场抓获，判断其证言中有无报复或陷害他人的虚假成分。（7）审查吸毒人员是否对毒犯进行辨认，判断其是否张冠李戴，印证其证言的真实性。

3. 化装购毒的侦查人员对证言的审查判断

公安机关的侦查人员化装打入毒贩内部或卧底搜集情报，或直接与毒犯接触周旋，借以侦破一些贩毒集团或大宗毒品犯罪案件，其身份和性质决定了其证言的特殊性。他们出生入死，身入虎穴，掌握了大量的贩毒证据，其证言往往具有很大的真实性和可靠性。但随着案件的大小不同，侦破的时间长短不一，其感受、记忆和表述也会出现一定的差异，审查时应注意：（1）审查贩毒的线索来源是否清楚，有无"情报"或"线索"提供人的证言。（2）审查有无中间人帮助其打入毒巢引见毒犯，打入的过程是否隐秘或符合情理。（3）审查侦查人员与毒犯接触的过程，是否露出破绽，有无引起毒犯的怀疑。（4）审查侦查人员与公安机关及毒犯之间采用何种联系方式，有无通话记录及监听资料印证其联系的过程和方式。（5）审查侦查人员有无犯意及种类数量引诱，毒资来源是否为公安机关提供，毒品是否在公安机关掌握之中，是否流入社会造成危害，能否排除"引诱"犯罪的可能。（6）审查侦查人员个人的基本情况及公安机关对其打入毒犯内部所进行的安排部署，有无公安机关对化装打入出具的专门说明及案件侦破报告，侦查程序及手段是否合法。（7）审查侦查人员的证言表述是否清楚，证明的过程是否真实合理，有无其他证据印证。

另外，对公安机关出具的证明也应结合案件其他证据综合判断，互相印证，证明其客观性，防止错案的发生。

（三）贩毒案件中"零口供"证据的审查要求

"零口供"现象在其他案件中虽然有时也存在，但在贩毒案件中却相当普遍和突出。有些犯罪分子被抓获后拒不供述毒品来源及上、下线，有些不是当场抓获的毒犯不供述贩毒事实，有时甚至当场将毒犯人赃俱获，仍不供述，甚至一言不发，使审讯陷于僵局。对此类"零口供"的案件，笔者认为，《中华人民共和国刑事诉讼法》（以下简称《刑事诉讼法》）将被告人供述和辩解列为七类证据中的一类，同时也规定了被告人有如实回答侦查人员、检察及审判人员询问的义务，说明我国法律在对待被告人口供问题上并不完全排除被告人口供，查证属实的被告人供述同样是认定犯罪的依据。但《刑事诉讼法》第 55 条还规定了对被告人口供的采信原则，即"对一切案件的判处都要重证据，重调查研究，不轻信口供。只有被告人供述，没有其他证据的，不能认定被告人有罪和处以刑罚；没有被告人供述，证据确实充分的，可以认定被告人有罪和处以刑罚"。这一规定充分体现了法律对认定犯罪的证据要求是"重证据、重调查研究，不轻信口供"。对"口供"的采信，也要有其他证据印证，"零口供"案件既反映了被告人抗拒侦查、审判的一种态度，同时也对搜集和获取贩毒案件的其他证据提出了更高的要求。第一，要注意审查证据的全面性，判断证据是否收集穷尽、有无遗漏。第二，要注意审查证据的客观性，有无虚假的不能反映客观真实情况的证据，证据之间有无矛盾，存在的矛盾是否能够合理排除。第三，要审查证据的关联性，直接证据与间接证据之间，间接证据与间接证据之间，言词证据和书证、物证、鉴定结论之间是否能形成一个完整的证据链条，所有证据与案件事实之间有无关联，能否从各个方面均能够证明案件事实的发生。第四，要审查证据的排他性，有无矛盾或相反的证据出现，所有证据的指向是否同一，是否具有证明结果的唯一性。第五，要审查证据链条的完整性，有无缺失或遗漏，各证据之间是否环环相扣、相互衔接，能否互相印证。第六，要综合全案，审查证据是否达到了确实充分，"确实"是对证据质的要求，"充分"是对证据量的要求。只要证明贩毒犯罪的证据达到了确实、充分，排除了其他可能性，得出证明结果的唯一性，即使是"零口供"的贩毒案，也可以对被告人定罪和处以刑罚。如马某某贩毒案，被告人以"茶叶"为暗语多次向本市贩毒人员吴某贩卖毒品，形成上、下线关系。2002 年 10 月被告人马某某再次与吴某通过电话约定贩卖毒品，并携带 500 余克毒品交给吴某，在被告人按约到吴家中取款时被秘密守候的侦查人员抓获。被告人自被抓获后采取绝食、"一语不发"等方式抗拒侦查，在检察、审判中保持沉默，不作任何供述，经过公安机关的大量取证，形成了证明其犯罪的完整证据链条，最终被张掖市中级人民法院以贩卖毒品罪一审判处死刑，并经甘肃省高级人民法院裁定核准执行。从其案例可以看出，"零口供"贩毒案，只要证据确实充分，不但可以定罪处刑，而且可以判处极刑。

网约车用工关系之定性与规则

——以"优步案"为切入点

胡　珂[1]

内容摘要： 网约车是互联网技术蓬勃发展的产物，目前国内立法并没有明确规定如何认定网约车平台与司机之间的用工关系，司法实践中的态度也不甚明确。以美国和英国"优步案"作为切入点，来分析我国的网约车用工，该用工关系具有劳动关系属性。结合劳动关系和劳务关系的认定与属性的对比，同时从劳动关系的从属性角度进行剖析，将此类用工关系认定为劳动关系是有价值的，网约车司机群体应当享有劳动法对其权益的保护。

关键词： 网约车　用工关系　劳动关系

互联网技术的发展促进了经济模式的变革，共享经济应运而生，共享经济的运行模式是将所有人暂时闲置的资源共享给别人，在资源共享的状态下，所有人并没有丧失所有权，只是所有物被别人占有使用。网络预约出租车（以下简称"网约车"）是共享经济的代表性产物。

我国网约车司机群体规模不断扩大。共享经济在蓬勃发展的同时也浮现出问题，为了争取更多利益，司机与优步公司之间在用工关系方面产生了争议。如果司机认定为正式雇员，优步公司必须提供相关福利待遇以及社会保障，反之，则无需增加上述支出。双方博弈过程中，网约车平台与司机之间的用工关系问题引发了极大争议。

目前学界对网约车用工关系的讨论是多元化的，从商业模式的角度可以区分为重资产模式和轻资产模式网络租车平台。重资产网络租车平台即平台提供车辆、雇佣全职司机进行运营，毫无疑问在这种模式下网约车平台与司机之间要按照法律规定签订劳动合同，确定劳动关系；而对于轻资产网约车平台，有学者通过对我国立法、司法及相关案例的分析，认为不宜将二者之

---

〔1〕　作者简介：胡珂，汉族，中央财经大学法学院硕士研究生，研究方向为劳动法。

间的法律关系确定为劳动关系。[1]本文不对网约车平台进行类型化区分，仅从行业的角度出发，认为该领域应纳入劳动法的规制。主要以滴滴出行为例的快车类网约车用工关系为基础，探讨如何对我国网约车司机与平台之间的用工关系进行界定。

一、涉用工性质之优步案

（一）美国优步司机诉优步公司认定正式员工身份案

优步公司在美国发展迅速，仅加州就有超过 16 万名优步司机，优步公司一直没有与司机建立雇佣关系，只是定位自己为信息服务平台，但有关劳动关系的问题并没有按照优步公司的设想去发展。美国一位优步专车的司机向加州劳动委员会提起诉讼要求确认雇佣关系。[2]这名司机是 Uber 的全职司机，优步公司一直拖欠其劳务费，同时她的工作时间已经达到了加班补偿标准，却未得到任何补偿。加州劳动委员会认为，优步公司有权对其工作细节进行控制，实质上属于雇佣关系，故加州劳动委员会确认了这名司机和优步公司属于雇佣关系，裁定优步承担其在担任司机期间的开支和费用。

几个月之后，在劳动委员会裁决结果的鼓舞下，美国加利福尼亚州部分优步司机诉请优步公司认定他们的身份为正式员工。[3]优步司机认为优步公司调整价格之后，许多司机的收入整体下降很多，引发了司机的大规模罢工，优步司机希望可以成为正式员工以享受到优步公司提供的各项福利以及应有待遇，比如报销油费、提供汽车养护费等。在罢工发生之后，优步公司列举了许多州的劳动委员会都认定优步司机为独立合同工的裁定，同时为了排除司机的工会权利，坚持不认定优步司机为公司雇员，并提起上诉。但该案最终由双方达成和解协议，由优步公司对每位司机按照行驶里程进行补偿。

从美国司法实践角度出发，结合上述两个案件，加州劳动法律中并无成

---

〔1〕 王天玉："基于互联网平台提供劳务的劳动关系——以'e 代驾'在京、沪、穗三地法院的判决为切入点"，载《法学》2016 年第 6 期。

〔2〕 Uber technologies, INC. and Rasier – CA, LLC, Appellants, v. Barbara BERWICK, Respondent. No. CGC–15–546378. September 21, 2015.

〔3〕 The case of Douglas O'connor et al. v. Uber Tech., Inc. (US District Court N. D. California. No. C–13–3826 EMC Plaintiffs' Opposition to Defendant Uber Tech., Inc.'s Motion for Summary Judgment).

文法规对雇员和独立合同工进行严格的限定和区分，对劳动关系的认定多依赖于由判例所形成的判例法。其中最重要的判例是加州高等法院1989年作出的博雷洛案，该案形成的判断规则被以后的加州法院广泛遵守，最后演变成"Borello test"规则。这个规则体系包含众多因素，但在适用该体系时并非将各因素均等适用，而是考虑具体案情，对各因素在不同程度上进行区分适用。法官在进行自由裁量时，重点考虑的是雇主对雇员的控制。虽然优步公司声称自己只是提供一个网络平台，但是实际上优步公司对其平台注册的司机有诸多限制。其一，被告优步在对司机进行资格审核评定时，要求司机提供非常详细的个人信息，在通过审核之后，司机才能通过优步软件进行载客服务；其二，优步司机载客使用的交通工具必须在优步公司进行登记，对使用年限的要求是十年以内；其三，优步对司机运营时的乘客评分进行监督，并可以根据一定标准单方停止与司机的合作；其四，乘客通过软件向优步公司支付费用，优步再向司机发放其劳务对价。[1]当然，还有许多次要的因素也会在一定程度上影响法官的自由裁量，例如司机在提供服务的时候是否需要特殊的技能等。

还应当注意的是，Borello test 规则的提出距今已经有将近三十年的时间，随着社会情况与劳动关系的变化发展，也逐渐显现出规则相对于现实发展的滞后性。此外，作为此案判决依据的 Borello test 规则是在加州的法律框架下。在美国，各州有着独立的立法权，美国各州判断劳动关系的司法标准并不统一，因此，其他州也可能得出完全相反的判决结果。[2]

(二) 英国优步司机诉优步有限公司案

优步公司与优步司机之间的用工关系问题在全球范围内逐渐浮现。英国伦敦的优步司机超过了3万人，继美国加州案之后，伦敦的优步司机就雇佣关系问题向伦敦高等法院提起诉讼。原告方优步司机认为优步公司没有支付最低工资，也没有提供带薪休假。被告方优步公司认为，原告并非优步的员

---

〔1〕 连弋瑄、李全锁："从 Uber 诉讼案看专车劳动关系：借鉴域外立法是否可行"，载《中国审判》2015年第23期。

〔2〕 王天玉："基于互联网平台提供劳务的劳动关系—以'e代驾'在京、沪、穗三地法院的判决为切入点"，载《法学》2016年第6期。

工，优步公司对原告提出的诉讼请求不承担任何法律义务和责任。[1]

法庭认为优步提供的产品是驾驶服务，这是优步公司的服务，并非司机个人提供的这种产品。司机只能按照优步公司的规定进行收费，不能与乘客协商，没有变动的空间。同时只能严格按优步公司的条款提供和接受行程，不能自由选择行程，限制了司机发挥主观能动性，体现了公司对雇员的制约。在服务过程中，司机没有向外界推广自己，而是经过招聘后成为优步公司的一员，优步公司处于完全的控制地位，司机与优步公司之间的合同是非独立的工作关系，性质上并不类似两个相互独立的企业之间的合同。[2]基于上述理由，法庭最终认定司机是优步的正式员工。

虽然英美两国都是判例法国家，但在法律适用上依旧存在差异。普通法在英国的法律渊源中是第一位的，其在全国范围内适用；美国各州有独立的立法权，对于普通法的适用，全国范围内并不统一。英国法院直接认定为劳动关系，认定司机为公司雇员，而加州劳动委员会虽然认定了司机为优步公司司机，但这只是对个案的裁定，在加州的优步司机诉优步公司这一集体诉讼中，法院并没有形成最终判决，双方和解结案。相较于英国优步案的诉讼，美国加州对优步案的处理途径更加灵活，在保护这种灵活用工模式下劳动者的利益的同时不对新兴经济模式的发展产生过多的干预。

从历史的角度分析英美两国案例，可以得出以下启示。首先，早期基于密集型用工模式下，以"有效控制性"学说作为劳动关系认定的标准，即公司对用工人员形成有效控制的情况下，应当认定其为公司的正式员工。其次，随着用工关系的复杂化，此学说越来越难以涵盖全部的雇佣关系，但依旧对英国在认定劳动关系方面产生了潜移默化的影响，在认定新型劳动关系时，法官仍然围绕"控制性"这一要素，并结合具体案情进行认定。在美国，受英国学说影响产生的 Borello 体系也存在这种价值取向，在付出劳动力的过程中，作为司机一方体现出的其作为独立个体的人格性因素很少，只是被动地接受公司安排从事劳动，法官对案件进行裁判时以公司是否对用工人员形成了控制和控制的程度为主要依据。

英美两国的法律体系与劳动关系认定的方式与我国不尽相同，但对比我

---

〔1〕 Mr Y Aslam, Mr J Farrar and Others v Uber B. V, Uber Lon-don Ltd and Uber Britannia Ltd. Case Numbers: 2202551 /2015 & Others Date: 28 October 2016.

〔2〕 黄文旭："英国判决：优步司机为优步公司员工"，载《人民法院报》2016 年 11 月 25 日。

们的立法、司法现状，能够进一步探究制度设计对劳动关系认定以及新兴经济模式的影响。

二、我国网约车状况以及立法、司法之问题

(一) 我国网约车用工关系界定之立法缺位

在网约车行业发展的初期，我国立法的侧重点在规制经济模式的运行，却忽略了该经济模式内部出现的隐患，有关网约车平台与司机之间的用工关系问题逐渐浮现后，交通运输部、工信部等部委联合发文公布了《网络预约出租汽车经营服务管理暂行办法》(以下简称《暂行办法》)，其规定了网约车平台与司机签订劳动合同或协议的义务，明确规定网约车平台承担承运人责任，是一种用工单位责任的延伸体现。但"暂行办法"的侧重点是赋予网约车在客运服务中的合法地位以及对乘客权益的保护，并没有体现对网约车平台用工问题的规制。[1]

原劳动和社会保障部在 2005 年的《关于确立劳动关系有关事项的通知》中规定了劳动关系认定的"三标准"：(1) 用人单位和劳动者符合法律、法规规定的主体资格；(2) 用人单位依法制定的各项劳动规章制度适用于劳动者，劳动者受用人单位的劳动管理，从事用人单位安排的有报酬的劳动；(3) 劳动者提供的劳动是用人单位业务的组成部分，还规定了认定双方存在劳动关系时可参照的凭证。通过检索案例可知，各地法院在对劳动关系认定时存在较多依据参考了此项规定，虽然它具有较强的可操作性，但是依旧存在问题。

逐条来看这项规定，首先，在劳动主体方面规定的较为笼统，目前也没有相应的司法解释出台进行细化，检索相关裁判文书可以看出，实践中劳动法对劳动主体的界定依然是法官的主要裁判依据。其次，规定第 2 条的标准体现了用工关系中的人格从属性，根据此条，可以将公司的高级管理人员纳入劳动者的范畴，他们与公司之间形成了劳动关系并受劳动法的保护，这种情况完全违背了劳动立法的立法初衷。最后，设置第 3 条的意义不大，因为用人单位的业务范围本身就难以界定，而且用人单位也完全可以雇佣劳动者在其经营范围之外工作。所以这里规定的标准无法明确将劳动关系与其他法

---

[1] 张素凤："'专车'运营中的非典型用工问题及其规范"，载《华东政法大学学报》2016 年第 6 期。

律关系进行区分。[1]从性质上看，这三项标准是行政法规，并非法律的明确规定。对于新型劳动关系的认定，有必要在此基础上进行具体化操作，规范劳动法律关系的范围。

(二) 我国网约车用工关系发展之司法认定

从具体劳动关系认定的角度分析，在没有将相关法律细化的基础上，直接拿来适用，会导致案件裁判的不确定性。通过检索与网约车平台有关的案例，平台与司机之间是否构成劳动关系的争议往往包含在发生交通事故时的责任承担中，机动车一方承担责任过程中涉及认定司机与网约车平台之间是否构成劳动关系以确定责任归属，此类案例大多数涉及滴滴出行平台。

在涉及薪酬的案件中，法院认定为劳动关系，广州法院产生了一系列较为典型的案例。[2]法院认为："司机工作量计算报酬符合劳动法规定的按劳分配制度，虽然出车款由滴滴打车平台先与之结算及提现，但依照双方约定司机仍需向该公司提交出车款，司机工资及补贴最终系由该公司发放。最后，在合同履行过程中，司机的工作不具有完全独立性，工作时间、内容、休假等均受该公司的监督和管理，故滴滴平台与司机之间，应当签订劳动合同，依法认定为劳动关系。"

在涉及交通事故处理的案件中，[3]北京市第一中级人民法院、天津市第二中级人民法院对如何界定网约车司机与平台之间的用工关系没有作出正面回应，但是在裁判结果中有关交通事故责任承担的问题上，往往判决司机个人承担交通事故的主要责任，没有适用用人单位的替代责任，北京及天津地区法院在网约车平台与司机之间的用工关系的认定问题上并不偏向于认定劳

---

〔1〕 唐清利："'专车'类共享经济的规制路径"，载《中国法学》2015 年第 4 期。

〔2〕 参见"广州怀宇汽车租赁有限公司、何潮安劳动争议纠纷案"，广东省广州市中级人民法院 (2016) 粤 01 民终 18180 号民事判决书；"广州怀宇汽车租赁有限公司、李泳东劳动争议纠纷案"，广东省广州市中级人民法院 (2016) 粤 01 民终 18176 号民事判决书；涉及广州怀宇汽车租赁公司与司机之间的劳动争议案有十余例。

〔3〕 参见"李云龙与朱正良等机动车交通事故责任纠纷上诉案"，北京市第一中级人民法院 (2017) 京 01 民终 3303 号民事判决书；"张海林诉门士磊等机动车交通事故责任纠纷案"，天津市宝坻区人民法院 (2017) 津 0115 民初 1235 号民事判决书；"刘浩杰诉陈春阳等机动车交通事故责任纠纷案"，河南省郑州市中原区人民法院 (2016) 豫 0102 民初 6252 号民事判决书；"天安财产保险股份有限公司南充中心支公司与杜晓蓉等机动车交通事故责任纠纷上诉案"，四川省南充市中级人民法院 (2017) 川 13 民终 672 号民事判决书。

动关系。四川省及郑州地区法院对交通事故纠纷中涉及网约车司机与平台之间的用工关系案件的处理结果与北京地区类似,认定网约车平台只是信息提供者,乘客通过平台支付费用,司机获得提供劳务的收益,不认定为劳动关系,司机个人承担相应的交通事故责任。

综上,最高人民法院没有相关指导性案例可以参考,各地判决迥异。笔者认为,司法裁判中的自由裁量度越高,不一定代表能够对劳动者利益形成有效保护,保护劳动者利益有利于新兴行业的发展,从社会稳定和经济繁荣的角度都有必要探讨相关立法。

三、劳动关系认定理论在网约车用工关系中的适用

(一) 劳动关系的发展进程

工业革命开始于 18 世纪 60 年代,起源于英国,资本主义生产完成了从工场手工业向机器大工业过渡的阶段,可以认为近代法律意义下的劳动关系由此时开始产生。在工业化初期,资本主义国家经历了自由资本主义过渡到垄断资本主义的历史进程,在这段历史背景下劳资双方产生了剧烈的矛盾,资本家拥有绝对的话语权,对劳动者进行着残酷的剥削。在这种背景下,学者们对当前制度提出质疑,并且大量讨论了劳工保护问题。

发展至 20 世纪初期,英美等资本主义国家逐渐意识到劳资矛盾对社会稳定、经济安全等方面影响巨大,甚至直接影响到执政党的统治地位,所以各国逐步出台相关劳资关系法规,相继出现了集体谈判、劳资协议等向劳方保护倾斜的制度,同步在完善社会保障制度,逐步缓和劳资双方矛盾。就在此阶段,现代劳动关系逐渐形成。

在此时期劳动关系理论的研究也大量涌现,其中有英国古典经济学家亚当·斯密的劳动分工和劳工运动思想;马克思的劳资关系和劳工运动理论;韦伯夫妇的产业民主理论;马克思·韦伯的工业资本主义理论;康芒斯的集体行动理论。这些理论共同点是从劳资对立的角度对劳资关系的性质和特点进行论述,强调劳工运动对劳动关系的影响。其中,马克思提出了资产阶级和无产阶级的对立,催生了马克思主义和社会主义实践,这种理念的产生对世界劳动关系的发展变化影响深远。

劳动关系的中心是劳动者,应当体现出劳动力、劳动者为本位。但在劳

资关系上含有对立意味，因为劳方资方立场不同，所代表利益也是不同的，其所展开的关系自然包含一致性与冲突性。[1]我国采用劳动关系这一概念，于 1995 年 1 月 1 日起施行的《中华人民共和国劳动法》也明确劳动关系各主体的法律地位，这是对我国劳动关系管理合法性的保证。

（二）劳务关系认定的理论现状

到目前为止，学界和立法实践中并没有给出劳动关系的确切定义。郑尚元、郭捷等学者在《劳动法学》一书中对劳动关系提出广义和狭义之分，广义的劳动关系主要是指集体劳动关系。相对广义劳动关系而言，狭义的劳动关系是我国劳动法调整的基础对象，是指劳动力所有者和劳动力使用者在实现劳动过程中发生的社会关系。[2]

同时，我国相关部门也给出过相关概念，人力资源与社会保障部给出的解释是：劳动关系是指劳动者与用人单位（包括各类企业、个体工商户、事业单位等）在实现劳动过程中建立的社会经济关系。广义和狭义的认定也有所不同，从广义上讲，生活在城市和农村的任何劳动者与任何性质的用人单位之间因从事劳动而结成的社会关系都属于劳动关系的范畴。从狭义上讲，现实经济生活中的劳动关系是指依照国家、劳动法律法规规范的劳动法律关系，即双方当事人是被一定的劳动法律规范所规定和确认的权利和义务联系在一起的，国家强制力保证其权利和义务的实现。

笔者认为，以上学说及解释虽然在表述方式上有一定的差异，但并没有脱离劳动关系主体因素以及主体之间存在一定联系基础为基本前提，所以其基调大同小异，本质是一样的。同时应当注意的是，这里用工主体主要是指用工单位，随着现在类似网约车等非典型用工关系的发展，这样的界定是否能够适应目前的社会现实也有待进一步探究。

（三）网约车用工关系不宜认定为劳务关系

以互联网作为其存在基础的新型用工关系，对比其他传统普通用工关系，不同点主要体现在灵活性上，为了更好地对这类新型劳动关系进行辨析，有必要对劳务关系和劳动关系进行区分探讨。王全兴提出，"劳动关系是指用人

---

[1] 黄越钦：《劳动法新论》，中国政法大学出版社 2003 年版，第 19 页。
[2] 郑尚元、郭捷等：《劳动法学》，高等教育出版社 2014 年版，第 11 页。

单位与劳动者运用劳动能力实现劳动过程中形成的一种社会关系"，它具有人身关系与财产关系相结合的属性。[1]从学界的通说认为，我国现行《劳动法》中所规范的劳动关系，主要特征如下：其一，劳动关系发生于现实的劳动过程中，与劳动者有着紧密、直接的联系。其二，劳动关系的主体是用工单位和劳动者。其三，劳动关系中的劳动者必须遵守用工单位的规章制度，接受用工单位的劳动规则及相关制度的管理。

劳务关系是在两个以上的平等主体之间形成的一种属于债务范畴的具有经济价值的交换关系。劳务关系的内容和形式是多样化的，其主体也具有不确定性，但劳务关系中最重要的是，劳务的需求者一般仅享有劳动成果，不对劳务提供者进行管理与控制，即劳务关系主体平等是一项重要特征。劳务的提供者与需求者之间的经济关系体现在，劳务需求者只要求一个合格的劳动成果，而劳务提供者要做的就是按照需求者的要求完成工作任务。[2]

劳务关系与劳动关系主要存在以下不同：其一，主体的不同。劳动关系的两方主体是固定的，一方为劳动者，另一方为用人单位。两者之间具有从属性，劳动者除做好本职工作之外，要签订劳动合同，服从用人单位的管理，接受并遵守各项规章制度。[3]相较劳动关系，劳务关系的主体之间的平等性是一项突出的特征。其二，劳动内容不同。在劳务关系中，劳务提供方按照要求完成劳动成果，本质是劳动者只需为用人单位提供一定劳动行为。[4]在劳动关系中，用人单位不仅仅要求劳动者提供劳动成果，同时对其劳动的方式和内容都可以进行控制。其三，表现形式不同。根据劳动法的规定，签订劳动合同是确定劳动关系的必要条件，而劳务关系的建立过程中，法律对此没有明文规定，只要内容形式合法，平等主体双方可以采取任何形式。其四，雇员权利不同。如果订立劳动关系，雇主必须根据规定为雇员交纳养老保险、医疗保险等法定保险，并且雇员会有最低工资保障，而劳务关系则不存在此类问题。

有观点认为滴滴平台上的驾驶员可以灵活地选择工作时间、工作地点，自愿选择是否承接某一订单任务，因而两者之间只有经济关系，而没有从属

---

〔1〕 王全兴：《劳动法》，法律出版社 2004 年版，第 157 页。
〔2〕 杨德敏："论劳动关系与劳务关系"，载《河北法学》2005 年第 7 期。
〔3〕 王全兴：《劳动法》，法律出版社 2004 年版，第 157 页。
〔4〕 王全兴：《劳动法》，法律出版社 2004 年版，第 157 页。

关系。并且报酬领取方式灵活，没有固定薪酬，较为符合劳务关系。[1]笔者认为，认定其为劳务关系也有其弊端，双方在签订劳务合同时协商确定的劳务价格是按等价有偿的市场原则支付，认定为劳务关系就会否定劳动者的雇员地位，诸如劳动权利、报酬权利以及相关的补偿和救济无法得到有效的保护。司机方作为个人，相对于平台而言是弱势群体，在没有国家法律的干预下，作为企业的平台一方有较大可能会出现压低司机每单的份额，收取各种名义的管理费用等情形，压迫司机的生存环境，对于专职司机来说，甚至会导致其失业从而影响整个社会经济秩序的稳定。

（四）劳动关系的从属性探讨

劳动关系理论体系不断发展，时至近代，逐渐形成了劳动契约说，在成文法国家以从属性为其主要特性。[2]主要有以下体现，其一，人格从属性。这是对劳动者自由决定权的一种限制，劳务提供者并不决定劳动给付的具体内容，而是由劳务领受者即用人单位决定。人格从属性外在表现为一种命令权，劳动者要服从用人单位的调配。其二，经济从属性：劳动者属于雇主经济组织和生产结构的一员，提供劳动力，但与用人单位的经济状况不存在关联，比如公司破产时，职工工资要优先清偿。

在大陆法系国家和地区，无论德国、日本或者我国台湾地区，将对从属性的具体判断适用到个案当中当然存在差异，但依旧围绕人格、经济从属性这两条主线，比如，德国劳动法通说以人格从属性作为判断劳动关系的最主要标准，人格从属性的实质，是劳动者对用工单位的人身依赖性。[3]在日本，多数学者的观点是，人格从属性是指在劳动过程中，劳动者完全处于被支配地位，用人单位有权单方决定劳动的时间、地点以及工作形式。他们认为，人格从属性可以具体细化为以下几个方面：是否自由承诺现在的工作；对工作时间和地点有无硬性规定；用工单位是否可以对工作内容和方式进行指挥；第三者是否可以替代劳动者当前的工作；提供的劳动力与获得的报酬是否等

---

〔1〕 彭倩文、曹大友："是劳动关系还是劳务关系？——以滴滴出行为例解析中国情境下互联网约租车平台的雇佣关系"，载《中国人力资源开发》2016 年第 2 期。

〔2〕 王全兴：《劳动法》，法律出版社 2004 年版，第 157 页。

〔3〕 杜茨：《劳动法》，张守文译，法律出版社 2003 年版，第 17 页。

价。[1]

我国劳动关系认定的依据与英美法系、大陆法系的认定标准，基本上都遵从了关于劳动关系认定的"从属性"这一思路，只是视角不同，大陆法系国家是从劳动者角度切入，从劳动者被动的受控制地位分析劳动关系中的从属性，而英美法系国家坚持的"控制性"标准则是从雇主角度观察切入，进行主动认知产生的结果，两者在本质上没有差异。[2]

网约车视角下的用工关系从本质上看也要对"从属性"进行判断。首先，要界定何为劳动者，已经有学者较为准确地将劳动者定义为"受雇人"，即在存在劳动合同的前提下，提供有偿劳动之人。[3]劳动者还被定义为，受他人雇佣，并且以劳动工资收入为基本生活来源的工作者。[4]在《暂行办法》中已经明确网约车平台应与司机签订劳动合同或者协议，而且司机的收入形式虽然是在每单中进行提成，其本质是平台收取乘客的费用然后以提成形式发给司机劳动报酬，可见平台司机已经较为符合学界对雇员的定义，这在实践中具有指导意义。

其次，在《暂行办法》正式施行后，网约车平台确定其法律地位为网络服务平台，从事网约车经营服务的企业法人，其作为用人单位一方的雇主身份也取得合法性。平台司机身份的获得要符合网约车平台设立的各项条件，要接受平台的管理，而且签订合同证明了司机有与平台达成用工合意，认定为劳动关系符合学理、实践的要求。

四、结论

网约车用工问题已经逐渐影响到行业的发展，以滴滴为代表的以司机私有车辆为运营工具的网约车平台占据了市场的主要部分，对比英美两国优步案，其法院的判决倾向于保护劳动者利益，这种价值取向有利于人权的保障和新兴行业的发展，对我国有一定程度的借鉴意义。笔者认为我国立法应将

---

[1] 田思路、贾秀芬：《契约劳动的研究——日本的理论与实践》，法律出版社2007年版，第77页。

[2] 李雄、田力："我国劳动关系认定的四个基本问题"，载《河南财经政法大学学报》2015年第3期。

[3] 史尚宽：《劳动法原论》，世界书局1934年版，第37页。

[4] 常凯：《劳动关系·劳动者·劳权——当代中国的劳动问题》，中国劳动出版社1995年版，第16页。

网约车用工关系认定为劳动关系，纳入劳动法的保护范畴，若重新制定法律或者细化原有法律规则，则要体现劳动者保护的价值取向，保障司机的权益，保护并支持新兴经济模式。

值得注意的是，我国在劳动关系的认定方面正在逐渐从国家主义劳动关系向市场主义劳动关系不断转型，对于网约车平台与司机劳动关系认定的立法不能太过僵硬、刻板，要考量保障市场健康运行的各项因素，比如对司机提供保障的程度，对网约车平台如何进行规制，这是一个博弈的过程，必须基于当前市场经济的大环境，努力寻求一个平衡点。同时要考虑各地的实际情况，基于对各地网约车用工情况进行充分考察，确定是否有必要制定统一的法律，或者是否由地方性法规进行调整更为合适。否则会对新兴的经济模式产生阻力，无法保证法律对经济促进的有效性，适得其反。

权利对象、客体区分下的三权分置

邵永强[1]

内容摘要："三权分置"即在原来的家庭联产承包责任制下，农村土地被解构为土地所有权、承包权、经营权，这是在新形势下中央提出的我国未来农用地改革的思路。其实质是"两权分离"，即所有权与承包经营权分离的基础上逐渐演化而来，现已上升为中央的政策。自三权分置提出之日起，一直存在着很多争议，特别是对三权分置下承包权的性质，经营权的性质存在着争议，其实这种争议的产生与"权利客体"和"权利对象"未加以区分不无关系，在法学上应当区分"权利客体"与"权利对象"，前者是抽象的利益，包括财产利益、身份利益、人格利益等，后者表现为各种具体的载体（对象），例如物、行为、信息等。只有在厘清了二者的区别之后，我们才能更好地认识土地承包权与土地经营权。土地承包权是以土地为载体表现出来的各种利益，包括身份利益和财产利益，经营权是对承包权客体分割的结果，前者属于用益物权，后者应根据不同的流转方式，赋予其不同的权利属性。由于土地上可以同时并存多种财产性利益，因此可以分置为土地承包权与经营权，此分置并不违反《中华人民共和国物权法》（以下简称《物权法》）中的一物一权原则，合理的分置有利于土地的资本要素得到最大限度发挥，使权利人的利益有利于得到保护。

关键词：权利客体　权利对象　承包权　经营权

一、问题的提出

"三权分置"是在原来的家庭联产承包责任制下（所有权与承包经营权分离），农村土地被解构为土地所有权、承包权和经营权这三项权利。十八届三中全会后，中央关于"三权分置"的改革思路日渐清晰，"三权分置"的政策可见于十八届三中全会之后的中央农村工作会议、中央经济工作会议上以

---

[1]　作者简介：邵永强，北京师范大学法学院 2017 级民商法学硕士。

及其他中央文件中。经济学、社会学、法学等各界学者对此从不同的角度展开了深入讨论与解读。农村的发展问题，一直是中国社会的重大问题，往往牵一发而动全身，但从目前来看，关于三权分置仍存在着许多争议之处，在不断强化这些政策性规定的同时有必要对其从法理上加以阐释，继续从不同的角度对一这问题展开论证，从而为农村土地的改革提供基础性知识，为下一步的法律修订做好理论准备。

二、"三权分置"提出的动因

家庭联产承包责任制因符合中国农村的实际需要，推动了中国农村经济的快速发展，但随着时间的推移，该制度的红利已被释放完毕，实践中出现了诸多新的问题。

（一）土地社会保障功能的削弱

在家庭联产承包责任制下，土地对于中国农民来说，在很大程度上起到社会保障的功能，甚至说是唯一的社会保障功能也不为过。因为在我国农民占多数，对于大多数纯农业型的家庭来说，与其自身有关的一切都从"土里"产出，孩子的学费来自于"土"、医疗费用来自于"土"、在进城务工找不到一份合适的工作时，土地就是他们失业的保障，所以在从土里获取经济来源且社会保障功能不健全的年代，土地的保障功能就显得不可或缺。简言之，土地在医疗、就业、养老、生存、社会稳定等方面起到重要的保障作用。在家庭联产承包责任制创设之初，我国农民主要是自耕农，经营者同时也是承包地的拥有者，所有权和土地承包经营权"两权分置"的权利设置没有问题。[1]但是，近年来随着我国工业化、城镇化的加快，大多农民弃耕走向了城市，农村出现了空壳化，承包户不经营自己土地的情况越来越多，农地流转频繁发生，人地依附关系逐渐削弱。而且随着农村低保、五保、养老、新农合、新农保等社会保障制度的建立健全，土地承载的上述功能逐渐减退，应实践发展的需要土地承包经营权的分置理论被提上了日程，三权分置也就应运而生了。

---

〔1〕 李国强："论农地流转中'三权分置'的法律关系"，载《法律科学》（西北政法大学学报）2015年第6期。

（二）家庭经营模式不适应现代农业化发展

"以家庭为基本生产单位的农业经营模式使得农地始终处于碎片化状态，农户经营的耕地面积过小直接影响劳动要素的合理配置，不利于利用现代技术，发展现代农业，难以满足现代农业的规模化经营需求，与国家农业现代化的发展目标差距较大。所以，这两种情况都会必然产生清除农地流转障碍、激活农地权利财产价值、释放农地融资功能的政策考虑。"[1]"'三权分置'体制解决了 20 世纪 90 年代'二轮承包'以来确定的土地条块小型化，以及农民家庭自耕模式限制农业规模化经营的问题，而且还方便地引入了绿色农业、科技农业，在规模效益上，有效地促进了农业经济发展，也使农民家庭或个人获得了实惠。"[2]再次将经营权从土地承包经营权中分离，形成所有权——承包权——经营权'三权分置'的局面，主要是为了解决承包地流转和农业适度规模经营的问题，让承包地主要向种田能手集中。一言以蔽之，目前土地根本无法发挥出资本要素的功能，与市场经济的要求存在着巨大差距。

三、三权分置的理论支撑——权利客体与权利对象的区分

既有的民法理论中，存在着权利客体和权利对象不加区分的现象，认为权利客体就是权利义务主体所指向的对象。这种误将哲学上的"客体"移植于法学领域的行为产生了许多"水土不服"的现象，例如违背了逻辑的同一律，违反了民法上的公理，使民法上人格权和财产权的区分陷入了理论上的困境，导致了理论上的复杂性，往往难以适应社会发展的需要等。[3]所以我们有必要去区分权利客体与权利对象，权利客体应该是一个抽象的概念，它是一种民事利益，按照性质民事利益可以区分为两类：其一是人格利益，其二是财产利益，人格权的客体是人格利益，财产权的客体是财产利益。权利对象则表现得比较具体，往往表现为物、行为、信息等。就权利客体与权利对象之间的关系而言，权利客体以权利对象为载体，权利对象则以权利客体为内容；同一个对象上，既可以体现或承载一种权利客体，也可以同时体现

---

〔1〕 陈小君："'三权分置'与中国农地法制变革"，载《甘肃政法学院学报》2018 年第 1 期。

〔2〕 孙宪忠："推进农地三权分置经营模式的立法研究"，载《中国社会科学》2016 年第 7 期。

〔3〕 刘德良："民法学上权利客体与权利对象的区分及其意义"，载《暨南学报》（哲学社会科学版）2014 年第 9 期。

或承载人格利益和财产利益等两种性质不同的权利客体。权利对象只是实现利益的工具而已。之所以要进行这种区分，因为其有利于解释三权分置下的民法学争议问题，有助于更好地解决实践问题。在这种理论下，承包权与经营权的对象是相同的，都表现为土地，恰恰相反，这两种权利的客体是不同的，前者既包括身份利益也包括财产利益，后者仅包括财产利益。

四、权利客体与权利对象区分下的承包权与经营权

三权分置下存在着三种权利，即所有权、承包权、经营权。在坚持集体所有的前提下，农户的权益包括承包权和经营权。三权分置的价值目标在于"坚持集体所有权、稳定农民家庭承包权、搞活经营权"，坚持集体所有权就是明晰集体土地产权归属，实现集体产权主体清晰；稳定农户承包权，就是要依法公正地将集体土地的承包经营权落实到本集体组织的每个农户；放活土地经营权，就是允许承包农户将土地经营权依法自愿配置给有经营意愿和经营能力的主体，发展多种形式的适度规模经营。在上文权利客体与权利对象的区分前提下，有必要进一步讨论所有权、承包权与经营权，但基于所有权的特殊性，笔者在这里仅讨论承包权与经营权。

（一）土地承包权

"三权分置"下的土地承包权是从原来的土地承包经营权中分立而来的，就二者的关系而言，虽然学界存在着争议，但笔者认为是一致的，因为一种权利之所以是此种权利而非彼种权利，在于各自的权利客体不同，就土地承包权经营权与承包权而言，其权利客体是相同的，都表现为土地上承载的身份利益与财产利益，二者的不同只是为了更好地区分经营权而在术语上的选择罢了。土地承包经营权在《物权法》第125条表述为"土地承包经营权人依法对其承包经营的耕地、林地、草地等享有占有、使用和收益的权利，有权从事种植业、林业、畜牧业等农业生产"，基于此可以将土地承包权定义为土地承包权人依法对其承包的耕地、林地、草地等享有占有、使用和收益的权利。承包权就是承包人与发包人签订合法的土地承包合同后所获得的权利。法律特征为：第一，承包权主体的特定性。权利主体为农村集体经济组织的成员。第二，客体的特定性。客体为土地上的各种利益。第三，对象的特定性。对象是耕地、林地、草地及其他农业用地。

　　从上文可知，土地承包权与土地经营权在本质上是一致的，那么在现行的法律框架内，土地承包经营权的规定可以适用于土地承包权。但是需要进一步追问，土地上的各种利益究竟具体表现为什么？土地承包权的性质是什么？

　　1. 承包权的客体

　　基于前文对权利客体与权利对象所作区分，土地承包权的客体是土地上的各种利益，这里的利益既包括身份利益也包括财产利益。土地的归属原本是国家和集体的，分田到家的农户拥有的是土地使用权，一般承包土地是为了经营土地从而获得收益。身份利益是基于本集体经济组织的成员而产生的，即在坚持"按户承包、按人分地"的原则下，只要是本集体经济组织的成员就可以分到土地，基于身份的特殊性把非本集体经济组织的单位和个人排除在外。财产利益主要是通过土地流转的方式来实现的，财产利益主要包括以下几项内容：

　　一是土地承包权人对土地享有占有、使用、收益的权利，基本含义是土地承包权人基于合法有效的合同占有土地，有权按照自己的意思在土地上从事种植业、林业、畜牧业等农业生产，可以修建满足农业生产的必要附属设施，也可以利用土地获取农产品；二是在承包地被国家征收、征用、占用时获得补偿的利益，《物权法》第 132 条规定，承包地被征收的，土地承包经营权人有权按照本法第 42 条第 2 款的规定获得相应的补偿；三是通过流转获得的利益，《物权法》第 128 条规定，土地承包经营权人依照农村土地承包法的规定，有权将土地承包经营权采取转包、互换、转让等方式流转。《土地承包经营权流转管理办法》进一步将家庭承包方式下土地的流转方式界定为转包、出租、互换、转让或者其他符合有关国家法律和国家政策规定的方式。近年来，国家又从政策的层面提出鼓励创新土地流转形式，从而使土地承包经营权流转方式保持开放性；四是监督上的利益。即土地承包权人在承包期内将土地流转给他人时，有权对经营权人进行监督，在经营权人出现损毁土地、非法改变土地用途等行为时，基于监督权的存在，可以请求损害赔偿。

　　2. 承包权的性质

　　关于土地承包权的性质，学界存在着争论，主要观点如下：

　　一是"成员权说"。该说认为，"成员权是通过身份资格获得的（不分成员资格获得的先后，只认是否获得成员资格）均等权利。成员权是身份权，通过成员资格而获得，不能继承，也不能转让，因放弃（或剥夺）成员资格而丧失。成员权的终极目标是公平，通过成员权的界定，保证集体中每个成员享有同等的权利，也减少成员之间的依附，让每个成员相对其他成员具有充分的独立性，能独立判断自己的利益，独立表达对社会的基本观点。承包权在权属类别上属成员权，农户获得集体的承包地，根据的是集体成员资格"。[1]

二是"收益权说"。该观点认为，农地"三权分置"下的土地承包权，是一种土地的收益权，类似于德国法上的"土地负担"。作为收益权，"权利人并不占有、使用土地以从事农业生产经营活动，而是向土地经营权人收取经营费用，实现其收益权"。[2]

成员权说看到了主体身份的特殊性，但忽略了一点，承包权的取得与承包权的性质不能混同。从承包权的取得来看，只有本集体经济组织的成员才有资格承包，因而具有身份性，但这并不意味着承包权就是某种身份权（成员权）。土地承包权无论如何变革，若要名实相符，其权利内容离不开"承包地"，《农村土地承包法》的相关规定已很好地阐释了这一点。因此，集体经济组织成员权与土地承包权在逻辑上是种属关系，两者不具有同一性，不能相互替代。[3]收益权说带有片面性，不能全面地反映该权利的本质特征，因为其只看到了承包权客体上的财产利益而忽略了身份利益。

笔者认为土地承包权应界定为用益物权，理由如下：其一，可以保持法律的一致性。在《中华人民共和国农村土地承包法》颁布前对土地承包经营权一直存在着争议，但随着《物权法》《最高人民法院关于审理涉及农村土地承包纠纷案件适用法律问题》的实施，土地承包经营权的性质最终以用益物权而得以确立，属于法定的用益物权。正如上文所述，承包权本来就是《物权法》中的土地承包经营权，只是为精准表述起见，将"承包权"和"经营权"分开表述，承包权为土地承包经营权的代称。那么将其界定为用益物权符合法律的规定，保持了法律的一致性。其二，符合"三权分置"的目的。中央文件中提到的稳定农民家庭承包权，就是要依法公正地将集体土地的承

[1] 韦鸿、王琦玮："农村集体土地'三权分置'的内涵、利益分割及其思考"，载《农村经济》2016年第3期。
[2] 朱继胜："论'三权分置'下的土地承包权"，载《河北法学》2016年第3期。
[3] 丁文："论'三权分置'中的土地承包权"，载《法商研究》2017年第3期。

包经营权落实到本集体组织的每个农户。将其定性为用益物权，可以反向限制所有权人，有利于防止所有权人对土地承包权人的不当侵害，减少土地承包经营权流转过程中产生的权利纠纷，有利于稳定承包权。其三，符合用益物权的属性。土地承包权人可以按自己的意思表示占有、使用土地并取得收益，排除他人的不法干涉，土地所有权初次分置为承包权的目标在于让权于民，农民可以获得更大的自主性，重视它的用益物权属性。分置后的承包权虽然保留了身份上的限制，但其目的主要还是让权于民，是为了更好地发挥用益物权的作用。

（二）土地经营权

1. 土地经营权的界定

法律规范的本质在于调整人与人之间的利益关系，主体更关心的是土地上的利益，土地只不过是表达其利益需求的载体而已。"三权分置"的核心是引入"土地经营权"，从本质上说，引入土地经营权就是将土地承包经营权中能够进行市场交易的财产性利益分离出来，从而保障农户的权益。在土地承包权之外的另外一个人或者一个企业来耕作土地，从而通过自己的经营活动获得承包人让渡出来的这部分利益。可以将经营权定义为：现有承包人及现有承包人之外的其他人，依法对耕地、林地、草地等享有占有、使用和收益的权利。法律特征为：第一，在主体方面既可以是原始土地经营权人也可以是继受土地经营权人。前者是农户通过承包合同直接获得的土地经营权，所以称之为原始土地经营权，属于不动产用益物权；后者是受让方基于土地流转合同间接取得土地经营权，可称之为继受土地经营权。经营权主体与土地承包权人最大的区别在于前者既可以是本集体经济组织的成员，也可以是本集体经济组织之外的成员，具有身份上的灵活性。第二，客体上的特殊性。在客体上，经营权与承包权的区别在于前者只能表现为财产利益，后者除了财产利益还有身份利益；第三，对象的特定性。经营权与承包权的对象都可以是耕地、草地、林地等，在这一点上二者相同。

2. 土地经营权的性质

（1）既有学说。

关于土地经营权的性质，学界主要有以下认识：

其一，根本否定说。该观点认为，"三权分离建构农地产权的结构，无法在法律上得以表达。实际上，农村土地承包法和物权法就农地产权的规定已足以说明和证明'三权分离'论所欲解决的问题，完全没有必要借助于理论创新".[1]

其二，债权说。该说认为，"确权确地形成之土地承包经营权分离出的经营权用益物权论，无论是主要理据还是制度设计均值商榷；而经营权债权论既能契合经营权存在的语境、实现经营权分离的目的，又可避免多层用益物权权利结构之弊".[2]分置出来的土地经营权实为承包地的租赁权，是债权性质。[3]"这符合物权'一物一权主义'，即一物之上只能成立同一内容的一个物权，土地承包经营权已经是用益物权的情况下不能再设立土地经营权为物权，在立法上行得通。然而，随着今后对实际耕作者保护的重视，土地经营权物权化属性可以得到加强，但其债权的'底色'和本质不会变。"[4]

其三，用益物权说。其理由是"若将土地经营权塑造为物权，则由于物权的公示性的存在，使土地经营权人与土地承包经营权人的关系具有透明性，这将会大幅度减少土地承包经营权流转过程中产生的权利纠纷，因为，作为债权的'土地经营权'不具有公示性，第三人无法理解土地之上是否存在'土地经营权'，故而容易因为流出方的不诚信行为产生纠纷"。要真正实现"三权分置"，则必须将土地经营权塑造为与农民集体土地所有权和农户承包权同性质的物权，只有这样，对三种权利的保护才能趋近一致，三种权利才有相互制衡的可能。[5]只有将其定性为物权才能有效地防止土地所有权人，土地承包经营权人对经营权人的侵害；有学者为了使自己的理论符合物权的排他性原理，主张扩张用益物权的客体范围，从而引入了权利用益物权，即经营权是设定于土地承包经营权之上的权利用益物权。[6]

（2）对既有学说的反思。

根本否定说不符合实践发展的需要，因为这已经在实践中出现了大量的

〔1〕 高圣平："新型农业经营体系下农地产权结构的法律逻辑"，载《法学研究》2014年第4期。
〔2〕 高海："论农用地'三权分置'中经营权的法律性质"，载《法学家》2016年第4期。
〔3〕 陈小君："我国农村土地法律制度变革的思路与框架——十八届三中全会《决定》相关内容解读"，载《法学研究》2014年第4期。
〔4〕 李伟伟："'三权分置'中土地经营权的权利性质"，载《上海农村经济》2016年第2期。
〔5〕 陶钟太朗、杨遂全："农村土地经营权认知与物权塑造——从既有法制到未来立法"，载《南京农业大学学报》（社会科学版）2015年第2期。
〔6〕 蔡立东、姜楠："承包权与经营权分置的法构造"，载《法学研究》2015年第3期。

案件，我们的态度应该以合理的方法去解决它，而不是去否定它。债权说虽然看到了物权法定原则、一物一权原则，看到了物权和债权在同一物上可以并存的法理，但其存在理解上的错误。所谓一物一权，是指一个物上只能成立一个所有权，不能同时并存两个在性质上相互排斥的定限物权。那么我们会产生这样的疑问，土地经营权与土地承包权是否为相互排斥的定限物权？排斥究竟是指什么？这里的相互排斥是指不同定限物权对同一客体在权能构成方面存在排斥。土地经营权经由土地承包经营权（土地承包权）让渡部分利益而产生，经让渡后的土地承包经营权丧失的那部分利益恰恰为土地经营权的利益，两者不会产生冲突，这也符合笔者上文提到的权利对象与客体区分下客体的分割理论。因此不违反"一物一权原则"。所谓物权法定原则是指物权的类型和内容都有法律来规定。从目前来看，确实在《物权法》中未规定经营权这一权利类型，对这一问题可以在修改《物权法》的时候将其进行界定，从而使其符合物权法定原则。

用益物权存在着这样的问题：其一，我国《物权法》第117条将用益物权的客体限定为不动产与动产，并未将权利作为用益物权的客体；其二，有学者为论证用益物权的合理性，引入了多层用益物权权利结构。这不仅导致了理论上的复杂性，而且使法律关系变得模糊不清，造成了理解上的困难，不利于解决实际的问题。在既存的理论可以解决这一问题时，没有必要引入这些理论。按照权利客体与对象区分的理论，经营权的引入只是客体在不同主体间分割的结果，完全符合物权法的基本原理；其三，上述观点是在未对土地流转方式加以区分的情况下讨论的，是在未对权利对象与客体加以区分的情况下讨论的，所以出现了"一刀切"的做法，即要么采取物权说的观点，要么采取债权说的观点，甚至采取根本否定的态度。

笔者认为这个权利是承包方与经营者经签订土地承包经营权流转合同产生的，其权利性质因土地流转形式不同而不同。对此笔者将一一展开论述。

第一，转让。转让是指经发包方同意，承包方将全部或部分土地承包经营权转让给其他从事农业生产经营的农户，原承包方与发包方的权利义务关系自行终止。在这里要注意两点，一是经营权的主体，必须是现有的集体、现有的承包人之外的人，二是转让方须有稳定的非农职业或稳定的收入来源，并且转让还需得到发包方（集体土地所有权人）同意。转让后的法律效果是转让人从法律关系中脱离出来，而受让人概括承受其原土地承包经营合同中的权利义务。转让这一种流转方式不产生新权利，法律关系最终还是两方主体。

第二，转包。转包是指承包方将部分或全部土地经营权以一定的期限转让给同一集体经济组织的其他农户从事农业经营。转包只是承包人将土地交由他人经营，但自己仍然保留土地承包人的法律地位，经营人只是根据与承包权人的合同享有合同债权债务，而不是物权法上的权利主体，法律关系的主体表现为三方主体。

第三，互换。互换是承包方为了满足各自的需要，将彼此承包的土地相互交换，相互获取对方土地的经营权。这样的流转方式，实际是概括继受对方的土地承包经营权，并就此对发包人负责。互换这种流转方式，从表面上看产生了新的经营主体，但从所有权人的角度来看只是出现了新的土地承包人，并未产生独立于土地承包经营权的新权利。

第四，出租。出租是指承包方将土地承包经营权在一定的期限内租赁给他人从事生产经营，并获取租金的行为。出租后土地承包关系不变，原承包方继续履行原土地承包合同规定的义务。承租方按出租时约定的条件对承包方负责。这属于承包人将经营权让渡给了承租人，在出租的情况下，承租方是经营权人，出租不产生承包权让渡，在这种情况下，因出现了新的经营主体，产生了独立于土地承包权的新权利，具有债权性质。[1]

第五，抵押。土地承包权人为担保自己或他人的债务履行，以承包权客体上的财产利益作担保，当债务人不按照约定履行债务时，抵押权人有权以土地经营权折价、变卖或拍卖的价款优先受偿。这是土地承包权人未将土地的经营权转让给其他人的情况下出现的抵押，这属于承包权客体上财产利益的抵押。这在性质上属于物权，具有优先受偿性。但目前实践中还存在另外一种抵押，即土地承包权人将土地的经营权转让给其他人的情况下，即存在债权的前提下其他人又以该经营权来做抵押。这种抵押正如将租来的房子抵押给他人，这就是先成立的经营权（债权）与后成立的抵押权顺位谁优先的问题，但不能改变经营权抵押权的物权属性。

第六，入股。入股是土地承包经营权人以土地承包经营权作为股份或量

---

[1] 目前，以出租和转包形式流转的承包地占到总流转面积 78.6%。全国农地抵押贷款规模持续扩大，其中大部分是经营者以流转土地进行抵押。参见孙中华："关于农村土地'三权分置'有关政策法律性问题的思考"，载《农业部管理干部学院学报》2015 年第 1 期。

化为股份，将其承包地转移给有农业经营能力的合作社或者公司等企业占有和使用的行为，土地承包经营权入股的结果是获得股份，享有股权依法获取红利，合作社或者公司的企业依法占有和使用承包地。这有两种情形：一种是实行家庭承包方式的入股，因农户自愿联合从事合作经营，所以未产生新的权利主体，另外一种是将土地承包权里的财产利益量化为股权组成股份公司或者合作社等，这变更了经营权的主体，会出现新的权利。

纵观上述几种流转方式，转让、互换、以家庭的方式入股这三种形式所产生的法律效果是土地承包经营权法律关系的概括继受，不会在土地承包经营权中产生新的权利，即未有新的权利从"土地承包经营权"中分离出来，属于原始的土地经营权。而以转包、出租、经营权抵押、其他方式承包的承包方入股的流转方式能够带来收益形成了新的权利，转包、出租、其他方式承包的承包方入股属于债权，抵押属于物权。所以就经营权的性质，往往因流转方式的不同，有物权和债权的之别。

结　语

随着市场经济的发展，农村土地承包经营权的问题越来越引起人们的重视。农村的发展不仅关系到农民的切身利益，而且对促进社会和谐发展具有重要意义。"三权分置"是为解决土地流转问题的顶层设计。只有充分理解了这一政策的本质之后，才能推动相关法律制度的完善。本文只是在权利客体与权利对象区分下对"三权分置"重新进行了审视，希冀促进农村土地承包经营权的发展。

书海拾贝

六十载学术积淀，五千年文明流淌

——读《中华法制文明史》有感

杨　静[1]

内容摘要：《中华法制文明史》作为一部通史本的专著，首次将法制与文明结合起来考察古往今来中国法制进程的连续性、系统性和完整性。提倡珍视法文化，抽绎中华法制文明中蕴涵的优秀民族精神。综合考察传统社会与社会转型时期及当代的中国国情，在此基础上归纳总结不同时期的法律特征与法律文化。这部基础性学术专著研究以广博为基础，其中多有独特的见解，在研究范式上较之以往也有所突破。

关键词：法制文明　注释律学　多元一体

2013 年 1 月，法律出版社出版了张晋藩先生的近著《中华法制文明史》。20 世纪 80 年代，张先生便将研究的方向由中国法制史、中国法律史逐渐转向中国法制文明史。1990 年中国政法大学出版社出版了《中华法制文明的演进》，其后出版了续编《中国近代社会与法制文明》。经二十余年的积累，张先生完成了以古代、近代、当代为基本内容的《中华法制文明史》，这可以说是法制文明研究的重要成果，也是其研究治学的阶段性标志。

一、本书的篇章结构

该书分上下两册，即古代卷一册、近代当代卷一册，共一百五十万字，共三编。古代卷为第一编，除绪论概统全编外，共十一章。第一章为中华法制文明起源的夏商法制；第二章为中华法制文明早期发达形态的西周法制；第三章为社会转型与法律变革的春秋战国法制；第四章为"莫不皆有法式"的秦汉法制；第五章为法制文明儒家化的两汉法制；第六章为立法的进步与

〔1〕　作者简介：杨静，陕西咸阳人，西北政法大学刑事法学院法律史教研室讲师，西北政法大学中华法系与法治文明研究院研究员。

基金项目：本文是陕西省人文社科项目（项目编号：16JK1802）"清代司法档案的官、吏、民及社会治理研究院"的阶段性成果。

文化大融合的魏晋南北朝法制；第七章为中华法制文明定型的隋唐法制；第八章为商品经济推动下的两宋法制；第九章为"祖述变通"的元法制；第十章、第十一章分别为中华法制文明最后形态的明法制、清法制。

近代卷为第二编，除绪论概统全编外，共十四章。第一章为鸦片战争前后改制与更法思潮的兴起；第二章为西方法文化的输入与固有法观念的更新；第三章为"中体西用"的洋务法制；第四章为宪政思想的萌发与变法维新；第五章为晚清预备立宪与宪法；第六章为晚清修律崭露近代法制文明的曙光；第七章为体现近代刑法文明的新章——《大清律例》；第八章为与西方民法接轨的《大清民律草案》；第九章为由抑商到护商的商业立法；第十章为走向司法文明的改革；第十一章为民主共和的国家方案与法制文明的新纪元；第十二章为北京政府时期近代法制文明的推动与顿挫；第十三章为南京国民政府的《六法全书》；第十四章为谱写新民主主义法制文明的根据地法制。

当代卷为第三编，第三编采取了绪论概统为总，分三个章节进行说明，第一章为新中国法制文明奠基之作——共同纲领；第二章、第三章为建设中国特色的社会主义法制文明；以后记"中国社会主义法律体系的形成及经验"作结。

二、本书内容上的特点

(一) 全书以法制文明发展为中心线索展开论证

全书以法制文明发展为线索，结构宏伟，脉络清晰。展示了法制文明发展在横向上的恢宏格局，在纵向上的绵延一脉，在内容上的全方位演变。重在突出中华法制文明的根基在于悠久的法文化积淀和中华民族创造精神的智力结晶。

中华法制文明起源于黄帝时期，经夏商周三朝，中华法制文明达到了早期的发达形态。具体表现为：建立了诸侯拱卫、王室独尊的行政管理体制，实行了"礼乐刑政、综合为治"[1]的治国方略；确立了"敬天保民""明德慎罚"[2]的立法指导思想；形成了重公权、慎宗法的刑事法律；肇起了狱讼有分的司法活动；民事法律初具规模。

---

〔1〕 参见司马迁：《史记》第4册，卷二四《乐书》，中华书局1964年版，第1179页、第1186页。
〔2〕 《尚书·康浩》。

中华法制文明定型于唐朝，中国古代法律体系的形成与中华法系的确立是其标志。《唐律疏议》规定了"德礼为政教之本，刑罚为政教之用"[1]的法制指导思想。"一准乎礼以为出入，得古今之平"[2]，说明唐律具有根植于中华民族文化土壤上的本土性。同时，唐律也具有世界性，对周边国家如日本、高丽、琉球等国的法制创建有着广泛的影响，成为这些国家的母法，共同构成中华法系的组成部分。

清朝是中国古代法制文明的最后形态，其法制相当完备。除《大清律例》外，《大清会典》及各部院则例等一起构成了完整的行政法体系；清朝的民族立法是统一多民族立法的集大成者。但自嘉靖朝起走向下坡路。中国法制渐落后于世界先进法制潮流。传统法制面临非变不可，不变亦变的形势。为应对三千年未有之变局，改制更张、变法图强迫在眉睫，促使中华法制文明跨入了近代篇。

西方民主法制思想的传入，为近代中国提供了改良旧体制，建设新法制的"良方"。一时间，设议院、开国会、践行三权分立，变法图强的呼声不断高涨。"岌岌乎不可支日月"的清朝为了保存国祚，实行预备立宪，开启新政，并由沈家本等人主持变法修律，制定了一系列新法律。经过民国政府的努力，象征近代资产阶级法制体系的"六法体系"建成。近代法制文明逐步取代传统法制文明已成定势。

在南京国民政府下的根据地政府创立了新民主主义法制文明，谱写了新中国法制的前奏。新中国的法制建设是马克思主义社会观、国家观、法律观与中国实际相结合的成果，既是对中华法制文明优秀成果的继承，又带有鲜明的时代特色，属于中华法制文明史上的新篇章。

中华民族作为悠久法制文明的缔造者，对世界法制文明作出过重要的贡献。历史走到今天，在当代史的视野下，中华法制文明不仅辉煌于过去而且光照当下、启示未来。在传承与借鉴中寻找自信而又合理的定位，在完成移植与本土化的过程中走进新视野，拓展新格局，开创更加广阔的新时代法制文明。

书中以法制文明发展为主线，将中华五千年的法制文明串联起来，突出

---

[1]《唐律疏议》卷一《名例律》。
[2]（清）纪昀：《四库全书总目〈唐律疏议〉提要》。

了法制文明的纵向沿革。在纵向比较中，运用法制文明的发展流变论证了"法制兴则国兴，法制废则国危"[1]的主要观点。

（二）从中国固有国情出发归纳中国法制文明的特征

张先生认为：封闭的自然地理环境、农本主义的经济形态、专制主义的政治制度、宗法家庭本位的社会结构、稳定的血缘地缘关系、统一多民族的国家构成、儒家思想为主导的意识形态等构成了中国传统社会特有的国情，并在书中对这一总结运用大量翔实的史料加以论证。进而在传统社会的国情基础上总结了中国古代法制文明的主要特征：（1）引礼入法，礼法结合；（2）以人为本，明德慎刑；（3）恭行天理，执法原情；（4）家族本位，伦理法制；（5）无讼是求，调处息争。有着上述特征的法制文明濡养了固有的法律传统，如：纵向传承的法律传统；伦理法的法律传统；重刑轻民的法律传统；习惯法的传统；多元一体的主体法律传统；德主刑辅的法律传统。

近代以来，中国社会经历了由封建主义向资本主义再向社会主义的转型，也是传统的法制文明向近代法制文明的转型。变化的社情、国情决定了由固守成法到师夷变法；由维护"三纲"到批判"三纲"；由以人治国到以法治国；由义务本位到权利追求；由司法与行政不分到司法独立；由以刑为主到诸法并重，展现了新的法制文明特征，法律传统也随之渐变。

张先生依据史实，考察中国历史上不同时期的国情，说明了脱离国情社情的危害，以及强调从国情出发的必要性，勾画国情与法制的联系，力图揭示法制文明的时代特点和发展规律。

（三）系统地论述中国注释律学的发展历程、时代特点及其终结过程

书中对中国注释律学的发展进行了系统的回顾与总结。秦简中的"法律答问"是最早的官定的注释律学文献资料。它解释律文，回答法律适用，规范定罪量刑的标准。汉代使得法律儒家化，儒学大师既讲经又释律，开私家注律之先河。当时的律学附庸于经学，律学大家各立门户，传徒授业。魏晋南北朝时期注释律学为官方注律，摆脱了对经学的附庸，从法学的角度解释字词、概念和律文。唐朝的注释律学由朝廷掌握。《永徽律疏》作为代表性成果，对律文或从概念解释，或用历史解释，或引经注释，或引案例解释，其

---

[1] 张晋藩：《中华法制文明史》，法律出版社 2013 年版，第 442 页。

解释详明而科学。宋代律学家注释《宋刑统》，更多关注于案例剖析和司法勘验，有如：《棠阴比事》《折狱龟鉴》《洗冤集录》。元代注释律学虽有著作问世但呈衰微之势。至明朝，私人注律受到肯定，出现王肯堂、雷梦麟等大家。清朝是传统注释律学的鼎盛阶段。注律者官私并举，形成了宏大的注律群体。注律的方法或对律文注解，或以历史考证，或以歌诀形式传诵，总之花样翻新，其目的均集中于司法应用领域。清之律学历时 200 余年，成果丰硕，迄今可检索到的著作有 300 余种。直到晚清修律，近代法学兴起，注释律学失去载体方归于消亡。

（四）中华法制文明是多民族共同缔造的

在中华法制文明的主体性问题上，张先生认为法制文明具有多元性，是"多元一体"的法文化。首先，法制文明的主体呈现出以汉民族为主、多民族共同创造的"多元一体"格局。为了论证这个观点，书中运用了大量的史料来予以说明，给出了史实的依据。其次，法制文明起源具有多元性。"如果说黄帝是人文初祖，蚩尤也当之无愧的是人文初祖"[1]。法制文明的缔造并非华夏一族之功，而是多民族的共同贡献。最后，法制文明的多元性，不限于起源时期，也贯穿在整个古代社会。引清代为例，"清朝作为统一多民族的国家，十分注意对全国范围的法律调整。对于边陲少数民族聚居地区采取因地制宜、因俗制宜的原则，制定了一系列专门性的法规，如《蒙古律例》《回疆则例》《西藏章程》，使得中国封建时代民族立法达到了前所未有的高度。在司法管辖方面，也深入少数民族聚居地区，从而有力地维护了政令的统一和国家的稳固。"[2]

此外，书中对古代司法文明中的人文与理性的特征做了总结。认为：礼乐政刑，综合为治的治理手段；德主刑辅、以人为本、明刑弼教的司法理念；坚持"以五听听狱讼，求民情"[3]的审讯方法，亲恤老幼妇残、救济孤弱、爱惜民命的人文关怀等是其综合表现。

---

〔1〕 张晋藩："论中华法制文明的几个问题"，载《中国法学》2009 年第 5 期。
〔2〕 参见张晋藩：《中华法制文明史》，法律出版社 2013 年版，第 556 页。
〔3〕 《周礼·秋官·小司寇》。

三、对本书的评论

《中华法制文明史》作为法律史领域的新著，张先生视野开阔；逻辑严谨，法意精准；由史发论，读罢给人以启迪。

（一）研究法制文明不局限于法制文明，也不局限于中国

中华法制文明史是中华文明史的一个支流。将法制文明放在历史文明中去考察，以当时社会的整体背景来观察部分，坚持了马克思主义的唯物史观。如在论述第一部成文法——《法经》出现时，首先对社会转型、铁器的出现、私田对土地国有制度的冲击、社会阶层的变化等进行阐明，而后谈起"礼"约束力的减弱，公布成文法运动兴起，集成文法之大成的《法经》始出。同时，在纵向比较中为中华法制文明定位。选用《撒利法典》与《睡虎地秦简》载秦律进行对比，为秦律进行定位。在提及中华法系时，讲述了《唐律疏议》在他国的影响力，将唐律放在东亚法律文化圈考察，证明了中华法系在空间与时间上的影响力。

（二）全面搜集材料，坚持以材料说话

"有几分材料说几分话"，一直被治史之人奉为圭臬。"法律为专门之学，其析理也精也密，其创制也公也允。"[1]法律史作为一个年轻的学科分支，既要注重法学素养的培养也要汲取历史学的营养。法制史人离开了法学的滋养就滑入了史的范畴，离开了史学的供养就滑入了虚空。以史学为基调，说理清晰的研究模式在全书中一以贯之。

书中坚持以史为据、论由史出。书中在研究一些有争议的或关键性问题时注重对史料的考证辨伪，慎重对待法律起源问题。在史料的收集上既有"地上材料"，又有"地下材料"，注重材料的甄选与比较。对于先秦时期的论述多以金文、铭文或后世记载的文献为依据。在近代部分的写作上，力求客观叙述，少做定性评价，即使有所评价也是谨慎小心地依据史实与材料论证说明。就学术的严谨与观点的推敲上，本书提供了很好的范本。

（三）金字塔式有高有博的基础研究

胡适先生曾言："为学要如金字塔，要能广大要能高。"作为一部基础研

---

[1]（清）沈家本：《寄簃文存》卷二上《设律博士议》，中华书局1985年版。

究的学术专著，思想、风格的统一毋庸置疑。张先生在书中对法律史、铭文、简牍学、文献学、史学以及法律文化等的专业知识与学术问题均有涉猎与阐释，并注意吸收近年来学术的最新成果。在法制文明的起源问题上，在法制文明缔造主体认知上，提供了新的说法。首次将当代法制文明作为法制文明历史的新阶段进行考察；首倡珍视法文化，归纳法制文明中蕴含的优秀民族精神。首提法制文明一词。将法制与文明联系在一起考察，对考察法律专任政治、阶级的研究范式进行纠偏，突出了法制的文明趋向与价值，形成了新的框架。书中回答了法律的种性问题。中华法系是中华法制文明与世界其他法制文明的参照系。这个参照系既是中华法制文明别于其他的区别点，也是法制文明进程中的路向标。著作被解读到这个层面，使人对传统怀有敬重之情，对传承怀有自豪之感，对移植怀有理性之眼，对创新揣有敬畏之心。从而对法制生向往之情，对文明存弘扬之志。

在这本学术专著里，张先生还关注到基础研究所需的广博。人才的培养既需要专能，也需要博雅。正所谓，"致广大而尽精微"[1]。只关注专业一域往往会忽略背景知识、具体语境和社会反响，从而在一定程度上因缺乏宏观的把握而偏向单薄与飘忽。作为一套学术专著，《中国法制文明史》也将大众学术作为一个面向。读者在体验学术新态与汲取营养的同时，不会觉得晦暗生涩。读者在书里徜徉时，感觉自在有趣而非味如嚼蜡。多面向使得此书既见功底又有趣味，从而受众也随之扩大，法律史学、史学、法学等社会学科以及有兴趣的大众都能够各取所需。

（四）在历史与现实间把握平衡点

历史学研究的目的是要还原过去。美国的历史专家佛莱尔（R. N. Fryer）认为历史就是"人们认为往事曾应当如何发生"。只有这样的叙事，才有可能让"我们以为发生过的事情"最大程度上接近"真实地发生过的往事"。

文字投射出来撞击人心的生命力源于张先生总能将"历史与现实的某种消息"指给读者看。要把握这样的联系，存在一个非常难的平衡点。此书在每章的结束部分都作出综合的评述和历史参验价值，发挥了为当代法制建设提供历史借鉴的作用，并有很好的拿捏。一方面，历史只是"一个灰色的影

---

[1]《礼记·中庸》。

子怎能限制现实的生动与自由？"黑格尔的这一提法，是对影射史学的一个批判。盲目的以今目古或过度解读史料都是不被认可的。张先生在关于古代部分的论述特别是针对唐朝之前文本史料相对较少，或当时材料不多的情况，主要运用秦简、金文等一手资料，坚持从历史本身解释历史的严谨学术立场。另一方面，"不知来，视诸往"，"我们研究历史，是为今人开路"。[1]历史走到今天，张先生将毕生的精力用于法律史的研究，在研究中求索真文明的学术历程，总是内在地与他割舍不去的对现实的关怀融化在一起。用关照现实如炬的目光在以历史解释历史的研究中审视，寻找一个平衡点，避开"古为今用"的教条，避开西方中心论的盲从，避开"中学为本，洋为中用"的固守。

全书行文直抒胸臆，淡然刚直，给人以简洁明快、灌顶晓畅之感。全书结构合理，沿革清晰，自成一脉。擘画格局时贯通古今，兼采东西。表达观点时文到理到，笔落意在。读者在这半亩方塘间度过方寸流光，不觉夏之将至。

结　语

张先生曾言，"时间对于我来说实在是太紧了，我还有许多事情要做，要珍惜时间来完成最重要的事情"。在耄耋之年，视力不济的情况下完成这部一百五十万字的学术专著，着实需要持之以恒的坚持与自强不息的性格作支撑。在"养怡之福"的年岁里继续治学，其间甘苦唯有自知。

张先生的学术生涯几乎贯穿了法律史在新中国发展的整个历程。六轶年华用以治史论著，这部书可以说是张先生学术生涯的积淀。书中有些观点的提法与修正，突破了张先生自己原有的观点，说明张先生秉持"活到老，学到老"的心态，恪守"不偷懒，不自满"的自省、自觉。书中有些新观点、新见解的提出更是发前人所未发音，若非勤于思考、志在千里，断难保有这种可贵的科学攀登精神。

---

〔1〕　黄源盛：《中国法史导论》，元照出版社2012年版，第1页。

作为方法的西北

——王宗礼《中国西北农牧民政治行为研究》述评

蒋华林[1]

> 20亿农民站在工业文明的入口处：这就是在20世纪下半叶当今世界向社会科学提出的主要问题。
>
> ——孟德拉斯[2]

"人是天生的政治动物"，西哲亚里士多德此言流播经年，广为征引。但对于政治到底是什么、意涵为何、主旨何在，怎样对待政治等话题，人们却不甚明晰，尤其对生活在我们这样一个曾经很长一段时间"有政治而无政治学"的国度的芸芸众生来说，[3]久之似将政治异化为一种心理忌讳、一种自我囚禁，比如，莫谈国事（政治）、"政治是肮脏的"（如萨特在《肮脏的手》中所描绘的，政治是天生不洁和非善的行当），等等，即是其中映射。凡此种种内外扭结造成的政治冷漠、政治疏离、政治非理性化倾向，显然与亚氏理念行走在不同的轨道。政治实践作为人的本质是一切社会关系总和的人类社会活动之一，早已成为人们的一种生活方式，不管你愿不愿意，但凡有复数人存在的地方，只要不是鲁滨逊漂流的荒岛，就有政治或政治影响，你我都被政治裹挟着。理想的政治，乃是予人们自由、秩序、公正的，而不是绑缚意志与行动的锁链。认真对待政治，就是认真对待人本身。

---

〔1〕 作者简介：蒋华林，湖南衡阳人，广东财经大学经济学院讲师，主要研究方向为法律社会学、司法制度。

〔2〕 〔法〕孟德拉斯：《农民的终结》，李培林译，社会科学文献出版社2005年版，第1页。

〔3〕 徐勇、邓大才："政治学研究：从殿堂到田野——实证方法进入中国政治学研究的历程"，载邓正来、郝雨凡主编：《中国人文社会科学三十年：回顾与前瞻》，复旦大学出版社2008年版，第260页。

一

探寻一个好社会（Redefining the Good Society）[1]，是政治学人与政治科学永恒的时代使命。1978 年以来，改革开放四十年来的实践，可称之为中国特色社会主义现代化建设事业，亦可说是一场前无古人的伟大的政治实践，从强调"以经济建设为中心"到"三位一体"（经济建设、政治建设、文化建设）、再到"四位一体"（经济建设、政治建设、文化建设和社会建设），一直到目前的"五位一体"（经济建设、政治建设、文化建设、社会建设、生态文明建设）总体布局，体现了党和国家对于社会主义现代化建设规律的新认识及深刻把握。面对转型期中国社会这张"普洛秀斯"的面孔，政治学人应该在中国政治实践中解释现象、提出问题、发现规律、提炼理论。正是基于这样的逻辑线索，加上学术责任、使命担当及其理论自觉，王宗礼教授求索于书斋与田野之间，撰著《中国西北农牧民政治行为研究》，对其生于斯、长于斯、热爱于斯的西北大地上的农牧民政治行为进行学理上的剖解与研析，志在新民，意在补齐"中国的西北角"人与社会发展短板，破解"西北问题"，[2]为推进国家治理体系与治理能力现代化、打通全面建成小康社会最后一公里做出自己的一份贡献。

"不了解中国农民，就不可能了解中国社会，也就更谈不上了解中国政治。"[3]这是王宗礼教授所著的《中国西北农牧民政治行为研究》（以下简称"王著"）的立论基础与问题意识的原点。在中国，农民是政治生活中举足轻重的力量，要研究中国政治，必须从研究农民开始。[4]"对于这样一个特殊群体的分析和把握，有助于我们更好地了解中国农民，更好地了解国情，从而

---

[1] 参见张冠生：《探寻一个好社会：费孝通说乡土中国》，广西师范大学出版社 2016 年版。

[2] 丁志刚教授认为，所谓"西北问题"是指制约西北地区政治、经济、社会发展和现代化的具有复杂性、长期性、艰巨性、全局性、根本性的问题。这些问题既是历史性的，又在新的现实条件下以各种方式存续着；既是经济问题、生态问题，也是政治问题、民族问题、宗教问题和文化问题；既有客观自然条件形成的，也有主观原因造成的。虽然这些问题并非西北独有，但它们对于西北发展的影响更大，解决这些问题的难度更大，这是我们提出"西北问题"这一命题的主要原因。参见丁志刚：《政治学视野中的西北地区治理研究》，兰州大学出版社 2010 年版，第 2 页。

[3] 王宗礼：《中国西北农牧民政治行为研究》，甘肃人民出版社 1995 年版，第 1 页。

[4] 王宗礼：《中国西北农牧民政治行为研究》，甘肃人民出版社 1995 年版，第 17 页。

有利于我国政治社会的稳定和现代化建设事业。"[1]"对农民进行政治行为分析，还有助于我们揭示中国政治过程的动态特征，了解中国政治的深层结构。政治过程实际上是政治行为的互动过程，政治结构在本质上也是政治行为的互动结构，农民是中国政治生活中的一支重要力量，因此，对现实政治行为的分析，有利于我们深化对中国政治过程和政治结构的认识。"[2]如徐勇教授所说，"只有在注意国家上层变化的同时，对其立足的政治社会的状况、特点和变迁给予特别的重视，才能全面准确地认识和把握中国政治发展的进程、规律和特点"。[3]可以说，正是在这样一种理论自觉与家国情怀驱动之下，王宗礼教授直面"非均衡的中国政治"——城乡不均衡、民族之间不均衡、西北与东南区域不均衡等，[4]找到了切入中国政治核心命题的又一脉络，在政治学视野下，从西北发现历史，在边疆读懂中国。

马克思主义经典作家认为经济基础决定上层建筑，上层建筑构造的好坏又反过来影响经济基础。作为上层建筑部分的政治建设，是贯穿于"五位一体"总体布局这一系统的各个方面的，它们之间形成相对独立又相互依存之普遍联系关系。这是政治上层建筑与经济基础以及上层建筑各部分之间的唯物辩证关系。政治建设能否实现文明转型，在一定程度上决定了"五位一体"总体布局最终能否全面协调推进，其中关键在于人，在于人的发展与人的现代化。人存在于社会之中，马克思主义对人的规定的首要原则，是从现实社会活动着的人出发去分析人和观察人，而不是从抽象的人的概念或臆想的人的概念出发。马克思把与社会和自然界发生密切关系的人确定为"现实的人"，并确定"现实的人"是人类社会生活的前提，自然也就是政治生活的前提。[5]人与政治的连接，或称之为人的政治表征，乃在于人的政治行为。人的政治行为与政治文明建设存在互构互促、相互嵌套的有机关联。政治文明

[1] 王宗礼：《中国西北农牧民政治行为研究》，甘肃人民出版社1995年版，第9页。
[2] 王宗礼：《中国西北农牧民政治行为研究》，甘肃人民出版社1995年版，第17~18页。
[3] 徐勇：《非均衡的中国政治：城市与乡村比较》，中国广播电视出版社1992年版，第3~4页。
[4] 王勇教授认为，西北国族与东南民主，是中国区域政治发展非均衡现象的又一个可资利用的解释框架。在他看来，现当代中国国家建构与区域政治发展中存在着一个显著的不均衡现象：西北地区依然面临繁重的民族-国家建设的任务，而在东南地区，民族-国家建设的任务已经完成。这是中国政治发展非均衡现象中，除城乡和民族差异之外的另一个重要差异，是自然地理禀赋、传统地缘政治和现实经济发展等复杂因素叠加交织的产物。参见王勇："西北国族与东南民主——中国区域政治发展非均衡现象的一个解释框架"，载《朝阳法律评论》2013年第1期。
[5] 王沪宁：《政治的逻辑——马克思主义政治学原理》，上海人民出版社2004年版，第31页。

建设是推动实现人的发展和社会发展一致理论建构与实践行动统一的必备要素之一。[1]

王著坚持马克思主义政治学原理及其立场、观点、方法，同时灵活运用西方行为主义政治学方法，注重访问法、问卷调查法、参与式观察法、文献法等各种社会科学研究方法的综合运用，建构了关于西北农牧民政治行为研究的"理论、历史与现实"三维分析路径，其理论视野不断往返于现实西北农牧区经济关系、社会关系、政治关系与几千年传统文化积淀之间，来回穿梭于归纳、描述通过各层级途径观察到的经验事实与对于西北农牧民群体人格模式的演绎之间，既注重质性研究，也注重量化实证，厚重亦深刻地绘制了一幅多元的西北农牧民政治行为现实图景，在丰富的现实经验中适时进行理论提炼。其中，作者从对农牧民政治人格分析开始，既研究了农牧民的政治价值观、政治态度、政治认同、政治情感等隐性政治行为，又分析了政治参与等外在显性政治行为等，在此过程中，提出并研析了一系列带有西北特色的中国政治实践的真实问题，比如对于臣民、草民、牧民、公民的政治人格分析，[2]比如对于"山高皇帝远"的政治社会学分析，[3]和对于西北农牧区家族、部落、民族、宗教、地缘等的文化地理政治学分析等[4]。也许，有些问题作者到最后也未能拿出一个有效的解决方案，但是，提出的是真正的问题，而不是假想的问题，也不失为学术贡献之一。可以说，这样一系列围绕西北农牧民政治行为主题的层层推进、步步包抄式研究路数，为我们更好地认识西北、认识西北农牧民，提供了一个难得的文本。

二

通读王著，不难发现，对于事实的叙述、问题的发掘、理论的运用、本土资源的提炼等，王宗礼教授对于单向线性历史发展观支配下的"西方中心主义"与西方现代化理论话语是保持高度警觉的，他拒绝剪裁西北的经验事实去生硬适用西方理论话语，或是将西北的田野视为检验西方理论真理性的

---

[1] 参见金建萍：《人的发展和社会发展的一致性研究》，中国社会科学出版社 2013 年版。
[2] 王宗礼：《中国西北农牧民政治行为研究》，甘肃人民出版社 1995 年版，第 59~96 页。
[3] 王宗礼：《中国西北农牧民政治行为研究》，甘肃人民出版社 1995 年版，第 241~246 页。
[4] 王宗礼：《中国西北农牧民政治行为研究》，甘肃人民出版社 1995 年版，第 123~175 页。

实验场。他手中的那把理论解剖刀，古今东西都是借镜，亦不失为一种带有具体场景、语境、预设的"地方性知识"，没有谁天然地正确，只有谁更能解释、解决、解放西北问题，以及西北问题本身可能有待于提炼的"本土资源"、本地知识。有辨识地"拿来主义"，有选择地借鉴西方的学术概念、基本理论、分析范式和研究方法，在克制与开放之间，"将中国自己的发展经验转化为法学（政治学）研究问题，更多面向中国的未来而不是试图拷贝西方的过去"，[1]努力为外界与本地呈现一个真实的西北及其农牧民群体的政治实践面貌，并相应提出化解西北问题的西北方案，拒绝那种"没有西北的西北观"，尽量摒弃西方学术系谱的话语霸权，跳出"他们不能代表自己，一定要别人来代表他们"[2]的思想牢笼，心智开放地走自己的路。而关注西北农牧民的政治态度、政治价值观、政治人格等，将目光投向西北农牧区基层区域，反映了论者的政治学研究由"国家学"关注政党、国家和政府变成"社会学"，注重从社会基层问题，从经验层面切入，将传统的规范研究与经验研究共治一炉，重心下沉，[3]"从殿堂到田野"，[4]发现隐藏于概念背后的、实践的与经验的观念和理论，重视中观和微观政治学研究，实现由"革命论"范式向"建设论"范式转变并向纵深推进，[5]摒弃"目中无人"的异化现象，迈向"目中有人"的学术研究新境地。[6]

政治学研究范式转向，是政治学界一批先知先觉者共同努力的结果，很难讲王宗礼教授在本书中身体力行的研究新范式是政治学界研究范式转换的

---

〔1〕 朱苏力："提升中国法学的研究品格"，载《人民日报》2018年1月22日。

〔2〕《马克思恩格斯全集》第八卷，人民出版社1961年版，第217页。

〔3〕 徐勇："重心下沉：90年代学术新趋向"，载《徐勇自选集》，华中理工大学出版社1999年版，第327~328页。

〔4〕 徐勇、邓大才："政治学研究：从殿堂到田野——实证方法进入中国政治学研究的历程"，载邓正来、郝雨凡主编：《中国人文社会科学三十年：回顾与前瞻》，复旦大学出版社2008年版，第260~287页。

〔5〕 王宗礼："谈政治学研究范式的转向"，载《光明日报》2004年2月24日。

〔6〕 徐勇教授认为，西方制度造成的理性自负，使得西方学术研究逻辑中存在"目中无人"的异化现象，缺乏在不同国情差异的比较中扎实开展调查、分析和深入研究人的生存条件及人之所以为人的政治关怀意识，在学理逻辑与现实分析中屡屡造成判断失误。与此相对照，当代中国举世瞩目的发展成就启示我们：中国的道路、制度、理论和文化发展过程，鲜明表达了由自卑到自信的过程。中国当代的国家治理始终坚持"以人民中心"，这就需要中国特色的政治学研究"目中有人"，充分展开质性和量化调查与分析，努力提高中国政治学研究的科学化水平，为党和政府的战略决策提供智力支持。参见孙志香："专家学者研讨如何推进中国特色政治学、社会学和民族学发展"，载《中国民族报》2017年12月29日。

首倡者、引领者，但称之为先行先试者，则是确当的，虽然在本书中呈现的还是一个初步的转向。这样的研究范式转换意识，也自然延伸到其后期的学术研究作品中去，比如《中国西北民族地区政治稳定研究》《中国西北民族地区乡镇政权建设研究》等。〔1〕学者转变一贯采用的学术研究范式，或主动或被动，但无疑都是从研究舒适区的选择出走，不抱残守缺，不惧面向未来的自我挑战和自我超越，这其中需要睿智、需要勇气，也需要执着与坚守，而在其背后当然是学者对于政治学理脉络的把握及随之而生的敏锐的洞察力。研究范式的转换，当然不是从一个极端走向另一个极端，工具与方法永远都要服从对于政治实践问题的探查和政治实践规律的探索上来，政治研究"自上而下"与"自下而上"的视域交融，在《中国西北农牧民政治行为研究》中得到了初步操练，亦在其后期作品中进一步凸显并趋于成熟，比如《当代中国政治发展研究》和《当代中国的国家建构与民族复兴》等。〔2〕这一关于方法的方法论给予我们的启迪是，方法作为解剖刀，要始终服务于问题，而不是反客为主，没有永恒不变的方法，只有灵活运用各种方法才能不断抵近问题真相。当然，这是一种实用主义。

王宗礼教授政治学理论运思启于 20 世纪 80 年代末 90 年代初，作为对西北农牧民政治行为观察与思考的成果之一，《中国西北农牧民政治行为研究》出版于 1995 年，是故，王著并不是一部新的作品，堪谓旧作。但旧作今日读来，亦不乏新意。这一局面，如果放在苏力教授极具福柯式后现代风格"我渴望速朽"的语境下，这非但不是一个成功，一种安慰，而是一个失败，一个悲剧。〔3〕因为数年前提出的、解释过的问题，今日来看，"在不同程度上或以改变了的方式依然存在；有的有所改善，有的则更尖锐了"，这对于那些有理论抱负、有责任担当、"一个希望以学术研究来参与促进中国社会发展的人"而言，大体是一件尴尬并无奈的事。应该说，王著出版二十余年来，伴随着发展，我国的国家制度体系、社会结构发生了重大变化，王宗礼教授过去在书中分析的问题、展叙的西北农牧民政治社会化的内外部环境，已今非

---

〔1〕 参见王宗礼等：《中国西北民族地区政治稳定研究》，甘肃人民出版社 1998 年版；刘建兰、王宗礼：《中国西北民族地区乡镇政权建设研究》，甘肃人民出版社 1998 年版。
〔2〕 参见王宗礼：《当代中国政治发展研究》，甘肃文化出版社 2013 年版；王宗礼：《当代中国的国家建构与民族复兴》，甘肃民族出版社 2016 年版。
〔3〕 苏力：《送法下乡——中国基层司法制度研究》，北京大学出版社 2011 年版，新版"序"。

昔比，比如中国特色社会主义法律体系已经建成，社会主义市场经济体制机制进一步完善，《宪法》规定的民族区域自治制度得到了更好的贯彻落实，公民宗教信仰自由权利得到了更好地保障，西部生态环境得到了更好的重视并有实质性的推进（"绿水青山就是金山银山"理念的提出、环保督查与问责的强化、资源与环境保护法体系的进一步完善、生态文明建设已经被列入国家"五位一体"总体布局协调推进），"三农"问题研究（包括村民自治的探索、农村政治学的发展等）已经从边缘走向了中心等，西北农牧民群体面临的政治、经济、文化、社会环境等均发生了翻天覆地的变化，凡此种种约束条件的变动，均是摆在我们面前的一个不争的事实。但是，对于西北农牧民政治行为的现代化转型这一核心命题，尚未突破质的飞跃阈值。是故，问题依然存在，且近年来还在累积或遭遇新的情况，如全球化与逆全球化的交叠、一带一路战略带给西北地区的机遇和挑战、互联网风潮卷袭、农牧民本身需求层次进一步提高、暴力恐怖势力、民族分裂势力、宗教极端势力的出现等，需要我们根据新的形势，进行新的接地气的更为精细化的接续思索。这是这本旧作以启后者的价值所在，也是我看重王著的原因之一。

三

一本著作的价值往往是多向度的，有理论、知识层面的，有技术层面的，也有方法层面的。对于王著，我更推崇王宗礼教授及其著作背后潜藏的"以西北作为方法"的理论运思格局。这需要回到拉铁摩尔予以解读。美国关于中国研究著名学者拉铁摩尔在其传世名作《中国的亚洲内陆边疆》中创造性地提出了影响深远的"边疆范式"，[1] 这一关于中国边疆史地研究新范式的提出，让学界慢慢跳出了施坚雅"中华帝国"仅仅局限于长城以内的狭隘思路，也摆脱了影响广泛的费正清"民族国家"背景下思考中国模式的"冲击—回应"理论，由此开辟了一个从中国内部多元文化主义视角来考察中国历史的思想取向，摒弃了游牧—农耕二元对立、"边缘—中心"的固定思维、路径依赖，从游牧社会和农耕社会的竞争、共生、统一新型关系中建构了一个比

---

〔1〕 参见 ［美］拉铁摩尔：《中国的亚洲内陆边疆》，唐晓峰译，江苏人民出版社 2010 年版。

较完整的"大中国"概念。[1]"中国"不应该被简单地理解为是一个均质化的、铁板一块的单一实体，它是由政治、经济和文化诸方面发展并不均衡的一系列地方区域之间互动整合而形成的一个系统。[2]拉铁摩尔"边疆范式"的提出，在诸多领域丰富了我们的思考和理解。从"大中国"理念出发，西北游牧地区也就有了自己的主体性，东南农耕视域下被建构出来的"边疆"也就被超越了，由是，实现了一种"西北游牧—东南农耕"二元主体的对等化回归，把颠倒的关系再次颠倒过来。这是王宗礼教授文本叙事、理论构造的底色。

这一政治学研究理论格局的转换，是论者学术自觉、理论自觉的内在驱动，但这一原动力的发动机又在哪里？拉铁摩尔关于"贮存地"（reservoir）的论述及王勇教授的申述给了我启发。拉铁摩尔将牧业社会（西北）与农业社会（东南）的交错地带——边疆地带，视为"贮存地"（reservoir）。拉铁摩尔以"贮存地"（reservoir）来指称辽西、内蒙古、甘肃与华夏帝国相接邻之域，也就是长城沿线的边缘地带；在拉氏看来，不但典型的北方草原游牧社源出于此边缘地带的农牧混合经济人群，后来在历史上统一北方草原或南下统一中原的部族，也多出于此地域；出于此地区的混合经济政权，和有兼管定居农业与游牧社群的经验，常能建立起兼领中原和草原的大帝国。[3]在王勇教授看来，拉铁摩尔的"贮存地"（reservoir）是典型的"边缘地带"，边缘地带本身是过渡地带，兼有双边或多边文化的因素，具有真正的包容性。边缘地带上的思维可以规避"锚定谬误"在思维上不是"一"，就是"二"，不是同类就是异类的简单二分法，从而实现向思维上的"一分为三"转向。在此基础上，王勇教授指出，合适的锚点，一定是发生在"边缘地带"的，也就是说，生活在半耕半牧地区的人，可以相对客观地想象农民和牧民、农区和牧区的生活；农民出身的市民或知识分子，有农村和城市两栖生活经验的人，更有可能客观公正地研究中国城乡问题。"贮存地"尤其是

---

〔1〕 参见黄达观："边疆、民族与国家：对拉铁摩尔'中国边疆观'的思考"，载唐晓峰等：《拉铁摩尔与边疆中国》，三联书店 2017 年版。

〔2〕 姚大力："西方中国研究的'边疆范式'：一篇书目式述评"，载《文汇报》2007 年 5 月 7 日。

〔3〕 ［美］拉铁摩尔：《中国的亚洲内陆边疆》，唐晓峰译，江苏人民出版社 2010 年版，第 169~172 页。

河陇地区所处的黄土高原地带，[1]实为中国历史的"起点"，重新回归到这个历史起点上，理论上具有了全面而完整地认识中国和诠释中国的优势。这是因为，立足于河陇地区的法律学人（政治学人），可以同时看到大中国两种历史文化地理意像——面向东南，可以俯瞰《击壤歌》中的农耕文化意像：日出而作，日入而息，凿井而饮，耕田而食，帝力于我何有哉？面向西北，可以仰观《敕勒歌》中的游牧文化意像：敕勒川，阴山下，天似穹庐，笼盖四野；天苍苍，野茫茫，风吹草低见牛羊……在这里，我们可以把中国与西方（欧洲）法律（政治）文化的外部比较转化为中国的内部比较——中国西北、中原和东南地区的比较，运用这个视角，就能完整描绘出一幅具有世界意义的关于中国法律（政治）文化协同演化的心智地图。[2]亦即是指，置身河陇之地，能看见一个整体性的中国，视野所及的是伊儒交融、汉藏合璧，而不是华夏边缘、半个中国，更不是东方主义话语中的自我殖民的虚幻与玄幻。这不失为费孝通先生提出"中华民族的多元一体格局"[3]以及时下倡导的"人类命运共同体"之先声。无独有偶，许倬云先生经由对中国的大历史的考察，在他看来，中国就是"一个不断变化的复杂共同体"，从时间维度来说五千年历史并非一成不变，从空间维度来说则是"汉的中国"与"胡的中国"的互动与交融。[4]换一重视角，看到的是不同的风景。这是一个推进理解的过程。

诚然，王勇教授关于"河陇地区作为中国法学（政治学）运思的历史文化地理锚点"目前还只是一种理论上的沙盘推演，虽然这一结论的得出是基

---

[1] 王勇教授认为，从某种意义上讲，兰州可作为合适的中国法学运思的文化地理锚点。当然，这样的锚点之地关键要处于中国西北与东南的交汇之地，西北游牧文化和中原/东南农耕文化的交叉之地，东西南北交通的枢纽之地。因此，从较大一些范围讲，西宁－兰州－银川，或者说，历史上的"河陇地区"——横跨西北游牧地区和中原农耕地区的中国"腹地"，都是恰当的大中国文化地理锚点。"河陇地区，包括今宁夏、甘肃与青海的河湟地区，这大致是清代甘肃省的范围。这是蒙古高原与青藏高原之间的一块可农可牧区，在农耕民族手中，就是农耕区，但在游牧民族手里它就会成为游牧区。"（参见李智君：《关山迢递——河陇历史文化地理研究》（周振鹤序），上海人民出版社2011年版。）河陇地区相对于周边省区的这种"相邻可能"，不但使河陇地区整合国家陆域版图的历史功能得以延续，而且也为中国"宪制"与时俱进的创新提供了回旋的空间。参见王勇："没有锚点的中国法学——河陇地区作为中国法学运思的历史文化地理锚点"，载《甘肃政法学院学报》2016年第1期。

[2] 本部分的阐述，借鉴并综合了王勇教授的有关观点。参见王勇："没有锚点的中国法学——河陇地区作为中国法学运思的历史文化地理锚点"，载《甘肃政法学院学报》2016年第1期。

[3] 参见费孝通："中华民族的多元一体格局"，载《北京大学学报》1989年第4期。

[4] 参见许倬云：《说中国：一个不断变化的复杂共同体》，广西师范大学出版社2015年版。

于一定的历史实践、现实经验做出的判断，但作为一个宏大的命题，依然还需要一个长时间的、持续不断的现实验证。王勇教授也坦陈，基于从平滑空间到纹理空间这一空间层化的国家建构规程，[1]"锚点是可漂移的"。在我看来，有如王宗礼教授在《中国西北农牧民政治行为研究》一书中所呈现出来的学术研究理路，既可视为王勇教授逻辑立基的深厚土壤，亦可视为王勇教授锚点的一个证成。发乎于此，作为出生于甘肃农村，童年和青少年时期均在河陇地区农村度过且有城乡两栖生活经验的王宗礼教授，[2]一直对"身边的学术资源"保持敏感，[3]在《中国西北农牧民政治行为研究》一书中围绕西北农牧民政治行为的理论阐发，就近深挖本地学术研究富矿，其学术与理论意义注定不是西北的，而是整个中国的，更可能还是世界的。在具体问题分析之外，西北也就成了方法。以西北为方法，就是以中国为目的，把"我者"特殊化，同时也通过这样的媒介把"他者"特殊化（东南农耕地区、亚洲的日本、资本主义的美国等），既从我者理解他者，也从他者理解我者，一方面更好地认识自身，另一方面更深入地理解对方，在视角的顾盼流转之间展现二者之间的"主体间性"，向各类原生或变种的"本位中心主义"说"No"，[4]在这样的集合多元特殊化的前提下结构中国图景、世界图景，经由这样一种文化相对主义，共生互补，融合统一，找到真正的西北、真实的中国，从而走向世界。"把中国（西北）作为方法，就是要迈向原理的创造——

---

〔1〕 王勇：《草权政治：划界定牧与国家建构》，中国社会科学出版社 2017 年版，第 372~382 页。

〔2〕 王宗礼：《中国西北农牧民政治行为研究》，甘肃人民出版社 1995 年版，第 17 页。

〔3〕 王勇：《有场景的法律和社会科学研究》，甘肃人民出版社 2009 年版，第 34 页。

〔4〕 这样一种对于"本位中心主义"的反思，不仅仅日渐出现于国内学界，西方学界近年来也不乏质疑之声。虽然，二者终极立场依然分殊。比如，〔美〕络德睦：《法律东方主义——中国、美国与现代法》，魏磊杰译，中国政法大学出版社 2016 年版。另外，根据美国亚洲研究协会（Association for Asian Studies）网站公布的 2018 年各个图书奖项的获奖作品，拟获得 2018 年度列文森奖作品为——Li Chen, Chinese Law in Imperial Eyes: Sovereignty, Justice, and Transcultural Politics, New York: Columbia University, 2016（陈利：《帝国视野中的中国法律：主权、正义与跨文化政治》，纽约：哥伦比亚大学，2016 年），此书聚焦于鸦片战争之前的一百年（1740-1840），通过对中国、欧洲双方档案史料的深入挖掘，开辟了探讨清代法律与外交研究的全新视角。他将中国法律的形象分别放在中、欧各自的历史话语中去考察，运用"接触区"（contact zone）的概念，将中西方的跨文化政治做动态的考察，并主张这种影响是双向而非单向的过程。对中国法律的理解不仅形塑了中西关系的发展轨迹，也在西方建构自身"现代性"的过程中发挥了重要的作用。有关资讯及译介，参见"跨域法政"微信公众号，2018 年 1 月 26 日。

同时也是世界本身的创造"。[1]这是一种具有包容性、开放性、具有弹性的主体性建构。实与费孝通先生倡言的"各美其美，美人之美，美美与共，天下大同"理念有异曲同工之妙。

作品一旦离开作者，它的面世出版，就意味着"作者之死"。作品的生命力以及生命延续，乃在于读者的解释力。没有完美的作品，谓之"完美"的作品，往往是读者出于一种主观情感的泛化表达，且对象往往存在片面。这也就是"观点非片面无以深刻"的原因。我之笔下对于王著的解读的"作品"，注定也逃不掉上述谓之作品的宿命，所有的评判都将需要接受再评判。误读与否，将在思维的二次碰撞中得以呈现。一切都还在路上。"历史表明，社会大变革的时代，一定是哲学社会科学大发展的时代。当代中国正在经历着历史上最为广泛而深刻的社会变革，也正在进行着人类历史上最为宏大而独特的实践创新。这种前无古人的伟大实践，必将给理论创造、学术繁荣提供强大动力和广阔空间。这是一个需要理论而且一定能够产生理论的时代，这是一个需要思想而且一定能够产生思想的时代。"[2]这样的语词让人振奋。置身风云激荡的十字路口，需要一份坚守，而对于西北、对于中国、对于城市乡村，"政治是每个人的副业"，会成为我们的下一站吗？

---

〔1〕[日]沟口雄三：《作为方法的中国》，孙军悦译，三联书店2011年版，第133页。沟口雄三同时指出，通过"世界"来一元地衡量亚洲的时代已经结束了。只要就相对的场域达成共识我们可以利用中国、亚洲来衡量欧洲，反之亦无不可；我希望通过这样的交流，创造出崭新的世界图景。沟口教授此论，对本文的写作具有重大启发意义。

〔2〕《习近平：在哲学社会科学工作座谈会上的讲话（全文）》，http://politics.people.com.cn/n1/2016/0518/c1024-28361421.html，最后访问时间：2018年1月23日。

从铁丝网中发现国家建构的秘密

——《草权政治：划界定牧与国家建构》中的叙事修辞与论证策略

秦增起[1]

内容摘要：国家建构，在这里是指现代民族国家建构，并通过"铁丝网"这个表征的"符号"呈现出来。用低成本的投入，带来意想不到的作用——事先防控。以草权结构与权力结构之间的良性互动，辅之以法律修辞手法，使之更加鲜明突出表达出应有之意。深入浅出，以小见大，动态平衡无不体现秘密之所在。目前我国正处于时代大变革的环境之中，需要以更多的理论来为此而努力和奋斗。王勇教授的新著《草权政治：划界定牧与国家建构》无疑正是有力的佐证，并通过此专著表达了心中的那份炙热。

关键词：铁丝网　国家建构　控制成本　逻辑与修辞

一

当你想到铁丝网的时候，你首先想到的是什么？是围在里面的牛羊？还是一座封闭的监狱？还是其他的一些什么？你想到的是不是都是禁锢的地方？但是你想到了铁丝网和国家建构的关系了吗？我猜你肯定没有，或许我们普通人不太会往这方面想。究竟铁丝网和国家建构这两者之间会产生什么样的火花呢？《草权政治：划界定牧与国家建构》这本专著就以奇妙的思路和想法给世人们另一种答案。

王勇教授的《草权政治》是第一部研究西部草权政治的系统专著，并通过国家主义和法制主义的视角进行系统的考察，采用"铁丝网"的修辞表达来阐述其与法律之间的内在逻辑。正如焦宝乾教授所说："逻辑是关于推理的科学，并且是关于必然推理的科学，特别是这种推理的必然性不是由内容而

---

[1] 作者简介：秦增起，河南许昌人，西北师范大学法学院 2017 级法律硕士研究生。

是由形式决定的。"[1]而"铁丝网"就是所需的形式。读了这本专著后，首先想到的是发生在英国的"圈地运动"，也正是如此，英国成就了第一次工业革命，从此走向发达国家之列。而本专著中的"圈地"则是用铁丝网把草场确权，承包到户，"草场承包与其相伴随的铁丝围栏进草场，可以说是藏区历史上畜牧业生产方式的千年未有之大变局。这就是说，草场承包必然会带来藏区政治生态的重大的、潜在的变化！"[2]但是我还有一个疑惑：一个小小的铁丝网，真的会与国家建构有关系吗？读完我才明白，铁丝网在藏区历史的发展过程中，以简单而节省成本的方式，很好地起到了"定分止争"的作用，使藏区草山边界纠纷、部落冲突事件数目骤然下降。这本专著把"铁丝网"与政权的修辞方式联系起来，可以说将这里面的政治美学的含义体现得异常丰富。

二

本专著有一个概念："界权成本"，或者说是"控制成本"，如草场产权的界定成本决定藏区基层权力结构，谁是最低成本的草权界定者，谁就可能成为事实上的主导权威。藏区原本是政教合一的模式，在这种模式下产生的纠纷如何解决？宗教成为人们的首选，显然这对国家建构而言是不利的。对于王勇教授来说，低成本的铁丝网正如历史上早期修筑长城，元清在西北游牧地区广建寺庙一样，[3]国家建构也以不断变换的形态投射于世界，这也是王勇教授总结科斯教授学术志向的终极目标——"要市场和产权，但是不要战争"，作为他的理论参照的理由之一。

在谈论国家建构时，他并没有采用一般的演绎推理，回避了自发式的理论逻辑，而是着眼于对国家建构的过程，也就是空间层化——从"平滑空间"到"纹理空间"的过程，即对属于或即将属于国家疆域的土地产权进行界分和配置的过程，而这一过程的完成则是以界权费用的不断下降为前提的。"要市场和产权，但是不要战争"只是辨明他是在真实的个人经验和实践经验基

[1] 焦宝乾："逻辑与修辞：一对法学研究范式的中西考察"，载《中国法学》2014年第6期。
[2] 王勇：《草权政治：划界定牧与国家建构》，中国社会科学出版社2017年版，第4页。
[3] 王勇：《草权政治：划界定牧与国家建构》，中国社会科学出版社2017年版，第355页。

础上提出的能够在中国找到人类今后发展的更好的制度。当然这也并不成为其提出问题的理论特权，但是不可否认是其重要的特点。诚然，法律与逻辑之间确实存在着某种相互吸引、彼此支持的倾向："一方面，法律——具有大量的不同的推理形式，以及广泛的社会意义——对逻辑学家来说是一块理想的应用和试验场；另一方面，逻辑——具有为理性思维提供工具的能力——对许多法律人来说是完善的逻辑推理和交往的一个必要工具。"〔1〕王勇教授也注意到了这一点，并用很好的方式进行了诠释。

王勇教授的处理方式是按一条主线即草权结构与权力结构之间的互动展开，也即由点到面的处理方式，从传统草权结构这一客观事实投射于国家建构中出现的部落政治到寺院权威，进而揭示出现代国家建构的意义。其历史梳理正是追本溯源——从自古以来的游牧方式产生边界冲突，对早期的国家建构进行梳理，以这些梳理表明铁丝网的出现并使用在其起源的意义上如何为不同的思想所投射。尽管铁丝网的象征意义很难在漫长的历史阶段里产生相互的关联。当然，这也并非王勇教授的任务，他显然也不是要探究铁丝网到底给我们带来了什么，而是探究铁丝网如何投射时代政治，或者反过来说铁丝网会带来什么效果的时代政治文化心理。及至民国及现代，随着中国社会的演进，草权与农村土地包产到户的现象联系在一起，构成了现代政治进程中最为神奇的一笔，这也表明了铁丝网（围栏）在草场中的运用所具有的创生性——它总是随着时代的发展而发展，这正是它的寓言性意义。

王勇教授的考察表明，如果人类能够找到市场替代战争的办法，那会是人类演化史上一件非同寻常的事。当然王勇教授更着力解决的是划界定牧与国家建构之间的默契转换，也是本专著中所要重点解决的问题——事先防控与政权嵌入。草场承包在一定程度上瓦解了藏区传统权威得以存在的生产方式和社会基础——游牧生境和部落组织，第一次对存续了数千年的藏区基层社会——部落组织进行了最有实质性的"重构"，从而为国家政权真正扎根藏区基层社会创造了条件。〔2〕当然王勇教授需要着力解决的是怎么用案例来佐证自己的观点。王勇教授找到了"边界政治"问题最为突出的、最为典型的夏河县，仅在新中国成立以来有关边界问题的文书档案中涉及此地的就有

---

〔1〕 [意]乔瓦尼·萨尔托尔：《法律推理》，汪习根等译，武汉大学出版社2011年版，第425页。
〔2〕 王勇：《草权政治：划界定牧与国家建构》，中国社会科学出版社2017年版，第43页。

10689 卷，可以为研究提供第一手资料。草场产权中的部落宗教势力和政府势力相互博弈和较量，表征着中国传统藏区政治的复杂性，体现了铁丝网的事先防控替换原本的事后救济的转变。

当然，问题并没有那么简单，在王勇教授的分析中，铁丝围栏进草原初步彰显了国家建构在西北游牧地区所演绎的历史逻辑，这一历史逻辑进程的展开主要是经由被最早实现空间层化的东南中国所不断产生的"社会经济剩余"所支持和开启。其结果是持续地营造了西北中国与东南中国之间的分工交易和紧密依存这样一种大国区域内的整合格局。这是一种完全不同于近现代欧洲国家建构的独特的国家建构。当然在这一历史过程中，铁丝网或许扮演了一个较为重要的角色。

三

很显然，王勇教授的方法可以说是强调产权和权力的影响，或者说权力对产权的配置，其背后的理论支撑乃是产权政治学的基本原理。实际上，产权政治学的研究范围可以概括为国家、宗教、团体等非国家组织及市场组织创造、实施变更和取消产权行为对权力的配置效应，即凡是有产权对权力产生影响和权力对产权产生影响的行为和活动均属于产权政治学的研究范围。[1] 王勇教授虽然在某种程度上受科斯的影响，但是并不执着于科斯的境界，他的理论分析又把历史维度加入进来，从多方面论证草场确权带来的变革。王勇教授热衷于田野实践，他对实证调查有着深切的感受。在文本与现实的关联之间建立起来一种分析机制时，王勇教授也在寻找一种历史叙事的实证效果。大量的图文和结构图的使用，给人带来的是清晰的思路和明白的逻辑，他把这些关节上的点表述得精准恰切，两个似乎毫不相关的事情，竟带给人如此大的共鸣。

当然王勇教授也很好地区别了东南中国和西北中国之间的关系，东南中国本身就是"早熟的国家"，历代中央政府对这些地区的控制已经形成了相当成熟的经验和技术；积淀深厚的谱系式宗法社会的文化土壤亦有利于西北中

---

〔1〕 邓大才："产权与研究：近路与整合——建构产权政治学的新尝试"，载《学术月刊》2011 年第 12 期。

国自上而下的国家建构策略得以实现。在中国，由于特殊的国情，农民、工人和小知识分子数量巨大，而政权的建立则主要依靠民意，复杂的因素使国家建构主要不是以文字，而是以表征的符号，用最大多数普通人能够理解的内容最为适宜。[1]而在西北国族的建设中，"铁丝网"就是一个很好的表达方式。

铁丝网和国家建构之间关系的疑惑，草权政治作了很好的回答，当然也很合理的概括了铁丝网的秘密。不同于英国的"圈地运动"，铁丝网有着类似于家庭联产承包责任制的特点，因地制宜地解决了历史上关于草权的纷争，带来了意想不到的结果。王勇教授所要表达的思想并不局限于呆板的专题论文，而是更加稳重地表达出了他想表达的问题，并从不枯燥的角度呈现了出来。当然，也并非是说王勇教授做得完美无缺，这部专著还是有一些问题出现。比如，或许是过于追求草权结构与权力之间、西北国族和东南民主的互动，王勇教授对理论背后的政治与"政治空间"的冲突的分析显得有些简单和实用主义。还有未提到的铁丝网带来的草场退化问题，虽说王勇教授也说明了铁丝网带来的生态问题已经超出了本研究的主题范围，但铁丝网总会淘汰，生态总要恢复，或许我们也能像铁丝网带来的事先防控那样考虑对未来的生态问题能够做些什么。

---

[1] 苏力："修辞学的政法家门"，载《开放时代》2011 年第 2 期。

论依法治国背景下推动藏汉双语司法实践的重要意义[1]

南杰·隆英强　孙晶晶[2]

　　内容摘要：依法推行藏汉双语司法实践是一项系统工程，是践行习近平总书记加强民族法治文化与司法实践研究等全面推进依法治国事业的重要组成部分，也是进一步深入推进司法为民、公正司法、法治中国建设的重要内容。依法治国背景下大力推进藏汉双语司法实践活动，前提是认清当前我国藏汉双语司法实践的现状，沿着国家法治路径，有效落实党和国家的宪法法律及民族宗教政策，在全面推动中华56个民族团结互助、实质平等、社会稳定、国家强盛、人民幸福生活的基础上，努力实现富强民主文明法治化的小康社会这一伟大事业，进而全面推动关于藏区社会稳定发展与国家长治久安的藏汉双语司法实践的研究工作，具有重大的理论意义和实践意义。

　　关键词：依法治国　藏汉双语　司法实践　法治人才

一、藏汉双语司法实践的现状及原因分析

　　藏族地区面积约250万平方公里，占我国国土面积的比例超过25%。藏族地区的和谐稳定不仅关系到藏区的经济社会发展、民族团结，更关系到国家的统一和安全。

──────────

　　〔1〕　基金项目：本文系作者主持的2014年度国家社科基金项目"藏族法律文化视域下藏汉双语司法实践与藏区社会稳定问题研究"（14BFX024）、2016年度江苏师范大学引进国内优秀人才项目"汉藏法律文化的当代价值与基层社会治理法治化道路研究"（31920160002）、2017年度江苏师范大学教材建设项目"中国首套藏汉双语法学专业特色法规教材建设"（JYJC201705）、2018年度江苏高校"青蓝工程"优秀青年骨干教师项目、青海省"高端创新人才千人计划"拔尖人才项目的阶段性成果。

　　〔2〕　作者简介：南杰·隆英强，藏族，青海人，教授，法学博士、法学博士后，东吴大学法学院访问学者、硕士研究生导师，最高人民法院和甘肃省高级人民法院及青海省高级人民法院藏汉双语法官培训专家库专家，江苏师范大学法学院院长助理、江苏师范大学汉藏法律文化与法治战略研究中心主任、江苏师范大学法学院《社会法治研究》编辑部主任兼副主编，西南民族大学等五所民族院校藏汉双语法学专业特聘教授，南京师范大学中国法治现代化研究院特邀研究员，西北政法大学兼职教授等。

　　孙晶晶，汉族，江苏南京人，江苏师范大学法学院在读研究生。2017~2019年度江苏师范大学研究生科研创新计划校级一般项目阶段性成果。

民族学与人类学学者骆桂花教授讲到："社会转型时期，民族文化呈现宗教文化的多样性、区域文化的互动性、民族文化在区域利益层面的博弈性等多重社会文化样态，同时少数民族文化在现代化进程中呈现利益分化与社会矛盾的激化，多元民族文化并存与主流意识形态的认同危机，国家认同与宗教认同、民族认同的失衡，因此以民族地区文化发展的新特点新趋势为研究维度，对民族地区文化发展进行反思，形成解决问题的新思路、新政策及回应机制，对维护民族地区社会稳定，促进少数民族文化大发展大繁荣与社会主义协调发展，具有十分重要的现实意义。"[1]

我国藏族地区主要包括全国五省区的十个藏族自治州和两个自治县，分布在青、川、滇、藏、甘五个省份，服务半径之长，案件审理过程中，时常需要为来自不同地区的藏汉等多民族当事人提供人数不等的翻译人员；司法成本之高，藏区地方方言众多，加上专业法律术语的翻译问题，形成诉讼周期之长的局面。这些一直是困扰藏区藏汉双语司法实践活动全面推行和依法治国系统工程在民族地区得以早日有效实施的难题。

（一）藏汉双语司法实践现状

1. 藏汉双语法律人才短缺

藏汉双语法律人才在藏区社会稳定与经济社会发展中起着非常重要的作用，如同学者所言："地方精英对于地方发展仍持有至关重要的作用。所以，探讨基层社会的发展现状与问题，对地方精英的分析必不可少，通过基于历史与现实结合分析的方法，才能全面把握乡村社会发展状况，推动基层社会更好的发展。"[2]

在中央政策推动下，藏汉双语法官人才队伍建设初具规模，但远不能满足现有需求。藏汉双语司法人员专业素养高低直接影响当事人诉讼权利实现的效果，而目前少数民族自治地区兼通藏汉双语的司法工作人员配比严重失衡。面对藏汉双语诉讼纠纷案多人少、情节复杂、程序麻烦的困境，以及独特的历史文化与多样的风俗习惯，涉及多个民族纠纷的情形也时有发生，藏

---

〔1〕 骆桂花："青海民族地区多元文化与社会秩序的当代建构"，载《青海民族研究》2012 年第 4 期。

〔2〕 骆桂花、陶然："地方精英与社会发展：以青海省湟中县大有山村为例"，载《中南民族大学学报》2017 年第 1 期。

族地区藏汉双语司法工作人员处理起来力有未逮。办案过程中，时常发生语言文字混用、制作诉讼文书的语言文字缺乏统一规范的现象。在有限的司法人员当中，兼通藏汉双语的应用型法律人才难求，有许多从事司法工作的人员，即使懂得双语，也难以驾驭高难度的法庭辩论。

2. 司法认同感低

受思想观念、历史文化、伦理道德、生活习惯和行为模式的影响，不论纠纷大小，藏族地区农牧民偏好使用藏族习惯、民间调解、宗教组织和私人力量化解各种社会矛盾。能够与当地农牧民进行藏语沟通的司法人员很少，因而他们对不熟悉藏语的工作人员缺乏信任感。缺乏强制力保障和规范性制约的情理法，有时反而会激发更严重的矛盾和新的社会问题，因此需要在藏区基层法院、人民法庭、人民调解组织中培养一批熟悉当地民族历史文化、风俗习惯以及语言文字兼修的专门性法律职业人才。

3. 城市双语诉讼纠纷涌现

现阶段中国人口呈现大规模跨区域流动的趋势，各民族正朝着多元双向目标发展。全国城市少数民族人口流入比例持续增长，因文化冲突和利益纷争所引发的矛盾和司法争讼日益增多。因此，应当考虑如何充分保障民族流动人口使用本民族语言文字进行诉讼的权利，让各民族人民群众在每一场诉讼中感受到公平正义。

（二）原因分析

1. 藏汉双语法学专业教育基础薄弱

首先，高校教育目标的"同质性"。藏族地区少数民族学生的法学教育缺乏特色与创造性，随着"藏汉兼用"趋势加深，藏族学生对汉语言文化适应能力有所加强，相反，母语教育却有弱化倾向。全国民族高校作为法治人才培养的后备力量，应当注重藏汉等少数民族双语法学教育的未来，不断转变教学模式，营造司法实践机会，扭转重理论、轻实践的局面，构建符合藏族等少数民族学生特色的教育体系，倘若培养的法学专业学生无法适应广泛应用藏语言文字的环境和当地的风俗习惯，就会出现学非所用的局面。实践中常常出现基层单位人才难求，而应届毕业生就业困难的多项矛盾局面。

其次，藏汉法学专业等科班出身的"双师型"人才欠缺。在民族高校设立藏汉双语教学中，藏族老师仅负责教授藏语课程，汉语文及法学课程通常由汉族老师教授，大部分汉族老师听不懂藏语言，更谈不上使用藏汉双语教学，学生的藏汉双语能力较差，法学专业素质普遍较低。有些来自农牧区的学生甚至很难掌握基本的汉语言课程，更不用说熟练理解和应用专业性的法律术语了。因此，有必要大力引进和培养高素质、高学历且精通法律专业的藏汉双语法学教师，营造良好的藏汉双语法学教育环境。

最后，藏汉双语法律专业教材体系不完善。多年来，藏汉双语法官培训等教材编写工作从未间断，然而大多是对汉语言教科书的简单仿照和翻译，未贴合藏族文化特色，且全国高校法学专业教材体系不完善，缺少包括藏汉双语在内的民汉双语对照本教材，民族高校之间、民族高校与普通高校及综合性政法院校间缺乏合作共享的精神，学生缺乏藏汉双语法律专业的知识体系。这也就不难解释，无论是 2018 年改革前的全国统一的司法资格考试，或是 2018 年改革后的国家统一法律职业资格考试，在国家给予少数民族考生放宽政策的条件下，法考失败率仍然居高不下的原因。

2. 藏汉双语司法队伍建设等法治人才培养机制落后

其一，培训失衡，模式单一。在改革开放政策推进下，各藏族自治州和自治县的政治、社会、经济建设得到了飞速发展，掌握藏汉双语等民汉双语的少数民族干部队伍日渐壮大，藏区在内的各少数民族地区高度重视专业化复合型双语干部培养。采取培训、进修、挂职锻炼等措施，着力提高干部的整体素质和业务水平，近年来中央和地方各级高度重视以全国五个少数民族自治区为领先的民汉双语法官培训。但是在司法系统内只重视对法官的培训，忽视了其他司法人员双语能力的提升。另外，长期依靠藏汉双语法律专业背景的少数经验丰富的法官和法学教授在实践中讲授双语法律以提升藏区法官司法能力，这种始终处于讲座、短期培训、简单翻译的低层次教授模式，难以高效提升语言文字运用和解决各种法律纠纷的能力。

其二，激励不足，保障缺失。少数民族地区双语法治人才队伍建设面临"四高四低"困境，即职业要求高、风险高、负荷高、压力高，收入低、待遇低、地位低、身份保障低。[1]藏区等少数民族地区和西部边疆地区生活成本显著增加，住房、就医、子女教育、退休安置等社会福利保障却停滞不前，

---

〔1〕 王允武："法治人才培养机制创新与法学教育协同推进——以改进民汉双语法治人才培养机制为视角"，载《西南民族大学学报》（人文社会科学版）2016 年第 1 期。

直接阻碍藏汉双语法律人才队伍建设的稳固性，加上藏区等少数民族地区人才引进政策缺乏吸引力，造成既"留不住"，又"引不来"的局面。目前，藏区等少数民族地区的司法系统内年长者居多，人才断层现象严重。贯彻以人为本的理念是人才保障与激励机制应有之义，这需要为包括藏汉双语法律专业人才在内的全国民汉双语法治人才打造生活舒心、工作称心的内部条件，以及保障衣食住行和配偶、子女妥善安置的外部环境。

3. 藏汉双语司法实践信息化建设不成熟

针对全国智慧法院、互联网+在法院的运用，藏族地区法院也应顺应新一轮的技术革命，搭上信息化建设的列车，加快建设藏汉双语智慧法院和双语法学人工智能网格化机制。"天平工程"的建成和使用，奠定了信息化建设"四梁八柱"的基本框架，形成了自治区、7个中级人民法院、74家基层法院及人民法庭系统内的互联互通，为阳光司法和藏汉双语司法职能化等民汉双语司法实践的推行创造了条件。

在现代化科学技术的推动下，机器翻译系统为藏区双语司法改革和实践提供了重要支撑，能够实现几秒内完成藏汉双语法律术语及卷宗材料的互译，电子卷宗随案生成率能达到99%，但是机器翻译毕竟仅是辅助系统，容易产生机械化翻译，甚至偏离本意和错误翻译。例如，"保外就医"一词就需要15个藏文字进行翻译，不能简单对其字面翻译，必须遵循翻译理论中的三大基本原则，即"信、达、雅"，以综合分析下的意译为准。目前大多数从事藏语翻译的人员系藏族同胞，受本民族语言和汉语的熏陶，能自如地完成藏汉文翻译工作，但是面对专业性和实践性极强的法律术语翻译，错译法律条款现象屡见不鲜，比如，抢劫与抢夺、非法与违法等词语，缺乏法学专业知识背景的翻译人员难以胜任。

二、我国推行藏汉双语司法实践的法律依据和必要性

（一）依法治国战略为推行双语司法提供了政治上的保障

自党的十八届四中全会以来，"依法治国"理念从宏观概念发展成为综合性表述，从单一内容发展成为结构严谨、内容充实且范围广泛的依法治国战略。全面推进依法治国战略，能够加强民族地区社会治理，加速社会发展进程，为民族融合与兴盛开辟新天地。依靠依法治国"法治"的公正性价值引

导民族区域自治理念，敦促藏族等少数民族地区公民参与国家和社会公共事务，形成国家认同，最终实现各民族团结共荣。

（二）国内外立法为推行双语司法实践提供了制度保障和域外经验

我国缺乏完善的藏汉双语法律翻译等民汉双语法律翻译制度和可行性操作规则，藏汉双语法律等民汉双语翻译人员选任缺少规范性制度制约，藏汉双语等法律翻译人员来源尚不可寻，通常是依靠跨区域借调外省人员，阻碍了宪法上关于保障藏族等各少数民族当事人参加诉讼活动时使用语言文字权的规定。

根据宪法与三大诉讼法以及民族区域自治法的规定，拥有民族语言文字的自治地方，享有地方语言文字自治权，通过立法途径明确通用语言文字，为藏族地区藏汉双语诉讼制度合理化提供了正当法律依据，使用当地通用语言文字进行诉讼，有利于司法机关在查明案件事实基础上，正确适用法律；有利于监督司法活动，能够发挥诉讼活动对藏族等各民族群众的普法警示作用。

我国三大诉讼法在条文中均体现了保障诉讼当事人平等诉讼权利，不受种族、宗教、文化水平、社会阶层、生活环境等因素影响，[1]这也是我国各民族一律平等在司法制度上的表现，是司法公正的内在要求，起到了法治宣传的效果，提升了公民法律素养，有助于树立法治观念。实体和程序公正"如车之两轮、鸟之双翼"，不可或缺，若发生冲突，应以程序公正为先。而诉讼权利平等是程序公正的必然要求，也是追求实体公正的前提。将藏区藏语言文字等当地通用语言文字作为参加诉讼活动的语言文字，能够使当事人和其他诉讼参与人真正理解和参与庭审过程。

上述法律在内容上规定了藏族等各民族公民使用本民族语言文字诉讼的权利，这种权利贯彻司法和诉讼的全过程，包括起诉应诉、递交起诉状答辩状，提交证据，本人或代理人陈述诉讼意见等环节。另外，司法机关审理涉及藏族等少数民族案件时，应当兼顾使用国家通用语言文字和本民族语言文字进行审理，并有效保障提供翻译的义务，目的是保证藏族等各民族同胞

---

〔1〕 参见《中华人民共和国刑事诉讼法》第6条，中国法制出版社2018年版，第2页；《中华人民共和国民事诉讼法》第8条，中国法制出版社2017年版，第3页；《中华人民共和国行政诉讼法》第8条，中国法制出版社2018年版，第3页。

诉讼当事人平等地享受诉讼权利，维护合法权益。在一定程度上起到了保障藏族等各少数民族当事人选择本民族语言文字诉讼的权利的作用，然而规定的内容不宜过于原则化，这样会导致操作性不强，在司法实践中常常不能发挥有效作用的结果。因此，必须保障实践层面的可操作性，不断完善相关法律制度，避免使藏族等各少数民族当事人充分利用本民族语言文字的诉讼权成为印在纸上的权利。

国内法从多方位对藏族等各少数民族地区双语司法制度进行了规制，主要归纳为以下原则和方法：平等原则、优先尊重被告人语言文字的原则、根据民族地区人口分布状况和实际情况灵活选择使用语言文字的方法。

(三) 国家政策为推行双语司法实践探明了方向

2013年最高人民法院首次明令提出双语法治人才培养目标，"加强队伍建设是实现公正司法的重要保障……为推动审判工作科学发展、促进公正司法、维护社会和谐稳定提供了有力的组织保证"。而后，最高人民法院和国家民委联合发布要求深入加强和促进民族地区双语法官培养及培训工作，"加大培养力度，充分发挥双语法官重要作用"。[1]加强藏汉双语法律人才等民汉双语法律人才队伍建设与落实中央依法治国战略具有天然的同步性，是适应新形势、新任务、新目标，切实做好涉藏司法的现实需要。

三、我国藏区深入推动藏汉双语司法实践的意义

包括藏汉双语司法实践在内的民汉双语司法实践是各民族情感交流、开展工作和法治宣传的纽带，藏汉双语法律人才培养等民汉双语法律人才培养工作能否落实到位，藏汉双语司法实践等我国民汉双语司法实践能否践行，事关国家法治文明建设，事关我国民族地区长远发展和国家长治久安的重大问题。

继十一届三中全会之后，改革开放进程加深，法律制度也在不断完善，亟需培养造就一支高数量、高素质，能够适应中国法治进程和全面改革步伐的法治人才队伍，少数民族地区法治的发展也离不开一批双语兼备的法治人才力量。

---

〔1〕 最高人民法院《关于新形势下进一步加强人民法院队伍建设的若干意见》的通知；最高人民法院与国家民委联合印发《关于进一步加强和改进民族地区民汉双语法官培养及培训工作的意见》的通知。

（一）维护民众的合法权益

藏汉双语司法模式能够构建最重要的一项法治目标是实现司法公正，遏制司法不公现象，司法效率亦是其目标之一。藏汉双语司法模式能够将高效率的司法公正贯穿到藏区法院审判全过程，确定审判职能、管理审判组织、设计审判程序，完善翻译制度，对于司法资源也起到了合理配置作用。藏汉双语司法实践能够使各方当事人在了解案情、熟悉审判程序和知晓权利的基础上，真实且全面地表达诉求和意愿，起到简化程序、保障诉讼当事人知悉权的作用，提升效率，节约司法资源，实质上满足当事人选择擅长的本民族语言文字公正无误地参加诉讼活动的要求。

（二）有效带动藏区经济稳定和发展

随着藏族地区等少数民族地区解放和改革开放政策全面贯彻，藏族地区经济得到了平稳且快速的发展，民众生活水平日益改善。社会发展有赖于经济的发展，而经济发展通常与教育挂钩。因此，国家高度重视藏区经济社会的发展，力求改善藏区的双语教育体系和藏汉双语普法执法的法治环境。

毋庸置疑，藏汉双语司法实践对于规制藏区农牧民日常生产生活行为意义重大，解决了农牧民日常生活中的诸多纠纷，促进了经济纠纷合理解决；对于资源公平分配等方面做出了巨大贡献，促进了藏族地区民族经济发展，带动了相关产业繁荣。复合型、高素质、专业化的法律人才引进是藏汉双语司法实践的必然要求，这要求政府积极实现公共服务均等化和加强基础教育建设等，不仅要解决农牧民水、电、通信、出行等难题，也要改善教育和就业环境。

（三）全面推进藏区普法宣传工作

卢梭曾说："一切法律之中最重要的法律既不是刻在大理石上，也不是刻在铜表上，而是铭刻在公民的内心里。"[1]普法宣传工作需要大量法律职业共同体共同参与开展，普法教育的重要目标是引导社会公众逐步增强法治意识、深化法律信仰。

由于受到地理环境和经济因素的限制，藏族地区普法执法工作受到很大

---

〔1〕〔法〕卢梭：《社会契约论》，何兆武译，商务印书馆2003年版，第70页。

阻碍。国家机关集制定和执行国家法律于一身，肩负艰巨的普法使命。在广大藏族地区无论是车载流动法庭，还是藏汉双语法官、检察官进农牧区的以案说法，均深受民众好评，切实达到了"审理一案、教育一片"的效果；推行送法进农牧区的做法，有助于深化公众对法律的信仰、增强法律意识，为藏族地区等少数民族地区法治建设奠定夯实基础。亲历一套完整的藏汉双语等民汉双语诉讼程序就好比体验了一场生动的法治宣传教育课堂，藏汉双语司法实践的推广有利于实现普法工作与法治实践相结合，系统内和系统外普法二者相结合，对全面、深入、系统推进国家法治化道路具有重要意义。

（四）提高国家司法机关公信力

1. 提高法院司法权威

司法权威源于民众对司法的信赖，公平公正且富有既判力的裁判是司法权威建立的前提，合法合理且充满温情的裁判文书是提升法院司法权威的重要途径。公正合理的裁判文书，需如实记录诉讼参加人的陈述，完整展现呈于法庭的各项证据，合理且充分地演绎法官对案件事实的分析与理据，通过庭审公开、审级法院监督、卷宗移送等程序保障，发挥抑制司法恣意的作用。[1]使用藏汉双语制作的判决书是整个案件终局性裁判的记录，也是整个卷宗法律意义的缩影。让人民群众对各个环节了然于心，这才实现了真正意义上的诉讼权。一份人性化的藏汉双语裁判文书，不仅能够让当事人服从司法判决，还能发挥人民群众监督法院全面履行审判职责的功能，大大提高法院司法权威。

2. 提升检察公信力

检察公信力是公民对检察机关执法活动、执法效果高度认同所形成的评价。藏汉双语司法人才培养呈多元化，双语司法实践的作用不单体现在庭审上，其辐射意义更广，拉近了检察人员与案件当事人的距离，提高了检察机关在社会公众心中的信任感，当事人更愿意还原案件真实情况。比如，2013年四川省若尔盖县检察院立足实际工作需要，致力于维护藏区公民使用本民族语言的诉讼权利，设立了首个藏汉双语翻译科，[2]解决了许多因少数民族语言文字不通造成的难题，也赢得了各民族当事人的广泛好评。

---

〔1〕 李安、冯逸寒："裁判约束的文本建构与程序规制——以当事人话语输出为视角"，载《杭州师范大学学报》（社会科学版）2017年第4期。

〔2〕 翟兰云："藏汉双语翻译，畅通办案沟通渠道"，载《检察日报》2017年9月22日。

（五）为全面依法治国培养德法兼修的高素质法治人才

全面推进依法治国事业需要全社会的共同努力才能实现，需要以高素质专业化的法律人才为依托。藏汉双语司法模式的推行促进了藏区法学教育体系建设，改革了藏汉双语法学教学模式，推进了全国高等院校和民族高校法学教育的革新，完善了相关配套设施，为建成优质高效的藏汉双语法治人才队伍解决了后顾之忧。实践乃法律生命之源泉，实践方能出真知，藏汉双语司法实践模式下培养的法治人才符合时代所需，是培养创新型高素质法治人才的有效手段之一，进一步强化藏族地区法治人才的双语司法实践经验及法律应用能力，打造一支政治立场笃定、业务素质强大、熟悉国家法律和民族宗教政策的高素质藏汉双语法治人才队伍。

（六）全面推动国家法治一体化建设

所谓"百里不同风，千里不同俗"，[1]由于各民族生活习俗、伦理道德、宗教信仰、历史传统、思维习惯和语言表达风格均有差异，加上普法力度不足、普及范围过窄，法律意识欠缺，直接导致藏族等各少数民族公民不能充分理解法律条文、司法程序以及相关文书材料，阻碍了国家法律的正常运行，法治一体化进程难以深入推进。因此，国家正在通过一系列政策法规和实践来彰显其对藏语等少数民族语言文字及其传统文化的高度认同感，法治一体化建设主要通过三种方式：一是国家通过人大及常委会立法，制定法律法规和相关政策，大力推行藏汉双语司法诉讼；二是政府在现行法律制度框架下，积极推动藏汉双语司法活动，提供基础支持；三是通过社会管理发挥作用，最终实现法治一体化。法治管理一体化是建设法治国家的必备要素，欲真正实现全方位建设成效，必须做到合理布局下的整体推进。

总的来说，藏汉双语司法诉讼有利于实现多民族对中华民族伟大复兴事业的价值认同，促进全国的法治一体化建设，从而使整个中国主权所及领土范围内形成利益共同体，使法治成为全体公民的真诚信仰，实现全面建设法治国家的目标。正如法谚所云"法律必须被信仰，否则它将形同虚设"。[2]

---

〔1〕（春秋）晏婴：《晏子春秋译注》，石磊译注，黑龙江人民出版社2003版，第122页。
〔2〕［美］伯尔曼：《法律与宗教》，梁治平译，中国政法大学出版社2003年版，第1页。

结　语

　　藏汉双语司法实践在我国全面推进依法治国事业中发挥了重大作用，影响深远、意义重大，为我国藏族等各少数民族地区推行双语司法工作提供了实践经验。但就目前而言，藏汉双语司法实践仍然存在一些待改善之处，诸如相关法律制度规定的内容过于原则化，藏汉双语司法人员短缺，专业化复合型翻译制度不健全等。在信息化运用及智慧法院的建设过程中，应当把握德法兼修的复合型藏汉双语法学科班专业人才的主观能动性与司法信息化六同的平衡，不能过度依赖人工智能和信息化，防止还没有规范化的藏汉双语司法实践趋于工具理性，工具理性容易消解司法本意、智慧管理容易削弱司法自主性。

参考文献

[1] 骆桂花："青海民族地区多元文化与社会秩序的当代建构"，载《青海民族研究》2012年第4期。

[2] 骆桂花、陶然："地方精英与社会发展：以青海省湟中县大有山村为例"，载《中南民族大学学报》2017年第1期。

[3] 安静：《民族院校藏汉双语法学——人才培养模式研究》，西南交通大学出版社2015年版。

[4] 蒋裕冬："少数民族诉讼语言文字选择权研究——基于西藏双语审判工作的需要"，西藏大学2017年硕士学位论文。

[5] 杜娟："西部地区城市化进程中的少救民族流动人口问题研究——以西宁市城东区为例"，中央民族大学2011年博士学位论文。

[6] 姚建宗："中国特色社会主义新时代法治建设的实践行动纲领——中国共产党十九大报告的法学解读"，载《法制与社会发展》2017年第6期。

[7] 张丽艳："协同治理下的少数民族地区区域司法的构建"，载《贵州民族研究》2015年第10期。

[8] 肖建飞、任志军："少数民族地区双语法律人才培养机制构建——基于少数民族地区法学教育、司法考试、职后培训的实践"，载《黑龙江民族丛刊》2013年第6期。

[9] 吴希凤："民族语言在诉讼中的地位不容忽视"，载《民族论坛》1996年第1期。

[10] 刘桂琴："论中国民族自治地方的双语司度"，载《内蒙古社会科学》（汉文版）2013年第6期。

［11］张伟：“尊重和保障人权是法治国家的核心价值”，载《现代法学》2015 年第 3 期。

［12］梁明远：“加强双语法官队伍建设，保障民族团结进步事业”，载《中国审判》2015 年第 4 期。

［13］王秋红：“关于培养汉藏双语法律人才的探讨——以四川民族学院为例”，载《民族教育研究》2015 年第 2 期。

［14］李安、冯逸寒：“裁判约束的文本建构与程序规制——以当事人话语输出为视角”，载《杭州师范大学学报》（社会科学版）2017 年第 4 期。

［15］古丽阿扎提·吐尔逊：“少数民族地区双语司法探析”，载《新疆大学学报》（哲学·人文社会科学版）2009 年第 5 期。

［16］李寅：“多管齐下培养少数民族双语政法人”，载《中国民族报》2010 年 6 月 25 日。

［17］张永健：“合力推进民族地区双语法官培养培训工作”，载《人民法院报》2016 年 9 月 3 日。

［18］梁明远：“加强双语法官队伍建设 保障民族团结进步事业”，载《甘肃日报》2015 年 4 月 2 日。

［19］潘静：“实用型双语法律人才的养成机制”，载《人民法院报》2014 年 1 月 13 日。

［20］翟兰云：“藏汉双语翻译，畅通办案沟通渠道”，载《检察日报》2017 年 9 月 22 日。

［21］张维：“双语法官‘千人计划’加速落实”，载《法治日报》2015 年 5 月 11 日。

［20］刘兴祥：“培养‘双语’法官 促进民族和谐”，载《贵州民族报》2012 年 2 月 24 日。

［22］赵刚：“编撰藏汉双语法官培训教材”，载《人民法院报》2014 年 3 月 31 日。

［23］内地藏族流动人口研究课题组：“从在内地的藏族流动人口状况看汉藏民族关系——以成都市藏族流动人口状况为例”，载《中国藏学》2012 年第 2 期。

后　记

　　光阴荏苒，时间飞逝。转眼之间，《西北法律文化资源》在西北师范大学法学院领导和学界同仁的大力支持之下，已经年满两周岁。她的第二辑编纂出版工作在中国政法大学出版社的支持下已经圆满完成。

　　第一次编纂活动结束后，编委会便发出了第二辑编纂稿约，本次编辑同样结合本文集的主旨和定位，以原创、实证与跨学科研究为标准，确定了第二辑的内容。这些文章的作者既有校内外成名学者，也有来自不同学校的本科生、硕博研究生；同时兼有理论学者和法律实务部门的学人。本辑内容主要分为法意探赜、资源调查、前沿展望、法史镜鉴、资源创新及书海拾贝六大栏目。

　　"法意探赜"栏目中的四篇文章，即王勇《灋自西北：从游牧社会发现"灋"——揭开"灋"之"去"意的神秘面纱之一》、许根豪《明夷裁决：上古裁判中的实践智慧——揭开"灋"之"去"意的神秘面纱之二》、钟亮喆《随水漂去：〈说文解字〉中的"灋"——揭开"灋"之"去"意的神秘面纱之三》、张伟娟《西法中源：从"灋"中发现 Justice——揭开"灋"之"去"意的神秘面纱之四》。该专题围绕一个共同的主题，即"灋"字当中的"去"为何意及其对法的影响这一问题展开探讨。"去"字的原型由"弓"和"矢"两个符号构成，蕴含着证据的出示。四篇文章从不同的角度对"法"字进行了剖析。

　　"资源调查"是本刊重要的特色栏目，所收文章著者均工作、生活于西部地区，有着较为丰富的调查阅历，通过文章与读者共享其相关调查成果及思想成果。其中，王勇教授《交通为什么要"征服"海拔？——国家整合视野中的青藏高原法文化转型及其空间政治学解释》一文，通过对电影《冈仁波齐》的另类解读，展开了对道路交通是实现区域一体化和国家整合的基础条件的观点的探究。王教授认为，中国必须在政治和法律上将内部的高山和平原区域整合为一个统一的、名副其实的"民族国家"，同时要拓展"一带一路"尤其是"丝绸之路"沿线的政治地缘版图，最终实现中华民族伟大复兴的历史使命。此文理论和现实价值极高。金石博士《甘肃省检察机关代表团赴英国、俄罗斯学习考察报告》，是对 2017 年 9 月 6~12 日，由全省两级检察院的 5 名同志组成的甘肃省检察机关代表团赴英国、俄罗斯进行了为期 7 天的学习考察情况的总结，认为国外检查制度的发展和改革对于当代中国检查制度的完善具有重要的借鉴意义。

"前沿展望"栏目中的文章，即杨惠玲《二十世纪八十年代以来的宋代吐蕃部落史研究述评》、马翠萍《30 余年来〈循化厅志〉法律资源相关研究综述》、张之佐《检索与分析：大数据视域下的即位诏与遗诏研究述评》、刘文彪《陇上法学贫否？富焉！——甘肃法学特色性发展略谈》、闫强乐《"陕派律学"研究回顾与展望》，主要围绕学界对中国西北法律资源相关问题，如民族法、传统法律形式、西北地方法学发展历史、政教关系历史经验等方面的研究成果展开长时段之回顾，进而总结出学界研究的特点及将来研究的趋势，为西北法律文化资源的深入研究提供了重要的指引。

"法史镜鉴"栏目中的文章，即黄海《智鼎铭"五夫"案的重新复原》，李博文、王元《东汉建武循吏与江南地区社会治理》，韩伟《从甘肃新出晋简看西晋地方诉讼制度》，任春年、赵力标《唐代婚姻法律制度评析——以归义军为视角》，董凡绮《〈唐律疏议〉盗罪的规范分析》，宋国华《论元代的婚姻制度》，张凡《〈比部招议〉中所见的明代会审——明代诏狱程序及特点》，王虹懿《从"圣谕宣讲"看清代少数民族地区的法制教育——以云南武定彝族那氏土司地区为例》，张琳惠怡《清代刑部官员审判的裁量标准——以〈刑案汇览〉为视角》，李海明、陈艺文《〈学徒健康与道德法〉评析》，采用跨学科的方法，以中国古代出土法律文献资源、法律档案等为主要史料，对中国传统法制经验、地区治理、西部在中国法律体系中的地位等问题进行了探讨，角度新颖，发人深思。

"资源创新"栏目中的文章，既有对当下热点话题进行的思考，又有透过法律实务当中的所见所闻进行的理论研究，还有单纯从理论角度对相关内容进行创新性研究的论证。其中邓昆等《员额制背景下检委会委员办理案件及责任承担问题研究》、胡珂《网约车用工关系之定性与规则——以"优步案"为切入点》两篇文章，紧扣时事热点话题，结合理论知识，发表了建设性的意见和观点。蔡玉霞等《检察机关如何应对以审判为中心的诉讼制度改革研究》、高宇涵《合议制运行中的阻却因素与现实进路——以 S 省 D 县法院 325件民事案件为分析样本》、柳小惠《检察机关在生态环境建设中的法律监督职能研究——以张掖市生态建设为视角》、李海明等《美国博雷洛（borello）案及其对我国劳动关系认定的启示》、柳小惠等《甘肃省毒品案件现状、特点及证据运用难点研究——以甘肃省张掖地区毒品案为视角》等文章，分别以不同的案例，并运用不同的分析视角对检察机关的检察权、法院的司法权、个案当中相关权利与义务的关系进行了分析和论证。邵永强《权利对象、客体区分下的三权分置》对农村土地制度改革等问题进行了较为系统的研究。

最后一个栏目，"书海拾贝"中收录了四篇文章，即杨静《六十载学术积淀，五千年文明流淌——读〈中华法制文明史〉有感》、蒋华林《作为方法的西北——王宗礼〈中国西北农牧民政治行为研究〉述评》、秦增起《从铁丝网中发现国家建构的秘密——〈草权政治：划界定牧与国家建构〉中的叙事修辞与论证策略》、南杰·隆英强等《论依法治国背景下推动藏汉双语司法实践的重要意义》，围绕有关中国西北法律文化资源研究的较新的专著，进行了相关学术价值的剖析，既有一定深度，又有一定新意。其中，杨静《六十载学术积淀，五千年文明流淌——读〈中华法制文明史〉有感》一文，作者通过阅读张晋藩先生所著的《中华法制文明史》，指出本书首次将法制与文明结合起来考察古往今来中国法制进程的连续性、系统性和完整性，提倡珍视法文化，抽绎中华法制文明中蕴涵的优秀民族精神，综合考察传统社会与社会转型时期及当代的中国国情，在此基础上归纳总结不同时期的法律特征与法律文化等价值。蒋华林《作为方法的西北——王宗礼〈中国西北农牧民政治行为研究〉述评》一文，通过对王宗礼先生论著撰写的背景、研究方法和观点进行系统剖析评价，认为王宗礼教授及其著作背后潜藏的"以西北作为方法"的理论运思格局具有重要的学术范式价值。秦增起《从铁丝网中发现国家建构的秘密——〈草权政治：划界定牧与国家建构〉中的叙事修辞与论证策略》一文，指出了王勇教授所著《草权政治：划界定牧与国家建构》一书对于当代中国法制建设的重要参考价值。

基于学术独立和学术自由的精神，文集期望不同观点、材料和研究能在这里交汇、展现和争鸣，因此，这里收录的文章并不必然代表本文集的学术立场和观点。希望《西北法律文化资源》能够真正成为一个坦诚交流、相互批评和互助切磋的学术研究平台！

《西北法律文化资源》（第三辑）稿约

  西北地区是中国一体多元法律文化历史传统及其活化资源分布和积淀的富矿区。《西北法律文化资源》集刊便是依托于甘肃省人文社会科学重点研究基地——"西北法律文化资源整理与应用研究中心"，由西北师范大学法学院主办的一个综合性、跨学科的法律学术刊物和公共研究平台。本刊将致力于全面系统地发掘、整理、保护和研究西北法律文化资源，并创造性地对其加以传承和应用；回应"一带一路"国家战略的时代命题，以期为西北边疆治理乃至法治中国的建构提供更为坚实的本土资源和智力支持。

  立足西北，锚定长城，面向中亚、国际视野，是本刊的目标愿景；探索西北游牧文化与中原农耕文化互动契合的历史经验和制度成就，是本刊的理论追求。因此，本刊将本着学术独立和学术自由的精神，期望不同观点、材料和研究能在这里交汇、展现和争鸣。来稿不拘形式，举凡学术论文、拓片整理、图像解读、学术随笔、翻译稿件、评论文字、调研报告等，只要与西北法律文化资源整理、应用和研究相关联的稿件都在欢迎之列，尤其欢迎运用跨学科和实证研究方法的文章。稿件采纳后，本刊将酌情支付稿酬，并赠送两本样刊。

岩画中隐含着丰富的游牧法律文化因素

《西北法律文化资源》集刊由西北师范大学法学院杜睿哲教授担任主编，王勇教授担任执行主编（2016 年）。本刊实行执行主编轮流担任制度，将逐渐使用专题集结方式，集中深入探讨某一方面的问题。本刊采用"随到随审"制度，随时接受来稿。具体审稿程序是，先由初审编辑形式审查，初审周期为 4 周。如通过初审，实行双向匿名评审制，由专家提出修改意见或倾向性的用稿意见，编辑部综合考量决定用稿与否。《西北法律文化资源》编辑部保留对稿件必要的修改权。目前只接受电子版来稿，请将文章发至：lcrinwc@163.com。文章体例及注释规范请参见《中国社会科学》（月刊）。

第三辑的截稿时间是 2019 年 11 月 30 日。

《西北法律文化资源》编辑部

2019 年 3 月 31 日